肌肉与力量全书

用严谨的科学构建关于健身的完整知识体系

THE MUSCLE AND STRENGTH PYRAMIDS

[英] 埃里克·赫尔姆斯（Eric Helms）

[英] 安迪·摩根（Andy Morgan）

[美] 安德莉亚·瓦尔迪兹（Andrea Valdez）／著

Ruki／译

人民邮电出版社

北京

图书在版编目（CIP）数据

肌肉与力量全书：用严谨的科学构建关于健身的完整知识体系 /（英）埃里克·赫尔姆斯（Eric Helms）著；（英）安迪·摩根（Andy Morgan），（美）安德莉亚·瓦尔迪兹（Andrea Valdez）著；Ruki译. -- 北京：人民邮电出版社，2020.8
ISBN 978-7-115-54217-5

Ⅰ. ①肌… Ⅱ. ①埃… ②安… ③安… ④R… Ⅲ. ①肌肉-力量训练 Ⅳ. ①G808.14

中国版本图书馆CIP数据核字(2020)第098149号

版权声明

免责声明

作者和出版商都已尽可能确保本书技术上的准确性以及合理性，并特别声明，不会承担由于使用本出版物中的材料而遭受的任何损伤所直接或间接产生的与个人或团体相关的一切责任、损失或风险。

内 容 提 要

作者通过构建"金字塔"的概念为读者详细地阐述了肌肉与力量训练中训练和营养的概念及方法，旨在利用科学的理论帮助读者建立起基础的训练概念框架，并逐步形成系统的训练体系，从而实现自己的训练目标。全书分为训练篇、营养篇和备赛与生活篇，从健身的基础理论和对训练中各种因素分析的"训练金字塔"，到如何安排饮食和营养计划的"营养金字塔"，再到形体和力量比赛的备赛策略，涵盖了健身的方方面面。此外，本书的另一大特点是作者用通俗易懂的语言来论述深奥的理论知识，为非专业人士学习相关理论提供了便利。因此，不论您是健身爱好者、健身教练，还是专业的备赛指导教练，通过阅读本书，都将会在相关的知识储备和训练实践方面获得全方位的进步。

◆ 著　　　［英］埃里克·赫尔姆斯（Eric Helms）
　　　　　　安迪·摩根（Andy Morgan）
　　　　　　［美］安德莉亚·瓦尔迪兹（Andrea Valdez）
　　译　　　Ruki
　　责任编辑　裴　倩
　　责任印制　周昇亮

◆ 人民邮电出版社出版发行　　北京市丰台区成寿寺路 11 号
　　邮编　100164　　电子邮件　315@ptpress.com.cn
　　网址　https://www.ptpress.com.cn
　　北京七彩京通数码快印有限公司印刷

◆ 开本：700×1000　1/16
　　印张：25　　　　　　　　　　　2020 年 8 月第 1 版
　　字数：486 千字　　　　　　　　2025 年 9 月北京第 24 次印刷
　　著作权合同登记号　图字：01-2019-6266 号

定价：148.00 元

读者服务热线：**(010)81055296**　印装质量热线：**(010)81055316**
反盗版热线：**(010)81055315**

目录

第1部分　训练篇

第1章　训练金字塔第1层：依从性 ⋯⋯⋯⋯⋯⋯⋯ 3

第2章　训练金字塔第2层：容量、强度和频率 ⋯⋯⋯ 14

第2部分　营养篇

第3部分　备赛与生活篇

扫码免费观看
"功能强化训练"系列课程第一集

译者序

随着力量训练在国内日益普及，不少爱好者加入了举铁的队伍。作为一位活跃多年的科普作者，我在感到开心的同时，也经常会为同一个问题苦恼："你最推荐的健身书是哪本？"

说实话，虽然网络上的优秀资源数不胜数，但它们不仅质量参差不齐，还少有中文版本的内容。不过，现在，我终于有信心回答这个问题了——《肌肉与力量全书：用严谨的科学构建关于健身的完整知识体系》。它的可贵之处在于它将理论和实践完美地结合在了一起。在这本书中，你不仅能学习到基础的训练学与营养学的知识，更能学习到如何将它们运用到自己的训练和饮食规划中，甚至书中还有数十种力量训练的计划模板供你参考。

如果你是刚进健身房的新手，本书可以帮你构建一套科学、系统的知识框架，让你在长远的健身路上少走一些弯路：我该增肌还是减脂？去健身房需要先学习什么动作？减脂一定要算热量吗……如果你是久经赛场的元老选手，本书也能给你扫清一些"经验主义"带来的误解：比赛前的"冲碳"到底有没有用？赛后的恢复饮食应该怎么做？各种补剂应该如何搭配……更难能可贵的是，本书的所有指导建议都是基于坚实的科学基础的，并且随着科学研究的进展，本书的内容也在不断更新——就在我接手翻译的过程中，埃里克等人就已经添加了接近100页的新内容（当然，这些内容都会在中文版中呈现）！

谢谢埃里克、安迪，以及安德莉亚三位作者，在繁忙的科研工作之余，给健身者们留下了如此高质量又通俗易懂的内容。我还想特别感谢王龙飞，他是最先鼓励我进行力量训练文章翻译的人。最后，谢谢本书的校对、排版，以及人民邮电出版社的工作人员，给了本书在中文世界传播的机会。

Ruki

英国伦敦

2020年7月8日

专家推荐

不管训练目的是什么，我们每个人在训练的过程中都会经历这样一段时期：无论对自己有多自信，在每次训练的时候，总会觉得很茫然。对基础生理学和训练原理的不了解，会加重这一感觉。从另一个角度来说，我们又对自己掌握的知识十分自信，觉得它们不容挑战。那么我们是怎么获取这些知识的？有些人会阅读杂志，或者很崇尚"我听健身房的谁说……"，以及通过互联网采集信息。在早些时候，互联网上关于健身和训练的资源非常少，所有的信息来来回回都来自有限的几个地方，所以会让很多人盲目相信这些信息，这太正常了。不过很快，在读完每篇文章，根据文章中的内容实践之后，很多人还是不可避免地出现了平台期，并且对自己要怎么做产生了严重的怀疑。很多人会想："为什么就没有这么一本书，简单有效，不会许下夸张的承诺，能介绍生理学基础，又不晦涩难懂，并且作者既有专业背景，又有训练经验？"今天，我很高兴地宣布："这本书终于面世了，并且恭喜你，因为你马上就能进行阅读。"

本书的作者，是它可以给你指引正确的训练方向的一个原因。我一向对于健身圈的人吝于赞美，绝大多数的时候，我对于其他人的看法，类似于以下伊莱恩·贝内斯（Elaine Benes）和杰里·塞恩菲尔德（Jerry Seinfeld）的对话。

伊莱恩："我永远不会理解人类。"

杰里："他们是最糟的生物。"

但是，在2013年，当我遇到埃里克（Eric）时，我很快就意识到：他不是这些糟糕的生物之一。事实上，他属于那些最棒的生物之一。那时，我正在悉尼和另外一些"行业专家"一起做报告，很幸运地和埃里克相处了一段时间。这也是我们一起从事学术研究和开展专业活动的开端。埃里克对于知识的传播保持着既诚实又谦逊的态度，没有其他目的。有两个原因让他对于"最棒的"称号受之无愧：首先，他理解生活的优先顺序，除了训练，还有家庭和学术；其次，尽管在学术方面达到了"最高境界"［译者注："the highest degree in all the land"，美国体育主播肯尼·梅恩（Kenny Mayne）语录］，但他很了解自己知道什么和不知道什么。现在，已经很少有人能对超出自己知识范畴的东西保持诚实谦逊的态度了。以他的知识基础和训练水平，他就算不保持诚实谦逊的态度，还是能取得很多成就的，只是他正直的品格不允许他这么做罢了。对于我而言，单单这一个理由，就足够让我对本书抱有极高的期望。

埃里克是多年来在健身领域最有影响力的人之一，尤其是在自然健美和力量举方面。他完全不需要我的宣传，但我还是要骄傲地宣传一下。他的科学研究和3DMJ网站，不仅帮众多健身爱好者走向了他们的科学健身之路，还让很多人理解：有一些事情，比如身心健康和对别人的关爱，比赢得比赛更为重要。这一点，在这个世界上，我认识的人当中只有不超过10个人能理解。

简而言之，阅读本书对于你来说会是一种享受。这本书会在最新的科学研究和实践建议之间架起一座桥梁。这本书还会建起一座"金字塔"，一层一层指引你从训练中最重要的因素，到最不重要的因素进行，并且在帮助你建立自己的知识结构的同时，测试你到底能不能坚持。同时，这本书还会给你提供必要的工具，让你构建起自己的训练结构。虽然世界上没有任何一本书可以给你提供所有关于训练的知识，但读完这本书可以让你在制订训练计划的时候，不会有迷茫和怀疑。这么说并不是赚钱的营销策略，而是想告诉你，这本书里的训练原理都是确切并且能够实践的。之前我们期待能在互联网上看到的内容，现在都呈现在了这本书里。如果你刚接触训练不久，这本书能够帮你走出训练的迷茫期；如果你像我一样，已经有了多年的训练经验，我也可以向你保证，这本书一定有你之前不知道的知识，并且有可以帮助你训练更上一层楼的理论。尽管每天都有新的研究成果和研究数据面世，但这本书里的原理都能够经受得住时间和经验的考验。

最后，在翻开正文前，我建议你戴上一副"3D眼镜"，没有的话也没关系，准备好从底部开始"金字塔"登顶旅程吧。希望你能享受这本书，并且提前祝贺你，在学习这本书之后，你将在知识储备和训练结果方面获得全方位进步。

迈克尔·C.祖杜斯（Michael C. Zourdos），Ph.D, CSCS

埃里克是生理学界的"杰森·伯恩（Jason Bourne，电影《谍影重重3》中的角色）"。他拥有最高机密——被全副武装守卫的健身秘籍。各路英雄豪杰为了得到此秘籍不择手段。他的强大的营养学秘籍，影响着世界的存在与毁灭。如果我要以埃里克为主角写一本谍战小说的话，这大概会是我对他的介绍。不过，你可能不知道的是，埃里克还是健身界的麦克莱莫尔（Macklemore，美国著名说唱歌手）。埃里克在参军的时候，曾经即兴饶舌过一段，在接下来的阅读中，你也能领略到他的风采。

真的，你能想得到埃里克竟然还会饶舌吗？

当听到这个消息的时候，我正在兴致勃勃地读这本书，结果差点把自己呛住。很显然，这个脸颊红扑扑的男孩子，不仅知道如何讨长辈喜欢，还能霸气地饶舌。"脂肪酶，催化欢，点燃双拳游离脂肪酸，DNA基因疯狂转，叫板甘油三酯来开战……"我知道你在想什么，埃里克真的是一位全才。他是一位思维全面、性格稳健的科学家，同时他也是一位思想深刻的学者。他对科学研究的解读，有着难能可贵的长远目光。而且，他能即兴编词，把短信编得像回响贝斯乐曲一样，他还能永远用他傻乎乎的表情，成为所有照片里的焦点。千万不要试着跟他比幽默感，因为你肯定会败下阵来。

现在，让我们谈谈比埃里克更让我深爱的人——我自己！在10年前，我参加了在萨克拉门托（美国加利福尼亚州的城市）举办的一个有关健身的会议。在会议中，一位大学生向我做了自我介绍。他说他读过我在健美和健身杂志上发表过的所有文章，然后特地来参加会议，听我吐槽过时的营养方法学，还有那些莫名其妙的备赛方法。我并不是一个充满愤怒、有意与主流观点对峙的人，也不是那种愤世嫉俗、对谣言恨之入骨的人，但是我和埃里克有着一个共同的目标，或者说是需求——给力量运动的学习者提供更可靠、更负责的信息。我和埃里克都曾经在青少年时期盲目崇拜健美杂志上的名人，对他们的话没有产生一丝怀疑。有时候，他们会提供错误的信息；有时候，那些我们深信不疑的信息，甚至实践起来十分危险。埃里克认为，我是第 1 批能够深入学习生理学，并且能用科学证据有力击碎那些流传了几个世纪的谣言的人。这些谣言轻则会危害训练者的身心健康，重则需要用训练者的生命作为代价。而我们两个人，在作为教育者的职业生涯中，都奉行着"人性与责任第一"的原则。

我永远都想不到，我在 20 年前开始的全职备赛教练生涯，会给全世界的教练开启一扇新的大门。在当时，既没有社交网站，也没有智能手机，我们没有教科书，没有科学的计划，也没有目的。我们有的只是满腔热情，我们像即将成为未来的埃里克的那些运动员和学生一样，随时准备接力和踏上赛场。"基于科学""循证"这些词汇，成了新一代通过大学课程和实验室挑战传统理念的精神。时至今日，你甚至可以在大学里主修"健美营养学"的课程，这听起来真的很奇怪，但是，这就是新一代追求结果的直接体现。在这个过程中，我想不出比埃里克贡献更多的人了。他是一个传奇——站在金字塔顶尖的人物。

说到金字塔，你想再听一个笑话吗？我在 1997 年时，为了教育客户、传播营养学知识画过的第 1 张图表，叫作"乔博士的营养学模块"（Dr. Joe's Building Blocks of Nutrition）。猜猜我的模块是怎样排列的？和埃里克的肌肉和力量金字塔大致相同，除了一点——我把进食时机的重要性提高了一层。埃里克还年轻，会慢慢领会这一点。我谈到这个是为了告诉你，埃里克的基础知识的教育是多么可靠。他从来不会因为单单一项研究，或者流行趋势，就给人提供建议。他在给学生或者客户讲课的时候，永远会把生理学的基础知识放在基层，然后才逐渐向上累积延伸。这一点是难能可贵的。

我可以想象埃里克为了这本书付出了多少努力。代谢科学并不是一门几句话就能讲清楚的学科。但是，给他人带来实践性的知识，有时候要比炫耀自己知道多少理论性知识要有用得多。我觉得你应该谢谢埃里克，他能从最相关的话题里，给你总结最实用的实践指南。这是一本不仅易于理解，还可以用于实践的书。埃里克区分了广泛适用的生理学原理，以及实验提出的细微差别。基因是基因，而身体成分的变化对于每个人来说都是不同的。科学是科学，而科学的实践又是另一个话题了。我很感谢埃里克对知识的敏感性和在学术上的成熟性，让你可以充分学习这一话题。

科学之所以会产生，是因为有一些思考者，或者说是梦想者，观察到足够细微的程度，发现了某些重要的细节。然后，他们会控制这些细节来看看到底会发生什么。接着，他们会用实验和逻辑来进行测试。他们会提出各种"如果"的猜想，接着进行更多的测试。最终，只有最有力的证据会被存留下来，这就成了被证实的证据。但是，被证实的证据仍然会在新的背景和发现中被不断测试。一些顶尖的科学家同样可以被称为艺术家——他们可以打磨这些形式和实践方式。你和我都很幸运，可以亲眼见证埃里克的科学生涯的"现在时"。千万不要把你的注意力从他身上移开，不然的话，你很可能会错过学习训练和营养学知识的最佳机会。我很荣幸，我曾经是埃里克的老师和偶像；现在，我反过来成了他的最大"粉丝"，并且会毫不犹豫地称他为最顶尖的同行之一。

埃里克参军时的第一职业选择，是成为一位FBI（美国联邦调查局）探员。看看，我说的没错吧——他就是健身界和运动科学界的杰森·伯恩。仅凭这一点就足以向你保证埃里克的思维有多么严谨。这本书也许既不能拯救世界，也不能摧毁世界，但它可以成为你获得最佳形体、最大力量，或者最健康状态的得力助手。我很骄傲能将这本书介绍给你，我也希望你能知道它对你生活的影响有多大。

乔·克莱姆切夫斯基（Joe Klemczewski），Ph. D

引言

许多年前，在创作本书营养篇的时候，我就意识到我之后一定也会创作出本书的训练篇。健身界出现的种种问题，并不完全局限在营养学的范畴。无论是与训练还是与营养相关的话题，我们得到的信息往往都是碎片化的，而不是整体的内容；它们又往往是过度概括化的，而不结合现实情况；最后，每天接收了过量的信息，这些信息却没有优先级之分。从一定程度上来讲，这个现象是可以理解的。拿力量训练来说，力量训练这个话题太广泛了，有无数种方法可以让肌肉得到刺激并且产生进步，所以存在大量令人迷惑的信息。这也是我们在写作本书营养篇之后，时隔两年才完成训练篇的原因。

我们往往能见到，哪怕是最聪明的人，在讨论"如何写出最好的训练计划"这个话题时，都会变得束手无策。在大多数情况下，从话题的开始，困惑就已经产生了。经常有健身爱好者会问这样的问题："5/3/1计划是不是比舍伊科（Sheiko）的计划更好？"或者"最好的胸部锻炼方法是什么？"。这样问，基本就跳过了问题的重点。你现在的容量适应情况怎么样？你现在的训练强度和你准备换的新计划相比差别有多大？你理解肌肉是如何受到刺激而生长的吗？这些模糊的问题，乍一看非常合理，但是往往反映出了提问者对于力量训练基础的不了解。

有些人可能知道，我是3DMJ团队的一员。我们的团队包含教练、作者、播客主持人以及专业科研人员。我们志在帮助别人保持可持续性强的职业生涯（不仅是作为运动员，还包括作为人类），我们的客户有自然健美运动员、力量举运动员、举重运动员、大力士，以及所有对增肌或者增力感兴趣的爱好者。这里有几种不同的形式：对于那些需要持续监督的人，我们会进行持续指导；对于那些只想得到大致方向指点的人，我们会提供一次性的咨询服务。

而从那些来找我进行一次性咨询的人中，我发现大部分人没有取得自己期待的成果，这是因为他们没有形成一个完整的系统。他们不理解优先级的概念，在他们的脑海里，分辨不出训练世界中岩石和鹅卵石的区别。

我认为整个健身界都要对这种缺乏理解的行为负责。我已经记不清我看过多少文章标题类似于"提高深蹲最好的练腿计划"，或者"每个健美运动员都必须做的10个动作"。这些文章会给你造成一种认知，让你觉得写计划是非常独立的事情，而不需要随着时间慢慢改进训练容量、强度和频率。网上的这些文章，大多数只会孤立地强调次数区间、动作选择和每周计划。而这些文章的问题在于，我们的训练计划不仅只包含某个次数区间、某个动作，或者某种分化方式，这些概念不是存在于真空中的。这些概念是你长期的训练周期中一个不可分割的部分。如果你想要持续进步，或者完全达到你的基因极限，你需要对训练有更深刻的理解。你首先需要知道我们为什么会变强，然后再学习如何改进你的训练方式来刺激进步，最后才是你需要注意各种细节的时候。

你可以看到，后面有马车的图片。驱车的人拿着绳索，但是绳索却并没有系在任何地方，只是随意地挂在马的嘴巴里。马想着："嘿，我很想拉车，但是车在我前面，我没办法拉呀。"

这就好比你很想成为一位赛车手，花了几个月的时间学习赛车、备赛策略、如何提高赛车机动性和速度有关的机械工程，以及如何选择最好的维修人员。但是，你到现在连驾照都没有，甚至还没开始学习开车。这种错误听起来难以置信，但是请相信，在训练中，每天都有人在犯同样的错误。

所以，我决定写作这本书。在训练篇中有一个分为6层的金字塔，第1层的基础概念，是最重要的部分。然后，当从第2层向第6层逐层进阶时，每一层的重要性也越来越低。在每一层里，周期性的概念也都会涉及。虽然金字塔的每一层在训练中都不可或缺，但我觉得很有必要先从最重要的部分讲起，再慢慢过渡到相对不那么重要的部分。

这就是我创造这个金字塔的原因——用科学的理论帮你建立起基础的训练概念框架，让你达到自己的训练目标。

最后，还想告诉你，这本书不会涉及哪些内容。在这本书里，关注的重点是"该做什么"，而不是"不该做什么"。虽然讨论误导性的信息和错误的训练方式并非完全没有

必要，但作为专业人员，首要的目标是生产有用、可以实践的内容，而不是忙着辟谣。所以，尽管这本书会扫清你的一些知识误区，但它的主要目的是给你提供有用的信息。这听起来怎么样？

那么，就让我们开始阅读吧。

埃里克·赫尔姆斯（Eric Helms）

注：本书中的"我"均指第一作者埃里克。

by Sam S.

by Tobin A.

by Steve F.

by Lawrence J.

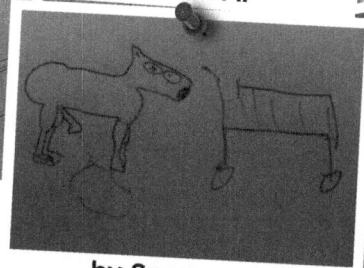

by Spencer A.

by Eric B.

by Mehdi T.

by Andy Morgan

by David F.

by Ben D.

by Eric Helms

by Andrea Valdez

by Jorge M.

by Ajay Taware

by Cristian T.

新版内容

肌肉与力量的金字塔是一个不断变化、不断调整的概念，因为它们来源于科学，而科学的发展是一个不断进化、自我修正的过程。总体而言，金字塔每一层的顺序并不会有很大的变化，因为它们的排序都是基于最基础的训练原则；不过，在每一层里，一些具体的建议细节可能会随着科学的发展而被调整。所以，在本章中我们会简单谈一谈新版（即本书，英文版出版于2019年1月）相比于旧版（英文版出版于2015年12月）调整了什么和添加了什么。

内容变动

在"心态与工具"中，我们对于追踪饮食和体重进行了更深入的分析，解释了在某些情况下，它们为什么不是最佳方式。

训练篇

在第1层中，关于日程计划的讨论会更加深入。

在第2层中，我们根据最近的研究结果，将训练容量的计算方式从每个部位的总次数，改成了每个肌肉群、每个动作类型的总次数。同时，我们将强度的考量方式，从极限力量（1 RM）的百分比，改成了次数区间以及离力竭的距离。这一点也是基于最近研究成果进行的变动。

在第2层与第3层中，如何调整训练容量的树状图变得更加完善，并且我们提供了更多的具体细节指导。

在第3层中，我们对于进步和周期化的描述会更加完整，并且引入了"反应性的"的减量模型。

在第4层中，关于弱点和粘滞点的讨论会更加具体和广泛。

在第5层和第6层中，整体没有什么变动，但是我们添加了很多新的内容。这一点，会在后面详细讲解。

最后，所有6个范例训练计划都根据理论的调整，进行了相应变动。

营养篇

在第1层中，我们对于热量摄入、体重变化速度，以及如何找到自己的维持热量进行了更详细的讲解，并且解释了在一开始就记录热量的做法是否真的有必要。

在第2层中，我们小幅度地调整了蛋白质及纤维素的摄入推荐量，同时扩充了一些关于低碳饮食的内容，并且加入了在减脂期间碳水化合物和脂肪的最低摄入推荐量。

在第3层中，我们根据最新的研究和科学证据，进一步调整了关于水分、蔬菜以及水果的摄入推荐量。

在第4层中，我们根据最新的科学研究，简单地调整了关于间歇减脂和恢复日做法的推荐。

在第5层中，我们加入了"A，B，C"3个级别的分级系统，根据补剂科学证据的多少，将补剂一一归类，并且根据最新的科学研究，进一步对它们进行了更新。

内容添加

心态与工具

在"心态与工具"中，我们加入了用不同程度的外界暗示（称重和计算热量等）方式来达到目标的概念。

训练篇

在第1层中，我们讨论了力量训练和其他体育活动的受伤概率，考虑到了那些除了力量训练之外还进行其他活动的人，以及当错过一次训练时该怎么做。

在第2层中，在关于如何调整训练容量的流程图中，我们加入了其他一些考量因素，比如恢复、刺激以及适应性。这里还加入了关于哪些动作可以算作某个肌肉群训练容量的讨论。

在第3层中，我们加入了一张告诉你什么时候该减量休息的流程图，关于进步和渐进超负荷的讨论，关于限制血流训练法的讨论，关于如何不通过测量极限力量来估算进步程度的方法，以及何时该使用过渡期的建议。

在第4层中，我们加入了如何自动调整动作选择的讨论，以及在一系列动作中，该如何解决弱点和粘滞点的问题。这包括了等距训练、适应阻力和速度训练等概念。最后，还有关于动作行程的讨论。

在第5层中，我们加入了对抗组、递减组，以及休息暂停组的讨论。

在第6层中，我们加入了超负荷离心训练的讨论。

在以上内容的基础上，我们还加入了一个"训练计划速成指南"（即本书第8章），帮你在最短的时间内，根据本书提供的概念，制订出适合自己的实用训练计划。书中还有非常多的流程图可以帮你节省时间，包括：如何根据训练经验设定起始容量；如何将次数区间、力竭程度和动作选择结合到一起；在减脂期间如何调整计划；如何在计划里加入自动调节；在训练生涯的不同阶段，如何最高效地将进步模型和动作选择结合起来；如何根据每周训练的天数、训练部位，或者训练频率来选择最佳的分化方式等。

营养篇

在第1层中，我们加入了关于能量可利用性的讨论，并且提供了一些需要注意的症状和现象。另外，还增加了关于如何判断是需要"增肌"还是"减脂"的内容。

在第2层中，我们加入了当体脂率非常高的时候，该如何决定蛋白质摄入的内容，还有完整的关于生酮饮食的讨论内容。

在第3层中，我们加入了一张图表来帮你量化水分摄入，以及在增肌期和减脂期基于不同饮食目标的不同的蔬菜与水果摄入推荐。

在第4层中，我们加入了关于蛋白质消化速度的讨论，以及进而引发的蛋白质的进食时间的问题。

在第5层中，我们加入了有关瓜氨酸苹果酸盐以及谷氨酰胺这两种补剂的内容。

在这些新内容的基础上，新版还有关于行为与生活方式的讨论。

在"监测进步与进行相应调整"这一章中，我们详细讲解了在使用4种不同方式达到目标的情况下，分别该如何监测进步。我们还谈到了关于测量体脂率的问题，以及随着时间的进展该如何随时调整营养计划来确保不会到达平台期。

在"备赛与冲刺"这一章中，我们完完全全地讨论了形体运动员的冲刺周，以及力量运动员的降体重策略（包括了该如何改变体重级别）。

在"恢复饮食"这一章中，我们讨论了该如何在减脂期结束后，最顺利地过渡到维持期或者增肌期。这一章从不比赛的健身爱好者开始，给出一些比较简单的指南与计划，接着更深入地针对形体运动员，讨论了他们该如何从赛季到非赛季进行过渡。这一章还包括一个针对长期、整体营养周期化的模型，包括形体运动员在运动生涯的不同周期，该如何具体调整训练压力、有氧运动、热量摄入，以及身体成分，还有具体的饮食计划的模板。

和第1版一样，这一版同样包括了"行为与生活方式"这一章。不过，我们大幅度地增加了关于过度使用外在暗示（比如记录热量和体重）方式容易出现的潜在心理问题的讨论，以及如何使用改进后的量化方法，通过将重点放在感知饱腹感、饥饿感以及生活习惯的形成上来避免这些问题。

我们非常享受添加这些内容的过程，也希望你能像我们一样喜欢这些内容。在这里，向那些在网站留言，以及给我们提出反馈意见的读者们表达最真诚的谢意。没有你们的反馈意见，就没有这些新版的内容。

简介

训练篇

心态与工具

在开始讲解营养金字塔每层的具体内容之前，给出了你需要了解的所有概念。你在实行营养计划的时候，需要在准确性、灵活性，以及持续性之间取得一个平衡，才能取得成功。不然，从长远角度来看，你对于计划的依从性会变成一个大问题。本书会告诉你该如何保持平常心和满足心，并会教给你一些常用的物理工具的使用方法，以及会告诉你在使用这些工具追踪进步的过程中，可能会带来的一些负面影响。

一个成功的训练计划包含两个关键点——将注意力放在最重要的因素上，以及在此基础上学习如何调整训练变量。在本书中，这两点都会得到详细的讨论。

1. 将注意力放在最重要的因素上

"将注意力放在最重要的因素上"听起来十分简单，但还是有人会做不好。

训练的时候，只有在多种因素的相互影响之下，你的身体才会产生适应性。不论是全世界健身爱好者在20世纪的训练经验，还是最近几十年的科学研究，都可以清楚地告诉你什么因素对训练的影响最大，什么因素对训练的影响最小。

当你看到表面上互相冲突的因素时——什么动作更好，该用多大的重量，该做多少组，该不该力竭，该做得尽量快一点还是慢慢感受肌肉"燃烧"等——你需要确定这些因素和你训练的目标之间的关系到底有多大，以及它们对于你训练的其他方面有着什么影响。当你将它们按照金字塔的顺序排序之后，你就会知道这些因素也许并不冲突。

用一个经典的例子来说明：如果你想把你的"训练天赋"这个杯子填满的话，先放大块的石头，再放鹅卵石，最后才将沙子放进去。

2. 学习如何调整训练变量

第2个决定你能否有着成功的训练计划的关键点是，学习如何调整训练变量。这里的重点是，你需要有批判性思维，而不是健身界大部分人都有的"非黑即白"的思维。

这里有几个完全忽略语境，体现"非黑即白"思维的例子。

▶ 深蹲是最好的训练动作吗？

▶ 腿举是不是只有害怕深蹲的人才会做？

▶ 5×5是不是比3×8更好？

▶ 容量是越多越好吗？

▶ 每周练2次够了吗？

▶ 每天都练会过度训练吗？

这里还有几个将教会你运用批判性思维的例子。

▶ 杠铃深蹲有什么特别之处，它是否值得加入训练计划？这个动作有什么不足？

▶ 在什么情况下需要加入腿举？

▶ 对于某个具体动作，对于个人而言，对于某个具体训练阶段，什么样的组数和次数区间是最好的？

▶ 在现有的计划中，加入更多组数和容量，会如何影响训练成果？

▶ 对于个人而言，在一周中该如何分化训练使得效果最好？

哪一种提问的方式会让你取得更好的长期效果？在你往下读之前，请仔细思考一下。

训练金字塔是一个有组织的分级制度，是将与训练有关的因素，根据它们的重要程度层层区分。这个金字塔一共有6层，最下面一层是制订训练计划时最重要的因素；你会注意到它占据了最大的空间。这些因素将会成为你训练的基础。

大约80%的训练成果，取决于下面的3~4层，而上面的几层只会产生少量的影响。大部分时间里，关于上面几层的讨论，会着重于告诉你哪些做法是错误的。

和营养篇不同的是，因为各种因素之间会相互影响，所以训练金字塔的每一层并没有那么独立。不过，这样区分仍然会帮你更高效地达到训练目标，并且更全面地理解各

训练金字塔

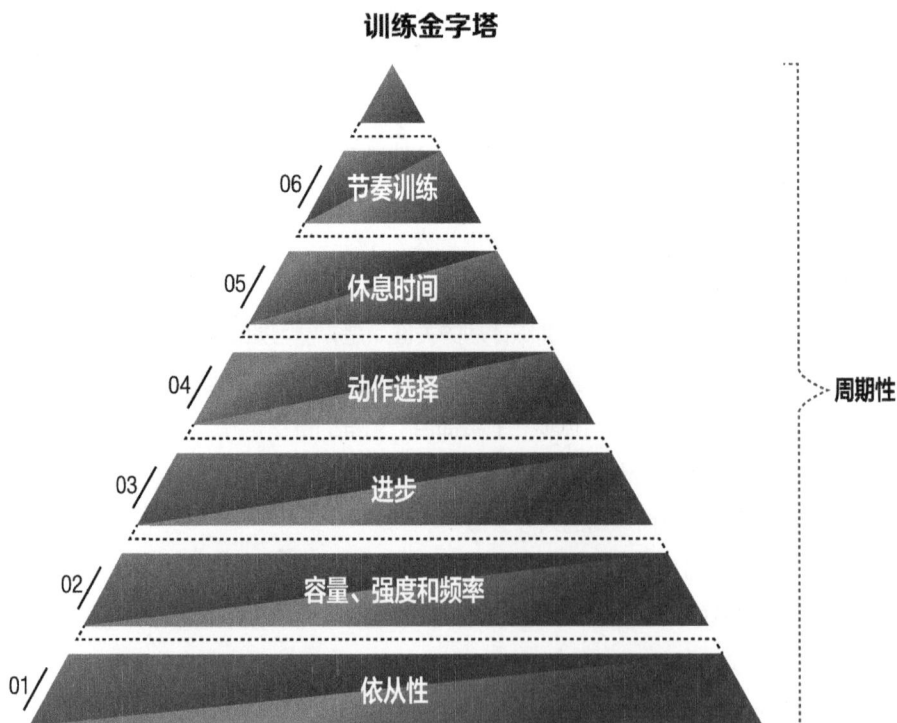

06 / 节奏训练

05 / 休息时间

04 / 动作选择

03 / 进步

02 / 容量、强度和频率

01 / 依从性

周期性

种训练理念。对于教练来说，它可以帮助你更好地给客户制订计划；对于相关专业的学生来说，希望你不仅可以学习本书的理论，还可以将这些理论应用于实践。

设计力量训练计划时，不同因素的优先级

周期性

有一句话是这么说的："如果你没法做计划的话，你的计划就是什么都没法做。"激情和刻苦会给你带来成果（不仅在训练中是这样，在生活中也是），但是能不能把激情和刻苦引导到最高效的道路上，就成了你是否能够成为冠军的关键。

周期性这个概念常常被过度复杂化和误解了。简单来说，周期性就是随着时间的推移，刻意去改变训练中的变量，来达到训练效果。聪明的训练计划不仅可以给你带来最佳的成果，还能防止你过度疲劳和出现伤病，也能从侧面帮助你进行有效的训练。

训练金字塔每一层的因素都具有周期性。因此，这些因素没有被单独放在训练金字塔里，而是贯穿了从上到下的每一层。

在这里，先简单介绍一下训练金字塔的每一层，每一层都是按优先级进行排序的。

第1层：依从性

力量训练是一个长期的过程，你需要很长时间才能看到明显的效果。在考虑其他因素之前，想提醒你，这里有一个最基础的因素——不管你的计划有多优秀，如果你不能坚持执行的话，它都不会有用。

很多因素从理论上来说都很重要，但是，如果你不坚持去做的话，那么它们的重要性也就无从谈起了。所以，对你来说，最好的计划应该是建立在可以长期坚持的前提下的。这一章，我们会把重点放在一些让训练计划更容易坚持执行的原则上。

第2层：容量、强度和频率

容量、强度和频率是构成力量训练计划的基础。这3个因素也在一定前提下相互影响。取决于你对于计划的理解，它们中的任何一员都有可能是计划中最重要的因素。因此，我们将这3个因素放在了同一层。具体该如何结合这3个因素，则需要综合考虑你的训练年限、训练目的、个人倾向、日程安排，以及目前所处的竞技生涯的具体阶段。

这是本书最重要的内容之一，所以，请确保你有足够的时间仔细阅读。

第3层：进步

如果想要持续变强的话，那么你需要加大训练强度。这叫作渐进超负荷原则。

如果你是新手或者刚刚进入中级水平阶段的训练者，根据你的训练目的，选取合适的容量、强度和频率，不需要考虑太多的因素就可以取得进步。在周与周之间，甚至每

周的不同训练日之间，逐渐增加重量，你就可以慢慢地增肌、增力。但是，当你的训练水平上升到某个阶段时，就需要仔细制订计划才能确保持续进步了。

这一章会详细讲解进步的原理，以及不同训练水平（新手、中级训练者、高级训练者）的范例计划模板。

第4层：动作选择

动作选择的重要程度取决于你看待这个问题的角度。对于力量运动员而言（尤其是那些在比赛中，只会做固定的几个动作的运动员），动作选择是至关重要的，因为他们所有的运动表现都会体现在这几个具体的动作上。所以，在训练计划中加入三大项是必需的。这也意味着，对于力量运动员来说，关于动作选择的讨论，应该集中在主要动作和辅助动作各占多少比例上，而不是具体做什么动作。

对于增肌而言，获得训练刺激的动作可以有很多种。在这个基础上，根据个人的生物力学，某些动作可能会比其他动作更加高效一些。这一点也是力量运动员需要考虑的。举个例子，假如某个力量举运动员必须深蹲，在某些情况下，如果他的身体结构不适合深蹲，那么深蹲也许不会对他的不同肌肉群产生最平衡的发展效果。所以，他可能还需要做一些腿部的辅助动作来弥补这一点的不足，而对于那些四肢、躯干比例更适合深蹲的人来说，就不需要做辅助动作。

而对于形体运动员来说，他们不仅要考虑什么动作更适合他们的身体比例，还需要根据自己形体的弱点来选择动作。生物力学、弱点和技术这些因素，仍然会影响你的动作选择。但是，从广义上来说，影响动作选择的最大因素是你的训练目的，比如你是想像健美运动员那样，进行以肌肥大为主的训练，还是像力量举运动员那样，进行以增加极限力量为主的训练。

第5层：休息时间

每组之间休息多长时间，是影响力量训练的一个关键因素，尤其当你的主要训练目的是肌肥大时。但是，之前的一些"短时间休息可以刺激肌肥大"的理论，在最近的很多研究中受到了质疑。在这一章中，我们会讨论休息时间这个概念的由来，并且会给出一些实践建议，让你在缩短训练时间、提高训练效率的同时，不影响训练效果。

第6层：节奏训练

在控制下的节奏训练，也被认为是肌肥大训练里的重要环节。一般而言，节奏训练被重视，是因为在以最大化增肌效果为目的时，"肌肉受张力时间"是一个关键因素。

在这一章，我们会讨论为什么节奏训练会被如此重视，并且会给出相关的科学依据。最后，我们会给你提供一些实践建议。

营养篇

让我们先来看看，每一章大概都有些什么内容吧。

营养金字塔的具体内容

在我们对于营养金字塔的基本概念有了一定认识之后，就该进入正题了。对于营养金字塔的每一层，我们都会详细地讲解相关定义，并给出非常多的推荐、数据及方程式，来帮你设计一个最适合你自己的营养计划。

而这里，我们只是简单地概括一下营养金字塔每一层的核心内容。每一层在实践中的重要性依次递减。

第1层：能量平衡

这是营养金字塔中最重要的一层，我们会教你如何计算热量，以及在增肌期和减脂期，如何分别根据体重的变化速度来决定具体的热量摄入。

第2层：宏量营养素及纤维素

在这章中，我们将会介绍宏量营养素的基本功能，并且会根据不同情境给运动员们提供最佳的摄入量推荐。我们还会介绍对于那些需求可能和大部分人不同的群体，该如何具体调整摄入量，以及该如何具体确定你在繁多的推荐里，到底该选用哪一种。在这一章的最后，我们会介绍为了健康，以及在保证微量元素摄入的基础上，该如何摄入纤维素。

第3层：微量营养素及水分

在这一章中，我们会详细介绍各类微量元素，以及该如何在日常饮食中尽量满足健康需求。在这一章的结尾，我们还会对水分摄入量进行推荐，并且教你如何判断自己是不是缺水了。

第4层：进食时机及进食频率

这一章主要介绍了如何将热量分配在不同的时间段摄入。我们会从宏观和微观两个角度进行分析，分别讲解进食时机在整体饮食内，一周内，以及一天内对于身体的影响，以及它和训练的关系。

第5层：补剂

在营养金字塔中，补剂是重要性最低的一部分。除非你有着明显的营养不良或者微量元素缺乏等情况，否则它并不是成功的必需品。事实上，从长远的角度来说，市场上绝大部分补剂的唯一作用，就是把你的钱包掏得再空一点。话又说回来了，确实有那么一小部分补剂，有科学证据支持，可能对你会有极小幅度的帮助。因此，我们会对它们做一些分析与讲解。另外，因为市场上的补剂太多了，我们还会告诉你，该如何辨别哪些补剂有效，哪些无效。在这一系列的讨论结束之后，我们还会总结出一张表格，列出所有有效的补剂，以及它们的最佳剂量，帮助你进行补剂选择。

营养金字塔

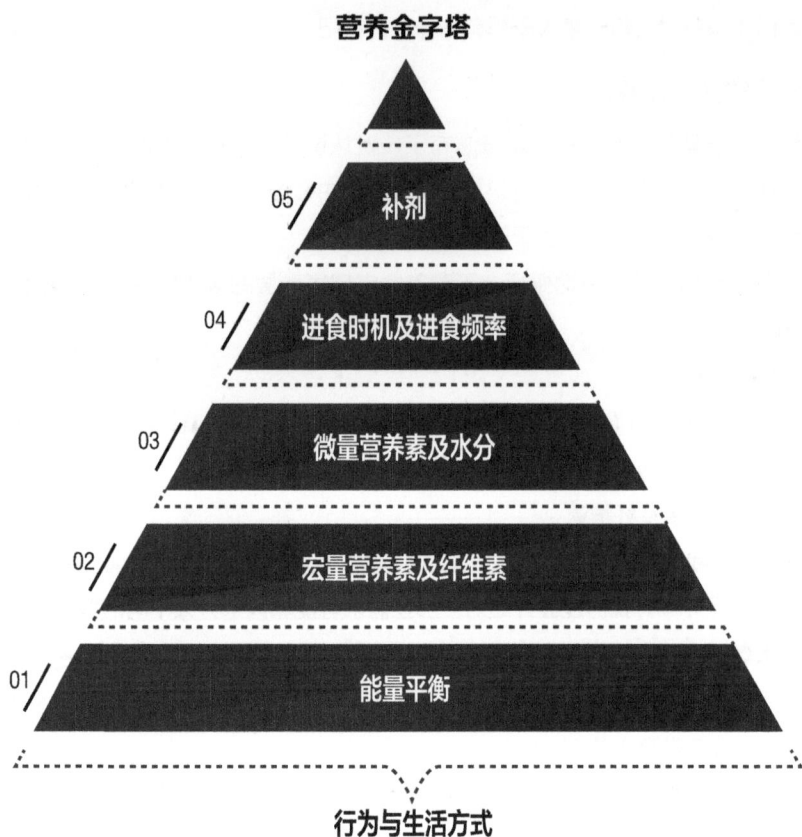

05 补剂

04 进食时机及进食频率

03 微量营养素及水分

02 宏量营养素及纤维素

01 能量平衡

行为与生活方式

监测进步与进行相应调整

在营养金字塔的第 1~5 层中主要讨论的是该如何具体设置营养结构以及饮食计划。不过，有一句话在军队里流传很广，"没有任何作战计划在与敌人对战后还有效"，对于饮食来说也是一样。在这里，我们的意思是所有计划都得随着时间进行调整，灵活应变，而为了知道该怎么具体调整，你得先学习如何判断某个计划是不是真的有效。而这一章的内容，就是教你如何评估进步，以及该如何根据自己的具体目标、对饮食进行相应的调整。关于评估进步这一点，我们还提供了不同的选项，让你可以根据不同的饮食目标和具体情况进行选择。

备赛与生活篇

备赛与冲刺

在你学习了如何设置饮食计划，并且根据自己的目标进行调整之后，如果你是一位运动员，那你的学习过程还没有结束。最后，你还得在上台比赛前进行最后的冲刺。这一章的内容，主要是讲解该如何进行赛前冲刺。对于形体运动员而言，在"冲刺周"的具体饮食调整，以及对于力量运动员而言，该如何在不影响比赛日发挥的情况下，最安全快速地降重。在这一章里，我们会讲解所有的备赛细节，从冲碳到水减，再到钠元素和其他电解质的摄入，详细分析各种策略的优劣之处及它们的具体用法。

恢复饮食

对于形体运动员来说，想达到真正的竞赛体型是极度困难的。不幸的是，当赛季结束之时，并不代表这个挑战也结束了。想要达到竞赛体型，你得不断克服身体给出的"多吃点，增长点体重"的信号；接下来，当你在赛季的最后一场比赛结束时，你得找到一种方法，以让身心都顺利过渡到更健康的状态。而这一章，就提供了如何在赛季和非赛季之间过渡的基本指南。

行为与生活方式

在本书最后的这部分内容中，我们会讨论该如何将以上所有的指南都融入你的生活中。这将包括生活的方方面面：如何合理饮酒；外食的时候怎么办；在你的经验越来越足，并且饮食目标不同的情况下，该如何采用更灵活的方式记录热量；甚至还有关于你到底该不该称体重或者记录饮食的讨论。

我们会在这一章的结尾处，再谈谈如何在不影响健身进程的前提下，处理好生活中的人际关系。我们会讨论如何得到家人和朋友的支持，以及当别人向你寻求建议的时候，该怎么做才最好。

希望你能看出，营养金字塔其实并不是非常严格的、必须一成不变地遵守的计划。我们相信，学习如何根据自己的生活习惯，通过一系列行为的改变来贯彻饮食方案，是非常重要的。所以，这也是你能在本书中学习到的东西。

心态与工具

我们将理解营养学的整个心态作为本书的开端。因为这一点将会影响到金字塔的每一层。

很显然，比起本书的其他内容，"心态"这个话题非常广泛，也没有什么严格的定义，更不太可能将其量化，我们也真的无法用文字来强调它的重要性。哪怕你懂得很多，了解所有原理，但若不知道该如何将这些理论概念持续地应用到生活实践和行为方式中的话，也无法达到目标。

以下内容包括了你在应用本书的过程中，可能会使用到的一些工具，它们可以确保你根据自己的目标，切实执行金字塔给出的具体指南。我们还会向你介绍如何培养和食物的健康关系，由于过度关注营养和身体成分存在的潜在弊端，该如何解决它们等内容也在本书的讨论范围里。

记录还是不记录？这是个问题

在我们教你量化记录饮食、测量与追踪进步情况之前，我们觉得很有必要先讨论一下这样做的弊端。

首先，我们可以完全肯定的是，业余爱好者与职业形体运动员或者力量运动员之间，有着很多重要的差别。作为一位职业形体运动员，意味着你可能为了比赛，需要将体脂减到极低的水平，女运动员可能会面临出现闭经症状，男运动员可能会面临出现睾酮水平变低症状，以及睡眠质量变差，压力激素水平和饥饿激素水平升高，饱腹感激素水平降低，还有每日热量总消耗量和体重降低不成比例地锐减，肌肉和力量流失，疲劳感升高等一系列情况，还可能因为这种饮食造成微量营养素缺乏。

想要达到这一点，你需要通过长期和严格的饮食控制，把体脂率降低到生物学上所讲的"不适宜存活"的程度，脱离"健康"的范围。与此同时，备赛期间的心理压力也是不可轻视的，运动员们很容易在备赛期间出现心情低落和脾气变差等症状。比起那些业余爱好者，职业运动员们也更容易患上饮食失调、形体认知障碍以及其他症状，比如"女运动员三合征"或者"运动员相对能量不足"等。

类似地，那些受到体重级别限制的运动员也容易出现同样的症状。对于力量举或者奥林匹克举重这类以体重级别分类的运动来说，时刻监测和控制体重是不可避免的做法。而经常称体重，或者详细记录饮食的做法，又将增加饮食失调或者形体认知障碍的患病概率。

基于以上原因，建议你在行动之前，仔细考虑一下你是不是想要称体重或者记录饮食，如果是的话，原因是什么，该采取什么手段，何时记录，以及该记录得多详细等问题。让我们回到业余爱好者和职业形体运动员或者力量运动员的差别这一点上，如果你并没有什么严格的体重指标，或者不需要把体脂率减到不健康的程度来让裁判们点评，那么你可能并不需要经常称体重，或者计算热量、宏量营养素，就能够达到自己的目标。事实上，这样做不仅"可能并不需要"，甚至不这样做可能反而更好，如果你可以以此避免长期的持续记录的话。先不要急，我们会在后面的内容详细讲讲这是为什么，以及在第17章"行为与生活方式"中，告诉你具体该怎么做。

准确性、灵活性和持续性

从本质上来说，将饮食量化就是在准确性、灵活性和持续性三者之间追求平衡。如果你过于追求记录的准确性，那么你需要牺牲一部分饮食的灵活性，甚至逐渐失去理智，最终会让你的饮食计划变得完全无法执行。

我们作为人类，能够同时关注的事情数量十分有限，而且我们的意志力和克服压力的专注力都不是无穷无尽的。如果你执着于把每一粒米都称量，每天一丝不苟地计算3~5次热量和宏量营养素，那么，完全可以预测，你的饮食计划一定很难被长期执行。这么做，不仅会让你把本该花费在生活中其他更重要的事情上的时间和精力浪费在计算上，还会让你的压力大幅增加。

更糟的是，如果你如此专注在饮食的每一个细枝末节和准确性上，总有一天你的意志力会被耗尽，让你无法继续执行这项饮食计划。那时，你的压力不仅会更大，并且很可能会开始反弹式地暴食，接着你会在"暴饮暴食"和"极端控制饮食"之间像悠悠球一样反复晃来晃去。在极端情况中反复，是一种需要避免的做法，而想要尽量避免它，就得想办法平衡准确性、灵活性和持续性这3个元素。

在记录饮食时，确实需要准确性，但是，只要在能够长期执行的基础上，确保能准确让你达到目标就可以了。而尽管不同的目标对于准确性有着不同的需求，但都需要一定的持续性来保证能够实际执行。这意味着你得根据自己的具体目标，来调整饮食的灵活性。科学研究发现，严格的饮食控制确实可以帮助减重，但是，灵活的饮食控制则不仅可以帮助减重，还可以帮助减重后的体重保持，以及保证减重期间的心理健康。所以，根据自己的具体情况决定饮食中可以有多少灵活性，这是非常重要的。

举个例子，如果你是一位即将比赛的职业健美运动员，想要在最后有限的时间里，让臀大肌分离度再高一点，比起那些没有时间限制，只想为了健康减掉100磅（1磅约为0.45千克，此后不再标注）的普通人，你对于饮食的准确性要求就要高很多。同样的道理，同样一位健美运动员，在非赛季的增肌期和赛季的减脂期，对于饮食的准确性要求也会不一样，或者比起那些只想在暑假前瘦下来以便拍照好看的普通爱好者，要求就又不一样了。

你对于饮食的要求越准确，可能实现目标就越容易。不过，这取决于你在追求准确性的过程中对于自己的要求有多严格。它可能会给你带来额外的压力，并且影响长期的持续性和目标能够实现的效果。而从另一方面来讲，你对于饮食的要求越不准确，饮食的灵活性就越高。但如果准确性过低，灵活性过高的话，可能会让饮食变得没有持续性，导致你无法达到目标。

你也许能看出，在营养学的世界里，平衡是一个永恒的话题。仔细规划和考虑如何将饮食和你自己的生活方式以及目标结合在一起，是一件很重要的事情。

"非黑即白" 思想的问题

现在，既然知道了我们必须考虑 "准确性和灵活性的比例"，那么就该谈谈持续性的问题了。让我们先来解决在养成健康的生活方式的过程中，大部分人最难克服的心理问题之一。

下面列出的几种方法，都因为存在 "非黑即白" 的思想，所以从长期角度来看并不高效，还可能会成为很多人进步道路上的绊脚石。事实上，科学也表明，更灵活的饮食方式比起严格的饮食方式，可以让心态更稳定，以及更容易在减重后保持减重成果。而这两种饮食方式的关键区别就在于，你对于食物有没有 "非黑即白"，或者 "要么全有，要么全无" 的思维方式。

严格的饮食计划

因为我并不是一位注册营养师（registered dietitian，RD），所以给你列出具体的饮食计划就超出了我的专业范围。不过，哪怕我真的有资质，我也不会告诉你每天具体该吃些什么。除非作为示例，我会告诉我的客户们具体该怎么搭配食物才能达到营养目标（这是一个非常好的教学工具），但我不会给他们列出一天的具体饮食计划，这么做的主要原因是，饮食计划常常被两极化地看待。人们大多对饮食计划抱着要么做，要么不做；要么完全投入，要么什么都不干的这类心态。在我们的脑海里，会使用 "非黑即白" 的思想来预测成功度：我要么做了饮食计划，是件完完全全的好事，一定会成功；要么没做饮食计划，是件完完全全的坏事，肯定一事无成。

举个例子，一份具体的饮食计划可能会告诉你在中午要吃一个苹果，而你可能吃了一根香蕉。如果饮食计划这个东西在你眼里是一成不变的，那你可能会觉得自己一天的饮食计划都被搞砸了，进而影响自己的心态。而既然在你的脑海里，这一整天的饮食计划已经失败了，就很可能让你在沮丧情绪的促使下，直接去订一整块比萨。你在中午吃的那根香蕉，可能在营养成分上和苹果完全没有差异，但是因为你有着"非黑即白"的思维方式，你会觉得自己完全搞砸了，进而放弃饮食计划，投向暴饮暴食的怀抱。

我们很理解为什么很多人喜欢饮食计划。它确实很方便，又易于执行。你完全不需要学习宏量营养素是什么东西，或者具体该怎么规划宏量营养素；你也不需要学习如何自己计划一整天的饮食。如果有人告诉你，你具体应该每餐吃什么，是再好不过的事情了。但是，你在旅游度假时，在外出就餐时，都不可能严格遵循饮食计划，更不用说你可能会因为一下了不知道自己没有计划时该怎么做，而变得茫然失措。如果你的饮食计划缺少灵活性的话（比如，在每餐提供不同的食物选择，或者只告诉你应该摄入多少热量和宏量营养素），那么它并不会教你任何关于营养学的知识，还会让你不知道该如何把营养学知识和自己的生活方式结合起来，进而因为做饮食计划而影响社交活动。在很多情况下，一份严格的饮食计划并不能帮助你达到自己的目标，只能作为短期的处理工具。

现在这个时代的大部分人都很了解该怎么减重，但是，在减重之后该如何保持，就成了他们的大问题。这就是我们要追求长期解决方法的原因，而不是使用只在短期有效的严格的饮食计划。

话又说回来，如果一份严格的饮食计划可以告诉你，健康又基于运动表现的全天饮食结构是什么样子，或者在你刚开始学习记录热量时，作为一个范例模板，教你如何具体达到宏量营养素目标（这个概念我们会在营养金字塔的第2层中详细讲解）的话，这也没有什么问题。找几个不同的饮食计划，把每个都试一试，然后再学习一下如何在原本的计划上进行灵活变动，以及如何在保证目标热量摄入的前提下（如果你在记录热量的话），对于食物进行替换，如果能这样做，那饮食计划就是一个很好的学习工具。

所以，我们会强烈建议，如果你真的想使用固定饮食计划的话，最好将它作为学习饮食灵活性和持续性的工具，而不是把它当作饮食的最终目的。在你还处于营养学学习的初级阶段时，固定饮食计划可以作为很好的"学步车"。

像我们之前说过的那样，并不是每个人都需要给食物称重，或者记录热量和宏量营养素。但是，对于那些需要严格记录热量才能达到目标，或者把热量记录作为一种短期学习方法的人来说，这里有一些资源可以帮助你。比如，如果你是iPhone用户的话，可以试试FitGenie这款App（它暂时只有iOS版本，但是将来会出安卓版）。这个App的概念和本书的观点非常接近，此App会根据你的具体目标（减脂、增肌或者维持身材），使用人工智能来设计宏量营养素的比例，还能根据你对于食物的喜好，设计你的一日三餐。

"最神奇"的饮食模板

在你阅读完营养金字塔第2层的热量计算的内容之后，根据你的具体目标，你可能会在一段时间里，每天都有着具体的宏量营养素摄入目标。这意味着，你每天的膳食中脂肪、碳水化合物，以及蛋白质的摄入量，都需要具体到克。

说到这个话题，我们想提一下，数字仅仅是数字而已。你可能会根据自己的需求和本书的指南，决定这些数字，但是请记住，它们并不是一切的终点。随着你的年龄增长、体重浮动和活跃度变化，这些数字都会随之变化。另外，在理想情况下，我们生活中的大部分时间都不应该花在量化记录食物上（在本书的后文会详细讨论这一点）。

为了帮你更好地理解为什么过于关注数字并不一定是件好事，我们在这里再举一个例子。假设你的目标是吃190~210克的碳水化合物。你可能会在某天不小心"吃多了"，吃了215克，在之前提到的"非黑即白"的思想的影响下，你可能会觉得功亏一篑，从而直接去订一块大比萨来暴饮暴食。在这里，你的主要问题显然是比萨，而不是你比起目标多吃的5克碳水化合物。

所以，如果你盲目追崇具体的数字的话，反而会违背我们量化饮食的本意。你永远不可能做到100%准确，因为作为人类，你有时候可能会漏记、错记，有时候可能会读错食品标签，甚至有时候你可能在不经意间就吃超了标。及时停下，在第2天回到正轨就可以了。和饮食计划一样，这些宏量营养素的数字并没有什么神奇之处。

有持续性是件好事，但是，你同样没有必要使用"非黑即白"的眼光看待宏量营养素：要么"我在记录宏量营养素"，要么"我没达到目标，所以所有努力都白费了"。这是我们需要避免的心态。如果你无法消除"非黑即白"的心态，那你的饮食计划终将以暴饮暴食结束。在计划饮食，尤其是减脂时期，尽量消除这种心态是非常重要的事情。

"好食物与坏食物"的心态

现在，把食物分为"好食物"和"坏食物"是一个普遍存在于整个健身界的问题。很多人不仅自己多年这么做，还不遗余力地倡导这种做法。他们相信，食物是分"好食物"和"坏食物"的。很多非常聪明的人、成就极高的运动员，以及在生活的其他方面都取得很多成就的普通人，都会掉入这个陷阱。

但是，尽管这种心态确实能达到一定效果，但我们并不认为它长期适用，并且它还很容易让你养成不健康的饮食习惯。如果你想达到或者保持比较精瘦的体型，那并没有必要长期处于这种接近饮食障碍的状态下。

对于那些"坏食物"，我们觉得你需要做的并不是离它们越远越好，而是应建立起更包容的饮食心态，试着用加法的方式想想自己能吃什么，而不是使用减法的方式想想自己不能吃什么。

这意味着，我们需要在饮食中多加入那些微量营养素密度高，以及有其他益处（比如含有高纤维）的"健康"食物，而不是想着尽量不去吃那些不具备这些益处的"不健康"食物（关于微量营养素这个话题，我们会在营养金字塔的第3层详细讲解；现在，你只要知道微量营养素是身体日常所需的维生素和矿物质就行了）。

对于身体健康毫无益处的食物，哪怕有的话，也非常罕见。（假设你身体健康，没有临床疾病的话）这意味着世界上并没有什么食物会让你在吃了一次之后，不管吃了多少，马上就能对身体造成危害。至于奶油蛋糕或者果酱饼干（译者注：原文为twinkie和poptart，均为美国本地的流行零食），这些食物常常被称为"垃圾食品"的原因，主要是它们的微量营养素、纤维和蛋白质的含量都比较低。

有些人会把这些食物称为"空白热量"食物，这个称呼可能比"垃圾食品"稍微客观一些。这个词的意思是，尽管这些食物能够满足你的热量摄入（营养金字塔的第1层），以及一些宏量营养素的需求（营养金字塔的第2层），但它们并没有办法保证你的微量营养素需求（营养金字塔的第3层）。哪怕"空白热量"这个称呼要更客观一点，这仍然不意味着你需要把这些食物当作恶魔，或者完完全全地避开它们。

对于"空白热量"食物唯一需要注意的地方，是不要将它们作为你饮食的主要部分（再说句稍微离题的话，这种情况在减脂期更容易发生）。我们没必要将这些食物拒之千里之外，我们得先保证日常饮食里有足够的"健康"食物，才能确保身体功能的正常运转。在保证了这一点之后，在饮食中加入一点"垃圾食品"（其实它们并不完全是"垃圾"）并没有什么问题，这么做还能提高饮食的灵活性，进而保证饮食的持续性。如果你在日常饮食中可以吃的食物的类型很广泛，甚至包括了少量的"垃圾食品"，你会更加正常，更加灵活，限制更少，最终增加了长期的依从性，也就更容易成功。

这就是我们认为看起来正常的"好食物与坏食物"或者"干净与不干净的食物"心态会产生一系列问题的原因。没错，确实有很多水平极高的健美运动员，可以长期只吃少量的几种"被健美之神眷顾"的"干净食物"，同样能取得成功。但这并不意味着这就是唯一的成功方式了，这也不意味着他们在减脂结束后还能维持这种饮食状态。

记住，只吃健康食物并不能给你带来什么额外的奖励。在满足身体的基本需求之后，额外摄入微量营养素，也并不会因此给你发一朵小红花。你在吃饭的时候，喉咙里也并没有什么食品鉴定家，对你喊着这个能吃，这个不能吃，这个能吃，等等。你身体的需求，仅仅是满足一天的基本营养素摄入而已，而在这一点得到满足之后，再额外摄入，并不会继续带来额外的好处。"一碗燕麦是不是比一根巧克力棒更好"这类问题是没有什么意义的。你需要做的是考虑自己的整体饮食是否健康，而不是某样具体食物是好是坏。不管你信不信，采用严格的"干净与不干净食物"的饮食方式，比起正常吃饭，反而会更容易造成营养不良的状况（在营养金字塔的第3层里，会详细讨论这一点）。

评判生活方式及饮食健康的一个关键指标就是食物多样性。举个例子，冲绳人（日本冲绳岛上的原住民）是最长寿的人群之一，他们的饮食具有多样性。从另一方面来说，总有一些健美爱好者，一边努力想让饮食更健康，一边仍然坚持着极度严格、单一化的饮食。一边说着"一切为了健康"，一边一辈子吃过的食物种类不超过10种，这是件再讽刺不过的事情了。如果某种饮食方式告诉你，你得戒掉麸质，戒掉乳制品，戒掉红肉，戒掉"加工食品"，戒掉水果，戒掉豆类，戒掉淀粉，再戒掉全蛋，那你剩下能吃的食物就极其有限了，还极有可能造成微量元素的缺乏。我们见过或亲身经历过太多这种情况了，尽管使用极度严格的饮食方式可以给心理带来不少的自我满足感，但你最终会因为肠道菌群和消化酶变得单一化，而对于那些不在"干净食物"列表的食物消化困难。

记录工具

如果你是一位处在备赛期的竞技健美运动员，或者是想要降体重级别的力量举选手，确保饮食的准确性和持续性是很必要的。想要达到这一点，你得使用一些量化手段来追踪自己的营养摄入和进步速度。更具体一点来说，你需要记录体重以及日常饮食。

对于那些不以竞技为目的的爱好者来说，在健身之路的某一个阶段量化记录，也有一定的好处。当你刚开始量化记录的时候，量化记录可以让你对于食物分量有着更好的理解，还可以教你识别各种食物中的主要宏量营养素构成，让你学习无意识进食的思维，观察你的饮食习惯对于身体的具体影响，以及为了健康与运动表现，如何建立最基础的饮食结构。另外，在你的健身生涯中的某些特定阶段，量化记录饮食和体重可以帮你更快地达到目标。一个很好的例子是当你减脂进入平台期的时候，哪怕进行了一些质化改变，可能你仍然没有办法突破平台期，在这时，你可以开始量化记录体重和热量摄入，来"检查"一下无法进步的原因可能有哪些。同样的道理，在非减脂期，你也可以使用量化记录作为一种"审查"手段，看看你之前养成的健康习惯是不是仍然存在（在本书的最后，会对这一点进行更详细的说明）。除了这些情况之外，如果你的健身目的不是参加比赛的话，你不应该每天都进行量化记录，因为当你越依赖外在指标（体重数据、热量记录等）时，你就会对内在指标（饥饿感、饱腹感等）变得不敏感，更容易导致饮食失调。

但是，如果你一定需要量化热量摄入和记录体重的话，你首先得买个食物秤和体重秤。强烈推荐两者都使用电子秤，因为电子秤的精确度非常高。你可以在大部分超市或者网店里找到这些产品，然后你唯一需要做的，就是确保电子秤里的电池电量充足就行了。如果能避免的话，尽量不要使用弹簧秤，因为它们会非常不准确。

如何记录饮食

我们建议你对于食物采取称重的方式（如果可行的话），而不是测量体积的方式进行测量。这么做是因为食物体积的测量往往误差更大。

食物的体积的测量取决于食物的形式，它是如何被倒进称量容器的，以及称量容器是否水平，同样的"1杯"食物可能结果会千差万别。比如1杯苹果块，1杯苹果片，以及1杯苹果泥，热量差别就非常大。另外，称量杯的生产并没有统一的标准。你可能在某个商标上看到"1/2杯燕麦（45克）"，但当你到家使用自己的杯子称量的时候，发现1/2杯燕麦的重量达到了54克或者只有40克。同样的道理，当你看到某个食物标签上写着"100克（1杯）"时，你需要知道换一个杯子进行称量时（比如你自己家的杯子），1杯该食物的重量并不一定等于100克。所以，为了保证记录的精确性，称重是更好的方式。

另外，如果可以的话，应该尽量测量食物的生重。烹饪的时间会影响食物的水分。某种富含水分的食物可能因为水分大量蒸发，烹饪后的重量会明显轻于烹饪前的重量，但它的营养成分却没有什么变化。相反的例子也有不少，比如干意面和生米等食物，在烹饪的过程中因为吸收水分，其重量会极大地增加。因为你不可能保证每次烹饪的时间都精准到一秒不差，所以保证称量的精确性的最佳方法，是在烹饪前记录食物的生重。

同时，你还需要使用某种手段记录食物的营养内容。你可以使用电子表格、传统的纸笔，或者某些网上数据库（这可能是最简单和最方便的方法了）进行记录。比较常见的数据库包括FitGenie、MyFitnessPal、LiveStrong、FitDay、MyMacros，以及CalorieKing等，还有许多没有被列举出来的其他数据库。这些数据库，绝大部分都既可以在手机上使用也可以在电脑上使用，所以在旅游、外食，或者饮食出现任何变动的时候，使用起来都非常方便。这些数据库通常既包括普通的生食数据，也包括常见的熟食数据，对于量化记录很有帮助。不过，需要注意的是，由于大部分数据库都依赖用户手动输入，产生一些错误也是不可避免的。所以，如果你经常吃某种食物的话，最好能在不同的数据库之间对比一下。

在逐渐进入营养金字塔的正式内容之后，我们会详细讨论具体哪些营养素需要被记录，以及基于你的个人目标和目前状况，各种营养素的目标数值应该定在什么范围。

如何记录体重

在评估进步的种种指标中，体重是最重要的一个因素。但是，记住前文提到的内容，频繁称重可能会增加不必要的压力，并且在某些情况下弊大于利。对于那些以竞技为目的的健美运动员和需要控制体重的力量举运动员来说，天天称体重是必要的，但如果你仅仅是想减掉一些脂肪变得更健康的普通爱好者，不需要天天称体重也很容易达到目标。如果你能根据本书"行为与生活方式"这一章中的指南改变自己的饮食方式，那么你很容易就能在不需要称体重的情况下变得更瘦。如果你对于称体重这件事有着心理上的困难的话，请记住，"心态与工具"的内容是给那些必须要称重的人看的。并且，就算是那些竞技健美和力量举运动员，如果发现在减脂期间因为称体重而产生了一系列心理问题，也需要通过停止称重1~2周来恢复。将注意力放在你的饮食和训练上，然后让自己的努力渐渐显现就行了。在这个过程中，在一段时间里停止称体重可以帮你保持心理健康。

在营养金字塔的第1层里，我们会讨论根据不同的目标，合适的体重变化速度分别是多少。在学习完第1层的内容之后，你可能会决定你目前的目标是每周减去0.5%~1%的体重，或者每个月增加2磅（大约1千克）的体重，这就意味着你每周的体重增幅只有0.4~0.6磅（0.2~0.3千克）。现在问题来了，如果你每周只在周六称1次体重，并且每次称重的条件还不一样，你该如何测量低至0.4磅（大约0.2千克）的每周的体重增幅呢？答案是，这是不可能做到的。

而我们推荐的做法，是在每天早上起床去厕所之后，将称体重作为第1件事来进行，这意味着你在称重时没有摄入任何食物或者水分。裸着站在体重秤上，然后记录体重秤上的数值。我们并不需要太在意某个特定日期的体重，而且如果你太过执着于每天的体重数值，还很容易产生一系列心理问题。每天称体重的作用是让我们能够使用每天记录的数值，来计算一周内的平均体重。

如果你有电脑的话，使用Excel（Windows）或者Numbers（Mac）软件中的自带的"平均值"公式，就能很轻松地计算了。在手机上，还有个叫作Happy Scale的App可以实现这个功能，它会将你一周的体重值自动取平均值，然后给出预测的减重速度。你也可以用传统的纸和笔的方式进行手动计算。或者在网页上搜索"平均值计算器"，搜索引擎也会给你提供多种免费的选项。计算的方法有千千万万种，但是目的只有一个：得到每周体重的平均值。你的体重数值最好是每天同一时间、同一条件下的称重数据，并且至少在一周中称重3次（在"行为与生活方式"这一章中会有更详细的讲解），这样做才能使数据尽量统一。当你有了一周体重平均值之后，需要做的就是在周与周之间进行对比。这样做可以消除每天体重浮动造成的影响，从而给你提供更靠谱、更实用的数据。

由于水分的变化，你的体重在天与天之间浮动1%~2%是非常正常的（有些人甚至会浮动更多）。影响每日体重浮动的因素，包括食物摄入、盐分摄入、酒精摄入、压力激素，以及女性月经期间的激素变化等。但是，你会注意到，当你使用一周平均值作为指标时，数值浮动就更小，也更容易和前一周进行对比了。如果你能够根据我们的建议进行称重（早上起床去厕所之后，裸着站在体重秤上，不要摄入任何食物或者水分），那数据会更为精准。另外，在你的饮食更统一之后，体重数值也会更加可靠（本书的指南也会帮你达到这一点）。哪怕你的体重在周与周之间仍然有一些浮动，你仍然可以总结体重波动的趋势，也可以采取每14天取平均值的方式进行，来确保在学习接下来的指南时，能有足够可靠的数据。实际上，对于绝大部分人，我们会建议在测量2~3周的体重平均值之前，不要进行任何饮食上的调整，来确保这些数据能够预示最真实的趋势。

第1部分　训练篇

第1章 训练金字塔
第1层：依从性

在考虑其他因素之前，我们想提醒你，这里有一个最基础的因素——不管你的计划有多优秀，如果你不能坚持执行的话，它都不会有用。

我们在这里会讨论如何增强依从性。没错，有一些建议可能是大家都知道的，但还是请你耐心阅读这一章，以确保你在训练时不会像很多人一样以失败结尾。

保持训练依从性的 3 个前提

你的力量训练应该具备以下 3 个前提：

▶ 现实性

▶ 趣味性

▶ 灵活性

这些因素也适用于其他事情，不限于力量训练。

有很多人觉得，只要自己有满腔热情，就一定能做成所有事情，你也许就是他们中的一员。但是，这种想法可能会让你"捡了芝麻，丢了西瓜"。如果你制订了一个完全没有可持续性的计划，不会有人觉得它有用。每个人都想要最快地得到结果，但是，如果你无法长期坚持，那么你是不可能认识到自己的全部潜力的。理解这一点，不仅可以让你在长期的训练生涯中少犯错误，还可以帮你更有效率地达到训练目标。同时，你还需要有自我约束和自省意识。在很多情况下，仅仅有激情是远远不够的，我们还需要理解依从性是如何影响我们生活和训练的方方面面的。在整个训练生涯中，这个思想都需要始终贯彻。

现实性：你的训练计划实际吗

时间规划

在制订训练计划时，第 1 个需要考虑的就是你的时间规划。

对于需要在某个具体日子进行竞赛的健美和力量举运动员来说，他们就需要在比赛前设计出一个既现实又符合时间规划的目标。如果距离力量举比赛还有 8 周，或者离健美比赛还有 24 周，这个时候你就差不多需要制订好相应的备赛计划了。

哪怕对于不比赛的爱好者，如果其训练目标是"下个夏天在海滩穿泳装看起来更性感"，那么就需要从现在开始计划要减脂多久、增肌多久，并且需要根据阶段目标调整相应的训练内容。

简言之，你需要根据现实的时间框架来规划训练内容。尽管听起来很简单，但很多训练者都做不到这一点。这常常发生在那些对于计划制订毫无概念的爱好者中。他们可能会试着在6周里完成1个复制粘贴来的8周计划，然后会发现自己碰到了各种问题。不过，你和他们不一样。你阅读这本书是因为你不想在训练中白费力气。你想要知道，到底如何才能高效地制订计划，而不是随大流去做那些复制粘贴来的、毫无个性化的计划。所以，首先请确定你的时间规划。

每日计划

同时，你也需要考虑周与周之间和日与日之间的时间规划。

如果你觉得"最佳训练方式"是像你最喜欢的健美运动员那样，每周训练6天，每天在健身房待足2个小时；而你自己每周需要全职工作50个小时，家里有孩子需要照顾，除了训练你还有其他爱好，在周末需要花时间陪家人……那这可能不是最现实的选择。

你需要从你可以做什么开始，而不是从你想要做什么开始。

记住，"最佳"并不意味着"现实"。在考虑其他因素之前，请永远把生活放在第一位，让训练围绕着生活进行。训练不仅要可持续，还要现实。

如果你觉得每周训练5次的方式最完美，可你每周只有训练4次的时间——那每周训练5次对你而言就不是一个选项了。别去想它了！将精力集中在当前情况下，将你能做的做到最好。

在长期规划中，考虑哪些目标是现实的，也同样很重要。理论上很美好但却让我们重蹈覆辙的计划，比起没那么完美但是我们可以坚持的计划，产生的结果会更差。

请记住，坚持才是产生进步的原因，而不是把事事都做到完美。

趣味性：这种训练方式能让你长时间保持兴趣吗

当你确保了计划的现实性之后，下一个要考虑的问题是"趣味性"。

为什么趣味性这么重要？可以向你保证，一个不那么好但是非常有趣的计划，比起那些更好但很无聊的计划，你执行起来会更有激情，也会更努力。

举个例子，CrossFit会这么成功是有原因的——很多人在开始CrossFit训练之后，达到了之前训练多年都没达到的目标。这是为什么呢？因为他们很享受训练的过程，因此也付出了更多的努力。也许，通过CrossFit团课建立起的友情才是他们之前缺少的，而不是训练计划的质量。

记住，在制订计划时，一定要考虑你该如何用最有趣的方式实现它。我们不是机器人，有没有动力进行训练，是决定依从性和最终结果的一个重要因素。如果一直能看到成果，那么训练会变得更有意思，也更容易让你坚持。在根据训练原则制订计划的同时，也不要忘了考虑你的个人兴趣，这可以帮你达到一个良性循环：趣味性让你训练更刻苦，刻苦的训练让进步更明显，而明显的进步又让训练的趣味性更高。

对于一部分人来说，他们只在乎什么样的方法能带来最快的结果，甚至很多运动员都是这样。但是，对于我们剩下的大部分人来说，把注意力放在什么样的训练能带来更多的趣味性，和什么样的训练能带来最好的结果上，二者的重要性可以相提并论。有的时候，将所有精力放在达到目标上，而不是达到这个目标的过程上，反而会破坏你的进程。

有一项研究就说明了这个问题。研究人员募集了两组志愿者，一组把所有注意力都放在最终结果上，而另一组将注意力放在达到目标的过程上。"结果组"被要求需要通过想象自己最终能达到什么结果，来进行自我激励，而"过程组"则被要求将注意力集中在完成任务过程中的各种积极感受上。如果放到健身话题中的话，"结果组"可能是将注意力放在达到深蹲的新个人记录上，而"过程组"则是将注意力放在深蹲这件事情带来的身体变强壮和训练高效的感觉上。令人惊讶的是，在研究的最后，那些将注意力放在最终结果上的人，竟然更难坚持！所以，这里的要点是，如果你将注意力放在如何写出"最佳"计划上，也许反而会成为你失败的原因。

设想一下，一位有全职工作、有家庭的男士，如果他的训练非常有趣，但是需要花太多时间，以至于他没法维持良好的婚姻生活，也没时间陪伴孩子成长。最终，这个计划会因为对他的生活产生了太多消极影响，而变得没有意思；他也会因此变得压力更大，睡眠质量也会更差，这些又会对结果产生负面影响。你得想想，这到底值得吗？

想一想，有多少业余爱好者在默默后悔自己因为坚持每周训练6次，而在健身房花了太多时间，以至于错过了生活中的其他事物？又有多少人拒绝改变，只因为他们不想承认这个事实？

我们在这里想说的是，"什么最适合我"是一件变化很大、非常个人化的事情。这也是我们不会直接给你一份"定制计划"的原因，因为它并不存在。我们能给你的，是制订计划的训练原则。

"最佳"不等于"可持续"，不要从一开始就让自己注定失败。

灵活性：你的计划能够适应突发状况，并及时调整吗

灵活性是达到现实性和趣味性的基础。灵活性可以让你在享受训练的同时，使训练变得更现实。

如果你训练的时间足够久，那么你一定碰到过无法完成计划的时候。这可能是因为临时要加班，或者临时有家庭活动。当这些事情发生的时候，让计划有一定的灵活性就很重要了。这可以让你在尽量不牺牲训练效果的前提下，及时对计划进行相应的调整，而不是因为错过一次训练，就完全放弃训练计划，或者盲目地换计划。

顺便说一句：真的有"最佳计划"这个东西吗？

没有人能定义"最佳"是什么。世界上不会有任何一个人、任何一种方式能够给你答案。作为科学家，我们尽量拓展知识的边界，但是，想给出"最佳"是什么的答案，目前仍然是不切实际的。

为了达到目标而付出最大努力并没有错，但是，不要掉进反复怀疑自己的计划"是不是最佳"的陷阱里，从此反复修改计划，期待某一天能找到那个"最佳"的计划。你永远能找到一种方法，告诉自己"我本来可以进步得更快"，而这种思想会让你掉到"寻找最佳计划"的陷阱里，而这可以说是健身圈里最常见的陷阱之一了。

灵活性在很大程度上是一种思维，而本书提供的一系列原则，可以帮你建立这种思维。在接下来的内容中，你会学习到在不影响效果的基础上该如何对训练进行调整。

当生活压力大的时候

从广义上来讲，我们的身体时时刻刻都在从不同方面接收压力。训练、控制饮食、缺乏睡眠、工作、个人烦恼等，对于身体而言，它们都是压力源。

大部分教练都有这样一种看法：你接收到的、影响训练结果的大部分压力，都和你能够控制的因素有关（我们也是这么认为的）。但是很遗憾，事实并不是这样。事实上，有研究表明，在进行训练时，那些生活压力更大的人对于同一个训练计划的适应性更差。

所以，尽管你可以试着控制训练金字塔里谈到的各种因素，但你也需要知道，有一些生活里的压力源是你无法控制的。

举一些例子：你的工作压力很大，和同事的关系处不好，某个家庭成员最近刚刚去世，或者你刚和另一半离婚等。任何你可以想象到的、超出你自己控制范围的事情都可能会成为你的压力。这些压力都可能会对你的训练造成一定影响。

这也是为什么自动调节训练（在你的训练计划中，建立系统的灵活性）非常有用。它可以将你的训练压力和你能掌控压力的程度进行匹配。在后文中，我们也会详细地讲解自动调节训练的相关内容。

当精力水平有限的时候

到目前为止，灵活性对你而言意味着什么？你该如何将灵活性的元素引入自己的训练计划中呢？这里有个例子来具体说明。在一项研究中，志愿者们被随机分为了 2 组。在第 1 组中，志愿者可以根据他们每天的精力水平，从 3 个训练计划中选择 1 个：简单，中等，或者困难。另一组志愿者则没有选择，每次都做固定的训练项目，不会根据他们的感受和精力水平进行调整。

在整个实验过程中，训练量是固定的：在 12 周后，2 组志愿者在训练中进行的训练总量并没有差别。虽然 2 组志愿者都完成了训练计划，但是那些能够根据自己精力水平选择训练难度的志愿者们，得到了更好的训练效果，增加了更多的力量。相似的，在另一项跟踪研究中，研究人员发现，那些可以根据自己准备就绪程度选择每周训练内容（力量、肌肥大，或者爆发力模块）的志愿者，比起那些计划没有灵活性的志愿者对训练有着更好的依从性。

所以，这里的重点是什么？首先，我们要知道，健身房外的压力会影响到健身房里的训练。其次，我们要知道，使用灵活性的方法建立的训练周期，比起一成不变的死板计划，会带来更好的效果（这一点和控制饮食也有相似之处）。所以，在你制订了自己的训练计划之后，当然最好的是在自己的能力范围内按照原计划进行。但是，如果你在哪天感觉糟糕又虚弱，没什么精力的时候，可以进行本周计划里最轻松的那个训练。当然这并不是唯一的在训练计划中加入灵活性的方法，在后文中，我们会详细讲解更多方法。最后，我们希望它可以帮助你建立起"把目光放在长远效果上"的理念，而不是仅仅关注某一天里，你要做"多少次"和"多少组"这些东西。

举铁不是生活的全部

以上这些现实性、趣味性、灵活性和依从性的内容，对于很多人来说，在没有真正亲自面对生活中的突发状况和不那么理想的训练条件之前，是不会完全理解的。在这里必须提出的一点是，在这些必须面对不理想的训练条件的场景下，当训练者不能完成计划的内容时，他们面临的最大问题不是这种场景本身，而是他们的反应。我们在这里指的是，假期、伤病、旅游或其他同时进行的运动（不管是竞赛级别还是随便玩玩），以及无法预料到的额外工作，但这些都不是真正的问题。而面临这些情况下的压力、犹豫不决、过度反应，以及在极端情绪化时做出的决定，才是真正的问题。

在军队里流行这么一种说法："没有一份作战计划在开战之后还有效。"当然，我们不是说你和准备上战场的士兵一模一样，但在生活中，有很多可以与其类比的情况，比如那些在认真训练之外，还有家庭、有事业、有日程安排、有压力、有其他爱好的人。如果你是一位年轻、单身的全职运动员，有着最好的训练设施，通过运动获得收入，可以不用考虑其他外在压力源，因为训练就是你的全部，那么，你的"最佳"和"最现实"的计划可能会最接近。以我们多年做教练和运动员的经验，很多爱好者会假装他们处于这种情况，而事实并非如此。他们往往会忽略现实中客观存在的种种会让他们偏离计划的事情。然后，当他们真的需要面对这些事情的时候（这是不可避免的），他们就会因为毫无准备而手足无措。因此，我们会列出一些最常见的情况，以及那些有关于"生活突发事件"的问题，还有我们对于如何处理这些问题的看法。

"如果错过一次训练，该怎么办？"

这其实并不是一种"突发情况"，而是常见的情况，是由很多其他因素导致训练中断的情况。虽然它是最常见的训练问题之一，但幸运之处在于，它同时也是最容易解决的训练问题之一。一般而言，推荐的解决方法是在下次训练的时候补上。是的，你每天的训练计划都是固定的，但是没人说过你必须这么做，不是吗？举个例子，如果你在周一、周三和周五去健身房，但是错过了周三的训练，那你可以直接在周五进行周三的计划。知道你可能在想："这么做，我不就落后了吗？"我们的答案是，比原计划推迟几天完成，从长期来看几乎不会产生什么影响。并且，在某些情况下，强行将多天的训练结合到一天完成（尤其是在训练强度非常大的时期），其结果可能还会适得其反。

在下次训练时补上前次训练的内容，只有在一种情况下会出现问题：备赛时期。你不可能用"我在备赛第2周的时候，周三的训练直到周五才完成"这个借口，让比赛组织者将比赛从这周六移到下周一。在这种情况下，你有两种选择：要么直接跳过这次训练，要么重新调整计划，将错过的训练内容在下周补上，但是具体该怎么选呢？

如果是特地计划的"低压力"训练日，那么直接跳过是一个好选择。举例来说，就是力量举运动员的辅助动作训练日，普通训练者的握力训练日，健美运动员的小腿、手臂训练日，或者是你只需要将动作强度做到极限强度的80%的"爆发力训练日"。在这些情况下，这次训练日的绝大部分目的是动态恢复，以及进行少量的训练刺激。如果你跳过这次训练，你仍然能达到恢复的目的，同时只错过了极小程度的刺激。不过，话又说回来，因为这些训练日的压力实在是太小了，如果你可以在本来计划的休息日（周四，周六或者周日）去健身房补上，它也不太可能会对下一次训练造成负面影响。

并且，若你迫不得已接连好几次错过高强度的训练日，虽然这种情况并不理想，但实际上它也没有你想的那么糟。至少有3篇研究，比较了持续训练（每周连续的3天）和在其中加入了休息日的同一个训练计划，结果，无论是力量还是肌肥大的适应性都没有什么差别。

所以，哪怕你偶尔需要连续进行高强度训练，比如在周一之后，在周四、周五连续两天训练，或者周一之后，周五、周六连续两天训练，这都不是什么大问题。但是，当这种情况发生的时候，你也需要做好心理准备，在第2次训练时，你的训练效果很可能达不到100%。你需要在困难程度不变的情况下，适当减轻重量，而不要死板地一定要根据Excel表格里的数字，或者你脑袋里期待的数字（我们会在后文谈到这一点）增加重量。这种做法可以让你达到训练计划里的容量，而避免过度训练等问题。

其他运动和户外活动

很多训练者除了去健身房之外，还有别的运动爱好，比如你可能喜欢徒步，可能每周还会上几次搏击课。坏消息是，市面上绝大多数力量举和健美训练计划都是基于"在举铁之外，几乎没有其他体力活动"这个前提下的，并不适合这类有其他运动爱好的训练者。

虽然从严格意义上来说，在举铁之外尽量不要做太多耗费体力的事情对于增力和增肌是有利的，但在这里反驳一下，想要成为一个快乐、成熟的人，从全局来看（你永远需要考虑这个看问题的角度），有其他的运动爱好是对你更有利的事情。

想一想那些身处户外带来的健康益处：结交新的朋友，加入志趣相投的团体，以及这些活动能减轻你的压力和带来好心情。如果管理得好的话，它们完全可以成为利大于弊的事情。除非你把这些其他的体育运动或者户外运动当作和举铁一样重要的事情，并且将它们完全独立分隔，完全不考虑各种运动之间的相互影响，否则参与其他活动一般不会产生什么问题。那些团队运动员们，往往会在同一周里进行有氧、无氧、跳跃、运动专项，以及力量训练。他们极度依赖周期化的策略来管理层层累加的疲劳。因此，如果你想同时认真进行力量训练和其他耗费体力的活动，你最好需要做出一些调整，使两者平衡。

在后文，我们会谈谈该如何管理同时进行的多个目标，比如该如何既参加形体比赛，又参加力量举比赛。但是，哪怕你决定了你想同时进行除了力量训练之外的其他运动，还有很重要的一点是：永远有一项运动是优先级最高的。举个例子，如今，几乎所有运动员都会做一些力量训练来帮助自己提高运动表现，但是，他们也仅仅在乎这个而已，即用力量训练来提高自己的专项运动表现。这意味着，他们将力量训练视为自己运动的附加内容，优先级不会排在首位。因此，他们会尽最大努力避免高风险动作，避免力竭，在可以提高运动表现的基础上，只安排最低的容量和强度，并且避免造成肌肉酸痛。一位高水平，并且认真对待训练的足球运动员是不会将"最佳"健美或者力量举训练计划加入日常足球训练中的，因为这会和他的训练原则产生冲突。相似地，一位专业的力量举运动员或者健美运动员，可能会在业余时间踢足球，但是不会制订足球专项训练计划和在备赛期间进行足球训练。

所以，我们假设你已经将健身房外的体育活动控制在比较合理的容量和强度之内了，你可能还会疑惑，到底该怎样平衡举铁和其他活动之间的关系。幸运的是，我们有很多高质量的数据可以用来研究这里的"干扰效应"。"干扰效应"在本文中具体指的是额外进行有氧训练，这确实有可能在一定程度上影响力量训练的适应性。而不幸的是，这种效应确实是存在的，在进行肌肉活动时，我们有完整的供能系统，这种效应的存在确实说得通。这意味着，如果你在保持长时间、低功率输出这件事上变得更有生理效率（即耐力训练的适应性），那么它必然会影响你在短时间、高功率输出这件事上的生理效率（即力量训练的适应性）。

但是，在你被吓到之前，我们需要说明的是，这种"干扰效应"并不会让你减少肌肉，或者阻止你增肌，多年来的研究数据都指出，它只是会让你增肌、增力的速度变慢一点而已。而且，你可以通过科学的规划来最大限度地避免这种效应。总体来说，目前的科学研究得出的结论是：如果你在高强度有氧训练（或者其他体力活动）之后立刻进行力量训练，那么你的训练能力和适应性很可能会受到负面影响。

但如果你把有氧训练安排在力量训练之后，这种干扰效应就会小很多。如果你能在力量训练结束6个小时之后才进行有氧训练，那就更好了，这也是如果非要在同一天进行力量训练和有氧训练的话，力量训练和有氧训练之间的最佳安排顺序。

伤病

不幸的是，过度的力量训练确实是会引起伤病的。而幸运的是，它的风险并没那么高，并且比起力量训练给你的一生带来的各种益处，那些过程中可能产生的伤病简直是微不足道。但是，力量训练带来的风险具体有什么呢？在下面这张表格中你可以看到，力量运动员们在每1 000个小时的训练中受伤的数据。事实上，比起大部分非接触式团体运动以及耐力运动，健美运动带来的伤病更少；而力量举、奥林匹克举重，以及CrossFit的受伤概率则差不多。

基奥（Keogh）和温伍德（Winwood）等人，以及阿萨（Aasa）等人报告的不同力量运动中的运动员受伤概率	
健美运动	0.24~1例伤病/1 000小时训练
力量举	1.0~5.8例伤病/1 000小时训练 1.0~4.4例伤病/1 000小时训练
奥林匹克举重	2.4~3.3例伤病/1 000小时训练
CrossFit	3.1例伤病/1 000小时训练
大力士运动	4.5~6.1例伤病/1 000小时训练
高地运动会（译者注：每年春季和夏季在苏格兰举办的一项活动，也是庆祝苏格兰和凯尔特文化的活动之一，特别是苏格兰高地文化。许多比赛项目都具有苏格兰特色，如风笛比赛、高地舞比赛、长木柱掷远比赛等。）	7.5例伤病/1 000小时训练

作为对比，可以再看一下其他运动的受伤概率：在一些研究中，篮球运动的受伤概率可以达到8.5~11.1例伤病/1 000小时训练。实际上，如果你对于训练足够认真的话，那么在你训练生涯的某个时间点，伤病几乎是必然会发生的，不过，篮球运动受伤的概率比起其他主流运动受伤的概率要低得多。更重要的是，如果你仔细想一想，这似乎也不是什么需要担心的事（就算你整天坐着一动不动，还是可能受伤，并且还会因为久坐而产生其他健康问题）。真正的问题是，当伤病发生的时候你该怎么做？首先，我不是理疗师或者医生，如果我坐在飞机上，机组工作人员问道："飞机上有医生吗？"我会举起

我的手并且大声答道："我是！你想了解关于蛋白质或者感觉费力程度的什么知识？"（译者注：在英语中，"医生"和"博士"都为doctor，而作者埃里克是一位运动科学的博士。）如果你受伤很严重，首先要找的是物理治疗师或者医学专业人员，如果有条件的话，最好找一位对运动伤病经验丰富的人（最理想的情况是找一位自己会力量训练的专业人员）。每当我看到别人在我的社交网站上评论，问我他们该怎么治病的时候，我都会觉得很震惊。这对于他们的伤病来说是完全不负责任的做法。我不是一位专业人员，即使我是，社交网站也不是求医问药的地方。

话又说回来，不是所有伤病都那么严重。疼痛、拉伤、炎症、肌肉僵硬等问题，都是训练者训练生涯中不可避免的一部分。当这些小妖精（译者注：原文为gremlins，指机器出现不明故障时，人们假想出来的捣乱的小妖精）出现时，你需要做的是不要因为做出错误的决定，而把小问题扩张成了需要医学手段干预的大问题。不要在疼痛难忍的时候，还咬着牙去训练。从另一方面来说，也不要让对于伤病的恐惧，成为你对于训练采取过度保守态度的原因。我见过有人因为下背肌肉的轻微拉伤，就接连几周不去健身房，或者因为上半身受了伤，就连腿也不练的。在3DMJ队伍里，我们就有运动员在备赛期间（也是减脂期间）下背受伤的，但他们仍然得做臀推、腿屈伸，还有腿弯举来练下半身，另外还要用器械动作替代上半身的自由重量动作。

那么，折中点在哪里呢？首先，如果有什么动作让你觉得疼，那就不要做此动作。你可以改变位移距离、减轻重量，或者替换成不会引起疼痛的类似动作。在某些情况下（主要是单关节动作），血流限制训练法（BFR）可以让你在大量减轻负重（可以减轻到20% 1RM的程度）的前提下，仍然获得强烈的肌肥大刺激。（如果你还不知道血流限制训练法是什么的话，我们在第3章会详细讲解。）最后，如果你没找到替代方法，疼痛又连着几周没有减轻的话，那么请去咨询医学专业人士的意见。

小结

总而言之，请记住"REF"这个缩写，即现实性、趣味性和灵活性。想要将它们合理地与训练计划结合，需要一些自我意识和自控力，所以，请确保在整个训练过程中，都可以随时审视自己。我们不是机器人，"最佳"的概念有可能是和现实冲突的，而生活中出现的很多压力并不受我们的控制。因此，你需要确保你的训练计划是适合你个人的生活方式的，是考虑到你个人喜好倾向的，并且足够灵活，可以适应你个人生活中的突发状况。

第2章 训练金字塔
第2层：容量、强度和频率

训练容量、强度和频率是训练计划的基础。这3个变量不仅相互联系，也不可分割。它们中的每一个因素都会在不同情境下影响其他两个因素。

▶ 如果你采用极高的强度进行训练，训练到近乎力竭的程度，那么肌肉损伤会需要更长的时间来修复（运动带来的肌肉损伤是再正常不过的现象了，因为高张力或者高容量带来的肌纤维损伤是非常容易修复的；但是，当损伤过大时，就会影响运动表现和适应性），运动表现也会受到更长时间的影响，有可能影响你的训练的频率。

▶ 类似地，进行大重量（高强度）训练的每一次动作都会给身体带来更大的压力，需要更长的休息时间，这会使整个训练时间变得更长，从而会限制你的训练的容量。

▶ 最后再举个例子，如果你想在1个训练日中完成16组某个动作，那么你要么需要减少容量（每组少做几下），要么需要减少强度（减轻重量），以此来适应完成每组动作后带来的疲劳。而如果你通过1周里2个训练日，以每个训练日完成8组该动作的方式来达到同样的容量，那么所需要减少的容量或者强度就要少很多。

因为这3个因素之间相互影响，所以它们在训练金字塔里被安排在了同一层。具体该如何结合这3个因素，则跟你的训练年限、训练目的、个人倾向、日程安排，还有目前在竞技生涯的具体阶段有关。

本章是本书中最重要的一章，所以，请确保你有时间仔细阅读。鉴于本章的篇幅，让我们从对新手和中级训练者推荐的容量、强度和频率一览开始，并且通过一系列原理解释，使你能够更好地理解。

容量、强度和频率
入门推荐总结

- **容量**
  每周每个肌肉群或者动作模式训练10~20组。

- **强度**
  力量为目的：2/3~3/4的容量安排在每组1~6次的区间里，剩下的容量安排在每组6~15次的区间里，达到主观感受费力程度5~10的强度。
  肌肥大为目的：2/3~3/4的容量安排在每组6~12次的区间里，剩下的容量安排在每组1~6次和12~20次的区间里，达到主观感受费力程度5~10的强度。

- **频率**
  每周每个肌肉群或者动作模式训练至少2次。

训练容量

　　训练容量指的是训练做功的总量，并且在一定范围内，训练容量和适应性有着非线性关系（之后会详细讲到这一点）。训练容量可以用负荷容量（组数 × 次数 × 重量），总次数（组数 × 次数），或者简单总组数等不同方法来计算。每一种计算方法都有它们各自的优点和缺点。比如高次数的那些组会让训练容量暴涨。

负荷容量与组数

1RM	6RM	12RM	30RM

大重量　　　　　中等重量　　　　轻重量

同样负荷容量，不同组数	同样组数，不同负荷容量
例子： 7组 × 3次 × 100磅 = 2 100磅 3组 × 10次 × 70磅 = 2 100磅	例子： 3组 × 10次 × 70磅 = 2 100磅 3组 × 30次 × 40磅 = 3 600磅

　　想象一下3×25×100（3组，每组25次，重量100磅。余类推），假设100磅是你极限重量（1RM）的50%，相比于3×10×140（140磅为你极限重量的70%）。前者会产生7 500磅的负荷容量，而后者则只产生4 200磅的负荷容量，少了78%的负荷容量。但是，这意味着什么？你会从中多得到44%的力量，或者肌肥大，还是更多的疲劳？都不对。目前的数据表明，每组8~12RM的训练方法，比起每组25~35RM的训练方法，产生的肌肥大效果是类似的。并且，在大幅度减少了容量的情况下，3组2~4RM的训练方法，比起3组8~12RM的训练方法，反而能带来更多的力量增长。

　　这个问题在你只计算总次数的时候，会被放大得更明显。还是用上面的例子，现在，我们对比的是75次和30次总次数的差别，它们之间差了一倍之多！鉴于这个原因，我们会将容量量化为在某个强度区间内（不仅是绝对重量，还包括了主观费力程度）进行的总组数，在本章的后面详细讲解这么做的原因。

力量与肌肥大的关系

　　以下这两点还会在之后的强度小节中具体讲解，现在只需要记住重点就行了。

1. 力量是技巧熟练度、神经系统适应性，以及肌肥大共同作用的结果

我们能有多强壮是很多因素共同作用的结果——肌肉量（以及其他形态学因素）、神经适应性，以及我们对于这个动作掌握的熟练度。因此，训练容量的重要性，不仅在于它能够说明我们做了多少功，还在于它能够说明我们为了掌握这个动作进行了多少练习。

力量不仅有动作专项性，还有次数区间专项性，所以，如果你在某个次数区间对某个特定动作进行练习，那么你提高的也是在这个特定次数区间，使用这个特定重量进行的这个特定动作。

2. 影响肌肥大的重要因素：容量

肌肥大，从另一方面来说，则更依赖于做功的总量，而不是特定的强度区间或者具体的动作。如果你的训练目标是增大肌肉，那么会有很多种训练方式、训练次数和强度区间可以达到这个目的。

训练容量的计算方法

在本章的最前面提到过使用总次数计算训练容量大概是最简单也最有效的方法，并且可以让训练容量的调整变得更方便。

这么多年来，荟萃分析（meta-analysis，对科学研究进行研究，是指对于某个话题，通过收集现有的相关研究数据进行统计分析的手段）发现，在训练总次数提高时，力量和肌肥大的适应性也会相应提高。并且，稍微提到一点之后强度小节的内容，当目标是肌肥大时，每组的有效次数区间是非常宽泛的。

2018年，一个进行荟萃分析的作者就指出，在6~20次的区间内，如果每组都足够难（训练完训练人员接近力竭的程度），此时用组数作为指标，更能预测肌肥大的效果。如果其他因素都相同的话，3组、每组6~8次的方式可能会和3组、每组15~20次的方式产生差不多的增肌效果。简单来说，如果你进行一组轻重量、高次数的训练，每一次动作虽然带来的张力更少，但是你可以通过做更多次动作来弥补，而当疲劳渐渐累积时，更多的肌纤维被强迫参与进来。因此，最终你获得的总体刺激会和大重量、低次数训练方式所产生的总体刺激相类似——当每一次动作会带来更大张力，募集更多肌纤维时，它不会持续太久。唯一需要注意的是，当一组中的次数太少（小于6次）时，它可能因为时间太短、重复次数太少，而无法带来完全的刺激。

而对于力量而言，情况也很类似。有数据表明，力量增长相比于肌肥大，更不依赖于特定的组数区间，它们之间的关系也远远没有你想象的那么大。具体来说，当比较每周进行1~4组、5~9组，以及10~12组对于力量增长的影响时，只有1~4组和10~12组这两种划分方式之间有着极小的统计学差异。

肌肥大是影响力量的因素之一，并且像前文提到的那样，力量增长和你训练的次数区间是有强专项性的。这一点非常重要，因为在各种研究中，力量的标准都是1RM测试。这意味着，如果其他因素都相同的话，以固定组数的方式进行训练，与较大重量（3~5RM）和极大重量（1~3RM）相比，你得到的力量增长效果可能会非常类似。这是为什么呢？因为尽管3~5次的训练方式（80%~85% 1RM）比起1~3次的训练方式（90%~95% 1RM）对于力量测试（100% 1RM）的专项性更小，但它会带来几乎两倍的次数和肌肉受到最大张力的时间（3~5RM的重量，强度仍然很高）。这意味着，如果组数固定的话，进行3~5次的训练会带来更强的肌肥大效果，以弥补因为缺少专项性而带来的更少的神经肌肉适应性。因此从结果上来看，两种次数区间能带来类似的力量增长效果，不过，它们是通过不同的机理来完成的。

当你之后读到进步和范例计划模板的内容时，你会看到，可以具体通过调整变化但是又互补的训练容量、强度和频率来设计多个训练模块，从而达到最大化的力量增长。

总结来说，计算在某个特定强度区间或者次数区间进行的总组数，不管对于肌肥大还是力量来说，都是一种有效又实际的方式。这主要是因为，在一定程度下总组数大致可以代表训练获得刺激的总量。

力量、肌肥大和容量——在一定程度下的"剂量反应"

看看那些在强度、频率不变的前提下进行的实验，很明显的一点是：无论是力量，还是肌肥大，都和训练容量有着"剂量反应"。这意味着，你的训练容量越高，获得的力量和肌肉增长也就越多。

但是，这绝不是在说训练容量和增肌呈线性关系。在现实中，你训练中的最初几组会带来"意外惊喜"，但是当你的组数持续增加之后，付出同样努力获得的成果就相对越来越少。然后，你会达到完成额外组数也完全无法带来任何额外回报的地步。在这种情况下，如果你一味地增加组数，你的进步速度反而会被拖慢。最终，若再继续增加组数，则会进入平台期，让你止步不前，甚至退步。

下页关于训练容量和进步的"U形"关系图是有科学依据的。在不少实验中，不管是力量，还是肌肥大，获得增长最多的都是中等容量的那组，而不是低容量组或者高容量组。

进一步说，U形图的最右边（你需要尽最大努力避免的区间）也有相应的研究结论支持。在一些容量极高的研究中，那些志愿者比起实验前，要么一点进步都没有，要么退步了，而使用稍微低一些容量的对照组，则取得了进步。这些数据都表明，当你过度增

训练容量和进步的关系

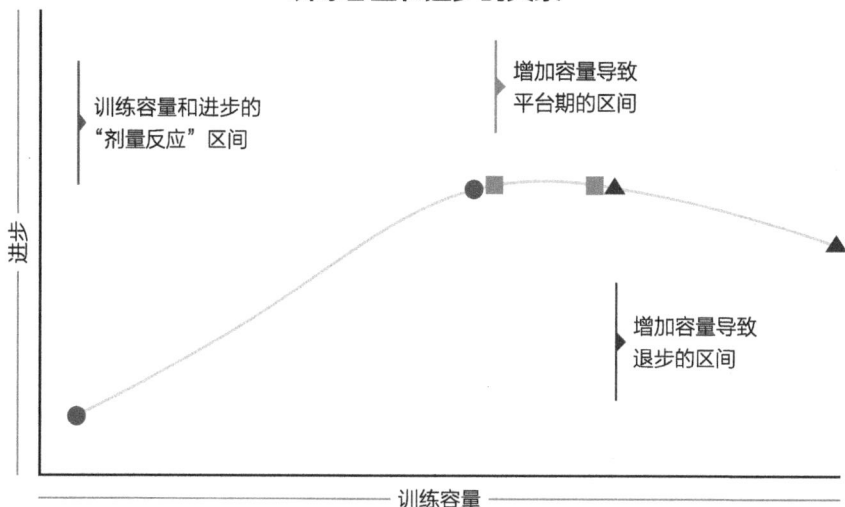

● 有效训练

■ 当疲劳管理进行得好的时候，为超量训练；当疲劳管理进行得不好的时候，为非功能性超量训练

▲ 如果不对非功能性超量训练进行管理的话，会导致过度训练

加训练容量的时候，也许会导致强健度和疲劳无法平衡，进而达到疲劳的状态。这个阶段我们一般称之为"非功能性超量训练"。如果不进行疲劳管理，甚至进一步强迫自己进行更高容量的训练，那么这种状态会进一步转变成过度训练。

这意味着，在非功能性超量训练的状态下，每一组额外增加的训练容量都会进一步带来负面影响，并且降低你的恢复能力。没错，你确实可以几乎无限地增加组数和训练容量，也可以辞掉工作，把所有时间花在健身房里，或者通过减轻重量来进一步增加每组次数，但这些做法既没效率，又不明智。

训练容量的变化，作为一个总体原则，在你的整个训练生涯里确实很重要。但是，只有当你的进步需要的时候，你才需要增加训练容量。

强健度—疲劳模型

为了帮助你进一步理解训练容量和进步的关系，以及为什么更多不一定总是更好，下面让我们来讨论一下"强健度—疲劳模型"。

如其名字所示，强健度—疲劳模型是一个关注强健度和疲劳的双因素模型。这两者都由训练产生，疲劳会掩盖强健度，从而影响运动表现。让我们快速理解一下这些词语。

▸ **强健度**指的是通过训练所达到的生理能力。当继续有效训练时，它会随着时间的推移而慢慢增长。

▸ **疲劳**也是训练带来的结果。它和训练负荷、强度成正比关系。它还和你耐疲劳的程度有关。耐疲劳的程度，或者说是做功能力，会随着你适应更多训练压力，而逐渐增长。另外，耐疲劳程度（你能够多快恢复的能力）也会受到一些外在因素的影响，比如睡眠、饮食、生活压力、女性的生理周期，以及其他一些环境因素等。

▸ **运动表现**则意味着强健度减去疲劳。在这里，其他外界因素同样也会影响运动表现，比如健身房太热、使用你不太熟悉的新仪器，或者你被其他非训练相关的因素所影响等。所以，不能认为运动表现只受这两个因素的影响，运动表现是个独立指标，只是这两个因素对它的影响最大罢了。

从短期而言，这意味着当你认真训练变得很累的时候，你没法像刚进健身房那样，举起同样的重量，或者用某一重量做到同样的次数——这是用直觉就能知道的、显而易见的事情。想象一下你刚测试完深蹲极限，又减重20%蹲了5次，然后跑去操场冲刺跑了400米，接着回到深蹲架旁。这时候，你正处在"疲劳状态"中，再去深蹲之前的极限重量，很可能蹲不起来。但是，当你有足够的时间恢复后，你可以再次蹲起这个重量。

强健度—疲劳模型很适用于同一周或者同一个训练周期内，不同训练日之间的对比。它也能很好地解释为什么不仅需要在训练日之间休息，还需要在训练计划里加入周期化的概念，以及为什么最好不要心血来潮，无限地在计划里添加训练容量。

单次训练对于强健度、疲劳度和运动表现的影响

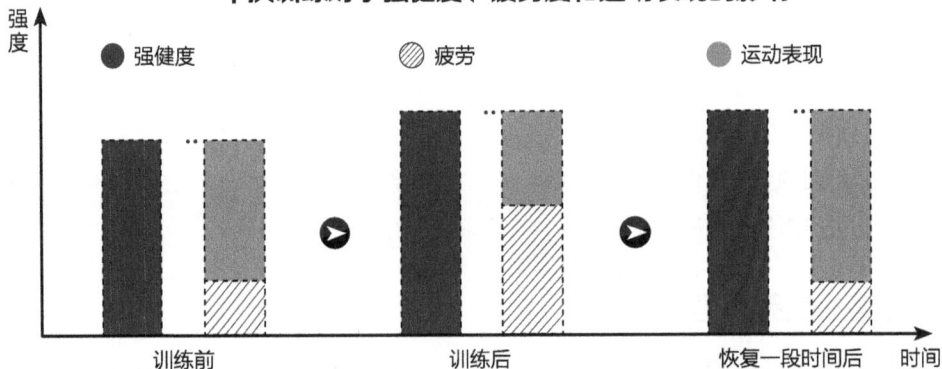

在上图中，你可以看出，在训练前有一部分由前一次训练导致的疲劳。在训练后直接带来了强健度的提高，但是疲劳程度也跟着有所提高，导致总体运动表现反而下降了。在恢复一段时间后，疲劳程度降低至基线位置，运动表现也有了明显提高（图中恢复一段时间后的灰色柱的高度有着显著增加）。

正常训练的适应性

正常训练所产生的适应性，会让你的运动表现随着时间的推移而逐步提高。但是，如果仅仅着眼于某一周内的变化，我们会看到，尽管强健度一直在上升，但由于疲劳的影响，运动表现是上下浮动的。

强健度—疲劳模型——在一周内运动表现的典型变化示意图

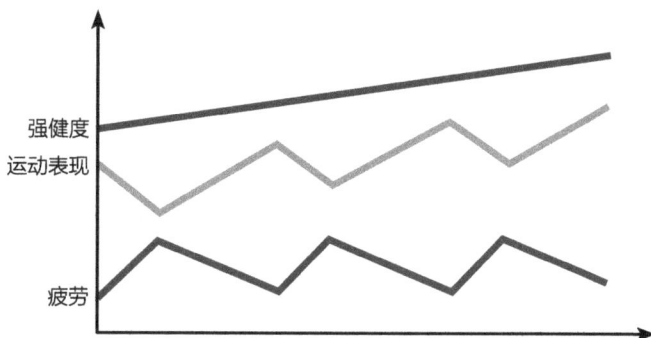

在每一次训练之后，强健度和疲劳都会上升，但只有疲劳者逐渐消散的时候，才会产生运动表现提高的效果。在更长远的时间范围里，假设渐进超负荷的方式被采用，运动表现会随着强健度的上升而一起上升。理论上是这样，但事情往往并没有那么简单。

超量训练和过度训练

在你训练时，既会产生强健度，也会产生疲劳；但是，为了取得进步采取的渐进超负荷往往会带来残留疲劳的累积。当残留的疲劳超过了强健度的提升程度，运动表现会受到负面影响，你会没法像往常一样刻苦训练，或者采用相同的负重进行训练。

这时候，可能会产生两种后果，其中一种后果是另一种后果的延伸。

第1种后果是，进入"超量训练"的状态。在这种情况下，如果你可以采用低强度日、减量周等周期计划的方式来使疲劳消散，运动表现会提高，并且在理想情况中运动表现会达到比之前（如果不超量训练的话）更好的状态。这意味着，超量训练对于一些有经验的训练者而言，是达到适应性的必要手段。超量训练本身也会带来疲劳，以至于暂时压抑运动表现。如果疲劳管理做得好，并且能良好平衡恢复和超量训练之间的关系的话，那么超量训练应该会在之后带来运动表现的进一步提高。这一类超量训练，被称为"功能性超量训练"。

从另一个角度来说，如果运动表现在超量训练后没有提高，而是仅仅回到原来的状态，这种情况则被称为"非功能性超量训练"。

需要注意的是，在日常训练中，训练状态上下浮动是很正常的，而"在疲劳状态下训练"并非永远是件坏事。受你的训练年限、训练目标的长远程度、做功能力，还有训练结构的影响，在疲劳状态下训练也许是正常的，甚至是必不可少的。但是，假设你使用了周期化的策略，在某个时间点，你一定会看到运动表现的提高。

第2种后果则是超量训练的极端延伸：过度训练。在这种情况下，疲劳程度高到了让你无法正常训练，甚至无法正常维持强健度的程度，导致你的运动表现会退步。在力量训练中，这种情况其实很少出现，也需要很长的时间才能达到这种状态。不过，这意味着，当过度训练出现时，你同样需要更长的时间来恢复，这不仅仅是一个恢复周期或者减量周就能够恢复好的。

就个人经验而言，我只在两类力量运动员身上见过真正的过度训练：备赛阶段的健美运动员，以及那些需要把力量训练和其他训练目标结合，同时进行高强度和高容量训练的CrossFit运动员。因此，你完全不需要担心过度训练会一夜之间突然出现，并且往往在它出现之前，你就能够发现一些迹象。

如果你超量训练了，通过周期化的策略调整训练压力，就能很好地管理疲劳。这种周期化的策略可能是在短时间内减少训练容量或者降低训练强度；但是，如果你不幸过度训练了，疲劳就会变得难以管理，并且需要非常长的时间来恢复。功能性超量训练是有益的（给非新手提供足够渐进超负荷的训练，都会达到功能性超量训练的结果），而非功能性超量训练和过度训练则需要避免。

这是一个非常重要的概念，所以在这里再用几张图让你加深印象。不过，在看图之前，需要解释一下这两个常常被误解的概念："减量"及"赛前减量"。

减量或者**赛前减量**的意思是通过减少训练容量的方式，来减少疲劳、释放潜力。赛前减量往往指的是运动员在比赛之前对于这一策略的使用。这种策略不仅被力量举和举重运动员使用，还被广泛用于其他运动，比如铁人三项、田径，以及任何有单日比赛的考验耐力的项目。这个过程还包含把握节奏，将你最好的状态留到比赛日，这也被叫作"冲刺"，而赛前减量是整个赛前准备流程中的重要一环。我们会在第3章里具体讲该如何减量，现在你只需要把赛前减量想象成为在赛前减轻疲劳，刻意减少训练容量的做法就可以了。

减量也是一样的概念，只不过其背景是日常训练。减量是一种非常有意义的策略，主要是因为疲劳消散的速度要远远快于强健度降低的速度。每一个以周期化为基础的模型、每一种合理的训练方式、每一种运动，都需要一段刻意降低训练压力的时间（可以是几天、几周，或者几个训练模块）。这不仅是为了让运动员能够从紧张的训练里快速恢复，更重要的是可以在接下来的训练中让运动员取得更大的进步。这个概念非常重要，因为你一定见过那些过度激情的训练者，他们只注意日常恢复，并且坚信自己不需要减量阶段（他们永远可以找到一个理由，告诉你他们可以再做多一点），却忘了减量阶段的重点，即减量不仅仅是为了减轻疲劳，更重要的是减量可以让你在下一个训练模块中更有准备、效率更高。

都懂了吗？很好，现在让我们看看图吧。

强健度—疲劳模型——在一个训练周期中，
因为"功能性超量训练"带来的运动表现变化

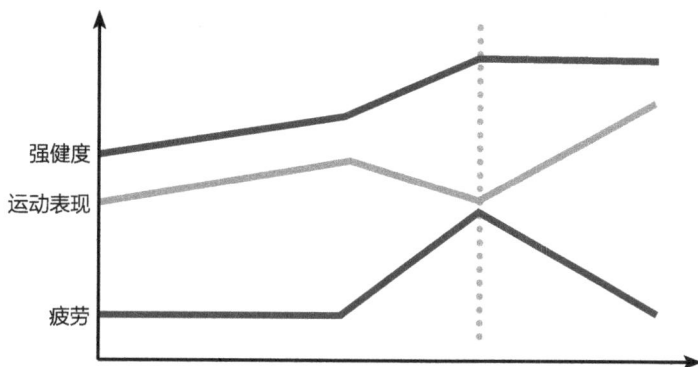

1. 在第1条虚线之前，情况和之前"超量运动"的情况是一样的。

2. 但是，在这种情况下，训练者决定不减少容量。这种情况并不罕见，训练者发现他们的运动表现在下降，但他们把原因归结为"训练状态不好"，甚至有人会把网上的一些说法当真，比如"疼痛是弱点离开身体的标志"，他们以为自己变弱是因为训练容量还不够高，于是进一步增加容量。

3. 增加的疲劳导致了运动表现的进一步下降。在这种情况下，训练者不可能维持训练产生的适应性，以致强健度也出现下降。

4. 训练者发现了真正的问题，决定通过减量来调节训练容量（第2条虚线）。不过，想要疲劳完全消失，运动表现回归，恢复到之前的训练水平，则需要相当长的时间。

强健度—疲劳模型——因为"功能性超量训练"带来的运动表现变化，导致在一个训练周期中出现过度训练

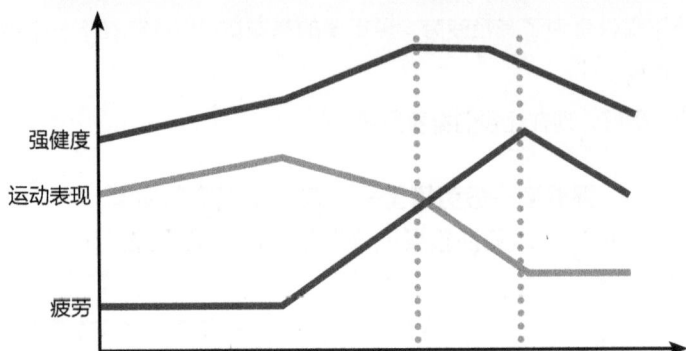

在实际生活中，大部分人会在达到过度训练之前，由于生理或者心理的强烈不适感而停止训练。发生这种情况一般是由于训练者过于"执着"或者过分热情，大部分训练者只能停留在"非功能性超量训练"的阶段。这意味着，训练者可以通过休息一两周的时间（假设他们没有受伤）来恢复训练水平，只是不会在之前的训练中产生进步而已。这种"原地打转"的训练方式可以说再常见不过了，而真正的"过度训练"，即使在力量和形体运动员中，也是极其罕见的。但是不管怎么说，你需要记住，如果你训练很刻苦，但是运动表现没有什么提高的迹象，在这时候再逼自己更刻苦地训练，很可能会产生事与愿违的效果。

强健度提高后的训练容量增长

训练容量太高并不是件好事。但从另一方面来说，在训练容量高的情况下，力量和肌肥大增长也会更快。

当你有一定训练经验，并且取得了不错的训练效果之后，你可能会到达目前训练方式的平台期。想要突破平台期的话，你可能需要增加训练容量。这并不意味着你每一次、每一周，甚至每个月的训练都要持续增加训练容量，但是，在你的整个训练生涯里，增加训练容量是取得持续进步的必要方式。

一种很好的方式是：使用足够的训练容量来确保进步，并且只在到达平台期的时候增加容量（假设你的恢复没有什么问题）。这比起一直增加训练容量，直到疲劳积累到一定程度，再大幅度减少训练容量的做法要明智得多。请记住，如果你在训练中使用的重量增加了，哪怕组数和次数都没变，这已经意味着你使用了渐进超负荷的方式增加了训练容量，并且产生了适应性。

顺便说一句： 通过平衡训练容量、生活方式以及疲劳，确保依从性和训练的可持续性

当训练容量增加的时候，疲劳也会相应增加。但是，我们可以像第1章"依从性"中讲到的那样，我们的身体每天都被暴露在许多不同类型的压力源下，它们都会对运动表现产生或多或少的影响，而训练本身，只是这些压力源中的一种。

在这个前提下，想要确保训练的最大可持续性，也许更明智的做法是，给训练容量留一点余地，而不是每次训练都逼自己到达能够承受的极限。职业运动员可能需要更逼自己贴近极限一些，以达到最佳比赛成绩，但即使是对他们而言，万一达到过度训练的状态，后果也是非常严重的（至少比一般爱好者要严重很多）。世界上并没有什么类似"所有人都需要做5组"一类的万能答案，因为你需要考虑多方面的因素。像之前提到的那样，使用批判性思维，不要"非黑即白"的思维，在使用训练容量的时候，不妨从比较保守的数字开始，给自己留一点缓冲的余地。

记住，训练是一个长期过程。我们的网站叫作"3D肌肉旅程"，而不是"3D明天看见肌肉"。取得进步需要时间，需要你的投入，需要产生依从性。而想要做到这些，你必须学会如何管理疲劳。

训练容量推荐

"用足够的容量产生进步，而不是越多越好。只有在平台期的时候，在可恢复的前提下才增加容量。"

我没法告诉你训练者不停找理由，告诉自己需要练得更多这种情况有多常见，而事实却并非如此。你可能会觉得我不停强调这一点会很烦，看起来像在做徒劳无功的事情，但我不会停。不管强调多少次，还是有人会断章取义，比如只看到"力量和肌肥大都会随着训练容量增长"这句话，而忽略其他重点，比如我还说了"训练容量太高是非常没效率的做法"。

为了避免你犯这个错误，我们在这里想展示几个关键研究，希望它们可以改变你"越多越好"的这个训练态度。

我们想展示的第1个研究，来自冈萨雷斯-巴迪洛（Gonzalez-Badillo）等人在2005年发表的研究。这个研究的对象是年轻、健康，有丰富训练经验的奥林匹克举重运动员。他们在实验进行的10周里，采用了3种不同等级的训练容量，包括了后蹲、挺举、抓举，辅助动作等。其中，第1组一共进行了1 923次动作，第2组一共进行了2 481次动作，而最后1组则一共进行了3 030次动作。尽管所有研究对象的力量都得到了增长，但那些使用中等容量，进行了2 481次动作的人，得到了更大的进步。

如果相比于力量增长，你对于肌肥大更有兴趣的话，这里还有一项来自希塞尔格雷夫（Heaselgrgve）等人发表于2018年的研究。在这项研究里，有训练经验的男性被随机分为3组，分别进行9组、18组和27组动作，内容包括弯举、划船以及高位下拉等动作。研究人员希望通过这种设计建立起训练容量和肱二头肌增长速度的关系。在实验结束后，尽管3组研究对象的肱二头肌都有所增长，但那些使用中等容量，即做18组动作的研究对象，其肌肉厚度的增长最多。这并不是说低容量或者高容量就没有用了，在另外两组中，肌肉厚度的增长仍然是显著的，但是，类似于以上冈萨雷斯-巴迪洛等人的实验结果，这里有个"甜蜜点"。

容量太高，无论对于肌肥大还是力量增长都会产生负面影响。而在保证进步的基础上，采用你能做的最高容量也不是一个明智之举。看到这里，你可能会猜：那最好的做法是不是在保证进步的基础上，容量越低越好？这种做法不能说是"最佳"，但却是最具有可持续性的，因为你永远可以等待到达平台期的时候再增加容量，并且这样可以降低训练中受伤的概率。当然，做太多或者做太少都不是理想情况。你需要找到一个平衡点——这话听起来让人摸不着头脑，所以在本章的最后，我们会给你一些实际的训练容量推荐，来让你有一个大致的了解。

现在，在你急着计划每个肌肉群每周要具体做多少组的数字之前，请记住，很多动作都会练到多个肌肉群。而且，一些"比较重"的热身组，同样需要被计算在训练容量里，而定义"多重才算重"，不是件容易的事情。还有像之前说到的，训练容量、频率和强度互相关联、互相影响。所以，如果你决定增加训练使用的重量（强度），那么你能够做的容量就会变得更小一些，哪怕组数和次数都没有变化。类似地，在每次训练组数、次数和重量不变的情况下，增加一次训练（频率）对你一周的总容量也会产生巨大的影响。说了这么多，哪怕给出了具体数字，这些数字也只是一个参考，而不是规定，也不是"每个人都应该做的"容量范围。

最后，还记得刚刚讲过的强健度—疲劳模型吗？在你日常生活压力和疲劳度都比较高的情况下，你这段时间能承受的容量也会相应变小。尽管你在健身房外承受的压力可能是短期的，但疲劳的恢复需要更长的时间。这意味着，无论你是在增肌期还是在减脂期，生活压力、旅游和生病等，都会影响到你的训练容量。但是，如果你照着本书所说的做，并且在该调整的时候进行了调整，那么你应该能很快找到适合自己的最佳训练容量。

将以上全部总结起来，就是我们推荐的训练容量了。这份作为参考的数据主要基于两项荟萃分析。它们都发表于2017年，分别分析了在不同组数的基础下，某个特定动作对于力量和肌肥大的影响。两项荟萃分析的结果非常类似：平均而言，最适合增力的组数为5~12+，而最适合增肌的组数为10+。

不过，这个加号是怎么回事？还有之前讲的"做太多"的问题在哪？不幸的是，目前我们并没有足够的研究来探究多少容量才算太多，但是一些数据表明，有时候超过-20组就可能太多了。通过这个数据得出的结论，和3DMJ教练指导过的数千名运动员的经验是一致的，-20可以成为一个很好的每周容量的起始范围划分点。

也有另外两项实验表明，更高的容量（30+组）也许还会带来进步，但是其中的一项实验使用了具有丰富训练经验的研究对象（平均超过4年的训练经验，在实验开始时，平均卧推已经有200磅了），而另一项实验的研究对象则是年轻、体能强的男性海军，他们住在船上，有固定的饮食和睡眠安排，并且除了训练生活里几乎没有什么别的压力。因此，明智的做法可能是从保守一些的数据开始，如果你生活的其他部分都没什么问题（睡眠、饮食、生活压力、生活平衡、动作技术、训练强度和频率等），那么在到达平台期之后再增加容量也不迟。最后，你的训练强度和频率也会直接影响到容量，所以，在你急着改变自己的训练计划之前，请先把本章读完。

训练容量	每周每个肌肉组 / 动作模式 10~20组	考虑把"比较重"的热身组也算在其中

训练强度

训练强度是一个非常重要，但又常常被误解的概念。很多人会使用主观的肌肉酸痛程度，或者这次训练有多"硬核"，来形容训练强度。但是，从客观的角度来讲，训练强度指的是"重量的大小"，或者"努力程度的多少"，这两个定义分别为你具体阐述了多少重量[经常用"极限（RM）"或者极限的百分比来形容]，或者你离最大努力程度还有多少距离（经常用主观感受费力程度"RPE"来形容）。形容训练强度的方式有很多，从绝对角度和相对角度都可以形容训练强度。在本节里，除了讲解训练强度的定义外，我们还会讲讲如何从宏观角度看待训练强度，而不是将它看作一个独立的变量。训练使用的最佳强度，很大一部分是由你的训练目标（增肌还是增力）来决定的。

专项性

在力量训练中，第1个需要提到的概念是专项性原则（也被称为SAID原则：特定需求特定适应）。这个概念在之前简单地提到过。回忆一下：想要在什么项目中取得进步，你就得练什么项目。这个原则在决定训练强度时非常重要，尤其是当你有明确增肌或者增力的目标时。

衡量训练强度

这里有几种不同的衡量训练强度的方式。

1. 极限力量百分比

使用极限力量（1RM）百分比来衡量训练强度，是最常见的方式之一了。这里的极限力量（1RM），可以通过力竭组（AMRAP，尽力在一组里做最大次数）的次数和重量来估算，也可以通过直接测量得到。接着，我们往往会使用百分比来设计强度，比如：用1RM的80%的重量做5次。

这种方式的缺陷在于，不是所有动作都适合1RM测量的——比如，二头弯举或者哑铃侧平举这类动作。另外，人与人之间也有差异（尤其是当重量在1RM的90%以下时），在同样的极限百分比重量下，不同的人能做的次数差别非常大。比如在一项研究中，那些有力量训练经验的男性，在使用1RM的70%重量进行后蹲AMRAP组时，有些人只能蹲7次，而有些人能蹲26次之多。因此，除非你对自己的能力很了解，否则使用这种方法很可能会遇到很多问题。在这些缺陷之外，我们仍然可以从大部分经验丰富的训练者身上得到1RM百分比的平均值，来进行计划设计。所以，下表可以给你提供一个虽然不是那么个人化，但是仍然有用的参考。

1RM百分比	次数
100	1
95	2
90	3~4
85	5~6
80	7~8
75	9~10
70	11~12

2. 次数极限力量（RM）

非常简单，这种方式是用你之前测过的固定次数下的极限力量（RM），来进行计划。这种方式对于健美运动员更有用一些。比如，虽然在1RM的固定百分比下，不同人能进行的次数差异很大（你可能可以用1RM的70%的重量做15下，而我只能做10下），而6RM永远是6RM。在最坏的情况下，在变强壮的过程中，你的6RM可能会渐渐变成7RM、8RM、9RM，最终再变成10RM。但是，这样比起使用1RM百分比，更能让你贴近目标强度。

3. 主观感受费力程度（RPE）

这种方法使用了"反向次数（RIR）"的方式来测量训练强度，是近些年比较流行的做法。这种方法一开始被IPF（International Powerfting Federation，国际力量举联合会）冠军，同样也是精英教练的麦克·塔奇勒（Mike Tuchscherer）用于力量举专项训练，并且逐渐流行起来。从2014年开始，我在迈克尔·祖杜斯博士的指导下，和同事们在美国佛罗里达大西洋大学的肌肉生理学实验室，以及新西兰奥克兰科技大学的运动表现研究机构，对这个话题进行了研究。

基本上，RPE取决于你在每组训练结束之后，自我感觉离力竭有多近。你只需要去训练，然后选择你想和力竭保持什么距离就行了。比如，10RPE意味着力竭（或者换句话说，你既没法在同样重量下多做一次，也没法增加重量做同样的次数），而9RPE意味着还可以做1次，8RPE意味着还可以做2次，以此类推。如果想把概念更简化的话，你也可以直接使用反向次数（RIR），只要说每组做完之后，还有1次、2次、3次RIR就行了。经验丰富的训练者对于RIR的估算会更加准确。如果你的训练经验不是那么丰富，或者你总是估算不准RIR的话，可以参考下面几条建议。

1. 用视频记录一组训练内容，并且在观看视频之后估算一下这组训练的RPE。
2. 在短周期内（3~6周），使用低容量的训练方法，尽量多地做到力竭（你需要一个保护者，或者训练伙伴），来测试自己的极限到底在哪里。
3. 在脑海中估算自己的RPE，之后问问你的训练伙伴（他们最好有一定的训练经验）他们认为你的RPE是多少。
4. 花钱请一个熟悉RPE的教练，让他评估一下你的训练视频。
5. 在一组训练中，先达到你的目标RPE。在你认为达到RPE之后，继续做到力竭，以此来看看你的估算是否准确（比如，选一个你觉得你能做8~12次的重量，一直做到达到你认为的8RPE，然后继续做到力竭，看看离力竭到底还有多少次）。如果数字离估算的RIR差别很大，这说明你还需要多加练习。

你可以在1RM百分比或者RM的基础上，使用RPE进行初始强度的选择，之后再根据指南进行调整。这种做法可以避免之前提过的，同样是1RM的70%的重量，有些人能做7次，有些人能做26次的问题。

基于距离力竭程度的RPE量表	
10	既没法加重，也没法多做1次
9.5	没法多做1次，但是可以加重
9	可以再做1次
8.5	肯定可以再做1次，有可能再做2次
8	可以再做2次
7.5	肯定可以再做2次，有可能再做3次
7	可以再做3次
5~6	可以再做4~6次
1~4	非常轻，几乎没有费力的感觉

如果你只写了3×8×70%，有些训练者可能在第1组就达到了9RPE，在第2组达到10RPE，然后在第3组只完成6~7次，因为太难没法完成计划。

而处在另一个极端的训练者，可能连着3组都只达到了3~4RPE的程度，做完几乎没什么感觉，难以达到有效地训练。

但是，在以上两个例子中，如果你制订的计划变成3×8×70%以达到6~8RPE，只有在第1组，训练者会选取不太合适的重量，以便之后第2组进行调整。在第1个例子中，"不太适合高次数训练"的训练者在第1组达到了9RPE之后，会适当减轻重量；在第2个例子中，"适合高次数训练"的训练者则会相应增加重量以达到目标RPE。

4. 力竭

从理论上来说，力竭不像以上几种方法一样，它不是一种测量训练强度的方式。很多训练者在大部分的训练中，都会尽量做到力竭。这种方法到底好不好，在本节后面会提到。

"力竭"有2种含义：第1种是"技术力竭"，指动作已经变形了，但是仍然可以使用变形的动作再做1次；第2种是"肌肉力竭"，指肌肉力量不足以再完成1次动作。

总的来说，我们需要避免在那些多关节复合动作（各种深蹲及深蹲变式，硬拉，推举，等等）上做到肌肉力竭，因为这样很容易受伤。想象一下，你在进行大重量深蹲的时候，在粘滞点卡住了，挣扎半天起不来，身边又没有保护者。在这种情况下，你只能选择用"不标准"的动作丢杠，这样的做法受伤的可能性非常高。

哪怕只是技术力竭，但如果太频繁地练习这些动作，也不是一个好主意。除了上文提到的受伤风险之外，力竭还会产生巨大的系统疲劳（这会导致你在力竭之后的训练状态都不佳，还会影响到你的恢复，使得之后的训练日也受到影响）。不过话又说回来，对于单关节动作，进行到力竭（无论是技术力竭还是肌肉力竭）是比较安全的。这些动作不需要全身协调来完成，比如二头弯举，腿屈伸，甚至一些用器械进行的动作，如划船、高位下拉、腿举等。

你可能会说："为什么我要在力竭之前停下呢？力竭不是会更好地激活目标肌肉，并且确保所有的肌纤维都得到刺激吗？"这种说法在大部分情况下是正确的，但是，它只关注了单个训练动作，而没有放眼全局。

如果你想做3组8RM重量的卧推，你可以选择在第1组做到8次就力竭，之后在第2组，你可能只能做6次，而在第3组，你可能只能做5次。按照这种做法，你一共能做19次卧推。

你也可以选择在第1组只做7次，节省点体力，确保在之后的2组中都能做7次。按照这种做法，你一共能做21次卧推。

这么举例，可以很明显地看出，如果力竭太频繁的话，很可能会需要牺牲训练容量。再从长远一点的角度想想，不要只局限在单个训练动作，或者单个训练日上，如果你力竭太频繁的话，会给接下来的几个训练日带来负面影响。有一项研究让两组志愿者使用同样的计划进行训练，唯一的差别是，一组必须做到力竭，而另一组不需要。在实验的最后，那些做到力竭的志愿者，达到了接近过度训练的状态，而没有做到力竭的志愿者的疲劳程度要小很多。另一些研究也表明，哪怕使用同样的重量，做同样的训练容量，那些做到力竭的志愿者，比每组都留一点余地的志愿者，需要更长的时间来恢复。最后，同时也是最有力的证据，是在这个话题上发表的最新的荟萃分析指出，从力量增长的角度来说，是否做到力竭不会产生任何影响。

"所以，我们应该永远避免力竭吗？"并不是这样的。你可以进行到力竭，只不过你需要理智地规划，并且要知道你通过力竭想要达到什么目标。比如，如果你在进行极限力量（1RM）或者力竭组（AMRAP）的测试时，那显然是需要力竭的。另外，深蹲到力竭和哑铃侧平举到力竭带来的效果的差别也很大。你可以在复合动作的最后，加几组单关节动作的力竭组，来更强烈地刺激肌肉，这不会产生太多的疲劳。或者，如果你知道你的某个肌肉群有3个训练动作，那可以在最后一个动作的最后一组进行到力竭，来增加训练刺激。

这里的重点是，设计力竭组需要一个合理的原因，并且该原因要能和你的训练目的相吻合。如果你使用周期化原则，有一周为减量周，那么你在这一周里的主要目的是恢复，在这种情况下，无论是什么原因，做到力竭都是不太合理的。

力竭组并非需要完全避免，只是做到力竭需要一个理由。

以力量为目的的训练强度选择

以力量为目的的训练强度选择有3个需要考虑的因素。

1. 肌肉量（以及其他结构上的适应性）

肌肉横截面积越大、肌肉量越多，意味着你有更多的肌纤维可以收缩，以及可以举起更大的重量。一般而言，同一个人在有更多肌肉的情况下，也会有更大的力量。还有一些其他结构上的适应性变化，包括肌肉组织的不可收缩成分（肌联蛋白、细胞外基质、肋状体等），结缔组织（肌腱、筋膜、韧带等），肌原纤维组织密度（在每个肌肉纤维中有多少收缩单位），羽状角（肌纤维相对于肌腱排列的角度），这些因素都会影响力量的大小。

2. 神经系统的适应性

神经系统是通过激活肌肉来体现力量。神经系统在大重量下产生的适应性，可以让肌肉收缩变得更有力和更有效率。这意味着我们可以使用更多已有肌肉量的潜力。

3. 动作模式及技巧

力量并不仅仅是一种身体素质，同时它也是一种技能。这意味着，如果你想要通过某个动作增强力量的话，你需要提高动作的质量。专项性和你移动重量所使用的速度、负重、关节角度，以及募集模式都有关系。比如，你对于深蹲这个动作的熟悉程度，和你能深蹲多少次有关系。

如果想达到力量目标，你需要让自己的训练考虑到以上3个元素。

从另一方面来说，肌肥大并不需要训练强度达到同样程度的专项性。无论使用中等重量还是较大重量，训练都能让肌肉很好地生长，比如舍恩菲尔德（Schoenfeld）等人的实验就说明了这一点。他找来了两组志愿者，每周进行同样容量的训练（这样训练强度就成了唯一的变量了）。其中的一组在所有动作中都使用了3RM的重量，而另一组则在所有动作中都使用了10RM的重量。使用小重量的那一组，训练的组数更多，以达到总训练容量的一致。有意思的是，两组志愿者肌肉增长的量没有什么差别。并且，和之前提到的专项性概念相吻合，那些使用大重量的志愿者，力量得到了更多增长。

这意味着如果你想在增长力量这件事上做得更好的话，那么你需要用大重量训练。但是，肌肉生长并不和锻炼肌肉耐力、速度或者力量一样，它具有一种特定的适应性。记住，人类的首要目的是存活，身体对于压力产生的所有适应性，永远和"如何更好地处理这个压力源"有关。无论是变得更有力，还是更快速，你都可以从逻辑上看出来这些都和存活有关系。但是，"变得更好看"和"变得更大"，并不符合存活的要求。在某种程度上，肌肥大是训练得足够充足和足够努力的效果。

极端专项性

有些人读完上一段后，可能会想："好吧，我是一个力量举爱好者，训练目标就是提高某个动作的1RM，如果专项性是关键的话，那我是不是该每次训练都去冲击这个动作的极限呢？"

事实上，有一些力量训练系统就是完全建立在这个前提上的。比如保加利亚力量训练方式，就特地使用了高频率、高强度和每次训练低容量的训练方式，几乎每次训练开始，都是先进行一次保守估算的1RM，然后再进行容量训练。也有实验证明这个方法是有效的：3位高水平的力量运动员，在每天冲击深蹲极限后，深蹲能力也得到了增长。

但是，这里的问题是"这样练效率高吗？"当然，我们知道这种方法肯定有效，因为它的整个概念就是建立在专项性基础上的。从理论上来讲，它应该比其他方式更能使训练者达到更好的力量增长，更强的冲击极限重量时的心理强健程度，以及从大重量训练中更快恢复的能力，进而提高其的1RM力量。

退一步讲，我们也不能忽略那些高频率冲击极限带来的负面影响。比如，使用大重量训练就得牺牲每次训练的容量，因为大重量训练需要大量的时间和精力来完成。大重量训练的训练总容量和每小时进行的总次数，比起别的训练方式，会相对低很多。这也是保加利亚力量训练法需要进行高频率训练的原因，不然，每周的训练总容量就太低了。

另外，高强度意味着高疲劳。像之前提到过，之后也会讲的那样，频繁的力竭（比如，冲击极限）可能会导致过度训练，从而会增加恢复需要的时间，并且在同样的训练容量下，使用更高的强度，会增加关节疼痛和受伤的概率。还有一点是，许多人在极高的重量下，无法保持动作不变形，既然力量训练是有技巧的话，你可能需要考虑，如果你老是用变形的动作冲击极限，你可能会养成比较差的动作习惯。

更重要的是，将训练的大部分容量安排在高强度训练上，可能并不会增加更多力量。和冈萨雷斯－巴迪洛等人之前进行的3种不同容量范围的实验类似，冈萨雷斯－巴迪洛等人也进行过一个关于训练强度的实验。在这个实验中，他们召集了一群年轻、健康和训练经验丰富的男性举重运动员，他们让这些男性举重运动员进行深蹲、抓举、挺举，以及一些辅助动作，一共持续了10周。在实验期间，3组志愿者做的动作总次数是一样的；但是，每1组志愿者在他们的90%~100%1RM重量区间进行了不同的次数。第1组进行了46次，第2组进行了93次，而第3组进行了184次。有意思的是，第2组志愿者得到了最多的力量增长。

这里的重点是，使用专项性极高、高强度和高频率的方法并不是没用，但这种方法并不一定比那些更温和的方法效果好。从可行性和某些情况下的优化性的角度来讲，这种方法不该被长期使用，并且可能只在功能性超量训练模块或者备赛阶段的强度周期才适合被使用。

以肌肥大为目的的训练强度选择

比起力量增长，对于肌肥大来说，杠铃上的具体重量并没有那么重要。但是，"努力程度"仍然是很关键的，因为它可以确保你在使用不同次数区间的前提下，仍然可以逐渐增加训练强度。

多轻才算太轻

虽然对于肌肥大来说，有效的强度区间比起以力量为目的的有效强度区间要广很多，但强度仍然很重要。如果你想让肌肉增长的"渐进超负荷"概念在肌肥大中，仍然起着重要的作用，那么这就意味着不管你在什么强度区间训练，最终都是要进行超负荷训练的。

你仔细想一想，其实我们生活中的每时每刻都在承受着一定的重量——因为我们生活在地球上，肌肉需要一直对抗重力才能让我们的身体移动。如果重量对于肌肥大完全不重要的话，那世界上的每一个人，都会在青春期结束后的几年，从这种大量的"受张力时间"中，使肌肉生长达到基因极限。很显然，这并不是真的。因此，如果你想让肌肉进一步增长的话，增加训练张力是必要的。

对于肌肥大来说，训练强度有两方面的意义："努力程度"（你离力竭还有多远）和相对不那么重要的"绝对强度"（杠铃上的重量有多少）。

太轻或者太重都有问题

许多的研究，包括2017年发表的荟萃分析都指出，如果训练容量类似，努力程度又比较高的话，那么大重量（＞60% 1RM）和小重量（＜60% 1RM）都能达到类似的增肌效果。但是，这里的"小重量"也是有下限的。

拉塞维奇（Lasevicius）等人的实验表明，哪怕做同样组数直到力竭，使用20% 1RM的重量，比起使用40%~80% 1RM的重量，增肌效果要差很多。从结果来看，当重量太低、次数太高（每组超过40次）的时候，这种练法会在达到足够的肌肉刺激前，产生太多的整体疲劳；或者说，当次数高到这种程度的时候，会使你的训练更像是耐力训练，而导致更差的肌肥大效果。因此，这意味着只要组数类似，你可以使用15~35RM的次数范围进行训练，并且可以达到和传统6~15RM练法类似的肌肥大效果。但是，这种高次数的练法，还有另外一点实际操作上的缺陷。

在舍恩菲尔德等人的实验中，那些做3×25~35RM（3组，每组RM为25~35。余类推）的志愿者，和做3×8~12RM的志愿者，得到了差不多的增肌效果。但是，根据舍恩菲尔德的说法，那些进行高次数训练的志愿者普遍觉得训练更难，在训练过程中呕吐也是常事。

这一点很重要：如果你决定使用高次数的训练方式来确保能够刺激到足够的肌纤维，你需要一次做完一开始的"垃圾容量"才能达到力竭的程度。对于一些特定的动作，比如硬拉、深蹲、箭步蹲、肩推、自由重量划船等，这么做产生的整体疲劳实在是太高了，完全不值得。而且，相比于低次数的力竭组，高次数力竭组需要更长时间才能恢复。还有一点是，在科学研究中，研究人员会让志愿者做到真正力竭，而在现实生活中，训练产生的疲劳会让你没法判断自己是不是真的力竭了。这个现象在训练次数越多的时候越严重。

总体来说，使用高次数、小重量的训练方式，确实能起到良好的训练效果（30%~60% 1RM的重量，或者20%~35% 1RM），但是这么做是有缺陷的，从逻辑上讲，这种训练方式也可能没有使用中等或者大重量训练那么有效率。这是不是说你永远不需要使用轻于12RM的重量训练呢？当然不是。通过高次数产生过量的疲劳，对于复合动作来说是一个问题，但是对于哑铃侧平举、二头弯举、器械动作，以及其他一些孤立动作来说，问题可能就不大了。另外，如果你在做某些动作的时候出现了关节疼痛的现象，那么高次数、小重量的训练可以是一个很好的替换方式。最后，从理论上来讲，在训练中加入一些高次数组（在15~20RM的范围里）可以更好地帮助训练慢肌纤维。不过这一点目前只停留在理论阶段，并没有足够的研究成果来证明。

举例说明这些使用小重量、高次数训练的不足之处，并不是让你把所有训练都改成大重量。

在之前提到过，舍恩菲尔德等人还进行了一个实验，在同样容量下，使用3RM和10RM的重量训练能达到同样的肌肉增长效果，但是3RM组有着更明显的力量增长。或许你会认为3RM组简直是稳操胜券，但其实并不一定。

▶ 首先，如果你只在乎肌肥大的话，绝对力量增不增长对你没什么影响。（当然，你可以说，从长期的渐进超负荷角度来说，绝对力量增长是很有用的，但是可以反驳道，在本实验中，两组志愿者的力量都得到了增长，而只要力量得到增长，就意味着达到了渐进超负荷，这和力量具体增长了多少没有关系。）

▶ 其次，那些使用10RM重量训练的志愿者，在训练上花的时间要少很多。他们在主观体验的报告中也表明其在训练结束后，还感觉"能多做很多"。

▶ 最后，3RM组的志愿者产生了更多关节疼痛，很多志愿者也因为受伤而中途退出，并且在实验期间，志愿者经常会有挫败感，疲劳程度也更高。

所以，从实际操作的角度来说，如果你的训练目标是肌肥大，那么使用过轻或者过重的重量训练都会产生问题。只使用轻重量的话，对于复合动作而言，会产生大量的短期疲劳，从而会让你的训练变成"呕吐排队"，还会延长你两次训练之间所需要的恢复时间。只使用大重量的话，你会在每一次训练时都花费更长的时间，对关节和软组织会产生更大的压力，并且每一次动作产生的疲劳程度都会更高，以致总体训练容量减少。

训练强度推荐

训练强度和训练目标是密切相关的。为了增长力量，需要使用大重量；为了增长肌肉体积，需要确保每一组训练的努力程度都足够高；记住渐进超负荷原则。

以肌肥大为目的

如果肌肥大是你的训练目标，那么训练重量只要不太小就行（超过大约30% 1RM），每一组训练都要足够难（5+ RPE）。经常会有人说，6~12次是最理想的增肌次数，但是实际上这个范围并没有什么神奇之处。它只是在计算训练容量的时候使用起来比较方便而已。

强度更小的训练方式（12~20次的范围）仍然能取得良好的肌肥大效果，但是，当将这种方式用于复合动作训练的时候，会使人产生巨大的疲劳，还有可能影响你的恢复。不过，这不是一票否决高次数训练，比如当你的结缔组织有伤病的时候，这种训练方式会对于结缔组织的健康更友好，并且从理论上来说，使用不同的次数区间进行训练，可能会取得更好的效果。

类似地，虽然这不是你训练的重点，但也不要忘了加入一些大重量训练（1~5次的范围），哪怕你并不在乎力量增长。力量增长对于渐进超负荷来说很重要。你的力量越大，能移动的重量越多，就能更容易地增加训练容量，所以加入一些大重量训练是很有必要的。

所以，把以上内容结合在一起，便是对以肌肥大为目的的训练强度的推荐。

将你2/3~3/4的训练容量安排在6~12次的范围，达到5~10RPE；而另外1/4~1/3的训练容量则安排在低次数、大重量（1~6次的范围，达到5~10RPE）以及高次数、小重量（12~20次的范围，达到5~10RPE）的训练内容中。

以力量为目的

如果绝对力量是你的训练目标，那你就需要更强的专项性，需要将更多的训练容量安排在大重量训练上。

为了增长力量，是不是所有的训练都需要越重越好呢？当然不是。

你的肌肉量有多少也是决定最大力量的一个重要因素。肌肉越多，能举起的重量也就越大，因此，你还需要足够的训练容量来确保肌肉增长，而不是只做1~3次的训练。

回忆一下舍恩菲尔德那项对比3RM和10RM的重量训练的实验，那些进行3RM训练的志愿者不仅需要更长的时间来完成训练（因为他们需要休息更久才能恢复），还产生了更多的关节疼痛，也有人中途退出，以及更频繁地产生精疲力竭感。

再回忆一下冈萨雷斯-巴迪洛的实验，那些将训练容量等比例地分配给90% 1RM以上重量的志愿者，产生了最多的力量增长，而不是那些几乎将所有训练容量都集中在90%以上的志愿者。训练容量对于力量增长来说确实很重要，但它的重要性要比训练强度对力量增长的重要性小。这意味着接触大重量训练比单纯堆训练量更重要。举个例子，有数据表明，在所有组中，最高强度的一组比平均强度的一组，训练强度对于力量增长的影响更大。如果你同时进行高强度和高容量的训练，容易产生心理疲倦、关节疼痛等；如果这种方式使用得过于频繁的话，又会使训练者产生不必要的额外疲劳。

因此，考虑到你的时间效率、关节健康及恢复能力，在整个训练中加入一些中小强度的训练是有必要的。

把以上内容结合在一起，便是对以绝对力量为目的的训练强度的推荐。

将你2/3~3/4的训练容量安排在1~6次的范围，达到5~10RPE；
而另外1/4~1/3的训练容量则安排在高次数、中等重量（6~15次的范围，
达到5~10RPE）的训练内容中。

下表总结了那些以绝对力量或者肌肥大为目的的训练强度的推荐。在后面我们会讨论这些推荐数值会如何随着周期性计划而变动。

训练强度	绝对力量	2/3~3/4的训练容量在1~6次的范围，剩下的在6~15次的范围，达到5~10RPE
	肌肥大	2/3~3/4的训练容量在6~12次的范围，剩下的在1~6次和12~20的范围，达到5~10RPE

训练频率

训练频率是组织训练容量和强度的方式。它意味着你将把一周里的训练压力分布在不同的训练日中。一些人会在讨论训练频率的时候，将它当作一种训练刺激，哪怕高频率训练可以在不考虑训练容量和强度的情况下带来一些益处，但这是由于优化训练压力而成的，而不是因为训练频率本身。通过调节训练频率，你可以调节训练压力与恢复的关系，这样就不会有任何一次训练变得压力过大。

将所有训练放在一天完成，和将训练分配在一周6天中进行，二者的效果并不一样。

频率是如何影响训练的

这里需要考虑学习过程和恢复这两个因素。

学习过程

想象一下以下情况。你将本周所有训练内容都放在一天进行。这有点类似于当你还是个学生的时候，你在考试的前一天疯狂学习，将大量的内容记在脑子里。我猜你能通过考试，但是在考完一周之后完全不记得学了什么，对不对？

在一次学习中，你的记忆容量会有上限，必须给大脑一些时间来休息和恢复，它才能记下更多的内容。训练也是同样的道理。

如果你将所有训练都放在同一天进行，首先，你没办法学习良好的动作模式，因为随着训练时间变长，生理和心理会产生疲劳累积，你的动作质量会慢慢下降。其次，训练拖得越久，你能获得的训练刺激也就越少，从而会使增肌或者增力效果变得不理想。

而另一个极端是，如果你每周进行6次训练，每次训练只有1组内容，那你可能没有机会意识到自己的错误并改正它们。如果你的动作质量不好，你不会有第2组或者第3组的机会来修正它；就算你的动作非常完美，也没机会重新做一遍来巩固，除非等到下一个训练日。

恢复

同时，请记住我们在练习的是大重量训练。如果训练强度太大、持续时间太久的话，身体一定会罢工。哪怕你不增加训练强度或容量，只是将这些容量更科学地分布在一周里，并提高睡眠质量和饮食质量，在不训练时享受生活，你的训练效果也可能会变得更好。

这并不是纸上谈兵，而是由非常多的实验数据证实的。在一次训练中做得太多有可能并不理想。事实上，有很多因素都有着数据支持，包括以下内容。

▶ 神经肌肉适应性

▶ 关于恢复的一系列激素指标

▶ 力量提高

▶ 瘦体重提高

这都在那些把同样的训练容量分配在多个训练日中的志愿者身上产生了更积极的效果，而不是在那些每周练得少，但每次训练练得多的志愿者的身上。

在你的训练生涯中，可能会达到这样的阶段：你需要进一步提高训练容量，但每周的容量已经相当高了。这时候你如何分配这些容量就成了一件非常重要的事情。在单次训练日中练得太多，不是不可能的事情，但在这种情况下，将训练内容分配到不同训练日中则是更理智的做法。

不过，上面引用的一些研究，虽然从理论上来看很有意思，但并不一定贴合实际情况。比如在几项实验中，研究人员对比了极大容量下，每周1次训练与3次训练的做法，或者每天1次训练与每天2次训练的做法，发现这并不是大部分力量运动员和形体运动员的训练方式（可能有一些奥林匹克举重运动员会这么练）。因此，需要看看那些更贴近现实，以健美运动员或者力量举运动员作为研究对象的文献，才能得到更令人信服的结论。这里有2项实验，分别由舍恩菲尔德以及拉阿斯塔德（Raastad）等人组织进行。

舍恩菲尔德对比了在每组2~3次训练的情况下，不同肌肉群训练频率的安排对于训练效果的影响。在这项实验中，有丰富训练经验的男性被分为2组，第1组使用分化训练的方式，在每周第1天练胸和背，第2天练腿，第3天练肩和手臂；而第2组则每次都进行全身训练。动作选择、组数、次数、相对强度，在每周的最后都没有组间差别。有意思的是，那些进行全身训练的志愿者，在实验的最后，肌肥大增得更明显。

而拉阿斯塔德等人的实验结果非常类似。他们的实验对象是挪威力量举国家队的运动员，拉阿斯塔德将他们随机分为2组，第1组进行每周3次的力量举分化训练，第2组进行每周6次的分化训练，每次训练的组数只有第1组的一半（2组志愿者每周进行的总组数是一样的），使用同样的训练强度。在这项实验中，在训练容量和强度不变的情况下，那些每周训练6次的运动员得到了更多的力量增长和肌肥大增长。

最重要的是，比起单项实验，过去几年发表的荟萃分析更能说明这个问题（记住，荟萃分析是分析有关某个话题的所有相关研究的研究）。

▶ 舍恩菲尔德等人发现，不管训练容量怎样变化，对于肌肥大来说每个肌肉群每周训练2次，要比只训练1次的效果更好。

▶ 格里戈（Grgic）等人发现，高频率的训练可以通过增加训练容量的方式，更好地提高力量。这说明，增加训练容量可以作为一种调节训练压力的方式。

▸ 拉尔斯顿（Ralston）等人的分析也发现了类似的结论，并且指出高频率的训练更能提高上肢力量，而这一效果与训练容量无关。

▸ 类似地，格雷戈·纳科尔斯（Greg Nuckols）在他的公开的荟萃分析中表明，当训练容量相同时，高频率的训练能更好地增加力量，尤其是增加上肢力量。

▸ 格雷戈还发表过另一个公开的荟萃分析，探讨了肌肥大的问题，结论是在不考虑训练容量的情况下，高频率的训练能带来更好的肌肥大效果。

如果每周训练次数太少的话，那么你在一周里能训练的总容量就会受到限制。如果你是一位训练年限较长的健身爱好者，那么你可能需要考虑适当提高训练频率，以获得进步必需的高容量，而不会在单个训练日压力太大。

训练频率推荐

训练的组织性是很重要的。在一次训练中做太多，并不是不可能的事情。

但你需要将一周中需要做的训练，合理分配在不同训练日里，

这样才能达到足够的总容量。

当我们谈到设计训练计划时，需要知道，没有一种训练频率是适用于所有人的，你需要根据自己的训练容量和日程安排进行调整。有些人每周都在固定的几天中有时间，或者有大块的空闲时间，那么他们就可以在需要的情况下，一次训练3小时而不会影响日程。另一些人可能每天只能训练1小时，但是每周可以训练6天。所以，你应该根据自己的生活方式来安排训练，而不是直接借鉴别人的方式。话说回来，在绝大多数情况下，每周训练3~6次，不管对于增力还是增肌都比较适合（每周训练2次的做法，对于时间紧张的新手也有很好的效果），而每周训练几次会直接决定你每个肌肉群或者动作模式的训练频率。

1. 首先，确定你一周的训练总容量（考虑一下你要做几个动作，一共几组，组间休息多久，以及热身情况等）需要达到多少，这样才能保证离你的训练目标更进一步。接下来，估计一下做完这些训练总共需要多少时间。然后，在保证动作质量和时间安排的基础上，考虑将这些内容分为几次进行训练比较合适。

2. 试一试你自己安排的训练方式。如果在某一次训练中，你觉得容量太大而影响了训练质量，可以考虑将一些本次训练的容量移到其他训练日中，或者加入一个新的训练日。

3. 类似地，如果你发现某一次训练基本不用花多少时间，也没产生什么疲劳，可以考虑将一些训练容量移到这个训练日里。

记住，随着你训练水平的提高（变得更强、更大，经验更丰富），你将会需要越来越多的训练容量来对身体产生足够的刺激。因此，总的来说，你的训练频率会变得越来越高，以此来适应相对应的训练容量增长。

以下这张训练频率推荐表，代表了用于增肌或者增力推荐的平均数值。对于某些力量运动员，或者处在周期性计划的某个特定阶段中的训练者，可能需要更高的频率、更低的单次训练容量来达到特定的适应性。这个话题会在第3章进行更详细的介绍。

训练频率	每周每个肌肉群或者动作模式进行2+次训练	考虑不同动作对于同一肌肉群刺激的重合部分

容量、强度和频率推荐总结

不论你的训练目标是增肌、增力，还是两者兼有，这里有一些作为起点推荐的数值。

在本章中讨论过舍恩菲尔德和拉尔斯顿等人的荟萃分析，得出结论：目前的主流建议每周每个肌肉群或者动作模式进行10~20组训练，是一个很好的起点。同样我们还讨论了为何尽管专项性是对于力量增长至关重要的一点，但肌肉量也是一个不可忽略的因素。

尽管不知道怎样搭配训练容量、强度、频率才是最佳的，个人差异也很大，而且在同一个人训练生涯的不同阶段也会有巨大的差别，但还是可以从目前的研究中，总结出一个适合大部分新手和中级训练者的起始数值。

以下就是具体的推荐了，但还想重复强调一下，这些数值是整个训练模块里的平均数值。在整个周期性的训练过程中，根据不同的时间点，需要将频率和强度数值进行相应的变动。

训练容量：每周每个肌肉群或者动作模式进行10~20组训练

▶ 记得要考虑到不同动作可能会刺激到同一组肌肉，以及它们对于肌肥大和力量增长的影响。

训练强度：使用5~10RPE，进行1~15次动作，应该是你训练的绝大部分内容

▶ 如果你的主要训练目的是绝对力量，把2/3~3/4的训练安排在1~6次的范围里，达到5~10RPE，剩下的内容使用相对轻的重量。

▶ 如果你的主要训练目的是肌肥大，把2/3~3/4的训练安排在6~15次的范围里，达到5~10RPE，剩下的内容使用相对更重或者更轻的重量。

▸ 在大多数情况下（但不是所有时候），RPE需要尽量控制在5~10。具体数值取决于你所处的训练阶段，以及本次训练的目的（比如在80% 1RM的重量下做1次，可能只有4RPE，但是对于力量运动员的动作训练，仍然是很有帮助的）。

训练频率：每周每个肌肉群或者动作模式至少训练2次

▸ 考虑一下你的日程安排，你的空余时间有多少，以及根据你的训练年限和恢复水平，决定每周需要多少训练容量才能取得进步，在此基础上合理安排训练频率。

这意味着你需要每周每个肌肉群或者动作模式做10~20组动作，并且每周至少训练2次，在大部分动作中使用1~15次的范围，达到5~10RPE。

综合考虑

如果你对于力量举训练有点了解的话，你会知道，在很多计划里，每周只会使用大重量训练1次深蹲硬拉，并额外安排1次轻重量的深蹲或者硬拉日。

有些时候，计划可能会增加深蹲的频率，但与此同时会减少硬拉的频率。正常情况下，卧推是3个比赛动作中训练频率最高的。这是因为，深蹲和硬拉（髋部铰链）这两个动作训练的肌肉有很多重合的地方，哪怕它们的动作模式的差别不小。

因此，如果你是一位力量举训练者，虽然在理想的情况下，需要将这些特定的比赛动作进行更高频率的训练，但是你还要考虑深蹲产生的疲劳会影响到硬拉（反之亦然）。举个例子，如果你想每周进行3次大重量深蹲及3次大重量硬拉，并且总训练容量也很高的话，可能对于90%的人来说这不是一个好计划，因为这不仅会对腰椎产生巨大的压力，还会产生过高的整体疲劳。

类似地，如果你是一位健美训练者，你需要了解身体的运作机制，并且在动作选择上要考虑得更广。

你可能会认为，某些动作会只"练到"某些特定的肌肉群，但你的身体可不会在训练的过程中这么"想"。比如，你可能觉得高位下拉就是练背，但其实在下拉的过程中，你的胸大肌会在肩部外展的过程中起到一定作用。想象一下，当你将双手举过头顶时，胸大肌是如何被拉伸的。当肌肉收缩时，胸大肌会对这个动作起到帮助作用。因此，曲臂上拉或者绳索下压这类动作，也会同时练到胸部和背部。类似地，作为双关节肌，肱三头肌的附着点跨过肩关节，因此肱三头肌也能起到拉伸肩部的作用。所以在现实中，高位下拉并不是像大部分健美爱好者说的那样，是只练背和练肱二头肌的动作，而是在某种程度上，将胸大肌和肱三头肌一起练到。如果你对于动作的理解仅仅停留在"卧推练胸""过肩推举练肩"的程度上，可能就过于浅显了。在这个例子中，这两个动作都会练到肩部。

再举个例子，如果你认为"硬拉练背""深蹲练腿"也只会练到某些特定的肌肉群，就犯了同样的错误。在现实中，这两个动作都会练到背部和腿部（主要是腰椎）。

那么，该怎么更好地知道某个动作到底会练到哪些肌肉群呢？可以考虑一下这个动作或者肌肉群的生物力学机理：关节是怎样移动的？在这里没法一一列出每个训练动作的关节动作模式，但你可以查阅相关资料，或者简单地想想当某个特定肌肉被缩短时，关节会发生什么变化。

在关节动作模式的基础上，我们还需要考虑这个关节所产生的位移距离。举个例子，如果你在高位下拉或者引体向上中使用窄距离的握法，产生了更长的位移距离，那么你就会使用到更多的屈肘动作；但是，如果将这种握法用在划船类动作上时，就不是同一回事了。因此，某些特定的推类、拉类动作的变式，可能会对肱二头肌和肱三头肌产生更完全的刺激（比如在竖直推、拉动作中采用更长的位移距离，会让肘关节经历更完全的弯曲和伸展过程，从而会对手臂产生更多的刺激）。

为了帮你更好地理解各类动作的生物力学机理，我们总结了以下这张表格，列举出了每"类"动作刺激到的主要和次要肌肉群（这张表格在第4章中还会出现）。

肌肥大：动作选择和肌肉群分类		
动作模式	主要肌肉群	次要肌肉群
深蹲类动作（所有深蹲变式、腿举、单腿动作等）	股四头肌、臀大肌	竖脊肌（使用自有重量）
髋部铰链动作（硬拉及其变式、早安、山羊挺身等）	臀大肌、腘绳肌、竖脊肌	肩胛缩肌
竖直拉类动作（引体向上、高位下拉等）	背阔肌、肱二头肌	三角肌后束
竖直推类动作（过肩推举及其变式等）	三角肌前束、肱三头肌	三角肌中束
水平拉类动作（划船及其变式等）	背阔肌、肩胛缩肌	三角肌后束、肱二头肌、三角肌中束
水平推类动作（平板、上斜、下斜卧推及其变式等）	胸肌、三角肌前束	肱三头肌（窄握、双杠臂屈伸时，是主要肌肉群）、三角肌中束（上斜卧推）
水平伸髋类动作（臀推、臀桥等）	臀大肌	腘绳肌
下压类动作（哑铃下压、背阔肌下压、杠铃下压等）	背阔肌	肱三头肌、胸肌
飞鸟类动作（器械飞鸟、哑铃飞鸟等）	胸肌	三角肌前束
孤立动作	对应的肌肉群	无

关于三角肌中束的说明

在健美世界里，训练出色的三角肌中束可以让你看起来更强壮、更具"V"形。因此，我们经常看到很多训练者将训练的重点放在侧平举类动作上，并且声称如果不做侧平举的话，三角肌就练不好。在这里，并不是否定侧平举的重要性（在之后给出的增肌计划中就包含这个动作），而是想说，因为三角肌中束的生物力学特性，三角肌中束在很多复合动作中都起到了重要作用。从某种程度上说，它在任何拉类或者推类动作中都会被涉及，但是在水平拉类动作和竖直推类动作中体现得格外明显；这意味着，只要你做推拉类复合动作，三角肌中束就会被涉及。只有你在训练经验已经很丰富，并且三角肌中束是你的明显弱点时，才有足够的必要去单独训练它。

所以，了解了复合动作的重要性，以及它们如何涵盖训练基础和主要肌肉群之后，你（尤其是很多以力量为训练目的的训练者）也许会问："那么我在训练中只练三大项可以吗？"当然可以，但是如果你想这么做的话，需要合理调整训练容量、强度和频率来避免可能产生的疲劳。

▶ 新手可以通过高频率、低强度的训练方式来练习这些动作。他们不需要在训练中做到力竭或者频繁冲击极限，因为在绝大多数情况下，如果他们的技术能够提高、对动作的掌握变得熟练，那么他们自然而然就能进步了。

▶ 力量举运动员可能在备赛的某个阶段会更加频繁地练习深蹲、硬拉和卧推（并且在某些训练日里，将三大项同时进行），但是只有其中一项使用大重量，其他两项采用中等次数范围、中等容量的方式（来达到肌肥大的效果），或者只用80% 1RM的重量做一次，来进行不怎么产生疲劳的技术练习。这里的重点是，这样做是有特定原因的，而且只会在短期进行，并且会通过一定的调整来管理疲劳累积。

以上都只是单独的例子，但是相信你可以感受到高频率训练三大项并不是不可以，但是需要你足够细心，要考虑到大量复合动作产生的疲劳累积和重复训练到的肌肉群。

修正计划的起点

避免"非黑即白"的思维

不要带上你的"黑白眼镜"来看待以上这些训练容量、强度和频率指南。我们推荐了训练10~20组，但并不意味着如果你只练9组，训练就没有效果了；或者如果练了21组，就会过度训练，导致退步。

当比较训练计划的时候，你完全可以通过调整其他变量，修正出一个高强度、高容量，或者高频率的计划来适应自己的情况。这个计划也许会和我们的指南不完全一样，但只要它适合你，它就是那个"最好"的计划。

进步不是一个"这么练就有，那么练就没有"的东西，现实的情况是，如果学会调整一些变量，那么可以让进步变得更快一些。

现有的荟萃分析的研究对象大部分是没有训练经验的训练新手，以及小部分中级训练者中的"有经验的爱好者"。如果你是新手，最好从更低的容量范围开始（每周大约训练10~13组）；如果你是中级训练者，甚至经验更加丰富的高级训练者（训练了很多年，只是不知道该从哪儿开始科学训练）的话，可以从更高的容量范围开始（每周大约训练14~20组），然后以此为起点，根据自身情况进行调整。

流程图——平台期该如何具体调整训练计划

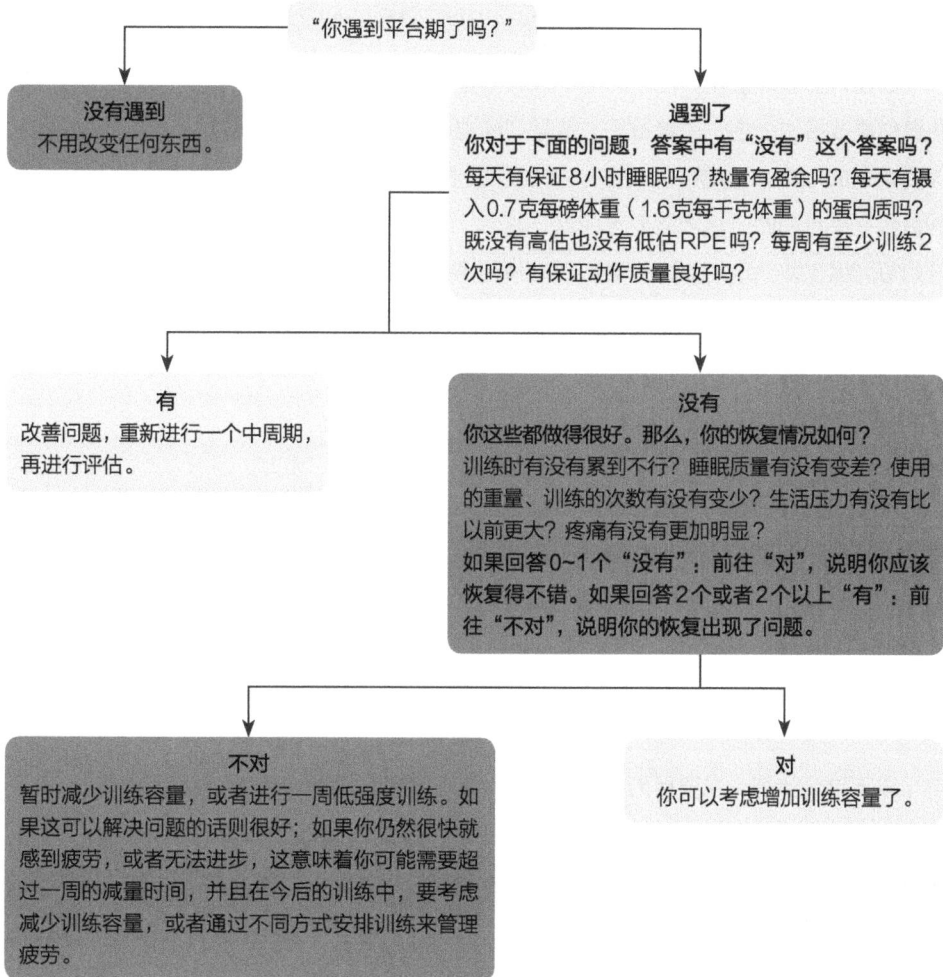

"你遇到平台期了吗？"

没有遇到
不用改变任何东西。

遇到了
你对于下面的问题，答案中有"没有"这个答案吗？
每天有保证8小时睡眠吗？热量有盈余吗？每天有摄入0.7克每磅体重（1.6克每千克体重）的蛋白质吗？既没有高估也没有低估RPE吗？每周有至少训练2次吗？有保证动作质量良好吗？

有
改善问题，重新进行一个中周期，再进行评估。

没有
你这些都做得很好。那么，你的恢复情况如何？
训练时有没有累到不行？睡眠质量有没有变差？使用的重量、训练的次数有没有变少？生活压力有没有比以前更大？疼痛有没有更加明显？
如果回答0~1个"没有"：前往"对"，说明你应该恢复得不错。如果回答2个或者2个以上"有"：前往"不对"，说明你的恢复出现了问题。

不对
暂时减少训练容量，或者进行一周低强度训练。如果这可以解决问题的话则很好；如果你仍然很快就感到疲劳，或者无法进步，这意味着你可能需要超过一周的减量时间，并且在今后的训练中，要考虑减少训练容量，或者通过不同方式安排训练来管理疲劳。

对
你可以考虑增加训练容量了。

这些是原则和指南，而不是规定

训练方式没有完全的对和错。我们能做的是给你一个很好的起始范围，让你在此基础上自行调整。

以上的指南，如果你仔细想想的话，其实范围很广。比如，对于同一个肌肉群或者动作模式，做 10 组和 20 组训练其实会产生 2 倍的容量差异。不过，哪怕范围这么广，你仍然可以看到，在这个范围里训练的人，产生的效果其实都差不多。另外，这些数字应该被看作是某一个训练阶段里的平均数值。具体的训练阶段不同，数字可能会发生变化。

另外，科学研究只能提供适合大众的平均值，而个人差异总是存在的。永远会有那么一小部分人，需要更多或者更少的容量或更快或更慢的频率才能进步。所以，从现在开始，给自己一点时间，看看这个指南适不适合自己，再看看该怎么调整。

每个肌肉群或者动作模式每周训练 10~20 组，只是一个起始点，而不是硬性规定。

记住，耐心很重要。在你的整个训练生涯中，训练容量需要逐步提升，但这并不意味着你需要每次训练，或者每周、每月训练都增加一点容量，因为你的训练计划需要加入周期化的元素。"容量逐步增加，才能产生进步"的概念，适用于你的整体训练生涯，并且是在平台期的时候才需要考虑这一概念。不要因为这本书里说了要增加容量，你就开始每周练 6 次，每次都全身训练，并且每个肌肉群都做满 20 组。

容量只需要达到能产生进步就可以了，并且只有在你需要的时候才增加。

范例训练常规模板

现在，让我们看看根据以上指南制订出的训练计划模板是什么样的吧。这里有两个模板，分别对应了以肌肥大为目的和以力量为目的的训练计划，都是每周训练 4 次。以下给出的只是范例而已，你并不需要完完全全地照着它们做。

一个最简单的力量训练常规范例

以下这个计划，主要目的是增加三大项的力量，以及将全身都训练到。因此，并不会将太多注意力放在细节上，比如怎么更好地练到肱三头肌的长头。这个计划里会出现不少重复训练到某个肌肉群的动作，也可以很好地展示之前讲到的计算训练容量的一些小细节。

容量、强度和频率
入门推荐总结

- 容量

  每周每个肌肉群或者动作模式进行10~20组。

- 强度

  以肌肥大为目的： 把2/3~3/4的训练容量安排在6~12次的范围里，剩下的容量安排在1~6次和15~20次的范围里，达到5~10RPE。

  以绝对力量为目的： 把2/3~3/4的训练容量安排在1~6次的范围里，剩下的容量安排在6~15次的范围里，达到5~10RPE。

- 频率

  每周每个肌肉群或者动作模式训练至少2次。

周一：卧推5×5（每组5次，每次5组。余类推），绳索下压3×8~12（3组，每组8~12次。余类推），划船3×8~12

▸ 卧推会训练到胸肌、三角肌前束和肱三头肌。

▸ 绳索下压会训练到背阔肌、胸肌和肱三头肌。

▸ 划船会训练到背阔肌、肩胛缩肌、肱二头肌和三角肌后束。

周二：深蹲/硬拉5×5，罗马尼亚硬拉/前蹲4×6

▸ 隔周进行深蹲和硬拉。

▸ 在进行深蹲的那周，进行罗马尼亚硬拉（RDLs）；在进行硬拉的那周，进行前蹲。

▸ 这一天，你基本会练到整个下半身（在一定程度上也包括上背部和下背部）：臀大肌、腘绳肌、股四头肌，并且在深蹲的刺激下，可能只有小腿未被练到（但如果你是力量举选手的话，那么不用在乎小腿）。

周四：卧推5×3，过头推举4×6，负重（如果需要的话）引体向上3×6

▸ 卧推会训练到胸肌、三角肌和肱三头肌。

▸ 过头推举会训练到三角肌和肱三头肌。

▸ 负重引体向上会训练到背阔肌、三头肌后束和肱二头肌。

周五：硬拉/深蹲5×3，深蹲/罗马尼亚硬拉4×6

▸ 这一天的训练内容和周二差不多，但是动作顺序、组数和次数都有一些变动。因此，如果你在周二进行了深蹲的话，就在周五进行硬拉；如果你在周二进行了硬拉的话，就在周五进行深蹲。

▶ 记住，硬拉和罗马尼亚硬拉都会训练到腰部。

这个计划是如何参考本书的建议的

你可以看见，在这个计划里，所有的"主项动作"都不超过6次，而辅助动作则一般在8~12次的区间里。这里大约有3/4的训练容量安排在主项上，1/4的训练容量安排在次数更多的辅助动作上。

卧推的总组数是10组，而深蹲和髋部铰链动作（包括罗马尼亚硬拉和前蹲）都有9组，不到推荐的10组，在这里，我们考虑到了两类动作的重合部分，所以用于增加力量的主项动作基本都接近推荐容量的最低值（不过，如果你把深蹲和髋部铰链动作一起算的话，你也可以说这里的容量其实并不低）。并且，我们加入了一些能更好地练到三角肌中束和肱三头肌的动作，比如过头推举、过头拉类动作、划船，以及下压类动作等，来弥补卧推只能练到胸肌、三角肌前束和肱三头肌的缺陷，并且只做3~5组的卧推，并不能达到理想的肌肥大效果（6+组）。

再来看看背部。为了更深入地讨论动作重合的话题，用背部举个例子。如果你把下压、划船及引体向上的容量加起来，一共有9组，同样没有达到推荐的10~20组这个数字。不过，不要急着下结论。在做罗马尼亚硬拉的时候，为了保持肩胛骨的紧缩和腰椎的伸展，你需要下很多功夫，而这并不应该被忽略。类似地，从某种程度来说，在硬拉时也会将整个背部一起练到。取决于你自己的身体结构和生物力学（尤其是如果你做的是低杠深蹲的话），也可以从类似的角度来看待深蹲。最后，所有稍微加过重量做过前蹲的人都知道，前蹲极限的限制因素之一，是你能坚持在颈前扛着多大的重量，而这个动作就很依赖于上背部的肌肉。

因此，从表面来看，你可以说这项计划连推荐容量的最低值都没有达到，但是这不重要。这只是一个使用推荐容量的最低值设计的力量计划，但你也别觉得这个计划容量太低，因为它采用了大量的自由重量杠铃训练，产生的重复训练部分以及由此产生的疲劳都是非常可观的。记得之前说的吗？不要用"非黑即白"的眼光看待这份指南，少1组没什么关系。我们给出的容量推荐，虽然都来源于科学文献，但在科学研究中，很少有训练者会使用自由重量，也很少有训练者会设计重复训练的动作（比如在科学研究中，训练者经常进行腿举，而自由深蹲和硬拉几乎没人做过）。并且，如果你到达了平台期的话，那么你能很容易地在某个动作上加个1组容量，甚至增加第5个训练日。

在写计划的时候，千万不要刻意地让每个肌肉群都直接被练到至少10组。再强调一下，在那些被引用的科学研究中，划船和杠铃弯举被看作是对于肱二头肌增肌来说，效果一样的动作，所以，在计算计划容量的时候，自由度其实很高。因此，只要你的容量差不多在推荐的范围里，并且有一定的空间用于重合动作，那么以此为开端是完全没问题的。

增肌训练常规范例

这个增肌训练计划，是基于上下半身分化的方式写成的。这个计划的主要目标是全身增肌。由于现在的训练目标是让每一个肌肉群都得到充分的训练，而不是发展力量，动作之间的重合部分就没有力量训练计划那么灵活了。

与力量训练计划相比，这个计划里还有更多的孤立动作，以更全面地刺激每一块肌肉，并且总体训练容量更大，但是大重量的训练内容会相应少一些。

周一：卧推4×4~6，划船3×6~8，上斜哑铃卧推、引体向上、肱三头肌和肱二头肌的孤立动作、侧平举，全部3×8~12

▶ 卧推和上斜哑铃卧推都会训练到胸肌、三角肌前束和肱三头肌。

▶ 划船会训练到背阔肌、肩胛缩肌、肱二头肌、三角肌中束和三角肌后束。

▶ 引体向上会训练到背阔肌、肱二头肌和三角肌后束。

▶ 肱三头肌和肱二头肌的孤立动作会直接训练到对应肌肉。

▶ 侧平举会训练到三角肌中束。

周二：深蹲、罗马尼亚硬拉4×4~6，腿屈伸、腿弯举3×8~12，坐姿髋外展3×12~15，提踵4×6~8

▶ 深蹲主要训练到股四头肌和臀部肌肉。

▶ 罗马尼亚硬拉主要训练到臀部肌肉、腘绳肌和下背部。

▶ 腿屈伸、腿弯举、坐姿髋外展及提踵分别训练到股四头肌、腘绳肌、臀部肌肉和小腿。

周四：平板哑铃卧推、高位下拉、过头推举、划船，全部3×8~12，飞鸟、肱三头肌和肱二头肌的孤立动作3×12~15

▶ 平板哑铃卧推会训练到胸肌、三角肌前束、肱三头肌。

▶ 过头推举会训练到三角肌前束、三角肌中束和肱三头肌。

▶ 高位下拉会训练到背部、肱二头肌、三角肌后束。

▶ 划船会训练到背阔肌、肩胛缩肌、肱二头肌、三角肌中束和三角肌后束。

▶ 肱三头肌和肱二头肌的孤立动作会直接刺激到相应的肌肉。

▶ 飞鸟会训练到胸肌和三角肌前束。

周五：腿举、负重山羊挺身3×8~12，腿屈伸、腿弯举3×12~15，坐姿提踵4×8~12

▶ 腿举训练到股四头肌和臀部肌肉，并且不会让腰部产生太大的疲劳。

▶ 负重山羊挺身主要训练到臀部肌肉、腘绳肌和腰伸肌。

▶ 腿屈伸、腿弯举及坐姿提踵会分别孤立训练到股四头肌、腘绳肌和及小腿。

这个计划是如何参考本书的建议的

你可以看出，这个计划里的大部分动作都在6~12次的范围里，只有一小部分动作在6次以下或者12次以上。这分别对应了大约3/4和1/4的总训练容量。从容量的角度来看，每周有15组臀部训练，13组胸部、股四头肌及腘绳肌训练，18组肱二头肌训练，19组肱三头肌训练，以及12~16组三角肌训练。不过，其中有4组卧推、深蹲和硬拉处在4~6次的范围里，所以这些训练的肌肥大效果会稍微差一些。

因此，这种设计可能相当于"每个肌肉群都少练1组"（卧推练到的胸肌、三角肌前束和肱三头肌，深蹲和硬拉练到的股四头肌和臀部肌肉），但是即使这样，所有的肌肉群都达到了推荐容量的最低目标。像在本章前面讨论过的那样，无论你的训练目标是什么，进行一定程度的大重量训练都是很有价值的，并且，即使在加入这些大重量训练之后，总体训练容量也应处在比较合适的范围里。

在这个计划里，唯一可能被忽略的部位是小腿。它的每周总容量只有8组；但是，因为腓肠肌的上端延伸过了膝关节，所以腿弯举一类的动作以及深蹲和腿举之类的完整位移动作等也能轻微地刺激到它。如果你把本书的推荐容量看作是不可撼动的铁律的话，这么做肯定会让你产生焦虑，所以，不要用"非黑即白"的眼光来看待问题。

记住，本书教给你的，是设计训练计划的原则，最终的目的是让你能够设计出最适合自己的生活方式、日程安排、训练目标、训练年限，并且考虑到了自己的弱项和强项的计划，而不是给你一个可以生搬硬套的计划。这些例子也仅仅是例子而已，而不是什么"最佳计划"。尽管它们参照了科学的训练原则，但是科学能够提供的力量是有限的，比如目前关于训练容量的数据非常有限，并且人与人之间的差异非常大。这是一个非常好的起点，但是它既不是训练的全部，也不是训练的终点。事实上，本书把这些范例计划叫作"常规"，而不是"计划"，因为所有的变量都没有随着时间进行调整，而在一项完整的计划中，这些变量都是必须要进行调整的。

这些关于训练容量、强度和频率的推荐，是一段时间训练的平均值。单独的训练模块可能会产生一些差异。在第3章中，我们会谈到在不同类型的周期化模型中，将要怎样具体调整它们，然后在第8章，还会有更详细的，分别针对新手、中级训练者以及高级训练者的训练计划，来帮助你进一步整合和应用这些原则。

第3章　训练金字塔
第3层：进步

像之前多次提到的那样，想要在训练中取得进步，或者变得更强，那你需要逐步增加训练刺激。这叫作"渐进超负荷原则"。但是，进步和渐进超负荷并不相同。设计合适的训练容量、强度和频率会导致超负荷，而超负荷会让你进步。渐进超负荷的概念，在前几章中其实已经很详细地讲解过了。而本章则会从实际操作的层面，告诉你该如何在训练一段时间后，通过调整计划，来使自己持续不断地进步。

如果你是一位力量训练的新手，或者你刚进入中级阶段不久，简简单单地设计出一个贴合自己的训练目标、强度合适的计划，就足够让你产生进步了，并不需要花很多时间和精力来设计复杂的计划。选择一个比较有挑战的重量，每次训练或者每周训练都逐渐增加一点重量，哪怕一周里的次数和组数完全不变，都能让你的力量和肌肉量逐渐增加。但是，当你的训练经验增长到一定阶段时，只有学习如何制订科学的计划和长远规划，才能让你持续进步。

以训练经验为基础的进步

力量或者肌肉量的增长速度，在人与人之间的差别非常大。不过，有一点是永恒不变的——没人可以无限制地增长力量或者肌肉量，每个人都有其基因上限。总的来说，越接近基因上限，进步的速度也就越慢，也越需要科学、详细的训练规划来产生进步。

当谈到"训练年限"这个话题的时候，尽管每个人对其的定义都不太一样，但最有用的归类方法是用基于需要产生进步（绝对力量）的时长来衡量，而不是用"力量水平标准"，或者"一共练了多少年"来衡量。我不喜欢力量水平标准，是因为有些人天生就比其他人力量大（基线力量水平更高），但他们的进步速度仍然是和训练经验相关的。

类似地，我也不喜欢用练了多少年来形容一个人的训练经验，因为有很多人在健身房待了很久，却不知道该如何科学合理地训练，一直在原地踏步，从来没有超越过"老新手"或者中级训练者的阶段。从理论上来说，有些训练者可能已经训练了十几年，但参照他们的基因上限，仍然可以被归类为中级训练者。

一个人离基因上限越远，就越容易取得力量进步。这意味着，哪怕一个人练了很久，但是力量没有增长，只要调整他的训练内容，就很容易让他快速取得进步。

训练得越久，越需要增加训练容量

从新手或者中级训练者进阶到高级训练者的关键是超负荷。像之前说的那样，在你训练生涯的开始阶段，你可以通过保持组数和次数不变，只增加杠铃上的重量来取得进步。但是，这个策略很快就会失效，而当它失效的时候，你需要找到一种新方法来取得超负荷。如果你没法持续加重了（因为你的力量水平停滞不前），解决方法通常是增加容量（但并不是所有的情况都需要增加容量，在很多时候，这也不是最优方法）。

在下面的示意图中，你可以看到，当你变得更强的时候，进步速度也就会越慢。如果你使用同样的训练容量，它产生的作用也会随着你的训练经验增长而变得越来越小，甚至慢慢消失。当你进入平台期时，可能增加容量是你唯一能做的。但是，回忆一下在第2章提到的内容，练得太多并不是不可能的事情，但是这会影响恢复。这里的关键是，你需要根据自己的训练经验和训练需求，确定到底怎样的训练容量才算合适。

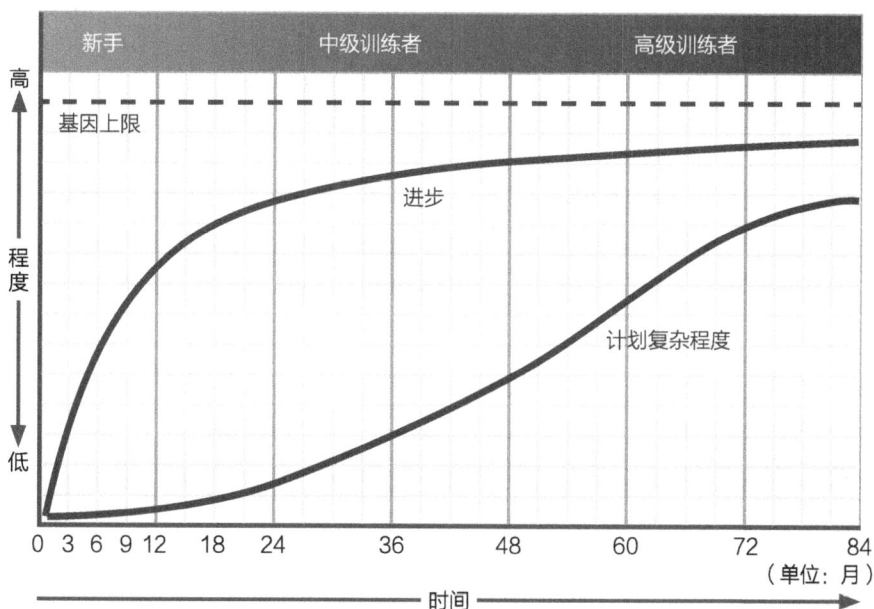

进步与渐进超负荷

一个很常见的错误做法是：太专注于力量增长。显然，如果你是一名力量举爱好者的话，那么不断增加训练重量是必需的。但是，这并不代表对于肌肥大而言，增加重量就不重要了。不管目的如何，随着训练经验的增长，加在杠铃上的重量一定会越来越大。

　　但这并不是说，力量增长是造成肌肥大的原因。肌肉能够增长，是因为受到随着时间积累起来的张力的刺激；而肌肉越大，能够举起的重量也就越大。因此，肌肉增长最终会引起力量增长。换句话说，不要太专注于力量增长，以至于"杠铃上能加重多少"成了你训练的唯一关注点，或者认为训练重量越大，肌肥大效果也就越好。实际情况刚好相反，如果你的力量得到了增长，意味着前一阶段的肌肥大训练成效不错。为了得到良好的训练效果，你不仅需要对肌肉施加张力刺激（意味着你需要达到合理的 RPE），还需要保证这个张力是足够的（意味着合理的训练容量、组数）。

　　如果你在大部分动作上都得到了力量增长，这是一个很好的情况，因为这意味着你得到了足够的超负荷。

力量增长能有多快

　　在《力量训练计划》这本书中，作者马克·瑞比托（Mark Rippetoe）建议，新手是每一次训练都能产生进步，中级训练者则是每一周能产生进步，而高级训练者则是每一个月能产生进步。

　　当然也很显然，这并不意味着所有人都能被简单地分成 3 类，这样分类更像是一个连续体。但是，以上的分类方式可以给你一个大致的概念，训练水平越高，进步越缓慢。

　　基于瑞比托给出的"高级训练者"的概念，那些训练水平极高的运动员，进步速度还会更慢。精英级别的自然健美运动员可能在整整一年的训练中，只能增加 1 磅的瘦体重；精英级别的力量举运动员可能在 2 个赛季之间，三大项只增加 15~30 磅的瘦体重，这分摊到单项上，可能只有 5~10 磅的进步；而一些最顶尖的奥林匹克举重运动员，可能在相隔 4 年的 2 次奥林匹克赛事上，总和只增加 17~25 磅的瘦体重。

　　所以，训练的进步速度能有多快，取决于你的训练经验。在分类提供具体方法之前，还得谈一谈训练后的疲劳管理。

减量

　　从前面的内容里，我们知道，想要持续增长肌肉和力量，需要逐渐增加训练强度和容量。我们还在介绍训练容量时讨论了因为疲劳积累会影响运动表现，甚至降低强健度，所以这种增长不会永远是线性的。

　　这就是为什么当提到写训练计划的时候，无论是运动员还是教练，绝大部分人都会加入一段训练量大幅度降低的周期或完全不训练的一周，或者采用另外一些处理疲劳的方法。这些做法被叫作"轻量周""休息周"，以及其他名字，但原理是"万变不离其宗"的，它们都属于减量（deload）。

简单来说，减量的做法一般是在一段时间（通常是一周）里，将训练容量安排得较低，训练强度也安排得较低一些（但这不是必需的）。关于减量的科学研究，绝大部分都来源于运动员的"赛前减量"（tapering，和减量的概念一样，但是特指在测试极限或者比赛前，用于提高运动表现的减量措施）。不过，提醒一点，这并不是什么和普通训练不一样的"特殊时期"，而是周期性训练中的正常一环。它们在整体计划设计中很重要，能从以下几个方面优化你的进步速度。

首先，减量对于训练有帮助，是因为通过减量能够减少疲劳，能让已经提高的运动表现有发挥的空间。在之前"强健度—疲劳模型"中提到，当疲劳累积的时候，我们没法发挥出全部运动实力。在力量训练中，这体现在没法举起正常状态下能举起的重量，或者同一重量下能够做的次数变少，这也是驱使未来训练提高适应性的必要阶段。

疲劳累积是导致训练出现平台期的一个常见因素，所以，在减量之后，疲劳减少，你应该可以训练得更刻苦，并且重新产生进步。

类似地，减量也能减少受伤的概率。在训练的时候，身体的肌肉、骨骼和连接组织都处于负荷之下；而当疲劳累积的时候，更容易产生疼痛和伤病。减量可以通过给连接组织和整个身体一些休息时间来避免受伤。在一些极端困难的训练周期过后，减量也能让紧张的心情得到一定的舒缓。

过渡期

过渡期的概念和减量非常类似。过渡期通常被放在一个训练模块的开头或者结尾，主要目的是让你能够适应新的训练压力（或者是你近期训练中的"新元素"）。

如果你训练某个肌肉群的时候，从一直使用每组10次的低RPE的方式，突然变成每组20次做到力竭，你肯定会练得很不舒服。在一开始你会有严重的肌肉损伤（剧烈酸痛），这会直接影响你之后的发挥，以至于你必须减少训练容量。其实，这种情况是完全可以避免的。

解决方法（除了"不要一下子加倍你的训练容量"以外的解决方法）很简单：加入一个过渡期，比如你可以在过渡期里进行75%的目标训练容量，或者RPE更低的训练强度。

减量在容量模块之后，强度模块之前加入（这么做的具体原因会在下文详细解释），可以有效减少疲劳度。从另一方面来说，在强度模块之后，容量模块之前加入一个过渡期，也是非常明智的做法，这样做，你可以确保自己慢慢适应增加的训练容量。尽管过渡期和减量的概念类似，但它们的目的、用法和结构都有一些区别。

容量模块＞减量＞强度模块

强度模块＞过渡周＞容量模块

举个例子，如果你刚结束1个强度周期，在1周里对每个肌肉群都进行了10组训练，每组3~6次，总体强度在8~10RPE之间，然后准备接下来进行1个容量周期。容量周期的第1周，每个肌肉群进行16组训练，每组6~12次，总体RPE保持在7~9。这时，你可以在这2个周期之间加入1个过渡周，每个肌肉群进行13组训练（比目标容量少3组），每组6~12次，总体RPE保持在6~8（比目标RPE低1）。这样做可以让你对接下来增加的训练容量准备得更充分，比起直接增加容量要科学很多。

如何减量

在这里，再次强调一下，减量并不应该被看作是"特殊时期"，它是周期化训练的正常内容之一。阶段性的低压力训练应该被所有的训练计划采用，但是它们该如何具体实施，则要取决于你的训练经验。

对于新手来说，他们并不需要复杂的训练手段，同时也不需要复杂的恢复手段来帮助疲劳管理。当进步还是呈线性的时候，减量可以直接采用"在下次训练中减少10%的重量"的方式来进行。

当训练者的经验更多一些的时候，通过减少训练容量，保持训练强度基本不变的更传统的"赛前减量"方式，就更合适了。

给新手的减量建议

新手们可以在每次训练中都增加一点重量，直到到达平台期。一个不错的原则是：当你连续2次训练都没法完成计划的组数、次数，或者负重时，你就可以在下次训练中减少10%的重量，并且保持组数和次数不变。减轻10%的重量之后，训练应该会变得比较轻松，这样可以达到帮助恢复的目的。然后，在减量完的下一次训练中，你将会使用与减量前相同的重量，重新开始进步。

给非新手的减量建议

对于已经脱离线性进步阶段的其他训练者，你可能已经有了更加系统的训练方式了。在周期训练中，不同的训练周会产生不同程度的压力，而减量的加入，应该作为你在确保进步的同时管理疲劳的手段。如果你有高、中、低压力的训练小周期（比如周），那减量就是那些低压力周。

另一个很好的原则是，这里的减量应该采取正常训练时一半的训练容量（那些中压力周可以被看作是"正常训练"），而训练强度则保持不变。最简单的减量方法，就是把每个动作都少做1~2组，并且每组少做1~2次，或者减少1~2RPE。在保持训练强度基本不变的前提下，你做的组数和次数会减少，也就离产生疲劳更远。举个例子，3组 × 10次 × 200磅的训练会减量成2组 × 8次 × 200磅的训练。训练总容量差不多减少了一半，而每组的RPE也相应地会减少大约2。

但是，为了全面理解应该如何在训练中加入减量，你首先得知道该如何制订训练计划。所以现在，让我们用几个例子来解释到底该怎么做。

新手进阶

新手进步的空间很大，意味着他们很容易就能看到进步。当你刚开始接触力量训练的时候，会有很多需要学习和理解的地方，所以先制订比较简单的计划是比较明智的选择。这样，你不需要花费很多精力来学习几百种不同的动作，而能给身体足够的时间来练习最基础的复合动作。

如果你使用杠铃训练的话，增加重量到比较吃力，但是不会让你动作变形的程度，并且在每次训练时，都再加5磅。对于深蹲和硬拉等负重较大的复合动作来说，每次增加10磅也是可以的。

之后，你会到达一个进步变慢的阶段，无法每次训练都再加5磅。如果你有小片（1磅），那你可以用它们来继续在每次训练中加重。如果没有的话（大部分商业健身房都不会配备），试着每两次训练增加一次重量，并且在不加重的那次训练中，感受一下同样的重量是不是变得更容易了（同样的负重、次数、组数，更低的RPE）。

这里给出的例子，是一个新手男性在没有小片的情况下，如何在他的前29次训练中产生进步的。

备注： 接下来的例子并不是说5×5是唯一的做法；这只是向你展示，在每组5次的前提下，每天的进步是如何产生的。

新手5×5计划				
训练日	负重	次数（总数）	下次训练目标	训练容量
1	135磅	5×5×5×5×5（25）	加重	3 375磅
2	145磅	5×5×5×5×5（25）	加重	3 625磅
3	155磅	5×5×5×5×3（23）	保持不变	3 565磅
4	155磅	5×5×5×5×5（25）	加重	3 875磅
以此类推				
22	245磅	5×5×5×5×5（25）	加重	6 125磅
23	250磅	5×5×5×4×3（22）	保持不变	5 500磅
24	250磅	5×5×5×5×5（25）	加重	6 250磅
25	255磅	5×5×5×4×3（22）	保持不变	5 610磅
26	255磅	5×5×5×4×3（22）	减重10%	5 610磅
27	230磅	5×5×5×5×5（25）	加重	5 750磅
28	255磅	5×5×5×5×5（25）	加重	6 375磅
29	260磅	5×5×5×5×5（25）	加重	6 500磅

　　虽然这只是一个范例，但是很容易看出，你需要通过改变进步的速度来调整计划。但是，请注意以下几点。

▸ 在范例中，负重在次数不变的情况下呈线性增长。这被叫作"单次进步"（对于负重而言），或者是更常见的叫法"线性进步"（不要和"线性周期"混淆了）。作为一个新手，你并不需要增加大量容量就能产生进步，只要你每次训练都能加重，就说明这个容量已经足够了。

▸ 当目标次数没法被完成时，在下次训练中会保持同样的重量，再次尝试完成同样的目标次数。

▸ 在连续2次训练都没法完成目标次数（或者负重）的时候，减轻10%的重量。减量之后，使用之前没法完成的重量再试试，很可能会完成得轻松很多。

　　如果在使用以上方法加入减量之后，你还在多个动作上达到平台期，而且减量之后也没进步的话（假设你每天能睡足8个小时，营养和蛋白质摄入都充足，生活压力也比较均衡），这意味着你在现实中能够达到的进步速度，可能已经不是线性计划能达到的了。你需要开始考虑采用针对中级训练者的手段来进一步优化训练内容。

中级训练者进阶

　　"中级训练者"可以简单地被分类成已经科学系统地训练6个月以上，2年以下的人群。

更重要的是，中级训练者的特征是无法在每一次训练中都产生进步。

如果计划很科学的话，有些人在开始训练几个月后就能被称为"中级训练者"了。也有些人可能在健身房待了很多年，但是由于没有科学的规划，仍然还停留在新手阶段。

以复合动作为重点的范例模板："线性周期计划"

这里给出的例子，是一个典型的中级训练者进步模式。假设你的计划里，某个动作是做3组，每组6~8次。

- 选择1个你可以做3组，每组8次，不需要人辅助，也不太可能在最后1组力竭的重量（在第3组的RPE小于10）。
- 在下周做这个动作的时候，增加重量，减少每组的次数。
- 第4周的训练可以被看作是减量周，这需要你根据对自己情况的判断，来决定是不是该减量（该何时减量这个话题，会在之后更详细地讲解）。
- 如果你在第4周减量了，在第5周的训练里，重新以将这个动作做3组，每组8次开始，并且小幅度地增加负重。
- 如果不进行第4周的减量，就把第5周的训练放到第4周，以此类推。

以复合动作为重点的范例模板——3组，每组6~8次			
训练周	负重	次数	训练容量
1	110磅	8, 8, 8	2 640磅
2	115磅	7, 7, 7	2 415磅
3	120磅	6, 6, 6	2 160磅
4	110磅	6, 6（减量）	1 320磅
5	115磅	8, 8, 8	2 760磅

你可以看到，无论是负重、次数还是训练容量，在同一周期（1~4周）的每一次训练中都有所变化，但是当一个周期结束之后，负重总是会增加的。这叫作"线性周期"，意味着当训练容量降低的时候，训练强度会相应增加。

同样的方法也可以被用在3~5次、4~6次和5~7次的范围中。在以上的例子中，每周减少1次，同时增加5~10磅的负重是可行的。如果你想使用"传统健美增肌黄金次数"的8~12次，那么也可以使用线性周期计划，只不过每周需要减少2次而不是1次。举个例子，你可以在周期里的每周分别进行12次、10次、8次动作，然后每周增加5~10磅的负重（对于大多数动作，建议保守一点，每周只增加5磅的重量）。

波形周期计划

基本上，如果你使用以上方法，并且重复同样的训练模式，再在每个周期都增加一些重量，就是"波形加重"了。这样做可以在让你确保足够的训练容量（组数）后，增加力量，并且因为力量的增长，在每一波新的周期中又能平稳地继续增加训练容量。下面这张示意图展示了在以4周为单位（1个中周期）并且加入减量之后，如果训练有效的话（你可以在下个周期增加训练强度），它的容量变化是什么样子的。如果你使用这种方法，在每个周期里都能增加训练强度，那么你的训练容量就足够产生相应的适应性了。但是，这种方法也有它的局限：它只适用于负重相对较大的复合动作。

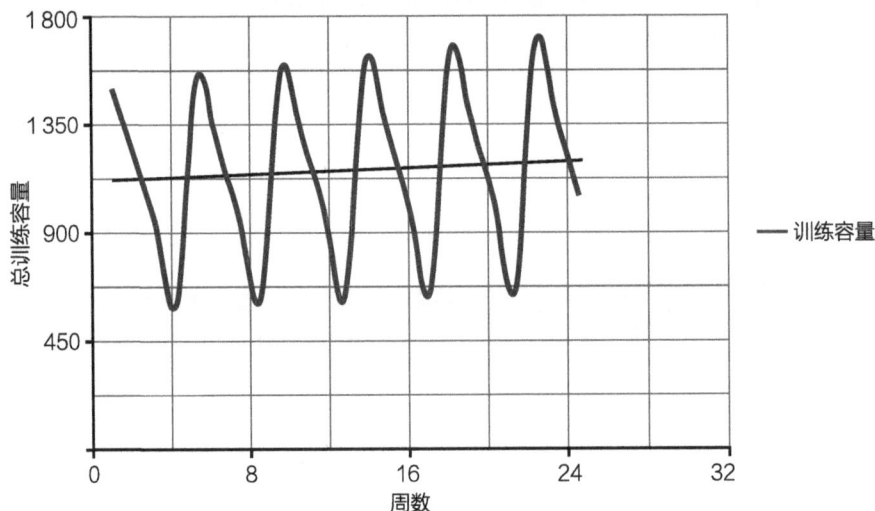

以孤立动作为重点的范例模板："双进阶计划"

对于大部分孤立动作而言，快速增加负重是不太现实的。举一个我自己的例子，我可以在我的整个训练生涯中，把卧推极限从155磅提高到363磅。在整整14年的训练中，我把卧推的力量提高了1倍多；从绝对值上来说，这是208磅的差别。因此，作为中级训练者，每5周（假设使用以上的计划的话）将复合动作的负重提高5磅是比较现实的，这样做也会比较有可持续性。但是，对于孤立动作，同样的情况几乎是不可能发生的。

想象一下，每5周就在你的哑铃肱二头肌弯举上增加5磅负重，这可不是人类能达到的进步水平。这样算的话，你每年会进行10个周期，每个周期增加5磅，那么你每年的哑铃肱二头肌弯举进步水平就是50磅；而在现实中，让大部分人单手拿着50磅的哑铃，1次严格的哑铃肱二头肌弯举都无法完成。所以，增加孤立动作的负重和增加复合动作的负重的差别很大。从相对增幅的角度来理解一下：假如你的深蹲极限是355磅，5磅的增幅大约是1.4%；如果你的哑铃肱二头肌弯举极限是50磅，5磅的增幅则是10%。看似增加同样的重量，其实在哑铃肱二头肌弯举上的增幅，比在深蹲上的增幅的7倍还多。

因此，我们需要另一种方法来增加孤立动作的负重。一种常用的方法是每周增加次数，而不是增加绝对负重。也就是说，先增加训练容量，再增加强度，而不是在增加强度的同时减少容量。这叫作"双进阶"，意味着在进阶一个变量之后，才能进阶下一个。

在以上的例子中，第1个变量是次数。在这里，假设把3×12~15作为目标（同样的方法也适用8~12次或者其他次数范围）。

▶ 选择一个你可以做3组，每组12次，并且不会在最后一组力竭的重量。

▶ 每周增加次数，直到你能做到3组，每组15次。这里没有绝对的训练次数限制，你可以跟随自己的节奏，多久达成都可以。在训练的过程中，除了最后一组外，不要做到力竭，不然你很可能会在下一组发挥失常。

▶ 在这个例子中，同样在第4周做了减量（该何时减量这个话题，会在之后更详细地讲解）。不管在减量周前练到了什么阶段，在减量周里，你只能做次数区间的最低值，并且只做2组（12，12）。

▶ 在减量周后，你能获得良好的恢复，重拾训练时训练水平能够有所提高（在这个例子里，比如你在减量周后能做到15，15，14，那么下次训练应该能做到15，15，15）。

▶ 现在，既然目标次数已经达成，那么在下一次的训练中就增加负重，重新试着达到新负重能够做到3组，每组15次的目标。这个过程没有什么时间限制，只要你能逐渐进步，最终达到3组，每组15次的目标就行。

以孤立动作为重点的范例模板——3组，每组12~15次			
训练日	负重	次数	训练容量
1	40磅	14,13,12	1 560磅
2	40磅	14,14,12	1 600磅
3	40磅	14,14,13	1 640磅
4	40磅	12,12（减量）	960磅
5	40磅	15,15,14	1 760磅
6	40磅	15,15,15	1 800磅
7	45磅	13,12,12	1 665磅

在这个例子里，一个中级训练者，还是可以以周为单位产生线性进步的。并且，如果因为次数范围不够宽泛（比如8~12次或者12~15次，只有3~4次的次数差别），使得增加重量比较困难的话，你还可以通过调节次数范围来控制进步速度。这意味着，当

孤立动作使用的绝对重量比较小的时候（比如，从20磅增加到25磅，会达到25%的增幅），哪怕增加5磅，都会让训练变得困难很多。这时候，你可以通过扩大次数范围，来达到双进阶的目的。比如你可以从每组8次开始，使用15磅的哑铃，一直进步到可以做3组，每组12次的哑铃侧平举，但是增加重量到20磅的时候，每组最多只能做7次，那么你可以将这个动作的次数范围从8~12次变成8~15次。

而且，这种进步方式不仅仅局限于孤立动作。任何绝对重量小、重量跳跃大的动作，都可以使用这种双进阶方法。举例来说，一些力量比较小的人在使用哑铃做复合动作时，可能会发现每只手增加5磅负重都是个很大的挑战。在这时就该使用双进阶方法了。

最后，对于那些只会以力量增长来作为进步标准的人，提醒一点，如果你能使用相同的重量做更多次，这同样也是一种进步；而如果能在次数上取得进步，就意味着训练刺激已经能够让你产生适应性了。

高级训练者进阶

"高级训练者"，指的是那些已经达到80%~90%的基因极限，并且有志开发剩下的10%~20%的人。

如果从进步速度的角度来定义，高级训练者应该科学系统地连续训练超过2年了，并且进步的速度显著变慢，更重要的是，哪怕你试着做了所有正确的事情，你还是没法达到中级训练者的进步速度。请注意，这里没有使用"肌肉多大"或者"力量多大"一类的数据来定义训练水平。我训练过只练了1年就能达到职业自然健美形体的客户，或者达到力量举精英水平的客户。是的，尽管从运动表现的水平上来说，这些运动员属于精英，但是从个人基因上限的角度来讲，他们仍然属于中级训练者。

从相反的角度来说，有些人可能一辈子都很难达到自己训练领域的精英水平，但是仍然可以逐步接近自己的基因上限。这一点就需要根据进步速度和训练方式来判断了。

在这里，我还可以将我自己作为一个例子。我用渐进的方式训练已经有14年了。现在，通过力量模块和赛前减量，如果状态好的话，我可以在力量举三大项取得大约1 400磅的总成绩；我的体重级别是198~205磅，这个成绩不算差，维京系数有400。但是，如果我去参加IPF世锦赛的话，这个成绩如果不垫底，也是倒数第二（以我的成绩，估计也没法获得世锦赛邀请）；和我同一个级别的选手们，总成绩可以达到1 778磅以上。如果你仅仅以力量水平来衡量，我既不是精英级别的力量举选手，也不能算高级训练者，并且我这辈子可能都达不到精英水平。但这并不意味着我这辈子就没法取得进步，或者没法像高级训练者那样进步了（事实上，在3年前写此书第1版的时候，我的三大项总成绩比现在低了11磅）。这里的重点是，你的"高级水平"，可能跟别人的"高级水平"从表现上来看差别很大。但是，当你的进步速度因为接近基因极限，而变得越来越慢的时候，你就需要考虑采取高级训练者的方式来安排训练内容了，而不是跟别人进行比较，以此来判断自己是否应该调整训练计划。

不是每个人都可以达到世界冠军的水平，但是每个人都可以通过努力训练，达到自身的基因极限。想知道自己的基因极限到底在哪儿，你需要花费大量的时间，并要拥有足够的决心、毅力以及自制力。训练水平越高，你就越需要有一个清晰的目标，并以此为基础进行训练。你的进步水平可能看似停滞不前，不仅在周与周之间看不到提高，有时候甚至在月与月之间都看不到任何提高。在这种情况下，你需要通过周期化的方式来计划和衡量自己的进步。

推荐的衡量方法，有以下几种。

1. 第1种方法是测量极限力量，并且和前一周期的数据进行对比（1RM）。

2. 第2种方法是使用固定重量进行力竭组（AMRAP，尽力在一组里做最大次数）测试，或者有些人会叫作"RM测试"。通过知道在某一重量下你能做多少次，从而估算出你的最大力量（1RM），并且与前一周期的数据进行对比（这种方法并不一定都要达到10 RPE）。

3. 第3种方法是最推荐的，通过在固定RPE下的测试，来总结出同一周期里运动表现的趋势。比如，你可以在训练的最开始做1次7RPE的试举（意味着用这个重量，你可以再做3次），以此推断出你的4RM。

如果你想使用第2种或者第3种方法来估算最大力量（1RM），强烈建议使用5RM或者更重的重量，以免误差太大（你能做的次数越多，以此估算出来的1RM就越不准）。比如，你可以做1组5RM的AMRAP，或者在9 RPE的强度下做2次（意味着这个重量是你的3RM），或者在8 RPE的强度下做2次（意味着这个重量是你的4RM）。这些做法都是可行的，并且以此估算出来的1RM也相对比较准确。

话又说回来，你并不是不可以通过使用6次、8次，甚至10次的重量或者RPE来估算进步速度；只不过，你估算的方式不应该是通过1RM，因为这样做很可能因为误差太大，导致在之后的计划里重量计算失准。它们能够说明的是，如果你在高次数动作里能够增加负重，就说明渐进超负荷在起作用了。这一点对于大部分健美运动员，以及处于容量周期的力量举运动员比较有用。

接下来会分别从力量和肌肥大两方面，谈一谈到底该如何应用这些原则。

如何监测进步：以力量为目的时

如果你训练的主要目的是增加绝对力量（1RM），那么你需要让测试手段和训练目标有一些专项性。这意味着，如果你想知道绝对力量的增加速度，你得先从某个方面测试出绝对力量。比如，一位力量举运动员可能会通过对比预测1RM的方式，来判断自己的三大项有没有进步（如果你不是力量举运动员的话，任何别的动作也都能适用）。

因为频繁测试极限对于生理和心理都是一项巨大的挑战，不建议你经常采用直接测试的方式进行评估（除非在周期训练的特殊阶段，或必须测试的情况下）。这里的关键是，确保2次极限（1RM）测试的时间不要离得太近，这样才能留给身体充分的时间来产生肉眼可见的进步。对于大部分高级训练者，隔6~12周测试1次极限是比较可行的做法。

举个例子，如果你是一位体重中等，深蹲极限是440磅的男性，或者你是一位体重中等，深蹲极限是275磅的女性，你可能需要一段时间才能观察到具体的进步。你可能没法在下一周就把深蹲极限提高，但你可以通过周期化的训练，在8周里把深蹲极限提高5磅，即男性深蹲极限达到445磅，女性深蹲极限达到280磅。

如果你可以这么练1年，那你的极限就能够提高30磅，对于高级训练者来说，这个进步速度已经很可观了。

你一定可以想象，在进步到一定阶段时，可能1年30磅的增幅都会变得不可能。在这些情况下，训练计划会变得越来越重要，力量运动员们在一个周期里，可能会使用长达数月的时间来增加训练容量，却看不到什么肉眼可见的进步。在模块周期计划中（会在后文详细讨论这个概念），这被叫作"积累周期"。

在这个周期里，随着训练容量和强度的逐渐累积，你的做功能力会得到进一步提升。接下来，你会进入一个训练容量逐步减小、强度逐步上升的强度周期。最后，是极限测试前的减量周期。这一整个积累—强度—减量—测试的循环下来，可以长达4个月的时间。因此，那些高水平的运动员，可能在1年里只测试3次极限（如果他们参加比赛的话，测试的数量会更少，因为比赛本身就是一种极限测试）。

在一整年的训练结束之后，运动员可能还需要时间来从之前的训练中恢复，才能达到巅峰水平。在达到如此高的强健度之后，想要长时间保持，基本是不可能的事情。这在所有运动项目里都成立，比如，你不会见到世界级的短跑选手一整年都能保持10秒以内的100米成绩，也不会见到健美运动员一整年都能保持台上极低体脂率的状态，更不会见到耐力选手时不时就刷新计时赛的纪录。

因此，在赛季的"冲刺"结束之后，极高水平的运动员可能会花1~2个月的时间来进行低容量、低强度的"非赛季"训练，专项性也会降低，以达到恢复的目的。事实上，这个过程可能会持续很长的时间，有的运动员需要花费数月的时间，才能恢复之前的巅峰运动水平，或者创造新的纪录。

但是，这并不意味着高水平运动员们每年只有两次机会（或者比赛）了解自己的力量水平。

首先，在这个阶段，你的力量水平不会有剧烈浮动，这使得计划负重变得更容易也更可预测。并且，像之前提到的那样，你并不需要真的通过测试极限（1RM）来估测力量。如果你一直追踪RPE，或者使用RPE来计划负重的话，你就可以持续不断地检测力量水平。比如，如果你在8~9RPE的范围里能把某个重量做3次的话，你就知道这差不多是你的4~5RM。

另外，力量测试并不仅仅只有极限测试。比如，你可以在积累周期里做一次力竭组（AMRAP）来看看你的6RM重量有没有增加。总之，除了直接测试极限，还有很多别的方式可以测试进步水平。

类似地，如果你在控制和管理疲劳的话，那么无论是基线测试还是力竭组都不一定需要做到10RPE。高水平训练者，尤其是那些在训练中对于RPE非常熟悉的高水平训练者，在接近力竭的时候对于RPE的估算会相当准确。因此，极限测试其实可以只做到8~9RPE就停下，然后假设最后1~2次还能成功，以此来估算1RM，同时避免过度疲劳。

如何监测进步：以肌肥大为目的时

在训练水平达到这一阶段时，想要通过视觉或者任何客观方式来监测肌肉生长的速度已经变得不太可能了。因此，哪怕你的训练目标是为了形体比赛（或者想练成和形体运动员一样好的身材），最好的监测方式也是监测力量变化，而不是通过拍照留存、记录尺寸，或者利用皮脂钳测量数据进行监测。

为了帮助理解，你可以想象一下，一位高水平的自然健美运动员，可能每两年才参加一次比赛，或者在一次大赛前，备赛好几年。但是，由于肌肉增长的速度实在是太慢了，除非他们减脂减到赛场上的水平，或者再次比赛（即使是这样，很多时候视觉上的变化也不是那么明显），否则基本没有什么办法知道他们的肌肉量在两个赛季中的差别。事实上，很多运动员两次比赛的体重差别可能只有1~2磅（如果有差别的话。还有很多情况下，运动员们学会了如何更好地保持瘦体重，并且能够在同样的体重下减去更多脂肪；或者直接减到更瘦，去参加更低的体重级别的比赛）。这并不是说高水平的自然健美运动员体重就很难变化了，但在大多数情况下，这种变化来自他们学会了如何在备赛期间少掉一点肌肉，而不是在非赛季增长更多的肌肉。

或者从另一个角度来说，使用世界上的任何工具测量身体成分都有误差。而且，这些误差都比高水平运动员能在短期内取得的进步程度大。举例来说，哪怕是在业界被认为测量体脂率"黄金标准"的双能×射线吸收法（DXA），也常常会有5%的误差，这意味着除非你能在2次测量之间，瘦体重变化超过5%，否则这种测量方法对于观测身体成分的变化可以说是毫无帮助。因为不管你是增肌了，还是肌肉量保持不变，还是少了一些肌肉，真实数值都可能被机器的"噪声"掩盖。瘦体重增加5%，对于一位高水平自然健美运动员来说，可能是9磅的差别。这是一个非常大的数值，尤其是对于一位高水平的运动员来说。哪怕这位运动员真的可以增加9磅的肌肉量，但整个增肌过程可能需要很多年。而隔几年才能监测出1次进步，显然时间太长了，并且这样也没办法让你知道，你在某个训练周期的成果到底如何。

相信现在你可以理解，为什么到了这个阶段，无论是从视觉上，还是利用皮尺或者皮脂钳测量，或者用其他方法测量身体成分变化，都不是足够精准的方法了吧。而解决这个问题的方法，是监测你的训练是否产生了渐进超负荷，而不是监测肌肥大水平变化。如果你训练得比较科学，能够产生渐进超负荷的话，肌肥大是必然的结果。

同样，你不需要真的通过测量极限（1RM）来了解自己的力量水平。作为健美运动员，你的训练中很可能都没有极限测量这个东西。甚至，你连力量举的三大项都不做，而是做罗马尼亚硬拉、前蹲、上斜卧推；并且，你可能需要监测超过3个动作的进步水平。在这种情况下，你可以使用力竭组来测量主要项目的力量水平变化，或者使用只达到某个特定RPE的力竭组，比如，在9RPE下做6次。然后，你可以根据自己做到的实际次数，再对比之前力竭组做的次数，看看是否有变化。再或者，如果你想要对比不同重量下的力竭组，那么可以采取估算极限（1RM）的方式（只要你使用至少5RM的重量，计算就比较精确）。如果你采取这种方式的话，网上有很多1RM计算器可以帮你估算极限力量，然后你可以将计算出的数值和前一阶段训练里估算的数值进行对比。

网络上有1RM计算器。你只需要输入使用的重量以及做了多少次就行了。估算出的极限（1RM）数值，除了可以用于对比不同阶段训练的成果，如果你更喜欢使用基于百分比的训练方式的话，还可以用于计划设计。

备注

▶ 当进行以估算1RM为目的的力竭组时，最好能采用5RM或者更重的重量（比如实际5RM，或者3RM，或者9RPE的2次，或者8RPE的3次，等等）。次数更多的话，估算出的1RM数据的准确性就很难保证，以至于如果你想使用1RM百分比来制订计划的话，很可能影响将来的训练。

▶ 对于力量举运动员来说，也可以在容量周期的辅助动作上使用力竭组来推断进步水平。和前文说的一样，你并不需要真的做到力竭，比如做到9RPE就可以停下

（在这个例子里，如果你使用网上计算器的话，需要在实际做的次数上加1）。尤其是深蹲、硬拉这类使用自由重量，对于动作技术要求很高，风险也比较高的动作，不做到真的力竭可以避免让你成为"腰突"大军中的一员（译者注：原文为"snapcity™"，来源于YouTube）。

你一定需要测试绝对力量吗

可以想象一下：如果你一直训练到力竭，那你不会需要通过测试绝对力量来监测进步，因为你其实一直都在"测试极限"。这种做法当然从理论上来说没什么问题，但是实际上，一直训练到力竭的方式有着很多缺陷，所以并不建议你通过这样的方式来训练。

不过，聪明的你一定能从前两章的内容里总结出：如果你在训练中一直追踪RPE，你就可以不断估测某一重量下的次数极限（RM）。没错，如果一位训练者能够在训练中精确地估算RPE，他们就并不需要通过进行力竭组或极限力量测试（1RM）的方式来追踪进步，因为RPE本身就能很精准地体现出运动表现的变化趋势。

这并不是说极限力量测试就毫无用处。它的优点在于，如果你是竞技力量运动员，极限测试可以很好地模拟比赛环境。你可以尝试进行一次"赛前减量"看看效果如何，或者测试一下你的减轻体重的策略，然后在某个周六早上起床去健身房测试极限、模拟比赛。这种做法不仅可以帮你判断自己备赛最后阶段的策略到底有没有效，还可以帮你提前增加一些赛场经验。话又说回来，如果你是一位形体运动员，或者你对于参加力量举一类的冲击极限的比赛没什么兴趣的话，那么你在平常的训练中准确估算RPE就足够了，完全没有必要测试极限力量。

如何攻破平台期

如果你连着8~12周，在力量方面都没有什么进步的话，请翻回第2章，参考一下之前列出的平台期应对措施流程图。

加入减量周

如果你的营养状况、睡眠状况、生活压力和训练计划都没有什么大问题，却仍然恢复得比较困难，那么这就意味着你可能需要加入一个减量周了。

像前面列举的那些例子一样，不管你的训练经验如何（新手、中级训练者，或者高级训练者），在训练计划里都需要加入减量周。但是，影响恢复状态的变量其实非常多，哪怕你小心地调节了训练容量和强度，甚至提前计划了减量周，也有可能效果不佳。因为你不能预测自己的生活压力、睡眠状态，以及健康程度会如何变化，很容易就会计划减量太频繁，或者减量程度不够。

因此，推荐的减量方式（在非减脂时期）是通过量表，在每个中周期结束以后，自己评估一下到底需不需要减量。

你可以回忆一下，之前在针对中级训练者给出的线性波形加重方式：在中周期的前3周里，增加负重，同时减少每组的次数，并且在第4周安排了减量。但是，在很多情况下，你可能并不需要在第4周减量，反而还可以继续增加强度（比如你在第1周做了3×8×100，第2周做了3×7×105，第3周做了3×6×110，那你可能在第4周继续增加到3×8×105）。

但是，该怎么知道自己到底需不需要减量呢？

你可以通过下面的量表进行自我评估。如果你在两个或者更多的问题里回答了"是"，那么你很可能就需要减量了。

周期结束后的自我评估表
在健身房里是否觉得疲劳不堪
睡眠质量相比平时是否显著下降
训练中可以高质量完成的组数、次数是否显著下降
生活压力是否比平常更大
疼痛感是否比平常更强烈
如果回答0~1个"是"：不需要减量，直接进入下一个中周期。
如果回答2个或者2个以上"是"：进入减量周。
*如果只有最后一个关于疼痛感的问题回答"是"，则加入高次数的训练周

减少训练容量

▸ 如果你的营养状况、睡眠状况、生活压力和训练压力管理都没有什么大问题，RPE估算也比较精准，并且已经加入了减量周，但却在恢复训练之后，很快又进入了之前的疲劳状态，这意味着你可能需要减少总体训练容量了。你很可能是因为练得太多，以至于只要1~2个小周期就可以将你的疲劳度上升到需要减量的状态，而过于频繁的减量，并不是理想的状态。

▸ 在这种情况下，你需要减少训练容量。一个很好的开端是将每个肌肉群或者动作模式的组数减少大约20%。所以，如果你目前的某个肌肉群或者动作模式为每周练15组，那么你可以减少到12组。然后，再看看能不能通过这种方式来取得更稳定的进步。

顺便说一句：如果你在做上一页的自我评估时，只有在最后一个关于疼痛感的问题中回答了"是"，那你可能不需要减量，可以继续进行"正常"的训练（从训练容量和RPE角度来讲），但是要将次数上调为12~20次。如果使用高次数的方法还无法减轻疼痛的话，你还可以继续降低负重，或者采用血流限制训练法（BFR），我们马上会详细讲解这种方法，即进行孤立动作。如果你已经连续进行了3个中周期但还没减量的话，不管你感觉如何，都最好进行1次减量。

血流限制训练法是一种主要在临床研究中使用的训练方法。它通过使用血压压脉带、绷带、宽止血带或者绑膝（非力量举运动员的绑法）等道具，在训练时绑在近端肢体（大腿上端或者腋窝处）上，达到限制静脉血流出肌肉，但不影响动脉血流入肌肉的效果。这样做，可以防止训练产生的代谢物被清除，导致肌纤维募集、疲劳得更早，并且可以在仅仅使用20%~30% 1RM负重的情况下，达到和大重量一样的肌肥大效果（但它不会比大重量训练效果更好，并且对于力量增加，使用效果不如让运动员使用大重量）。这种方式，在运动员关节疼痛（尤其是膝关节或者肘关节）的时候非常有用，可以让运动员在只使用轻重量的情况下，得到足够的训练刺激，同时给关节施加更小的压力来辅助恢复。因此，如果你恰好对于关于疼痛感的问题回答了"是"，并且膝关节或肘关节有不适感的话，你可以将计划中的孤立动作换成血流限制训练法的版本，使用绑膝（或者绷带，甚至某些特地为血流限制训练法设计的绑带工具）捆绑到大约7/10的"紧度"。这个程度，应该不会让你的四肢麻木，你的四肢也不应该被勒到变色（如果你的手脚开始变紫，那意味着你绑得太紧了）。然后，使用20%~30% 1RM的重量，按照平时计划的次数来进行训练。

增加训练容量

▶ 大多数情况下，你没有看见进步，不是因为计划出了问题，而是因为动作技术不到位，而在这种情况下，一味增加训练容量并不是解决问题的办法。最好的办法，是先修正你的动作——可以通过找教练，或者对比网上的标准动作（你可以在3DMJ的动作库里找到大部分动作视频），或者使用其他一些更加客观的方法。

▶ 如果你的技术很扎实，并且其他"瓶颈"不是导致出现平台期的主要问题（营养状况、睡眠状况、生活压力和训练组织等），那么你可以通过增加某个特定动作的组数，或者增加动作数量的方式来增加训练容量。

▶ 如果你在多个肌肉群的动作中同时出现了平台现象，那么在每个肌肉群或者动作模式中加入额外的1~2组（没错，1~2组就够了）则是一个很好的起点。假设你参照本书中"每个肌肉群或者动作模式每周做10~20组"的建议的话，这是10%的增幅，从相对数量上来说，已经很显著了。

▶ 如果你仅仅在某个动作或者肌肉群上需要提高，那么，增加针对这个动作或者肌肉群的训练容量是个很有效的方式。比如，一位力量举运动员如果目前每周做12组深蹲及深蹲变式，结果到达了平台期，那么他可以首先考虑加入1~2组额外的深蹲。

▶ 对于力量运动员来说，还有一种导致其进入平台期的原因是肌肉量太小了，所以有时候，增加辅助训练的动作数量（或者辅助动作的组数）也许可以解决这个问题。如果你的体重已经接近当前级别上限，体脂率也不高，但是仍然无法进步，那么你也许需要考虑提升级别了。

在增加容量的时候，需要做聪明的选择。关于这一点，会在第4章中详细讨论。

增加训练频率

在增加训练容量的同时，记住在前文中所提到过的：最好不要将过量的容量都挤在某一个训练日中。所以，你需要考虑一下是不是该增加一个额外的训练日来分摊训练容量。如果你开始在训练中通过牺牲动作质量来完成计划（比如你的某个动作或者某类动作，如推类动作、拉类动作、深蹲，或者肌肉群的运动表现开始出现下滑），那么增加额外训练日可能是一个更好的选择。

周期计划模型介绍

"周期计划"这个概念简单地理解，就是使用周期来组织训练。这些周期的排序非常科学并且有逻辑，目的是保证最佳的长期适应水平，并且从最大限度上避免出现平台期和伤病。单周的训练常常被称为"小周期"，更长一些的训练，比如1~2个月的训练被称为"中周期"，而某个时间段里的整个训练过程（比如1个赛季或者1年）则被称为"大周期"。

周期计划包含了大量的变量，包括训练容量、强度、频率、次数区间、动作选择、动作顺序，以及休息时间等，这也是为什么这个话题不属于训练金字塔的任何一层，它会贯穿整个训练计划，和每一层都有关系。

周期计划的模型有很多种。对于新手而言，不管选择哪一种模型，对其训练结果的影响可能都不是很大。但是，如果你是中级或者高级训练者，选择合适的周期计划模型就变得非常重要。因此，在这里详细讨论一下每种周期计划模型的差别也就很有必要了。

接下来将会讨论线性周期计划、模块周期计划和波形周期计划（尤其是每日波形周期，一般被缩写为"DUP计划"）这3种模型，因为它们是在实际应用中最常见的周期计划模型。

线性周期计划又被称为"西方周期计划"，它的特征是随着训练的进行，训练强度逐渐上升的同时，训练容量逐渐减小。

原版的西方周期计划模型贯穿于运动员整个备赛、比赛以及赛后过渡到非赛季训练的全过程。典型的做法是先让运动员用几个月的时间进行高容量、低强度的训练，比如肌肥大训练或者肌耐力训练；接着再花几个月的时间进行低容量、高强度的训练；最后在赛前减量的过程中使用爆发力训练的方式，达到训练容量的低值，以此让运动员在赛场上有最佳的运动表现。

在这个模型中，训练会随着离比赛时间越来越近，而变得越来越有专项性。肌肥大和肌耐力训练可以构建良好的强健度和结构适应性，以此来作为运动员的基础；接着，专注力量的中周期可以增加这些新肌肉结构的募集能力，来产生更大的力量；最后，运动员通过轻重量、快速的训练获得爆发力的适应性，和之前力量周期获得的适应性结合在一起，意味着他们可以产生更大的功率（功率在物理学中，等于力乘以速度）。这个最终冲刺阶段也是专项性最强的阶段，运动员们会开始根据自己的运动项目，移动自己或者对手的身体（比如搏击运动员），以模拟真实比赛环境，比如使用各种球类、球拍和球棒等。这些道具一般重量都很轻，因此，这种轻重量、高速度的训练被认为是对比赛表现最有功能性迁移能力的方式。

但是，值得注意的是，所有周期训练的模型都会根据具体的运动项目进行调整和改进。比如，如果你是一位力量举运动员，使用以上轻重量、高速度的爆发性训练方式，对你的力量训练就没什么迁移性了。在传统的西方周期计划模型中，爆发力也是排在力量之后的。

因此，如果你在给一位力量举运动员制订计划，你会让他在备赛后期进行40% 1RM的跳跃深蹲训练吗？答案是否定的。他需要继续进行力量周期训练，使用低容量、高强度的力量训练方式，这才是更适合他的运动项目。你可以翻到前面，看看我们列出的中级训练者复合动作进阶，这就是一个典型的线性周期模板。在这个计划中，随着训练强度的递减，训练容量会递增。

模块周期计划和线性周期计划很类似，但是从某些方面来看，模块周期计划会更加简单，也更加灵活。它被设计出来的初衷，是解决传统线性周期计划的一些潜在问题。

模块周期计划将大周期分为3个部分（绝大多数情况下是这样，当然也有一些特例），或者说分成3个中周期，每个中周期有着不同的训练目标。和线性周期计划不同，它从高容量、低强度的训练模块开始，接着进行容量、强度的模块，最后是一个冲刺模块。

模块周期计划和线性周期计划的主要区别在于，模块周期计划的中周期时间更短。在传统的线性周期计划中，一位运动员可能会用长达数月的时间进行肌肥大训练，然后再用另外几个月的时间只专注力量提升。这种做法经常被诟病，其原因是在如此长的训练周期里，运动员从上一个周期里获得的适应性可能会慢慢消失。为了解决这个问题，在模块周期计划中，不管是专注肌肥大还是绝对力量的训练中周期，都不会超过一个半月的时间。中周期的长度还可以根据在一个赛季里，该运动员需要冲刺几次来进行调整。另外，在模块周期计划里，肌肥大模块并不意味着要完全舍弃大重量训练，只需要做到和力量模块相比，强度更低、容量更高就可以了。从很多角度来说，模块周期计划和线性周期计划的概念是一样的，但是模块周期计划使用的方法更为灵活，也更适用于一年中需要冲刺、备赛超过一次的运动员。

波形周期计划是周期计划中，次数范围和训练强度变化最频繁的一种。

每日波形周期计划（DUP）在一周中的每一次训练中都会对训练变量进行调整。这种调整可能是简简单单地每天使用不同的次数，也可能是在不同的训练日中，设计不同的训练目标。举个例子，你可能会在第1天进行10次的训练，第2天进行8次的训练，而把第3天作为"绝对力量训练日""肌肥大训练日"或者"爆发力训练日"，而这些训练可能在同1周内会全部出现。

每日波形周期计划只是波形周期计划的一种。事实上，你还可以进行每周波形周期计划（WUP）。在这个模型里，整周的训练都会针对同一个次数范围或者训练目的。和模块周期计划一样，波形周期计划被设计出来的重要目的，也是解决在传统线性周期计划中运动员产生的适应性下降的问题。在波形周期计划中，解决方法是将不同的训练目标（肌肥大、力量，以及爆发力增长）同时进行，比如每日轮换，或者每周轮换。

这些波形周期模型有时候也被称作"非线性模型"，但是这种叫法其实很不准确。因为从长远的角度看，在大部分训练中，还是有着线性因素的。比如，一位力量运动员可能会在离比赛还有几个月的时候，在同1周中分别进行8次、6次以及4次的训练，然后随着时间慢慢推进，快要比赛的时候，他的训练次数可能就分别变成了5次、3次以及1次。从长期角度来看，这就是一个基于线性进步的每日波形周期模型。事实上，以上这些模型都有着很多相似之处，从某些方面讲，它们应该被看作是同一类计划，而不是单独的模型。

周期计划模型总览

如果你想讨论哪种模型最好的话，可能连着讨论几天几夜都得不出结论。这里有很重要的一点是：这些模型主要都是理论和概念，而不是被证实的科学。坦白来说，目前很多关于周期性的科学研究，由于被错误地解读或者被片面地呈现在大众面前，因此对于健身圈来说是害大于利的。

从实际上来讲，无论你想写一个线性周期、模块周期还是波形周期的训练计划，都有无数种设计方式。因此，那些结论呈现"A计划强于B计划"的科学研究，并不能说明A计划基于的理论就强于B计划基于的理论。这些研究的最大作用，就是告诉你研究中具体的两种计划设计到底孰优孰劣。如果我愿意的话，我随手就能写一个比模块周期计划更好的线性周期计划，或者一个比线性周期计划更好的波形周期计划，再或者一个比波形周期计划更好的模块周期计划。因为可以写计划的方式太多了，这种对比可以一直进行下去。

如果你想问哪种周期计划模型最好，那你就问错问题了。这样问，首先就假设了每种模型都有清晰的定义和统一不变的结构——这是错误的；并且假设了它们是无法共存的——这也是错误的。一个训练计划可能会含有不止一种周期训练的元素，而且在很多情况下，结合不同的元素，可能才是一个更好的选择。

你一定看过互联网上各种流行的训练计划，并且可能会发现，如果将大部分计划仔细拆开分析的话，它们都"万变不离其宗"，并且同时包含了多种周期训练的元素。拿吉姆·温德勒（Jim Wendler）的"5/3/1计划"举例，当你使用它的备赛版本的时候，可以清晰地看到，这个计划的大周期使用的是线性周期计划的方式，具体表现在随着离比赛越来越近，训练强度逐渐增加，而容量逐渐减少。并且，你可能还会注意到，在某些具体的训练模块中，有着模块周期计划的影子。最后，在这个计划的每一周里，都有着特定的训练目的，这又很像每周波形周期计划。所以从实际角度出发，不管是"超越5/3/1计划"，还是"力量举专项5/3/1计划"，它们本质上都是一样的，即线性周期计划、模块周期计划，以及每周波形周期计划。

这里的要点是，世界上几乎所有的计划都有线性周期元素。另外，很少有计划会让你每天、每周，或者每个月都做同样的次数和组数，所以绝大部分计划也都有波形周期的元素。最后，如果你的计划包含了时长为一个月左右的模块的话，也就包括了模块周期的元素。幸运的是，最新的相关研究也指出了这一点：那种"非黑即白"的"哪种模型最好"的争论并不是什么好思路，而且从实际应用上来说，结合多种模型可能才是最好的选择。

线性周期计划总览

如果你能理解之前讲过的概念的话，自己设计一个训练计划，很自然地就能将线性周期的元素结合进去。不管你的目标是锻炼肌肉还是只想提高力量，你都需要经常通过测试力量的方式来评估进步速度。

为了让疲劳减少，同时通过表现出在训练中提高的强健度，来达到最佳测试状态，你还需要在极限力量（1RM）或者力竭组测试之前减少一些训练容量。另外，还要考虑专项性原则：在测试力量之前，你最好进行高强度的训练。因为极限测试本身就是极高强度的训练。做到以上几点之后，就基本可以保证你在极限测试时正常发挥了，这样测出来的力量数据也比较准确，可以直接拿来当作测试进步速度的指标。这样做，同时也意味着你在训练中使用了线性周期计划的概念。

举个更实际一点的例子，假设你在进行之前列出的"以复合动作为重点的范例模板"，并且在每周的另外两天也重复做同样的动作（根据本书之前的训练频率推荐），然后在每一次训练中，你都根据本书对于中级训练者的进步推荐，使用不同的次数区间来训练。这就是一个非常简单的线性周期以及每日波形周期计划。如果你还设计了一段时间的高容量、高次数训练，然后是低次数训练阶段，最后进行减量和极限力量测试，那么，这就成了一个线性周期、每日波形周期，以及模块周期训练计划。

可以看看下面的示例。

	第1天	第2天	第3天
第1阶段：容量模块			
第1周	200×3×14	210×3×9	225×3×6
第2周	205×3×12	215×3×8	230×3×5
第3周	210×3×10	220×3×7	235×3×4
第4周	200×2×10	210×2×7	225×2×4
第2阶段：强度模块			
第5周	210×3×12	220×3×8	235×3×5
第6周	215×3×10	225×3×7	240×3×4
第7周	220×3×8	230×3×6	245×3×3
第3阶段：减量与测试			
第8周	210×2×8	220×2×6	250×AMRAP

▶ 这个计划仍然考虑到了中级训练者的进步速度，在第4周设计了减量周。

▶ 在第1阶段中，第1天进行的是10~14次的训练，第2天进行的是7~9次的训练，第3天进行的是4~6次的训练。

▶ 在第2阶段也很类似，只不过次数范围分别变成了8~12次、6~8次，以及3~5次。

▶ 在第8周中，虽然没有像第4周一样做了整周的减量，但是在第3阶段里设计了赛前减量，并且在最后1个训练日里做力竭组，来估测进步速度。

▶ 因此，这个计划虽然整体概念是线性周期，但它仍然包含了每日波形周期以及模块周期的元素。

模块周期计划总览

像之前解释过的一样，一般而言，模块周期计划会分为3个部分。

以下仅仅是将这些模块应用到实际计划中的无数种方法中的一种。

模块	时长	目标	特征
积累周期	6周	提高做功能力，增加肌肉量	从12组开始，增加到22组左右。从每个肌肉群或者动作模式每周训练2次开始，逐渐增加到3次。负重根据自身能力或者固定计划增加。训练强度不要太高（6~8 RPE）。取决于训练目的，次数保持在4~15次
强度周期	4周	增加特定力量	组数慢慢递减，从18组降低到12组左右。每个肌肉群或者动作模式每周训练的次数保持在3次，并且要保证动作质量。负重和距离力竭的程度每周逐渐增加（8.5~10RPE）。取决于训练目的，次数保持在2~10次
效果实现周期	1周	赛前减量，冲刺	组数进一步递减到每个肌肉群或者动作模式每周训练10组。保持和前一周期类似的负重和次数范围，但是离力竭更远（7~9RPE）。训练频率保持不变
	1周	测试	以肌肥大为训练目标时，将主要动作的力竭组（AMRAP）平均分配在1周中进行测试。以绝对力量为训练目标时，在前2个训练日里进行2~3组的单次训练，保持在5~7RPE的强度并且在最后1天进行极限测试（1RM）。所有辅助动作的组数都减半

积累周期（6周）

第1个模块是"积累周期"。这是通过"积累"容量来奠定坚实训练基础的时期。在这个模块里，主要的训练目标是增加肌肉量和提高做功能力，这可以通过逐渐增加训练容量来让我们逐渐适应高容量训练。在这个模块里，训练强度被控制在中等程度，因为想要提高做功能力的话，我们要能够从更高的训练容量中恢复，而不是从更高的强度中恢复。

在这个模块里，你需要做到以下几点。

▶ 第1周进行2次训练，每个肌肉群或者动作模式做12组，平均分配（即每次训练中，每个肌肉群或者动作模式做6组）。

▶ 在接下来的2周里，把训练容量从第1周的每个肌肉群或者动作模式做12组，逐步增加到做16组（即在第3周的每次训练中，每个肌肉群或者动作模式做8组）。

▶ 在第4周里，进一步为每个肌肉群或者动作模式增加2组的训练容量，并且将训练频率从2次提高到3次，以适应增加的容量。这样平均分配以后，在每次训练中，每个肌肉群或者动作模式都做6组（每个肌肉群或者动作模式在这周的容量是18组，除以3，就是每次训练6组）。

▶ 在接下来的2周里，继续以每个肌肉群或者动作模式每周增加2组的增幅增加容量。所以在第5周，每个肌肉群或者动作模式会进行20组，而在第6周就是22组（每周训练3次的话，平均每次训练就是6~8组）。

▶ 在这6周的时间里，你已经将每周每个肌肉群或者动作模式的训练容量从12组增加到22组了。

▶ 如果你的训练目标是绝对力量，将2/3的训练容量安排在4~6次的范围里，并将剩下的容量安排在8~12次的范围里。如果你的训练目标是肌肥大，则将2/3的训练容量安排在6~12次的范围里，剩下的容量安排在12~15次的范围里。

▶ 在训练中不要做到力竭，确保你至少离力竭还能做1次（或者更多次）的时候就该停下了，不然恢复会受到影响。在这个模块中，大部分动作的目标RPE都应该保持在6~8次。

▶ 只有在觉得目前重量训练起来很轻松，并且在增加重量不会接近力竭的情况下，才增加重量。

强度周期（4周）

接下来的模块是"强度周期"（在某些运动科学的文章中，你可能会见到"转变模块"这种说法，其实指的是同一个概念），在这个模块中，我们会增加训练强度。

比起之前的积累周期，强度周期的总训练容量会减少，而与此同时，负重会逐渐增加。经过积累周期的训练，你的肌肉量和做功能力都应该有着显著上升，这意味着你在两次训练之间的恢复能力也会相应提升；并且，你现在可以募集更多的肌肉量，你也能更轻松地适应大重量。在这个模块的末尾，你的训练强度会达到接近极限的水平。

▸ 在第1周和第2周中，将每周每个肌肉群或者动作模式的容量从22组减少到18组。

▸ 在第3周和第4周中，将训练容量进一步减少到每周每个肌肉群或者动作模式做15组和12组，并且在降低容量的同时，试着在每周都增加负重。

▸ 如果你的训练目标是绝对力量，将2/3的总训练容量安排在2~5次的范围里，然后将剩下的容量安排在6~10次的范围里。如果你的训练目标是肌肥大，则将2/3的容量安排在6~10次的范围里，再将剩下的容量安排在3~5次的范围里。

▸ 在整个模块中，不管是训练强度的增长，还是次数的降低，都基本应该是呈线性的。这意味着，你可能从主项动作做5次，辅助动作做10次开始，到模块结束时，逐步减少到主项动作做2次，辅助动作做6次。相对强度（RPE）应该在模块的结尾，上升到接近极限的水平，最终达到9、9.5，甚至接近10的RPE。

效果实现周期（2周）

最后的模块，叫作"效果实现周期"，在这个周期里，我们会通过让累积的疲劳大幅降低的方式，来"实现"在之前训练中提高的强健度。这又被叫作赛前减量，或者减量周。在这个周期里，在保持训练强度的前提下减少容量是一个关键，只有这样做，才能在减轻疲劳的情况下，保持力量水平。

▸ 在第1周里，通过将每个肌肉群的训练容量减少到10组的方式来减量，保持次数范围不变，但是在做到离力竭更远的时候就停下（7~9RPE）。

▸ 如果你的训练目标是肌肥大，将主要动作的力竭组平均分配在1周中进行测试，并且只测试1次（1组）就够了，对于其他的动作，统一将组数减半。如果你的训练目标是绝对力量，在这周的最后1次训练中测试极限力量（1RM）；在之前的2~3次训练里，只做1组1次的主项动作，并且使RPE递减，直到达到5RPE。比如，你在第1次训练里做了1次7RPE的主项动作，在第2次训练就做1次6RPE的主项动作，然后在第3次训练里做1次5RPE的主项动作，最后在第4次训练里进行极限测试；同样，对于其他的动作，统一将组数减半。

波形周期计划总览

在这个例子里，我们会将每日波形周期的概念结合进一个具体的训练计划中。和传统西方周期计划很类似，每日波形周期计划一般也会按照肌肥大、力量和爆发力这样的顺序进行排序。但是，对于力量或者形体运动员而言，将力量水平作为训练冲刺的目标，而不是将爆发力作为训练冲刺的目标，会更适合一些。

事实上，为了更细致地研究这一话题，迈克尔·祖杜斯博士的博士论文就是在比较两种不同形式的每日波形周期对于力量举运动员的影响。在实验中，一组运动员使用了传统的肌肥大—力量—爆发力（HSP）顺序进行训练；而另一组则交换了力量和爆发力模块，采用肌肥大—爆发力—力量（HPS）的顺序进行训练。

传统每日波形周期：肌肥大—力量—爆发力

▸ 第1天：肌肥大日，中高强度、高容量，比如6~12次的范围，达到目标5~8RPE。

▸ 第2天：力量日，高强度、中等容量，比如1~6次的范围，达到目标8~10RPE。

▸ 第3天：爆发力日，中等强度至高强度、低容量，比如1~3次的范围，达到目标5~7RPE。

这种模型的主要争议在于，运动员很容易因为第1天的高容量训练而产生过多的肌肉损伤和疲劳，然后直接影响接下来的训练，尤其是力量日的训练。而对于力量举运动员来说，第2天的训练是最为重要的。所以，祖杜斯博士认为重新排列这3个训练日的顺序，可能会起到更好的效果。

改良每日波形周期：肌肥大—爆发力—力量

▸ 第1天：肌肥大日。

▸ 第2天：爆发力日。

▸ 第3天：力量日。

改良每日波形周期将力量日和爆发力日进行了对换。现在，第2天的爆发力日对于力量举运动员来说，只是一个技术训练日。在祖杜斯博士的研究中，他会让运动员进行6~8RPE的单次试举。这样做，训练容量会变得非常低，同时可以让运动员有一个练习动作的好机会，同时不会让运动员因为负重太大而试举失败（在中等的目标RPE下，哪怕运动员还没从前一次训练产生的酸痛和疲劳中恢复过来，也不会没法完成训练）。这样做，也能在第3天（也是最重要的1天）的训练之前，给运动员足够的时间来恢复。

在这项研究中的力量日里，运动员使用了85% 1RM的重量进行了力竭组测试。有意思的是，那些使用改良每日波形周期的运动员，在力竭组里表现得更好，也获得了更多的力量增长。这很可能是因为他们在测试前能恢复得更好。

所以，这个研究告诉我们的是，哪怕使用同样的周期模型，简单做一些小变动，就可能影响整个训练结果。另外，在迈克尔·祖杜斯博士的这项研究中，运动员的进步模式使用了线性周期，因此，在这里再次重复一下，当考虑周期计划的时候，不要有"非黑即白"的思想。

范例训练计划模板

这里的范例是一个力量举计划，使用了每日波形周期模型。

▶ 每周训练4次。你可以自由选择在哪几天休息，但是建议最好把休息日安排在第1个、第3个和第4个训练日之后，因为这几天的训练是最难的。

▶ 每周卧推3次，深蹲3次，硬拉2次。

▶ 硬拉在本计划里，没有被划分为肌肥大动作，所以没有安排在第1个训练日里。这主要是因为，对于力量举选手而言，硬拉的离心部分一般是不受控制的，甚至会直接将杠铃砸到地上（如果你在力量举比赛里这么做，完全没有问题，但是对于肌肥大来说，这么做效率并不高），所以，我们使用了深蹲及其变式动作来补充训练容量，通过这些动作增加的肌肉量，也能对硬拉有帮助。

▶ 为了防止某一个训练日疲劳感过强，我们将卧推和深蹲的力量日安排在同一天，然后硬拉单独安排在另一天（理想情况下，这两个训练日之间还有一个休息日）。

▶ 具体的辅助动作容量，是根据当日的训练目的进行调整的。在第1天中，我们的目的是积累大量的训练容量和疲劳，所以辅助动作的容量也属于"高"；在第2天中，我们的目的是进行技术练习，以及从第1天的疲劳状态里恢复，所以辅助动作的容量变成了"低"；而在力量日里，辅助动作的容量则是"中等"。

动作	第1天	第2天	第3天	第4天
深蹲	肌肥大	爆发力	力量	休息
卧推	肌肥大	爆发力	力量	休息
硬拉	休息	爆发力	休息	力量
辅助	高容量	低容量	中等容量	中等容量

在肌肥大日里。使用中等强度以及高容量的训练方式。这里的关键是要确保关键容量都被安排在6~12次的范围里，达到5~8RPE。你的大部分正式组都应该在这个范围里，尤其是在容量模块里（如果你还想结合其他周期模型的话，建议你这么做）。比如，如果你每周的卧推总组数是12组的话，那么你可以在第1天做5组，第2天和第4天一共做3组，然后在第3天做4组。

在爆发力日里。使用比较重的重量，进行1~3次训练。这大约是75%~90% 1RM的重量，目标RPE为5~7。在这一天里，我们的主要目的是进行技术练习，所以强度不需要很大，容量也可以压得很低，恢复也是这一天的重点。这些低次数的训练，可以构建动作技术和神经肌肉的质量，并且能够减轻一些在肌肥大日里累积起来的疲劳。不过，它们对于增加肌肉量并没有什么帮助。因此，爆发力日的总体容量在大部分时候虽然应该被控制在极低的程度，但在强度模块里，则可以适当高一点（尽管强度模块的整体容量应该比容量模块更低）。如果你想结合模块周期模型的话，同样，建议你这么做。

在力量日里。使用高强度以及中等容量的训练方式，将训练集中在1~6次的范围里，目标RPE为7~9，并且将目标容量分配到多组训练中。如果你想将这种每日波形周期的计划结合进模块周期模型中的话（建议你这么做），那你在强度模块的力量日里会相对多做几组，而在容量模块的力量日里则做得相对少一些。同时，如果你进行到测试周了，就把这一天用于极限力量（1RM）或者主项动作力竭组的测试。举个例子，如果你把每日波形周期的小周期结合进了某个模块里，那你可以在所有的力量日中使用线性安排的方式，在第1周做4组，在第2周做3组，在第3周做2组，在第4周进行极限测试。这种做法和之前列出的中级训练者进阶计划模板非常类似，你也可以使用时间更长的周期，比如每隔6~12周才进行一次赛前减量和力量测试。

既然说到了赛前减量，下面就来详细地讨论一下。

赛前减量

其实在前面模块周期计划里的"效果实现周期"中，已经提到过赛前减量这个概念了，只不过一直没有展开详细讨论。

赛前减量是一种常见的策略，不仅力量举和奥林匹克举重运动员会经常使用，在其他项目中也可以使用，比如铁人三项、田径、耐力比赛等，只要是在单天内进行的比赛都可以使用这种策略。

赛前减量意味着使用减少训练容量的方法，来达到减少疲劳、提高潜力（强健度）的效果，而这个效果则会直接从运动表现中体现出来。赛前减量和之前谈到的减量非常相似，但是二者有不同的目的。

▸ 减量的目的通常是通过减少疲劳，来继续产生进步。

▸ 赛前减量的目的则是让运动员在比赛日时能达到最佳运动状态，这个过程也被称为"冲刺"。

赛前减量可以用以下方式进行

▸ 在离比赛大约还有1~4周的时候，开始赛前减量。赛前减量期的具体长度，应该根据超负荷周期的长度，以及你积累的疲劳程度决定。

▸ 在赛前减量期间，将训练容量至少减少1/3，最多减少2/3。

▸ 在赛前减量期间，训练强度保持不变，或者只小幅度降低（不超过10%的降幅）。

或者，如果你采用更长时间的赛前减量期（3~4周）的话，则训练强度可以小幅增加，作为线性周期计划中"容量减少，强度增加"的一部分。

▶ 在快要比赛的时候，训练容量的减少也可以通过赛前1~3天直接休息的方式达到。

▶ 但是，有一些研究表明，在比赛前24~48个小时里进行一次比较轻松的"准备训练"，有可能对运动表现有进一步的帮助。因此，更好的做法可能是在比赛前的1~2天，进行一次容量极低、RPE极低的训练。比如，你可以在这一天进行强度为4~5RPE的三大项试举，只做1组1次，完全不做其他的训练。

以上方式，是基于目前的科学研究而总结出的最有效的赛前减量的方式之一，可以让你在比赛日发挥出最大潜力。

这里可以再举一个例子，针对力量举运动员的简单赛前减量方案，假设这位运动员在距离比赛还有2周的时候开始减量。

▶ 在离比赛还有2周的时候，开始将三大项安排在某些训练日里，并且尽量参照比赛顺序（深蹲、卧推和硬拉）。使用低次数（1~3次）的方式训练，但是强度保持在你平常做4~6次时使用的重量（即1RM的75%~85%）。这样做，可以让你保持训练强度但力量不下降，同时通过低RPE的方式加速恢复。另外，通过将三大项集中在同一天练习，也直接增加了每个主项动作的练习频率，这样不仅增加了对于比赛的专项性，还可以防止训练容量由于次数下降而降低过快。

▶ 在每组中都少做几次，让每周的主项动作容量减少50%~70%。

▶ 继续进行辅助动作，但是将所有动作的组数都减半。

▶ 在离比赛还有2周的那个小周期里，进行开把重量试举。这里的意思是，在比赛前的那个周六（假设你周六比赛，就是离比赛还有7天的时候），模拟比赛开把。这时的RPE一般会达到7.5~8.5。

▶ 比赛当周和比赛前一周进行同样内容的训练，但是在赛前1~2天进行最后一次训练，只需要把主项动作进行1次，达到4~5RPE就可以了，不要做包括辅助动作在内的其他任何动作。另外，本周的最后一个"训练日"就不存在了，因为这个训练日就是你的比赛日。

最后，请不要忘了比赛中重量选择的重要性。如果你报把不理智，哪怕训练和赛前减量做得再好，也可能在比赛日"踩到雷"。报把的时候请多想想，比如关注如何才能取得最高的总成绩，而不是在每一个单独的项目中都达到个人纪录。一个很好的策略是用你现在的3RM重量开把，然后第2把采用2RM的重量，最后如果还有余力的话，在第3把冲击个人纪录。如果你在第2把之后已经感觉没什么余力了，不妨稳妥一点，第3把相对第2把采取更小的增幅。

在大部分赛事中，最小的增幅是5.5磅，看起来似乎不多。但是，如果你每年都参加比赛2~3次的话，在每次比赛的每个项目都能达到5.5磅的个人新纪录，那你在一年里就能把比赛总成绩增加33~50磅。推荐采取更激进的增幅的唯一的情况，是当你在上一个训练周期中取得了极大的进步（常见于新手），并且在训练中经常使用超过旧极限（1RM）的重量进行训练的时候。

而对于竞技健美选手来说，为了比赛冲刺，其最大的关注点在形体上，而不是在力量上，这和饮食的关系更大一些。实际上，如果你是一位健美运动员，在比赛前的最后一周的训练和"减轻疲劳""增强力量"不会有一点关系。传统意义上的赛前减量，只能用于力量测试上。对于健美比赛，既然主要的关注点是形体，那么训练的主要目的应该是进行"冲碳"。

因此，在赛前的1周里，你应该对身体的糖原酵解系统进行挑战，来让身体可以储存更多的肌糖原（俗话说的"肌肉里的碳水化合物"）。所以，你可以照着以下方法做。

▶ 在赛前1周，保持动作选择、分化方式和总组数不变，但是在所有的训练日中训练次数都在8~12次的范围中。

▶ 与此同时，将RPE控制在6~8.5，避免那些会带来肌肉酸痛的动作（比如不熟悉的新动作，或者那些使用大重量离心的动作，像罗马尼亚硬拉等），然后尽量在比赛前2~3天完成所有训练。

▶ 在比赛前的1~2天，你可以进行1次全身充血训练，这个训练和比赛日的训练差不多，但是RPE应该在6以下，整个训练的时间不该超过30分钟。

如果你想更加细致地了解这个话题，尤其是健美备赛中的饮食、营养内容的话，不要忘了阅读本书的第2部分。

小结

设置合理的训练容量、强度和频率只是计划的总览，而周期化的训练和进步才是将计划落实到实处的方式。在第2章中给出的指南只会把你放在力量训练的"棒球场"上，而通过本章的内容，学习如何具体调整小周期、中周期以及大周期的具体训练变量，才是能让你"全垒打"的关键。

请一定要根据自己的真实训练水平选择训练计划，尤其是当你进阶到中级和高级训练阶段之后，更要避免"非黑即白"的思想。在本章中，我们用大量的篇幅讲解了如何将各种训练理念融合在同一个训练计划里，如果你能仔细阅读并且理解透彻的话，那么就能最大限度地发挥出自己的潜力。

第4章　训练金字塔
第4层：动作选择

　　训练动作选择的重要性是因人而异的。比如，对于一位力量运动员来说，选择合适的动作很重要，因为他们比赛的内容就是某些特定动作的力量表现。因此，在他们的计划里加入比赛动作，是必不可少的。并且在这一点的基础上，对于力量运动员的动作选择的讨论，应该将重点主要集中在"该花多少比例的时间在比赛动作的选择上"。

　　对于增肌而言，可以使用很多动作来达到同样的刺激效果。话又说回来，由于每个人的生物力学结构不同，有些动作可能对于某些特定身体结构的人效果更好。这一点在力量运动员身上也适用，比如有些力量举运动员的身体结构可能并不适合做深蹲，一味地深蹲也许会导致肌肉不平衡。对于这类运动员，不妨将腿部训练的重点放在辅助动作上，以弥补深蹲的训练容量；而对于那些四肢和身体比例更适合做深蹲的人，则可能更适合直接训练深蹲。

　　而对于那些形体运动员而言，他们不仅需要考虑动作是否适合自己的身体结构，还得考虑如何通过科学的动作选择来弥补自己形体上的弱点。生物力学、粘滞点、弱点和技术问题等，都会影响到你的动作选择。不过，从广义上来说，动作选择是完全取决于你的训练目的的，比如你是想像健美运动员那样将肌肉练得越大越好，还是想像力量举运动员那样将力量练得越强越好？

　　我们会从推荐总结开始，接着再讲藏在其背后的原理。

推荐总结

动作选择指南	
绝对力量（力量举）	把训练总容量的50%~75%安排在比赛动作上，剩下的25%~50%安排在辅助动作上
肌肥大（健美）	每个肌肉群做1~2个复合动作；每个肌肉群做1~3个孤立动作

肌肥大：动作选择和相应肌肉群总结		
动作模式	主要肌肉群	次要肌肉群
深蹲类动作（所有深蹲变式、腿举、单腿动作等）	股四头肌、臀大肌	竖脊肌（使用自有重量）
髋部铰链动作（硬拉及其变式、早安、山羊挺身等）	臀大肌、腘绳肌、竖脊肌	肩胛缩肌
竖直拉类动作（引体向上、高位下拉等）	背阔肌、肱二头肌	三角肌后束
竖直推类动作（过头推举及其变式等）	三角肌前束、肱三头肌	三角肌中束
水平拉类动作（划船及其变式等）	背阔肌、肩胛缩肌	三角肌后束、肱二头肌、三角肌中束

续表

肌肥大：动作选择和相应肌肉群总结		
动作模式	主要肌肉群	次要肌肉群
水平推类动作（平板、上斜、下斜卧推及其变式等）	胸肌、三角肌前束	肱三头肌（窄握、双杠臂屈伸时是主要肌肉群）、三角肌中束（上斜卧推）
水平伸髋类动作（臀推、臀桥等）	臀大肌	腘绳肌
下压类动作（哑铃下压、背阔肌下压、杠铃下压等）	背阔肌	肱三头肌、胸肌
飞鸟类动作（器械飞鸟、哑铃飞鸟等）	胸肌	三角肌前束
孤立动作	对应的肌肉群	无

绝对力量：动作选择和动作模式	
动作模式	动作选择
上半身推类动作	卧推及卧推变式（窄距卧推、木板卧推等），水平和竖直推类动作，肱三头肌孤立动作
上半身拉类动作	硬拉及硬拉变式（罗马尼亚硬拉、暂停硬拉等），水平和垂直拉类动作
下半身动作	硬拉、深蹲及它们的变式（前蹲、安全杆深蹲等），以及其他下半身辅助动作

专项性

训练什么，进步什么

当提到动作选择这个话题的时候，想要在某个特定动作上变得更强，最有效的办法之一就是直接训练这个动作。

简单来说，如果你深蹲做得多的话，你对于深蹲这个动作会掌握得越来越熟练，更容易激活深蹲时使用的相关肌肉，而且通过深蹲增长的力量也最容易通过深蹲这个动作表现出来。反过来，如果你经常腿举，那你的股四头肌、腘绳肌和臀大肌的肌肉量可能都很多，但是由于你对于深蹲这个动作不熟练，也不熟悉它的运动模式，你很难在深蹲时达到与腿举同样的发力效率，以致深蹲极限可能并不高。这就是动作专项性的意思。

在第2章里我们讲过，专项性还会体现在强度上。如果你只训练10RM的重量，那么比起另外一个训练容量和你一样，但是经常进行3RM训练的人，你的力量水平（体现在极限力量1RM上）和他的力量水平可能有明显差距。这是因为比起10RM，3RM的训练从神经肌肉的角度上来讲，对于极限力量（1RM）更有专项性。

所以，如你所见，拿力量举这个比赛深蹲、硬拉和卧推极限力量（1RM）的运动来举例子的话，专项性会从方方面面体现出来。从根本上来说，力量举运动员需要的是掌握高质量的动作技巧，形成针对这3项动作更熟练的运动模式，并且培养大重量训练的能力。这虽然不意味着你需要天天冲击三大项的极限，但大重量的三大项训练也应该成为你训练中最重要的部分之一。

如果以绝对力量为目的的话，你的主要训练动作应该是能够让你变得更强壮的动作。

而对于以肌肥大为目的来说，情况则不太一样。

陌生动作对于肌肥大效率更低

在健美训练的世界里，很多人会建议你训练一段时间就换动作，以此来不停地让肌肉适应和生长。很多健美爱好者把它叫作"迷惑肌肉"（Muscle Confusion），并且把它作为训练的核心内容之一。但是在现实中，从某些角度来讲，情况正好相反，当你对于某个动作不熟练的时候，增肌效果反而会变差。

早在1998年，就有一项让志愿者连续20周进行卧推、腿举和二头弯举的实验。然后在实验的中期和结束时，分别测量他们的肌肥大和力量（1RM），观察它们的变化。结果发现，志愿者的手臂肌肉在实验的中期就开始出现显著增长，力量也一样；而有意思的是，躯干和腿部肌肉在实验中期时并没有什么变化，而是在20周的实验结束后，才出现了显著增长。

为什么躯干和腿部的肌肉会出现"生长延迟"，而手臂则不会呢？

这是因为研究者使用的动作之一，即二头弯举，比起其他两个动作来说要简单很多，也更容易学习，在极短的时间内志愿者就能掌握该动作要领。另外，只有当你熟练掌握动作之后，才能开始进行增加肌肉需要的有效超负荷。

因此，由于这些志愿者对于二头弯举这个动作掌握得最快，他们的手臂肌肉也更早地得到了足够的超负荷来生长；而腿举和卧推的肌肉增长效果，则需要更长时间才能显现。

训练新动作时（尤其是复合动作），初期的力量增长主要（但不是全部）来源于神经肌肉适应性。而只有当动作技术被熟练掌握之后，训练者才能让肌肉暴露在渐进超负荷下，来有效地达到肌肥大的效果。因此，哪怕你的训练目标就是增肌，你也需要对自己的训练动作有比较高的熟练度，才能达到良好的训练效果。反过来说，如果你不停更换训练动作的话，那你很可能永远没法熟练掌握其中的任何一个训练动作，反而会让训练变得很没效率。

那么，这是不是意味着我们永远都不该更换训练动作，或者说更换训练动作就完全没有价值了呢？

并不是这样的。事实上，训练动作的多样性对于提高肌肥大的效率是很重要的。只不过"确保动作多样性"和健身爱好者们告诉你的"迷惑肌肉"并不是一回事。那么，什么样的动作选择才算多样呢？下面就来具体谈谈这一点。

一定程度的多样性很重要

在训练中，太过频繁地更换动作或者更换训练计划是不理想的，但是也不能走向另一个极端：只训练一个动作。哪怕你的目标是绝对力量，也需要在训练中加入一点除了主项动作之外的动作。

像在本章开头说的那样，真正的力量运动员应该将50%~75%的训练容量放在比赛项目（那些需要变得更强的动作）上，这个比例虽然很大，但绝对不是100%。

为什么只做一个动作并不是理想的选择，哪怕它就是你需要提高的比赛项目呢？这得从2014年的一项研究说起。在这项研究中，研究者对比了不同动作选择对于抗阻训练效果的影响。一组志愿者在整个实验过程中只是做史密斯深蹲，而另一组志愿者则在史密斯深蹲的基础上，还加入了腿举、硬拉和箭步蹲等动作。两组志愿者训练中的总组数和次数都是一样的，只不过分布在了不同的训练动作上（一组1个动作，另外一组4个动作）。

在强调完专项性的重要性之后，你可能会觉得，那些只做史密斯深蹲的志愿者们，会在史密斯深蹲这个动作上进步更大；但实际上，这么想你就错了。当对比两组志愿者做史密斯深蹲的极限力量（1RM）变化时，研究人员发现，那些做了4个动作的志愿者们反而进步更大。

那么，为什么在这种情况下，把训练容量完全分配在一个动作上，反而会让结果不理想呢？

让我们从下面这个角度来想想。

一个复合动作需要很多不同的关节和肌肉之间协作配合。但是，直接做这个复合动作，可能并不是训练每个使用到的肌肉群的最佳选择。这就好比拉一条铁链时，它断掉的地方一定是最弱的一环。类似地，如果你在做某个复合动作时存在薄弱肌肉群，那这一肌肉群可能就成了制约力量的因素。所以，通过做一些辅助动作的方式，你可以确保肌肉更平衡、更全面地发展，而不会因为某一块肌肉较弱，而影响力量。这一点从增长绝对力量和肌肥大的角度来说，都是很重要的。

不过，在这里要指出，上面提到的这项实验有一些缺陷，比如，如果使用自由重量深蹲作为主要项目的话，结果可能就不一样了。因为尽管史密斯深蹲确实是复合、多关节的动作，但在使用史密斯机的时候，杠铃并不会前后移动，所以它比自由重量深蹲要简单很多，并且如果你在史密斯机上做深蹲的话，也基本上不会出错。既然自由重量深蹲的复杂性更高的话，那么不难推测，如果这些志愿者花了更多时间在练习自由重量深蹲的动作上的话（只做1个动作），从动作模式学习的角度来说，他们可能会表现得更好。

另外，从肌肥大的角度来看，不管是做1个动作还是4个动作，效果都是一样的，只不过那些做了4个动作的志愿者们，股四头肌的增肌效果更强一些。虽然这仅仅是统计学的分析结果（这些差别只在统计学上有显著意义），但它也可以被理解为：如果你只做某个动作的话，你也能使做这个动作使用的肌肉群达到肌肥大。因此，假如你的训练目的是让肌肉平衡、对称地发展，只做1个动作显然是不够的。

这就和健美爱好者经常说的"你需要做某个动作来塑形"，或者"打造二头肌峰"很类似。只不过在实际中，那些能够完全孤立训练，或者单独"塑形"某个肌肉群（比如"胸肌中缝"）的说法，是和基础解剖学相悖的。话说回来，虽然肌肉不能被完全"孤立训练"，但是确实可以被划分。比如股四头肌的4个头，每个都连接着不同的组织，具有不同的肌肉功能。再比如胸肌的锁骨头，每个都连着不同的胸骨。并且，在关节角度和位置发生变化的时候，这些不同的肌肉部位的激活程度也会受到影响。

基于这一点，一些研究人员会推荐那些主要训练目的是肌肥大的训练者，与力量运动员和普通爱好者相比，使用更多的训练动作。但是，具体理解这种说法，并且将其运用到现实中而尽量避免动作技巧的延迟时，就得谨慎一点了。因此，如果你的唯一训练目的就是肌肥大，那么比较现实的建议是每个肌肉群选择1~2个复合动作，再加上1~3个孤立动作。复合动作应该在你的训练中出现的时机比较固定。这意味着，哪怕在不同的训练阶段，这些复合动作也应该以某种固定的方式出现在你的计划里；而孤立动作因为复杂性比较低，则在你需要的情况下，可以更频繁地更换。

自动调整动作选择

既然讲到了孤立动作可以更换得更频繁，那么不妨再来看看这项2017年的研究。研究人员将有一定训练经验的志愿者分为两组，一组在整个实验期间，每个肌肉群只做固定3种动作，并且负重区间也是固定的（比如深蹲和卧推只用6~8RM的重量，腿举和上斜卧推只用12~14RM的重量，腿屈伸和器械飞鸟只用18~20RM的重量等），而另一组则在每次训练中都自己选择想做的动作，以及自己想用的负重区间。有意思的是，在实验结束后，那些根据感觉自我调整的志愿者们得到了更多的上肢力量增长，以及瘦体重增长。

　　这说明了什么？说明那些有一定训练经验，对"什么动作更适合自己的身体"更了解的训练者们，如果使用自动调整的策略，可能会使训练更有效。更重要的是，从肌肥大的角度来说，合理地调整、更换动作选择是没有问题的。但什么才是"合理"呢？这里用实验数据来说明。那些使用自动调节的志愿者，在整个 9 周的实验期间里，每个动作总共训练了 4~14 次。也就是说，尽管他们更换动作更为频繁，但他们并没有牺牲动作质量；另外，他们选择了更多的复合动作，没怎么做孤立动作，这很可能是他们总体瘦体重增加更多的原因之一。复合动作带来的总训练容量要更大一些，对于每个肌肉群的刺激频率也会更高。

　　这对你而言，又意味着什么呢？如果你的训练目标是肌肥大的话，你的主要复合动作应该能让你可以判断自己的进步速度（至少要有一个上肢推、一个上肢拉、一个深蹲，以及一个髋部铰链动作），并且至少在你的训练中保持数个中周期，甚至一个大周期；而孤立动作则可以在训练日与训练日之间，或者中周期与中周期之间切换。如果你的训练目标是绝对力量的话，你可以在非主项的训练动作上参考同样的原则（可以采用深蹲、卧推，以及硬拉动作模式）。

训练效率：复合动作与孤立动作

　　现在，既然我们已经简单建立了一些动作选择的原则，其中包括你的训练目标对动作选择的影响，到底该做多少动作，以及它们多久才能轮换等。现在的问题是：你该怎么选择具体做什么动作呢？

　　对于那些需要多个关节合作完成的动作，你可以同时训练多个肌肉群，并且可以同时累积这些肌肉群的训练容量。因此，如果你想训练得更高效的话，应该将复合动作（多关节动作）作为训练计划的核心。此外，复合杠铃动作一般会使用更大的重量，所以是一个很好的监测进步速度的动作，因为你很容易就能观察到极小百分比的力量变化。这一点，在第 3 章已经详细讨论过了。

　　不过，再回想一下之前分析的那项 2014 年的史密斯深蹲的研究，那些只做一个动作的志愿者们，股四头肌的增肌幅度更小（也可能他们全身的增肌幅度都更小，只不过只有在股四头肌的某几个头上才出现统计学上的显著的差别）。因此，如果你想要肌肉增长达到最大化的话，在训练中安排更多的动作来达到训练平衡发展是个明智的做法。比如，你可以在主项复合动作的基础上，加入一些辅助动作和孤立动作。

以绝对力量为目的时

把你想提高的复合动作作为训练计划的核心，比如力量举的三大项。那么在选择辅助动作时，就要以哪些辅助动作最能帮助提高主项力量为标准来选择辅助动作。回忆一下之前"铁链总在薄弱环节断掉"的类比，深蹲、卧推和硬拉并不总是弥补薄弱肌肉群的最佳动作选择。因此，根据个人需求，其他动作应该围绕着"辅助"比赛动作来安排。

以肌肥大为目的时

尽管熟练掌握复合动作的动作模式很重要，但你并不一定需要像力量举运动员那样训练得特别专项。事实上，如果你只专注于力量举的三大项的话，可能对于全身肌肉发展而言并不是最佳选择，这只有一个例外，就是当你是新手的时候。对于新手而言，你的首要目标是尽可能快地掌握复合动作。因此，如果你是个新手健美爱好者，或者刚进健身房，只想把肌肉练得大一点的话，那你只需要很少的训练容量就能刺激肌肉生长。这意味着，在整个新手阶段，你都不需要太关注孤立动作。对于新手，哪怕不怎么做孤立动作，也能达到刺激全身肌肉生长的目的。在这个阶段，如果你不把时间花在学习基本动作技巧和模式上的话，可以说是在浪费时间。然而，在你的训练经验越来越丰富之后，就得根据自己的薄弱点来增加孤立动作，以此确保全身肌肉平衡发展。

薄弱点

"薄弱点"指的是复合动作中，因为某个肌肉群发展落后而导致的力量缺陷，也是从形体的角度来讲，某个肌肉群比较薄弱的现象。在这种情况下，孤立动作和辅助动作对于改善这种情况可以帮上大忙。

以肌肥大为目的时

首先，让我们从肌肥大的角度来讨论一下。在这个语境下，薄弱点指的是形体上某个肌肉群的"欠发展"现象。

很多情况下，薄弱点是由基因导致的。比如你可能天生胸腔比较窄，而盆骨又较宽，这就需要在肩部和腿部肌肉的发展上多下点功夫，来减轻形体上"窄"的感觉，达到"X"形。大部分情况下，除了通过努力将肌肉练大一点来弥补先天不足，也没有什么别的能做的。还要指出一点：从肌肉发展的角度来说，你可能并不存在你以为的"薄弱点"。举个例子，你可能因为三角肌和背阔肌很大，但是肩膀天生比较窄，而看起来比较"窄"，但这样的情况却并不是肌肉发展薄弱造成的。

　　但是，在另外一些情况下，薄弱点是后天发展而成的。比如有时候，你的身体结构可能并不适合做某些动作，而你又很执着地将这些动作作为训练的重点的话，不仅很容易受伤，还并不是肌肥大的最佳选择。举个例子，如果你的股骨（大腿）相对于躯干而言非常长的话，你可能在深蹲的时候需要前倾很多才能保证杠铃重心保持在脚的中间（维持你自己的重心）。这意味着你与那些腿更短、躯干更竖直的人相比，你在深蹲时伸膝更少，伸髋更多，结果就是你的伸膝肌肉群（股四头肌）比起伸髋肌肉群（腰部肌肉群、臀部肌肉群和腘绳肌），受到的刺激会更少。另外，你下背部受到的压力也会相对更大。在这种情况下，虽然深蹲这个动作可以帮你获得良好的后链肌肉发展，但它对于前链肌肉而言就没那么大的帮助了；如果你在深蹲时还容易腰疼，那它就更不适合作为你发展股四头肌的动作了。因此，哪怕深蹲经常被称为"动作之王"，或者"练腿必须"，但有一些人可能更适合用腿举或者前蹲来练腿，并且搭配一些罗马尼亚硬拉或者其他硬拉变式来训练后链肌肉。

　　形体上的薄弱点还常常是由动作执行方式导致的。比如，在做划船或者下压类动作的时候，你可能会发现背部的某些肌肉可能并没有得到什么刺激，或者你的肱二头肌反而成了增长得最快的部位；在做推类动作时，你的肱三头肌和三角肌可能得到了良好的发展，但胸肌却没什么变化（或者仅仅是你自己"没感觉"而已）。在这些情况下，你可能需要调整一下握距、角度，以及动作变式，来找到更适合你自己的动作执行方法。

　　拿我自己举个例子，在我最开始学习划船、高位下拉，还有其他练背动作的时候，我的背阔肌很难找到感觉。背阔肌是一块从腰部一直延展到背部中部，然后发散到手臂上端接近腋窝的肌肉，是背部最主要的肌肉群之一。

　　我发现，在我练背的时候，我的大圆肌（这块肌肉就在腋窝下方，会在各种动作中起到辅助背阔肌的作用）倒是很容易被激活，尤其是在做高位下拉的时候。我在做划船动作的时候，只有背的中部会有感觉。并且，在做高位下拉和划船的时候，我的肱二头肌也被激活很多。最后的结果就是，我的手臂发展很不错，中背部以及三角肌后束也得到了良好的发展，只不过形体变得更接近"T"形，而不是健美世界追求的"V"形。为了让我的背阔肌得到更多训练，我得找到一些更好的动作，而不是一味地做划船和高位下拉。在这个自我实验的过程中，我发现如果在做划船动作的时候能更向腰部收拢一点，我的背阔肌会更有感觉；加上使用助力带以及半握的方法，我的肱二头肌助力就少了很多。在做这些动作的时候，我还会将注意力集中在胸骨和肩胛骨上，这样可以帮我更完全地激活背部肌肉。当我学会如何平衡、高效地进行这些动作之后，我的背部发展也变得平衡了很多（这里要说明一下，这并不是我推荐的练背方式，只是适合我个人的小技巧而已）。

良好的动作质量对于训练来说是至关重要的。事实上，有研究发现，当新手们受到专业的指点，学习了如何高位下拉以后，他们的背阔肌激活程度会立刻显著上升。这里的重点是，当做需要多个肌肉群和关节协作完成的复合动作时，由于肌肉激活而带来某个肌肉群发力不到位，导致肌肉发展不平衡的现象，不是不可能发生。

因此，动作质量对于构建全面发展的形体来说是至关重要的。虽然在本书中能教给你原理和计划方法让你按之设计出自己的训练计划，但你可以参照3DMJ动作库里拍摄的动作短视频教程，作为书中文本内容的补充。

以绝对力量为目的时

力量举运动员也会在某个动作中存在"铁链中的薄弱一环"。举例来说，你可能在使用助力带的情况下，能拉起更多重量。显而易见，握力是限制你硬拉力量的因素。

有些人会说，想要提高硬拉的握力，最好的方式就是多硬拉（训练更频繁，或者增加硬拉容量），实际上却不是这样的。如果只硬拉就能提高硬拉时的握力，那么"硬拉时出现握力问题"这个问题，在一开始就不该存在。这并不是说多硬拉就不能提高握力，硬拉肯定是提高握力的方式之一。我只是在说，如果你想单单通过硬拉来提高握力，不仅可能会影响其他肌肉群的力量发展，还会浪费很多不必要的时间。

所以，对于一位处于这样尴尬处境的力量举运动员来说，提高硬拉时的握力的最好方法，可能只是简简单单的握力训练。比如，可以使用接近1RM的重量做半程硬拉，从架子上开始，直到锁定结束，并且在锁定之后暂停几秒。然后在接下来的训练里逐渐加快和加重，直到握力不再是问题为止。

这仅仅是力量举运动员可能遇到的无数个问题之一，力量举运动员需要关注一下非主项动作了。把之前刚举过的例子再用一下：深蹲。想象一位力量举运动员，像之前的健美运动员一样，因为腿太长，深蹲时需要前倾很多才能保持重心并且达到深蹲所需的深度。现实的情况很可能更糟，因为既然是力量举运动员的话，他十有八九在进行的是低杠深蹲，这意味着他会把杠铃放在斜方肌下方，用三角肌后束来辅助支撑，而不是像高杆深蹲那样将杠铃放在斜方肌上方。

低杠深蹲是力量举运动员的常用动作，它可以通过让负重更接近重心，来提供一些生物力学的优势，从而达到更好的效果。在这种情况下，之前提到过的所有长腿健美运动员遇到的问题都会出现，并且问题会更严重。但是，对于力量举运动员来说，他无法通过"换个动作"来避免这些问题，因为比赛的时候必须要深蹲。并且和之前提过的例子一样，这位力量举运动员可能通过深蹲后，股四头肌的发展程度也并不理想，这时候，如果他的主要训练内容就是低杠深蹲和硬拉的话，那他的前后链肌肉的发展肯定也不会平衡。

这位力量举运动员并不会因为股四头肌"用得少"，就在低杠深蹲中无法练到股四头肌了；股四头肌只是因为伸膝过少（相比于那些深蹲时躯干更竖直的人）没有办法达到更完全的动作位移，所以开发得更少而已。在这种情况下，和之前的长腿健美运动员一样，这位力量举运动员可能需要进行前蹲甚至腿举等动作来给股四头肌多一点刺激。在这个前提下，他仍然需要练习低杠深蹲，只是深蹲的频率和容量可能要比别人稍微低一些，以此来避免受伤，并且需要用前文提到的辅助动作来弥补这些缺失的容量。在做了这些调整之后，希望可以提高股四头肌的发展程度，使它不成为这位运动员深蹲的限制点。

对于力量运动员来说，还有很多类似的情况，让他们必须在训练中加入非三大项的动作。再拿卧推举个例子。假如你在进行高频率、高容量的卧推之后，肘关节和肩关节都出现了疼痛感，但是，如果你因此而降低训练频率的话，卧推能力就会停滞不前。在这种情况下，除了继续"顽固地"陷在高频率卧推—高频率受伤这个恶性循环里，你还可以将卧推容量限制在自己能够承受的范围里，并且将那些额外的容量分在不会引起疼痛的动作上，比如窄距卧推、过头推举和哑铃卧推等。这些动作可能并不会像直接训练卧推那样有效，但却是你需要同时避免伤病和取得进步时的最佳选择。

以上的这些都只是例子而已，如果你想听的话，本书还能举出几百个，因为每个人的情况都太不一样了，身高、四肢长度、躯干长度、上下肢比例、四肢和身高比例等，这些数据千差万别。还有一些特殊情况，比如伤病，也会需要你对于训练计划进行相应调整，甚至加入大量的非三大项动作。因为这些个人差异以及你所处的训练时期，辅助动作占到的总容量比例，可以在25%~50%内浮动。

弱点和粘滞点

目前为止，所有对于"薄弱点"的讨论，基本都是从形体的角度考虑的，并且简单讲了一下肢体长度带来的影响。但是，还有另一种定义，是从结果的角度出发的：动作执行本身最弱的环节。

如果你熟悉力量举的话，那你一定对这个概念不陌生，它通常被称为"粘滞点"，一般会通过在动作的某些特定阶段暂停来达到针对训练的效果，有些人还会通过使用"阻力适应"的方式（比如弹力带和铁链，稍后会针对这个话题详细讲解）来改变粘滞点的位置。这些方法有些是有用的，但是另外一些方法中的理论却很值得商榷。

在动作的某个阶段暂停的方法是否有用，取决于这个动作在这个阶段具体是如何被执行的。比如，如果你在动作的某个范围"粘滞"了，在这个地方暂停真的是理智的选择吗？我听过很多人说，如果你花更多时间在弱点上训练，那你的弱点会慢慢变强。这种逻辑乍一听没有什么问题，但是如果你仔细推敲一下，就会发现有两个问题。

1. 在某个点刻意暂停会需要你减少在该点的功率输出，才能保证你的杠铃完全不移动。在比赛或者真正做这个动作的时候，你会想在粘滞点上产生更少的力吗？估计答案是否定的。

2. 当你在粘滞点耗尽大部分力气之后，杠铃的移动速度才会变慢。所以，你能够看到的"粘滞点"，其实已经是真正粘滞之后的动作了。这就好比你在开车时候踩了刹车，车子肯定要再往前开一段才会真正地停下来，而不是正好停在你踩刹车的地方。所以，你暂停的地方真的是你的粘滞点吗？

但是，这并不意味着暂停训练就完全没有用了，也不意味着这样做会产生适得其反的效果。在动作的某个阶段停下来，可以给你更多的时间来感受自己的身体，以及可以让你体会一下在这个阶段杠铃和你的相对位置，以加深你对于这个动作的主观感受。在合理运用的前提下，暂停训练是有意义的。

比如，如果你想在硬拉时在膝下暂停一下，这完全没有问题。你在硬拉时很容易让杠铃离身体太远，在膝下暂停可以让你与杠铃更贴近。这种做法可以通过将一个复合动作分解成不同的"动作块"，从动作模式学习的角度让人更容易掌握这个动作。

类似地，如果你在深蹲刚起来的时候容易失去紧张感，或者不懂怎么控制"底部反弹"的话，在深蹲底部暂停可以让弹性势能消失，从而给你足够的时间把注意力放在如何保持紧张上。通过底部暂停深蹲，你能够更好地学习如何在离心和向心过程中更流畅地转换。

最后举一个例子，在你快要比赛的时候，你可能会决定在卧推时停顿更长时间。因为你并不知道比赛当天裁判给的停顿到底会有多长，提前适应一下从完全停顿重新发力的感觉，可能会在比赛当天起到一点帮助。

还有，不要误会，试图在动作的薄弱环节增加功率输出的想法是对的，并且在第 2 章中也谈到过，力量从很多角度来说，都是有专项性的，包括特定关节角度。虽然在动态动作中的某一点停下并不一定能达到这个效果（原因刚刚已经说明了），但确实有一些方法可以帮助克服这些弱点。

等长训练（通过推某个不可移动的物体）当被用在动作的粘滞点的时候，可能是一种强化弱点的好方法。但是，这种方法存在之前提到的一个问题：当你能看到杠铃速度变慢的时候，它已经不是"粘滞点"了。而你到底在动作的什么地方粘滞了，这是很难用肉眼观察到的，除非你去实验室进行相关测量，或者进行精细的视频分析。

另外一种产生粘滞点的原因，是接近极限时的动作变形。比如有些人在 90% 1RM

的重量之下做的深蹲动作很不错，但是在更重的时候，就开始"早安蹲"（臀部先起，身体后起，由于背部紧张度不够，看起来更像是一个早安鞠躬的动作）。

还有一个常见的大重量下的动作变形是弓背硬拉。这些动作上的缺陷可能会激起或者恶化该动作的粘滞。不难想象，如果你想通过某些主项动作的变式来"惩罚"动作缺陷，并且在能够避免它们的时候"奖励"自己，这就是一种完全合乎逻辑的做法。如果你经常"早安蹲"的话，可以试试前蹲，在前蹲的时候，如果你又开始失去背部紧张感，臀部先起地做"早安蹲"的话，你就得立刻向前丢杠了。如果你想在前蹲时不失去平衡的话，需要主动集中注意力在背部屈肌的抗屈上。以此类推，其他可以放大粘滞点动作缺陷的动作也可以用来提高你的主观意识度。

最后，变阻或者阻力适应也是针对粘滞点的常见训练方式之一。在杠铃上加上铁链之后，在向心的过程中，随着杠铃离地越来越远，被举起的铁链也越来越多，使得总重量越来越大。类似地，当将弹力带的一端固定在地上，另一端固定在杠铃上的时候，随着弹力带被拉得越来越长，杠铃上的阻力也就越来越大。这两种方法都会改变动作的阻力曲线，因为对于大多数人而言，深蹲在刚起来没多久的时候最难，卧推在离胸几厘米的时候最难，而硬拉（再强调一下，是对大多数人而言）则是在膝盖下的时候最难。这样的后果就是，随着离锁定越来越近，这些动作会变得越来越容易（但不是所有情况下都是这样的）。而阻力曲线的改变可以提供一些生物力学优势，并且让你可以使用更大的重量进行训练。

使用弹力带和铁链训练的风潮，一开始是被装备力量举选手带起来的。从某种程度上来说，加入弹力带和铁链可以模拟深蹲背心、绑膝和卧推背心所带来的阻力曲线，这些装备在向心阶段的最开始，提供的帮助最大，而对于锁定的帮助要小得多。深蹲背心、绑膝和卧推背心等力量举装备的穿脱都非常麻烦，穿着非常不舒服，而且会使训练时间变长。因此，哪怕是装备选手，都不会一年四季穿着装备训练。而替代方法就是在不使用装备的时候，加上弹力带和铁链来增加装备力量举的专项性。

最新的荟萃分析指出，比起传统的训练方式，使用阻力适应可能并没有什么优势。不过，需要注意的是，大部分研究比较的都是无装备力量举，而极少有人对比在有装备的情况下，1RM会随着使用阻力适应训练有什么变化。另外，仅仅因为阻力适应训练从平均值上来说没什么优势，不能说明它对于那些锁定困难的训练者就没有帮助了。最后，还有一些研究指出，在粘滞点前施加更多的力，可能可以让惯性帮你减轻一些粘滞现象。

虽然传统的大重量训练方式是一种很好的提高力的输出速率的方法，爆发性的"爆发力"类训练（常被称为"速度训练"）也是一些人常使用的训练方式。阻力适应就是一种很优秀的爆发训练方式，因为如果使用轻重量进行传统速度训练的话，可能会导致接近锁定的地方出现"刹车"现象，你会刻意让杠铃的速度变慢，来防止背部从卧推凳上弹起来，或者防止脚在深蹲或者硬拉的时候离开地面。而当使用弹力带或者铁链的时候，随着阻力不断增加，在接近锁定的时候阻力达到最大值，可以很好地避免这种现象的发生。换句话说，使用弹力带或者铁链可以让你在整个动作位移过程中都保持加速状态。这也因此引发了一种观点：如果你的卧推粘滞点在胸前，深蹲粘滞点在最下方，或者硬拉粘滞点离地时的话，使用爆发式训练（可以加上阻力适应）也许会有帮助。不过，目前的科学研究数据表明，这种爆发式训练比起传统大重量抗组训练所能产生的效果，是因人而异的。

现在，让我们总结一下前面提到过的关于弱点和粘滞点的话题。作为一位力量举或者广义上的力量运动员，你可以采取以下措施。

1. 在动作位移区间的某个点暂停，来把动作"分解"，更好地实现动作模式学习的过程，但这并不意味着你要在粘滞点暂停。

2. 找到你动作中缺乏力的输出的点，在那个点上进行等长训练（如果想精准地找到这个点，需要动作追踪或者实验测量，对于一般人来说可能不太容易实现）。

3. 使用主项动作的某些变式，来迫使你使用正确的技术；对于这些动作，你的技术缺陷应该是限制负重的最大原因。

4. 通过爆发式训练，来提高粘滞点之前的力的输出速率。你可以使用弹力带或者铁链一类的阻力适应手段，也可以不用，但是这种方法能产生的效果是因人而异的。

不管你是作为训练者还是教练，在评估以上方式的时候，一定会发现，每一种方式都需要进行一定程度的猜测，而且大部分方式的效果是高度个人化的。因此，在这里再重申一下，使用主项的变式、使用暂停动作、使用弹力带或者铁链和减少或者增加位移等，这些做法都没有本质上的优与劣，并且它们都应该在科学、合理的安排下执行。它们不是训练计划里的"必须"，有时候，简简单单多练习某个动作就能达到提高这个动作的目的了。请不要混淆"变式"和"随机动作"，每一个动作的选择，背后都应该有一定的逻辑安排。

最后，你需要理解，在现实中粘滞点本身并不会变化。针对粘滞点进行训练可能是"打击铁链上最弱一环"，并且迅速增加力量的有效方式。如果你属于这种情况的话，粘滞点会永远存在，只不过你可以通过训练让粘滞点变得没那么弱，可以在仍然粘滞的情况下举起更大的重量。

关于"动作"的一些说明

前文已经强调过了，动作的正确性是至关重要的。在复合动作中，只有动作正确了，才能确保全部肌肉群都合理参与了这个动作，比如之前列举的高位下拉的例子。对于健美爱好者来说，动作只是达到结果的一个手段，只要能让肌肉生长就可以了。但从另一个角度说，力量运动员们则必须练习特定的动作。因此，对于力量举爱好者来说，熟练掌握深蹲、卧推和硬拉等动作不仅是避免受伤的重要手段，还是让你在比赛中取得好成绩的基础。

因为这样的区别，很多健美爱好者会关注一个叫"念动一体"的概念，意思是为了更高效地训练某块肌肉，你得主动地把注意力集中在动作进行中这块肌肉的感受上。尽管确实有证据表明，将注意力集中在目标肌肉上可以增加它们的激活程度，但当复合动作的重量变得更大的时候（80% 1RM或者更高），比如卧推，这种效果似乎就消失了。这意味着，如果你在训练中使用的重量很轻，轻到你并不一定需要有效调动所有肌肉群就能够完成，那么你的训练重点可以在一定程度上在不同肌肉群中切换。但是，当使用大重量进行复合动作，所有肌肉都得被完全调动起来，不然就没法完成动作时，这种技巧就没有什么用了。

基于这个原因，哪怕你是一位健美爱好者，在做大重量复合动作时还坚持使用"念动一体"，可能就没什么帮助了。除非你有某些特殊情况，比如像激活高位下拉的背阔肌那样，使用正确的动作进行大重量复合动作，就能最大化地激活所有相关肌肉了。用逻辑推理一下：如果你在做大重量复合动作时都没法激活肌肉，那你如何能把器械举起来？

建议是，虽然在大多数情况下，做复合动作时只需要保证肌肉被平衡地激活就可以了，但如果你想要学习或者重新学习动作模式，比如像背部训练那样，那么将注意力放在单个肌肉群上可能是有效的方法。当通过重新学习，能够将所有目标肌肉都均衡地激活以后，重新将注意力放在正确的动作和大重量训练上，而不是继续盯着单一肌肉群。因此，尽管"念动一体"是真实存在的，但它可能更适合用在孤立动作上，或者作为你在激活某块肌肉出现问题时，学习动作的一种工具。

动作顺序

最后，当你选择完动作之后，你还需要考虑如何安排它们的执行顺序。很重要也很显而易见的一点是：在你的训练刚开始时，由于疲劳还没积累，在第1个动作里可以做到更多容量。从逻辑上来讲，这就意味着最好把复合动作安排在训练最开始时。这些动作是最复杂、最容易让人疲劳和受伤概率最高的，同时也是增肌效率最高的，因为它们会同时训练到很多肌肉群。

但是，在某些特殊情况里，比如某位健美爱好者有着极为突出的弱点，并且这个弱点没法使用复合动作训练到的时候，就可能需要把孤立动作安排在训练最开始时了。这样做可以让你在这个特定肌肉群上积累更多的容量，来帮助你攻克弱点。不过，使用这种策略必须保证你所使用的孤立动作产生的疲劳不会显著影响之后的杠铃复合动作训练（如果你因为先做了孤立动作而严重影响了后面复合动作的质量，则会对整体肌肉发展造成负面影响，甚至会提高受伤概率）。

比如，如果一位健美运动员的弱点是肱二头肌或者小腿的话，他可能会选择在训练最开始时做针对这些肌肉群的孤立动作，然后才进行过头推举、卧推或者深蹲、硬拉。在卧推之前进行肱二头肌的孤立训练，不会对卧推或者过头推举造成负面影响。类似地，在深蹲、硬拉之前训练小腿，也不会对这些复合动作造成负面影响。

动作位移

在本章的最后，让我们谈谈"动作位移"。

首先，请注意一下这个话题并没有出现在之前的关于"动作"的一些说明小节里。特地在这里单独讨论动作位移这一点，是因为有很多人的思想太教条化了，他们会认为，没有任何理由不进行最大化的动作位移，若没做到最大位移，就是"错误动作"。这种态度其实是非常无知的，因为他们完全没有考虑到，不同的骨骼结构、不同的软组织伸展能力等，都会让不同的人之间的"安全位移"差别非常大。没错，这种教条化的态度如果被用在指导他人训练上，经常会使人受伤。

我们需要提倡的是，在每个人的先天能力内做到完整位移。举个例子，如果你在深蹲时有能力保持脊柱中立以及双脚水平，做到蹲到腘绳肌碰到小腿的话，你很棒。但如果你为了达到这种深度，付出的代价是弓背等变形的动作，这就得不偿失了。

话又说回来，这里值得指出的一点是，有些科学研究对比了半蹲和深蹲、不同位移下的二头弯举，以及腿部训练（既包括自由重量，也包括器械动作），都表明了在使用完整位移的时候，肌肥大的效果更加明显。即使那些只做半程动作的志愿者们能够使用更大的重量，但半程动作的增肌效果还是不如全程动作。因此，你应该在身体结构允许的情况下进行全程动作，但如果你的某些关节限制了位移能力的话，不妨试着慢慢改善这一情况。你可以在训练的时候，试着慢慢地加大位移，或者在健身房外多拉伸，只要不在训练之前立刻进行就行了（这一点会在之后的范例计划中详细讲到）。

和之前说的一样，力量是有专项性的，这一点也适用于动作位移。如果你一直半蹲的话，你的半蹲能力会越来越强，但是对于全蹲来说，就没什么迁移能力了。不过，进行全蹲的话，倒是可以同时提高半蹲和全蹲的能力，因为在做一次全蹲的过程中，已经做了半蹲了。总之，虽然在某些特殊情况下有针对地训练一个动作的某一部分（参见之前关于弱点和粘滞点的内容）是个有效的做法，但你仍然应该在训练中安排一些全程动作，来确保你不会失去全程动作的力量专项性。

小结

专项性

▶ 你想要使哪个动作变强，哪个动作就应该成为训练的主要内容。

▶ 如果你的训练目标是肌肥大，在训练中加入一些杠铃复合动作仍然是有必要的。这些动作虽然可以给你带来最大程度的肌肉增长，但是你还是得注意全身肌肉的均衡发展，不要忽略了某些部位。所以，你需要在复合动作的基础上加入一些孤立动作来针对弱点进行训练，但是也不能因为设计太多的动作，而让动作质量都没法保证了。作为一位健美爱好者，你需要做好每一方面，而不是像力量举运动员那样只专注三大项就行了。这并不意味着你可以放松对动作质量的要求，同时，你也不会想花费太多时间在学习几百种新动作上，以致影响了肌肉生长。

▶ 如果你是一位力量举爱好者或者力量运动员，你需要在三大项上做到专注。但是，你仍然需要选择一些别的动作来辅助主项动作，而不是机械地一直做一个动作。因为太极端地追逐专项性的话，有时候得到的并不是理想结果。很显然，你必须练习比赛动作，但与此同时，如果你的"动作铁链"有一环比较弱的话，你也需要加入一些非主项动作来降低受伤概率，并提高力量水平。

动作效率

▶ 把训练的重点放在复合动作上，是保证肌肉平衡发展，并且提高动作效率的诀窍。但是，在需要的时候，孤立动作也是必不可少的，孤立动作可以保证每一个肌肉群都被有效地训练。

弱点和粘滞点

▶ 形体上的弱点可能来源于先天身体结构的差异，如果你是一位健美爱好者的话，可能需要花更多时间在某些特定肌肉群上。

▶ 生物力学因素，比如四肢长度等，也会影响到你的动作选择，让你在增肌时做某些动作更没效率。如果你的目标是绝对力量的话，你的身体结构可能并不适合某些比赛动作，但是你也没有别的选择，只能试着去掌握它。在这种情况下，你虽然不能把它完全换成别的动作，但却可以通过选择合适的辅助动作来避免生物力学上的劣势。

▶ 不管你的训练目的是什么，高质量的动作都是非常重要的。它可以确保你的所有目标肌肉在动作中都被平衡地激活。

动作顺序

▶ 在大多数情况下，把复合动作安排在训练的最开始，这样可以保证在疲劳最少的情况下表现最好。如果你的某个肌肉群特别弱，并且训练它不会影响到当天的复合动作的话，你也可以在训练的最开始针对它做一些孤立动作。

第5章 训练金字塔
第5层：休息时间

很多理论都强调，组间休息时间是抗阻训练中一个很重要的因素，尤其是当训练目标是肌肥大的时候。但是，传统的"组间休息时间更短可以让增肌效果更佳"的说法，正在受到最新研究和数据的质疑。在本章中，我们会讨论关于组间休息的相关内容，并且会给出一些实际的推荐，来帮助你在尽量高效利用时间的基础上，又不会因为过量缩减休息时间而牺牲了训练效果。

激素假说

在第2章中提到，传统的"增肌区间"8~12次其实并没有什么神奇之处，比起其他次数范围，也没有任何机理上的优势。而它之所以被认为是"最佳"，是因为从实际角度来说，它可以让你在时间允许的情况下，使用比较大的重量，并且积累足够的容量用于肌肉生长。这个次数区间到底是因为实际才有效，还是因为机理上就有效，在运动科学的历史上已经被研究很久了。

从20世纪80~90年代开始，一直到2000年左右，大部分的科学证据似乎都在暗示，在抗阻训练时，组间休息时间更短可以"刺激"激素分泌，并且激素的分泌和肌肥大有一些联系。这种关联在很多实验中的表现都很一致，最终，很多人得出预设结论：如果你想要把肌肥大效果最大化的话，你就得想办法在训练后产生最强烈的激素上升（最常见的激素，比如生长激素）。这些科学研究使得当时对于增肌者的普遍推荐包含了大量复合动作、中等到高次数的训练，以及尽量短的组间休息时间。这些做法都可以在训练后带来大量的激素反应。

这种观点一直到21世纪初才受到了挑战，越来越多的新研究开始从更完善的设计角度和其他角度出发，质疑这种传统说法。像我们之前讨论过的那样，现在大家都知道，训练容量在一定程度下和肌肥大有强烈的"剂量反应"关联。与此同时，高容量的训练还会因为身体需要更多"燃料"来做功，带来大量的代谢需求，而重要的是，生长激素的关键功能之一，就是在体内调动和运输"燃料"。因此，科学家们开始推测，这种和肌肥大相关的激素反应可能并不是导致肌肉生长的原因，而是高容量训练的结果；而高容量训练本身才是带来肌肉生长的原因。这意味着，肌肥大并不是这种激素反应导致的，而是它和激素反应有一定关联，但只是因为高容量的训练会产生大量激素反应而已。

这并不是在说激素在肌肉生长过程中就毫无作用了。比如很多人都知道合成类固醇（比如睾酮素）在超过生理水平剂量的时候可以提高运动表现，并且对于肌肉和力量生长都有着极大的促进作用。但是，往你的身体里注射比自身合成能力强很多的合成类固醇导致的激素水平上升，和训练后（自然训练者）生理范围内的激素水平上升，是完全不同的情况。另外，在激素假说里扮演重要角色的生长激素，哪怕在连续1个月注射超过生理水平很多倍剂量的情况下，对于肌肥大的影响也并没有那么大。由于这些原因，基于激素假说的抗阻训练推荐开始逐渐被越来越多的人质疑。

能够想象，这些质疑中也包括关于休息时间的假设。在一项研究中，科学家们发现那些组间只休息1分钟的志愿者们，比起那些休息了2.5分钟的志愿者们，产生了更强烈的短期合成类激素反应。但是，有意思的是，那些休息了更长时间的志愿者，手臂肌肉的维度增长反而更多。造成这个结果的原因是，实验计划的设计里包含了1组力竭组，而那些休息更长时间的人，可以通过足够的休息来使用更重的重量完成训练。在这里，我们可以较为肯定地总结，训练带来的激素反应并不是导致肌肉生长的原因，并且基于这个假设的一些结论，比如"休息时间越短越适合增肌"等，是没有理由的。不过，通过缩短组间休息时间，有没有可能从别的方面来帮助肌肉生长呢？

代谢疲劳

除了渐进超负荷这个肌肉生长的主要驱动力，肌肉损伤和代谢疲劳同样在抗阻训练带来的肌肉生长中扮演着重要的角色。像之前在第2章中讨论过的一样，有效的肌肥大训练应该是力量增长和肌肉做功能力提高的结合。当肌肉细胞的体积开始增长，它们的做功能力也会相应提高，并且最终结果就是肉眼可见的肌肉体积增长。

在肌肥大训练中，低重量和高重量的训练都可以带来良好效果。低重量、高次数的训练方式，可以通过强迫肌肉适应大量的做功量来达到有效的肌肉生长，并且如果做到力竭的话，还可以刺激肌肉纤维保持收缩的能力。基于同样的原因，有些人会假设：通过缩短组间休息的时间，训练者可以通过提高代谢疲劳来刺激肌肥大。但是需要注意的是，如果你过于注重使用轻重量的训练方式产生代谢压力，反而会导致没法逐步增加张力和训练容量，渐进超负荷被忽略的话，就有点得不偿失了，这样做还会让训练效果变得更不理想。

举个例子，很多科学研究成果都表明，如果组间休息时间太短的话，会显著影响训练者在下一组的做功能力。所以，如果你为了产生更多的代谢压力，把组间休息时间压缩到需要牺牲训练总次数的地步，或者需要在训练中使用更轻的重量来弥补休息不足带来的副作用，你就好比是"把孩子和洗澡水一起倒掉"。意思就是说你为了代谢压力而牺牲了更重要的训练总容量。

事实上，那些少数表明组间休息时间更短（1分钟相对于4分钟）才适合增肌的实验设计里，会让志愿者们使用轻重量进行训练，并且不做到力竭。因为太轻松了，所以休息时间更短并不会使之后的训练次数变少。虽然这（不做到力竭）在实际生活中是一个很好的做法（详情请见第 2 章的内容），可以保证你之后的训练日或者训练周的容量不受到负面影响，但在探究组间休息时间的机理效果的科学研究中，这样的设计其实是把变量混淆了。如果两组志愿者使用同样的重量，并且都没有训练到力竭的话，这意味着那些只休息一分钟的志愿者们会在组间恢复得更差。因此，通过累积的疲劳，他们会产生更大的训练压力来促进肌肥大，尽管他们训练的次数和组数都没有变化。当然，你可以说，缩短组间休息时间，只要缩短到不影响下一组训练的程度，这就是一个很好的训练方式。但你同时需要记住，在现实世界里，组间休息时间不是唯一需要调整的变量；除了组间休息时间，还有负重和训练容量会被随时调整。没错，适当缩短组间休息时间确实可以带来超负荷，但是如果你要在"休息更短时间"和"使用更大重量，或者更大训练容量"中进行选择的话，后者显然是更高效的做法。

肌肉损伤

那么，缩短组间休息时间带来的肌肉损伤又是怎么回事呢？

缩短组间休息时间带来的肌肉损伤，不仅不一定存在，还在个人之间有巨大差异。更重要的是，需要清楚肌肉损伤对于肌肥大的影响到底是什么。

就像生长激素会因为中高强度的高容量训练产生反应一样，超负荷的抗阻训练也会带来一定程度的肌肉损伤。在肌肉生长的过程中，肌肉纤维必须经历先被损伤，然后再重新生长的过程。如果你的训练容量非常大的话，从逻辑上来讲，会产生更多的肌肉损伤。正是因为如此，在讨论抗阻训练带来的肌肉生长的时候，就不得不讨论一下肌肉损伤。不管它是作为肌肉生长的原因，还是额外辅助，或是简简单单的只是肌肉生长过程带来的结果，它都不能被忽略。

尽管关于这个话题的科学研究仍然在不断进行中，但从实际角度出发，大家的看法达成了一致，即肌肉损伤并不是肌肉生长的必然要求。这意味着，你并不需要特地将训练计划设计得很难，来追求大量的肌肉损伤，并且你不要期待极度的肌肉酸痛会产生肌肥大效果。事实上，肌肉损伤如果过多的话，很可能会降低功率输出的能力，并且会影响之后的训练能够进行的容量和强度。从结果上来讲，肌肉损伤太多的话，也会对增肌效果产生负面影响。这并不是让你走向另一个"完全避免肌肉损伤"的误区，只是在强调，肌肉损伤并不应该成为你的训练的主要追求。如果你能确保足够的渐进超负荷的话（具体操作请参见第 2 章和第 3 章的内容），那么适量的肌肉损伤会自然而然地产生。

总而言之，如果你认为缩短组间休息时间可以帮助增肌，并且认为这其中的原因包括了激素假说、代谢压力，或者肌肉损伤的话，那你就需要重新考虑一下是否应该缩短组间休息时间了。不管缩短组间休息时间是不是真的有用，就算有些作用的话，权衡一下休息时间过短对于之后训练的负面影响会发现，这样做完全是弊大于利的。

以肌肥大为目的的短组间休息

如果以上的讨论还没法说服你放弃坚信"组间休息时间越短越好"的话，以下充足的科学证据，应该能够更加有力地说服你。

▸ 德索萨（De Souza）等人的研究发现，不管是组间休息30秒，还是2分钟，对于肌肉横截面积的影响都没有什么差别。

▸ 在阿赫蒂亚宁（Ahtiainen）等人为期6个月的实验中，对比了组间休息时间分别为2分钟与5分钟、总容量一致、强度变化相同的抗阻训练，结果发现，组间休息时间对于肌肉增长没有什么显著影响。

▸ 在舍恩菲尔德等人2014年的研究中，对比了同样容量的训练计划，分别用力量举训练方式（长组间休息时间）与健美训练方式（短组间休息时间）执行。结果是，无论是组间休息3分钟（力量举训练方式）还是组间休息90秒（健美训练方式），肌肉厚度的变化都没有显著差别。

▸ 在我们自己关于健美训练的荟萃分析中，我们得出过结论：目前为止，并没有研究能够证明，当组间休息时间为1~5分钟的时候，改变组间休息时间可以使肌肥大反应产生差别。

▸ 汉塞尔曼和舍恩菲尔德等人发表在运动医学杂志上的荟萃分析，曾经探讨过组间休息时间这个话题，他们说道："直至目前，没有一项研究可以提供充足的证据表明缩短组间休息时间的做法，可以带来更佳的增肌效果。在所有的直接测量肌肥大相关指标的长期实验中，得出的结论都是组间休息时间对于肌肥大没有显著影响；甚至有一些实验，比如布雷什（Buresh）等人的研究表明，更长的组间休息时间（2.5分钟）相比于短组间休息时间（1分钟），会带来更多的肌肉维度增长。"

▸ 在格里戈等人发表的2项系统综述中，第1项着重讨论了力量增长，而第2项则着重讨论了肌肥大。2项讨论的结论是一致的：虽然短组间休息时间会带来不错的力量增长或者肌肥大效果，但这个效果比起长组间休息时间带来的效果仍然是欠佳的。

像之前讨论过的那样，只有在极少数的几个实验中，短组间休息时间才带来了更好的增肌效果，而这种情况很可能是因为实验设计有重大缺陷造成的。而从另一方面来说，绝大多数科学研究表明，组间休息时间的长短并不会对增肌带来什么影响，甚至长组间休息时间要更好，近期发表的两篇荟萃分析也支持了这个结论。

刻意缩短组间休息时间的意义

从本章讨论的内容来看，对于组间休息时间的建议，应该是凭你自己的感觉决定，休息足够长的时间，直到你准备好开始下一组训练为止。

虽然这从实际上来说确实是一个很有逻辑性的推论。但是，在现实的训练中，缩短组间休息时间就完全没有意义了吗？它并不是完全没有意义的，从某种角度讲，你可以通过使用某些训练手段，在不影响训练刺激的前提下缩短训练时长。第1种做法就是常见的"对抗组"。

对抗组

对抗组（antagonist paired set，APS）指的是先做1组动作，然后在休息并做同一个动作的第2组之前，加入1个针对该肌肉的"对抗"肌肉群（也称拮抗肌）的动作。一个最简单的例子是在做了腿屈伸之后，立刻做腿弯举。这两个动作都作用于膝关节，其中一个动作的模式是伸膝，而另一个动作的模式是屈膝，所以会被叫作"对抗"。

其实，在健美世界里，很多健身爱好者会告诉你，这种做法叫作"超级组"；在第1个动作的组间休息期间，进行第2个动作，而不是纯休息。但这种说法其实并不准确。超级组的动作选择一般会针对同一个肌肉群，而对抗组则针对的是对抗肌肉群。比如，如果你在做了高位下拉之后立刻又做了过头推举，这就是对抗组；如果你在哑铃前平举之后立刻又做了过头推举，这就是超级组。其他对抗组的例子还包括了腿屈伸搭配腿弯举、卧推搭配划船，以及二头弯举搭配三头臂屈伸等。

使用超级组的方法来训练同一个肌肉群，从本质上来说是增加代谢疲劳的一种方式。很多情况下，用这种方式进行超级组会给你带来损失总训练容量的风险。比如，如果你结合过头推举和哑铃前平举作为超级组的内容，然后又采用最短的组间休息时间，那这样不仅可能会让你像前面说过的那样"少做几下"，还会因为1个肩部动作产生的疲劳，影响到第2个肩部动作，让你需要使用更小的重量才能完成训练。通过这种方法，你虽然可能可以用达到力竭的方式刺激到大量肌肉纤维，但同时也会因为总训练容量的减少，造成机械张力下降，从而导致增肌效果并不理想。

而有意思的是，对抗组的做法虽然看似和超级组一样，但它实际上却和超级组正好相反，有可能可以提高你的运动表现。

想象一下，如果你将卧推和俯卧划船（或者用现在健身爱好者们的称呼，"海豹划船"）结合成一个对抗组，那么在卧推的时候，你使用的是推类动作肌肉群。然后你翻过身来进行俯卧划船，在俯卧划船的过程中，你会使用到拉类动作肌肉群，与此同时，之前使用的推类动作肌肉群是处于休息状态的。但是，这些对抗肌肉群也不是处于完全静止的状态，尽管它们并没有在负重下主动收缩，但在进行对抗组的时候，它们仍然会移动一段距离，这可能就造成了一种类似动态休息，或者激活后增强的效应，提高了运动表现。事实上，有一项针对卧推和俯卧划船对抗组的研究发现，相比于传统的先完成一个动作，再做另一个动作的做法，使用对抗组可以增加训练使用的总容量（不过，这里要说一句，肱三头肌的长头在肩部伸展的动作中也会贡献一定的力量，所以，如果你从拉类动作中会产生大量肱三头肌疲劳的话，那你可能需要避免这种对抗组的搭配）。

一项在2010年发表的荟萃分析也总结道，虽然对抗组提高运动表现的作用并不会在所有研究中都体现出来，但它至少是一种非常有效率的训练方式，而且不会对运动表现产生负面影响。不过，在这项荟萃分析发表之后，也有一些更新的科学研究得到了不太一致的结果。有些研究表明，对抗组确实能够提高运动表现，而另一些研究则表明，应该在训练中避免使用对抗组。

如何最有效地在训练中加入对抗组

首先你得意识到，虽然做法看起来很相似，但对抗组背后的逻辑和超级组背后的逻辑是完全不一样的。超级组是为了最大化地增加疲劳，而对抗组则是为了通过增加总训练容量而提高运动表现。所以，如果你决定搭配推类动作和拉类动作来作为对抗组的话，那你需要确保它们产生的疲劳不会影响到你的运动表现，因此，组间休息时间在这里就很重要了。基本上，你可能会需要3~4分钟的时间来完成一组推类—拉类动作结合的对抗组。这可以让你有时间完成2个动作，并且有着充足的时间（大约2分钟）来休息。因为这些动作大部分是复合动作，会产生大量的全身疲劳，建议你使用自动调节的方式来规划组间休息时间，如果2分钟的休息时间不够，那你需要再多休息一会儿，直到你感觉可以完成下一组的时候就可以停止休息了。

当你使用对抗组进行孤立动作训练时，比如搭配三头臂屈伸和二头弯举，或者腿屈伸和腿弯举，它们产生的全身疲劳会更少，所以并不需要太注重这个问题。而在一项研究孤立动作对抗组的实验中，研究人员发现，在组间休息大约1分钟的时候，志愿者们可以每组做更多次。所以，你可能会做1组腿屈伸，然后休息1分钟，再进行1组腿弯举，依次循环。

最后，还需要讨论这种策略在什么时候是不适用的。有一项研究发现，如果志愿者将深蹲的组间休息时间保持在3分钟，并且在休息时进行卧推——海豹划船的对抗组，那他们的深蹲表现会显著下降。这是因为深蹲是一个全身动作，哪怕它主要使用的是腿部肌肉群，但是其负重是被背部支撑的，所以这意味着所有脊柱周围的肌肉都会在深蹲的过程中被大量激活与调动，才能让你完成1组动作。在这种情况下，深蹲和其他一些使用全身肌肉，并且会给大量肌肉群带来疲劳的动作一样，也会对你产生大量的心血管压力，给你带来"生无可恋"的感觉。因此，对于硬拉、硬拉变式、深蹲、深蹲变式和箭步蹲这些会产生大量疲劳的"全身动作"，你最好老老实实地在组间休息时进行休息，而不是去做对抗组。基于同样的原因，我甚至会建议力量举运动员把卧推加入对抗组的时候要十分谨慎，因为很多人会把力量举卧推（包含了腿部驱动技术）看作是一个全身动作。

加入对抗组的范例训练计划

假设你在你的上肢训练日有一对水平推—水平拉的动作，一对竖直推—竖直拉的动作，以及一对肱三头肌—肱二头肌的动作。

使用对抗组进行训练的话，你的计划可能看起来是下面这个样子的。

上斜卧推	过头推举	三头下压
大约休息2分钟	大约休息2分钟	大约休息1分钟
海豹划船	引体向上	二头弯举
大约休息2分钟	大约休息2分钟	大约休息1分钟
上斜卧推	过头推举	三头下压
大约休息2分钟	大约休息2分钟	大约休息1分钟
海豹划船	引体向上	二头弯举
大约休息2分钟	大约休息2分钟	大约休息1分钟
上斜卧推	过头推举	三头下压
大约休息2分钟	大约休息2分钟	大约休息1分钟
海豹划船	引体向上	二头弯举
大约休息2分钟	大约休息2分钟	

这样做，不仅不会给你的运动表现带来负面影响，反而还有可能对你的运动表现产生增进作用。并且，那些你本来会用来占着器械听音乐，或者沉迷在微博、微信上的时间，都会被有效地利用在训练中了。你可以更早地结束训练，并且在完成同样的训练容量（如果没有更多的话）的基础上，不需要减轻负重。

但是，如果你是一位健美爱好者，并且你的练腿日包含了深蹲，或者练背日包含了硬拉的话，又或者你的任何训练日里包含了深蹲变式、硬拉变式、箭步蹲，以及任何全身动作的话，最好还是不要用对抗组了。在这种情况下，使用对抗组可能是弊大于利的。该休息的时候就休息，才能保证主项动作的完成质量。

最后，不要忘了你不该使用对抗组的时候：如果你所在的健身房人非常多，大家都在排队等器械，那么独自占着两个器械做对抗组是种非常没礼貌的行为。

递减组与休息暂停组

除了对抗组，还有一些别的训练方式可以达到你的目标和适应当前训练环境，从而达到良好的训练效果。在健身圈子里，这些方法统一被称作"强度技术"，因为它们常常会要求训练者练到超过力竭的阶段，或者产生大量疲劳，但这也并不是必须。

首先，让我们谈谈递减组。递减组的做法很简单：在你使用某个重量做到力竭之后，立刻减少负重，然后继续做。在每次重量减轻之后，你可能只能多做几次，因为在之前力竭组的疲劳的影响下，不管使用多轻的重量，你都没法发挥最佳状态。这种做法的最大好处是节省时间，因为它会在保持极高的肌肉募集程度的基础上，继续使用轻重量来刺激那些平常需要做很多次才能刺激到的肌肉纤维。在力竭的基础上，肌肉会更容易被募集。在一项研究中，第1组志愿者使用80% 1RM的重量进行3组训练直至力竭，组间休息时间为3分钟，而第2组志愿者则分别使用80%、65%、50%、40%、30% 1RM的重量进行训练直至力竭，并且组间休息时间只够用来换哑铃。那些进行递减组的志愿者们，平均只用了稍微超过2分钟的时间就完成了全部训练，在不同重量下一共进行了35次动作，而采用传统方式训练的志愿者们则一共花了接近7分钟的时间来完成训练，并且总共平均只进行了15次动作。2组志愿者的力量和肌肉维度水平都有显著增长，而且增长程度没有什么差别。

所以，显而易见的是，使用递减组是非常有效率的做法，但是平均到每次动作的增肌效率上，它就没什么效果了（为了达到同样的增肌和增力效果，递减组一共进行的动作次数超过了传统训练组的两倍）。不过，这种"每次动作效率"真的有意义吗？在现实中，答案是否定的，只要能在更少的时间内达到同样的训练效果，那就更有效。但是，在这里也要指出实验中训练容量的差异，这是一种非常粗暴的比较。在现实世界中，我们并不知道到底该如何正确地比较传统训练方式和递减组。比如在这个实验中，1组正式组加上3组递减组可能等于传统训练的3组正式组，但这个数字是怎么得来的？每次递减应该递减多少？每次重量递减之后，你需要再做多少次才有效？对于这些问题，我们并不知道答案。

为了避免产生以上的这些问题，我们能做的就是分别比较使用递减组和不使用递减组的训练阶段。比如，如果你使用以上的方式设置递减组，那你可以简单监测周与周之间的进步情况，即每次重量递减之后，是不是可以多做几次（80%、65%、50%、40%、30% 1RM的重量），或者是不是可以在做同样次数的情况下，使用更大的重量（这意味着你的1RM上涨了）。但是，从更宏观的角度上来看，你并没有办法直接通过比较总训练容量，来比较一个使用了很多递减组的计划和完全不使用递减组的计划。

如果你的训练中，递减组只占了很小的一个比例，那你不需要太担心，不过，递减组开始在你的计划中越来越占据主导地位，你就越有可能发现自己在"黑暗中探索"。确保持续进步的重要一点是，你需要有一种稳定的、"将苹果和苹果比较"的方法，使用这种方法你可以量化比较不同训练阶段，比如比较不断变化的训练容量、强度、频率，以及动作选择等，而递减组则没办法保证这一点。在很大程度上，这不是"实验有没有效"的问题，而是从长远的训练生涯角度来讲，如果你连量化超负荷都没办法做到，你该如何做到超负荷呢？

休息暂停组和递减组类似，但是休息暂停组没有减轻负重。

休息暂停组的定义一般是选择某个重量，做到力竭，休息20~30秒，多做几次到再次力竭，然后重复这个过程，直到你达到了目标的总次数为止。举个例子，如果你的目标是使用100磅的重量做15次动作，那么你可能用100磅做了9次到力竭，休息30秒之后，又做了5次到力竭，然后再休息30秒，做最后1次。

和递减组一样，有实验证据表明，这种策略对于肌肥大和力量增长都是有效的，并且同样很有效率。如果你使用组间休息2分钟的做法，使用100磅做3组5次（这样每组的平均RPE应该在6~8），那你一共需要大约5分钟的时间来完成训练，但如果使用休息暂停组的话，一共只需要大约2分钟的时间。同样，休息暂停组虽然可以帮你节省时间，但仍然存在一定的量化缺陷。先说说优点，在以上的2种训练方法中，你分别使用了100磅的重量完成了15次动作，这就使你的训练更容易量化，让你有机会比较在同样重量下，不同训练日中完成的总次数（哪怕你不使用休息暂停组，仍然可以这样做）。并且，你还可以通过量化容量（组数 × 次数 × 重量）来进行相关对比。但是，如果你想量化每个肌肉群或者动作模式的容量，并且以组数方式（第1章中的推荐）呈现的话，休息暂停组就没办法实现了。

如何最有效地在训练中加入递减组与休息暂停组

现在，你可能在想：讲了这么久的理论知识，到底该怎么在实践中运用递减组和休息暂停组呢？从个人角度来说，我并不喜欢递减组，因为想量化它的超负荷几乎是不可能的任务，而且监测训练进步也会成为一件非常麻烦的事情（因为你需要记录每一次的重量变化和每一次递减做的次数）。不过，如果你的训练来不及完成了，只剩了1个孤立动作没有做，并且从生物力学角度上讲，如果这个动作使用休息暂停组的话，又很容易牺牲动作质量（举个例子，想象一下用10RM的重量进行侧平举，如果你使用休息暂停组的方法每次做2~5次，你会发现很难在保持动作位移范围的基础上保证动作质量），那此时递减组就有它的用处了。在将来，如果你还要在这个动作上使用递减组的话，那你应该将相关数据和之前递减组的相关数据进行对比（而不是普通训练组的相关数据），以此来监测进步。

从另一个方面讲，我认为休息暂停组比递减组更有用，是因为休息暂停组可以让你在节省时间的基础上，仍然按照原计划完成训练。举个例子，如果你的原训练计划是用225磅做3组8次动作的话，那你可以把它变成1个使用225磅负重，总次数为24次的休息暂停组，然后在更短的时间里完成训练。这样做的不利之处在于你会训练到力竭（这也是递减组的劣势之一），并且如果用在复合动作上的话，这就意味着你将要在极疲劳的情况下进行训练，并且动作更容易变形，也更容易受伤。和之前的递减组建议一样，我只会将休息暂停组用于辅助动作和孤立动作，因为这些动作做到力竭产生的疲劳更少，同时也更不容易受伤。

在复合动作上做到力竭，从长远的角度看是种欠佳的做法。没错，从短期来看，力竭组带来的刺激非常足，但是这样产生的疲劳可能会影响之后的数个训练日，甚至会让你的整个训练计划都受到影响。比如在一项研究中，科学家让一组志愿者进行6组5次的训练（离力竭还有5次），而让另一组则进行3组10次的力竭训练。尽管2组志愿者使用的负重和总训练容量都是一样的，但是那些进行力竭组的志愿者们，平均需要多花24~48个小时的时间，才能恢复额外的肌肉损伤，以及调整对运动表现产生的影响。

这里的重点是，在总训练容量和负重不变的前提下，使用休息暂停组比起使用传统训练方式，很可能会带来更多的疲劳，因此，如果你非要使用这种训练方式的话，那将它用在孤立动作上会比较好，并且最好能在使用休息暂停组后安排最长的休息日（比如你在周一、周三和周五训练的话，就在周五使用休息暂停组，因为之后可以连续休息两天）。

组间休息时间建议

在以上这么多的理论讲解完之后，我们总结出来的组间休息时间建议其实非常简单：休息到直到你觉得能够完成下一组训练的程度就行了。不过，如果你在训练时容易过度亢奋，或者你总是觉得一旦休息就会坐立不安，或者你习惯于较短的休息时间，那么在休息时计时是种很好的做法。在使用传统方法训练的时候，确保你在训练小肌群时，组间休息至少1.5分钟；在训练大肌群的时候，组间休息至少2.5分钟；如果你使用上半身推类—拉类动作结合为对抗组的话，组间休息大约2分钟；如果你在孤立动作上使用对抗组的话，1分钟的休息时间就够了。使用递减组进行孤立动作的训练是种很好的节省时间的方式，但是监测训练过程非常麻烦，并且很难进行量化对比。而休息暂停组则在同样节省时间的基础上，让量化对比变得更容易了些，因此也适用于更多场合。但是，递减组和休息暂停组比起传统训练方式，都会带来更多的疲劳，所以最好将递减组和休息暂停组限制在辅助动作和孤立动作上使用，并且你需要考虑将它们安排在小周期的什么阶段，才能最大限度地避免疲劳影响之后的训练。

第6章　训练金字塔
第6层：节奏训练

现在，终于讲到了训练金字塔的最后一层，但也可能是最不重要的一层：节奏训练。不过，这其实是训练金字塔最复杂的话题之一。很多训练者会犯这样的错误：在没有理解训练基础的前提下，盲目关注这些细枝末节的东西，而又不理解这些小细节的操作背景。这种做法会把很多人引入歧途。更容易迷惑人的是，这些细枝末节的东西，往往又最复杂、最难以理解（这也是很多人总是在这些细节上犯错的原因）。

因此，我们收到的很大一部分提问，都来自那些非常迷糊、围着这些不重要的细节来回打转，并且训练一直原地踏步的人。不要误会了，并不是说爱提问是一件坏事。这些提问正是我们写作本章的原因，希望本章的内容可以帮助你更好地理解训练的优先级，以及告诉你应该把注意力放在什么地方。

虽然本章的内容会更复杂，但不要忘了从全局来看，它的重要性并不高。在这层中，我们会讨论一些细枝末节的话题，如果你想得太多或者本末倒置的话，将会拖慢你的进步速度。但是，这并不像训练金字塔 1~4 层的内容一样，需要你花很多时间把事情做对；在这层，你只要别把事情搞砸就行了。

在这层讨论的话题是节奏训练，即你做动作的速度。

很多人认为，控制节奏训练是肌肥大训练中一个非常重要的部分，这也使节奏训练这个概念在近些年得到了很多的关注。通常来说，节奏训练被强调，是因为很多人相信"肌肉受张力时间"是将增肌效果最大化的关键因素。

所以，让我们先谈谈为什么节奏训练是增肌训练中的重要变量，然后再根据现有的科学证据，讨论一下这些理由到底成不成立，最后，会给你一些实际建议。

离心训练

"离心训练"指的是做动作时放下的过程。让我们先谈谈它是怎么和增肌、增力联系在一起的。

以绝对力量为目的

通常来说，当训练目的是绝对力量的时候，大部分人不会使用离心训练的方式。原因很简单：负重—速度二者之间的关系。

当负重变得越来越大的时候，它产生的惯性会越来越难以被克服，导致杠铃移动的速度变慢。如果你观看力量举比赛，肯定会发现，那些参赛者的第 3 把试举（最后也是最重的一次试举），通常也是最慢的一把试举（如果他们能举起来的话）。在力量举比赛里，最高的试举成绩往往也是最慢的试举成绩，这是因为它的重量往往很接近该运动员的极限。高水平运动员的一个重要特征是，因为他们在长期训练中培养出了慢慢"挣扎"的能力，所以可以用极慢的速度完成一次极限挑战，而新手运动员则没有这种能力。

所以，在以绝对力量为训练目的时，这种关系就很简单了。负重会决定训练节奏，大多数人都会同意这种说法。在训练目的为绝对力量时，你应该尽量控制离心动作（下降的部分），这样才能保持良好的动作姿势，接着在力所能及的范围里，将向心动作（上升，或者"举"的部分）加速和进行得越快越好。

这个话题没有什么可质疑的。不过，当训练目的为肌肥大的时候，讲究就多了。

以肌肥大为目的

因为运动科学会将集中注意力于离心肌肉动作的做法作为一种重要的训练工具，所以你经常会见到有人推荐：如果训练目的是肌肥大的话，离心部分需要慢慢做。它被称为"肌肉动作"，而不是肌肉收缩，因为离心动作从严格意义上来说和主动收缩并不是一回事，在你将杠铃放下的时候（也就是动作的离心部分），你的肌肉是处于伸长状态的，因为你发出的力会远远小于需要对抗这个重量的力。这种动作既会被动出现，比如当重量太大你没法控制的时候；也会主动出现，比如当你需要把重物移动到某个特定位置时（比如将一杯咖啡放到桌子上）。

这种区别非常重要，因为很多人只会从向心的阶段来理解动作。再用一下上一段结尾的例子，当我们将一杯咖啡拿起来的时候，肱二头肌在将重物移动到嘴边的过程中会缩短，这是向心过程。当我们把咖啡杯放回桌子上的时候，并不是用肱三头肌把重物"拉"下去，而是通过肱二头肌控制张力，来慢慢下放咖啡杯，这是离心过程。再拿训练动作举个例子，深蹲的离心过程是当你把杠铃（和自己的身体）下放，直到达到最低点的过程，而向心过程则是你站起来的过程。而对于硬拉来说，则和深蹲相反，你会从向心过程开始（将杠铃拉起），然后当你完成硬拉以后将杠铃放回地面的时候，才是离心过程。

这里，让我们先总结一下离心动作的主要内容。

▸ 因为离心动作并不像向心收缩那样是主动行为，所以它所需要的能量相对较少。

▸ 并且，你在离心阶段并不需要克服一开始的惯性，只需要把杠铃放下去就行了。

▸ 最后，离心动作出现在肌肉伸长的阶段，这种给肌肉组织"加重"的方式，可以产生力（想象一下当你把一条撑开的橡皮筋向下压的场景）。

通过以上内容，我们可以知道你在离心阶段比在向心阶段强壮很多。

思考一下，你在深蹲时，能蹲下去的重量肯定要远远超过能站起来的重量。大部分人深蹲失败，一般是因为起不来，而不是因为下不去。卧推也是同样的道理，把杠铃下降到胸前的过程一般不会有什么问题，难点在于怎么把杠铃推起来。

所以，既然你在离心阶段的力量要强于向心阶段的话，在那些研究纯离心训练的研究中，使用的容量一般会更高（容量＝组数 × 次数 × 重量）。

说到这里，你可能会疑惑，到底想表达什么？这跟节奏训练有什么关系？既然纯离心训练在实验室外的用处不大的话，我们为什么要在意它？

我们在这里想表达的是，离心训练之所以是一种对于肌肥大和力量都有用的训练方式，是因为它可以让你使用更大的重量进行训练，因此能够产生更多的张力，从而使得训练容量增加（这就回到了在第 2 章中讲的内容了）。

不过，有些人读了很多有关运动科学的书和文献，并从中进行了总结归纳，但却不理解离心训练背后的原理，也不理解在实验室能够进行的训练，在现实中不一定可行。

如果你没有特定的器械来让动作的离心部分更重，同时使动作的向心部分更轻（甚至完全取消向心部分），以模拟实验室环境，你又该如何把在实验里得到的训练效果迁移到现实世界中的自由重量和普通器械中呢？

还有一种流行的想法是，既然离心训练如此重要的话，你就应该相比向心过程，在动作的离心过程中花更多的时间。比如在做动作的时候，用正常速度进行向心阶段，然后在离心阶段下放得越慢越好。这种想法的前提是：更加注重离心训练，会让离心训练带来更多的肌肉生长。

不过，既然你现在已经知道离心训练背后的原理了，你应该能清楚地看出，在动作的离心部分刻意做得更慢，从本质上来看是和离心训练的目标背道而驰的。

▸ 在现实生活中，你能够举起的最大重量，是被向心阶段限制的，它是整个动作链中最弱的一环。

▸ 所以，从概念的角度来说，离心阶段做得更慢，以期待有着更好的肌肥大效果是说不通的。

而说不通的原因主要如下。

▸ 整个离心训练概念的前提，就是让你能使用更大的重量。但是，如果你在健身房里进行了向心阶段（最弱的一环），你就不可能在离心过程中使用更大的重量。因此，你没法进行真正的离心训练，也没法得到离心训练带来的所有好处。

（在本章后文，我们会讨论超负荷离心训练。）

肌肉受张力时间

相信你现在已经理解了，为什么使用"离心节奏训练"的方式并不是真正的离心训练。不过，节奏训练，或者在动作的某个阶段将速度放慢，这些做法对于肌肥大的好处还有一些别的说法。其中，最被认可的说法就是：肌肉受张力时间。

在之前介绍训练强度时提到过，虽然训练强度有变化空间，但在一定阈值之上，才能起到增肌的效果。比如，只要生活在地球上，你就无时无刻不在对抗重力的做功，并且一直受到张力的影响，但你并不会因为这种张力就让肌肉持续不断地生长。

这种"肌肉受张力时间"概念缺失的部分，正是说明不仅受到张力的时间很重要，张力的大小同样也很重要。

张力大小 = 受力

仔细想想这一点：如果你认为张力的大小没有什么关系，只有受力时间才是肌肉生长的关键的话，那你可以在自己手脚上绑上沙袋，像跑马拉松一样连续走6个小时，这所产生的受力时间，会比在健身房大重量举铁1个小时要长得多，但这会让你生长更多肌肉吗？

不需要科学证据，从直觉上就能判断，答案是否定的。所以我们必须了解受力时间的长短并不是全部。为了判断节奏训练到底重不重要，我们不仅得考虑节奏训练带来的受力时间，还得考虑节奏训练使用的负重。幸运的是，这个概念理解起来很简单。我们的发力，比如将物品举起或者放下，或者简简单单地移动，都是通过产生张力来完成的。通过收缩肌肉，并将这些力转移到骨骼结构上，我们就能行动了。因此，力的产生是和肌肉张力有关系的。产生的力越多，肌肉张力也就越大。

在这里展开解释一下。

发力 × 时间 = 冲量

在物理学中，发力乘以力的作用时间等于冲量。冲量就是发力时间和张力大小的结合。

这里有一项很酷的实验，科学家们对比了同样训练容量下，不同强度的深蹲产生的效果的区别。在这个实验中，一组志愿者使用70% 1RM的重量，做了3组，每组12次的深蹲，而另一组则使用35% 1RM的重量，做了6组，每组12次的深蹲，通过加倍组数来让总容量平衡。所有志愿者都被要求"蹲得越快越好"，把注意力全部集中在如何能将杠铃移动得更快（同时身体不离开地面）上。

在研究结束后，那些使用35% 1RM重量的志愿者，平均肌肉受张力时间明显要高于另一组。这很符合逻辑，他们用35% 1RM的重量，一共做了72次深蹲，而那些使用70% 1RM重量的志愿者，一共只做了36次深蹲。如果肌肉受张力时间是唯一的决定肌肥大的因素，而张力大小不重要的话，那么那些使用轻重量、做了更多次深蹲的志愿者们，应该得到了更充足的刺激。但是，因为在现实中，张力大小并不是一个可以忽略的因素，所以应该看看这样做的冲量到底有多少（发力 × 时间）。

顺便说一句：力和速度之间也有一定的关系，但我们在这里就不展开细说了。不过，从最基础的角度想一想就能明白了，如果你不想在轻重量深蹲时，因为杠铃移动速度太快而把轻重量深蹲变成跳跃深蹲的话，你就需要控制对杠铃施加的力。

有意思的是，那些使用70% 1RM重量的志愿者们，他们的总冲量比另外一组高了大约25%，而那些使用35% 1RM重量的志愿者们的速度、功率（发力 × 速度），以及肌肉受张力时间，都比另一组高了不少。所以，你可以看出，如果为了增加肌肉受张力时间而盲目减轻重量，造成的后果就是对于肌肉的总张力刺激反而减少了。

不过，这并不意味着使用轻重量进行快速训练的方法就一无是处了。如果你想要练习爆发力（爆发力和速度关联非常大）的话，这样训练是有意义的，对于那些在比赛中需要快速移动自己身体或者轻型装备的运动员们来说尤其如此。但是，在这里，既然我们讨论的话题是肌肉生长和力量，就不能忽略张力大小这个变量。并且记住，如果同时在讨论用肌肉发力以及肌肉受张力时间的话，我们就是在谈论冲量（发力 × 时间）。如果画在图中的话，冲量就是发力曲线与横轴围成的阴影面积。

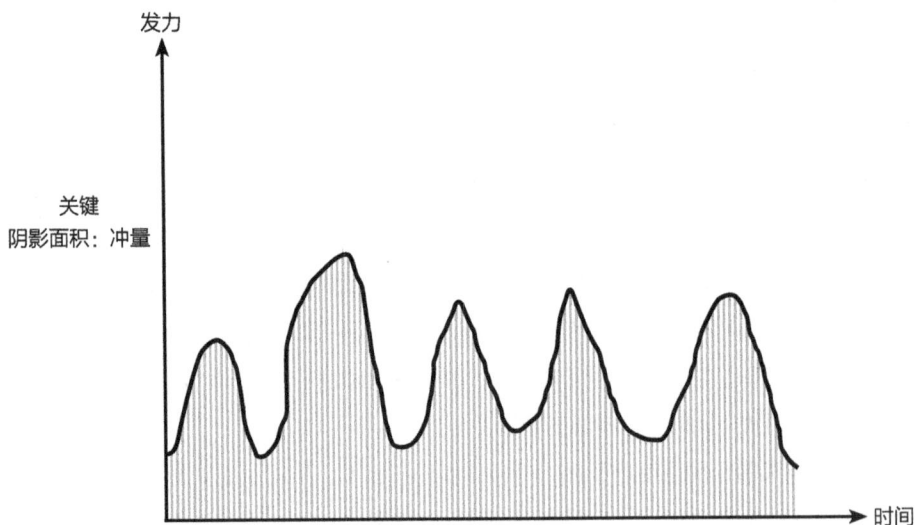

慢速离心，降低负重及容量

在另一项关于节奏训练的研究里，科学家让一批健身爱好者进行2种不同的训练，并且相互比较。

首先，这些志愿者用2/0/2的节奏进行了极限测试，2/0/2的意思是离心2秒，不停顿（0秒），然后向心2秒。这差不多就是大部分人使用比较重的重量，并且不刻意控制杠铃速度的训练节奏。然后，隔了几天，这些志愿者又使用4/0/2的节奏进行了极限测试，唯一的改变是下降过程的用时从2秒变成了4秒，来强调离心过程。

在确定2种训练方式分别的极限（1RM）之后，他们又休息了几天，然后进行了1次最高次数组测试（AMRAP），使用的重量是75% 1RM。第1个最高次数组使用2/0/2的节奏，而第2个最高次数组则使用4/0/2的节奏。研究发现了什么呢？首先，完全不意外的是，在使用4/0/2节奏，下降更慢的时候，志愿者们的极限力量变低了。他们在开始向心过程之前，就已经积累了更多的疲劳。这种结果可以说是"用脚指头想想都能知道"，而且在本章前文也讨论过，当使用非常缓慢的节奏训练的时候（4秒的时间真的很长，你可以在这段时间里，大声喊出较长的词条），对于力量增长并不理想。但是在这里，我们更感兴趣的是，使用节奏训练进行最高次数组带来的训练容量有多少，而在第2章也讲过，训练容量是和肌肥大密切相关的。

在这项实验的最高次数组里，在下降更慢的时候，志愿者们平均少做了半下。看到这里，你可能又要说："少做半下又怎么样呢？他们的每一下动作都花了更长的时间，做功总量反而更大。"幸运的是，在这项实验里，研究人员还真的测量了做功总量。如果你了解一点物理学知识的话会知道，做功这个概念不仅和容量（次数、组数和杠铃上的负重）有关，还和杠铃移动的距离有关系。非常有意思的是，在下降更慢的时候，志愿者们的做功总量反而少了10%左右。这个结果并不让人意外，因为他们在4/0/2节奏的时候使用了更轻的重量。而这项研究的结论是，慢速节奏训练会因为需要减轻重量，而造成总训练容量的下降。所以，如果你过于关注肌肉受张力时间，反而会从负面影响到总训练容量和负重。

因此，你千万不能"捡了芝麻丢了西瓜"，过于注重这种你觉得可能会对训练有帮助的细节，从而忽略了更重要的东西，比如忽略了训练容量和强度的话，只会让你得不偿失。第5章讲的组间休息时间其实也是同样的道理。如果你为了增加疲劳，盲目缩短组间休息时间的话，那这很可能会让你无法完成足够的训练容量，或者使用更大的重量去完成训练反而会减少肌肉张力。

如果你为了节奏训练，必须要大量减轻负重，或者需要少做几下的话，结果可能是你产生的总冲量更少了。这个概念可能是从物理学角度，对于肌肉刺激的最好解释。

速度太慢会影响训练效果

　　和第5章的内容一样，你可能看到现在都没法完全相信我的理论。这很正常，不过，如果理论没法说服你的话，大量的科学证据应该可以说服你。

　　和理论推测的一样，除了极少数特例，大部分研究都发现，传统的快速训练（即不控制杠铃速度）方式比起减轻重量、更慢速的训练，给肌肉带来的适应性要强很多。事实上，一项发表于2015年，关于刻意控制每次动作耗时对于肌肥大影响的荟萃分析表示：每次动作持续多久，对于肌肥大的结果都是一样的，除非持续时间达到了10秒或更长时间，而当持续时间达到这个程度的时候，则会对肌肉生长带来负面影响。最后，从力量增长的角度来说，一项研究发现，那些在训练中将注意力集中在如何让卧推时杠铃移动得越快越好的志愿者们，比起那些速度只有他们一半的节奏训练组的志愿者，力量增长高出了1倍之多。

特殊情况

　　为了让这里的结论更加严谨，需要指出，研究也发现了在大重量下刻意使用慢速节奏训练（向心和离心阶段持续2~4秒，使用60%~85% 1RM的重量），可以帮助缓解肌肉疼痛和促进相应部位的康复，不过，大部分的研究使用了等长训练和离心训练。既然说到康复这个话题，那就在这里声明一下，我们并不是康复专家，既不了解，也不会教你怎样从伤病中恢复。提到这一点，只是为了向你证明，慢速节奏训练并不是一无是处，防止你对慢速节奏训练下太过武断的结论。

超负荷离心训练

　　既然改变离心阶段的持续时间，没法给肌肥大或者力量增长带来任何好处的话，那么聪明的你肯定要问，那如果改变离心阶段的负重呢？

　　如果你在想，既然在离心阶段可以比向心阶段使用更大的重量的话，如果能通过某种设计，让动作的离心阶段负重更重，更有挑战性，结果会是怎样的呢？事实上，你并不是第1个这么想的人。许许多多的运动科学家早就通过实验探究过了这个问题。对于大部分人来说，他们在离心阶段会比在向心阶段强壮20%~40%，并且你并不需要参考任何科学研究，看看健身房里那些健美爱好者怎么训练就知道答案了。当他们卧推只能自己再推1下的时候，你会听到他们的训练伙伴大吼："再来3下！"然后你会看到他们把杠铃下降到胸前3次，然后他们的训练伙伴"帮"他们把杠铃推起来3次（通常伴随着"起起起！"这样的声音）。

从逻辑上讲，这一点很有探索的必要。

从力量增长的角度来说，你通过使用超过向心极限的负重，来达到"超负荷刺激"。这可能会通过神经肌肉和结构组织的适应性，来帮你提高力量。

从肌肥大的角度来说，你使用了一个平常可能压根不会选择的重量（在以上的例子中，就是超过本组次数极限的重量），来给肌肉带来更大的张力，并且带来更多的训练容量。不过，这种训练手段也存在一些限制。比如，很多人都能想到的，在使用自由重量的时候，你没法在离心阶段加重。对于卧推或者其他的推类动作，你可以让训练伙伴在向心阶段"带"你一下，但是如果你想找人"带"你深蹲，那他不仅得非常强壮，而且得很有无私奉献的精神，不介意因为"带"你深蹲而受伤；如果你想找人"带"你硬拉，你的训练伙伴需要躺在你的两腿之间，做地板卧推。在大多数情况下，如果没有训练伙伴的话，想要增加离心阶段的重量，借助器械是你的唯一选择。比如你可以用两只手进行向心动作，然后只用一只手进行离心动作，就是在器械上做单手（或者单腿）离心动作，而另一只手（或者腿）则作为你的"训练伙伴"和"保护者"。而不幸的是，不管是寻求真的训练伙伴还是借用机械进行自我保护，你都没法精确地知道向心阶段到底被助了多少力，从而为训练增加了很大的不确定性。

不过，在你决定将大量离心训练加入你的计划之前，需要指出，目前关于离心训练的科学证据非常有限，并且就目前的数据来说，结果并没有那么乐观。

对于肌肥大而言，一项基于15篇文献的荟萃分析发现，传统抗组训练和超负荷离心训练的效果并没有什么差别；不过，尽管差别在统计学上不明显，但数据的平均值还是更偏向超负荷离心训练一点。

对于力量增长而言，只有一项基于仅仅5篇文献的荟萃分析表明，超负荷离心训练比起传统抗阻训练，在力量增长上并没有显著优势。

目前而言，在有更多的实验证据之前，并不推荐超负荷离心训练。而且，超负荷离心训练还存在着操作困难、难以量化追踪、使用自由重量时危险度很高、更容易导致肌肉酸痛、容易造成更多肌肉损伤和在短期内从负面影响训练等问题。如果你的训练水平极高，想要试试这种方法，建议你在有专家监督、仔细设计训练计划并监控训练过程的情况下使用这种方法，将之当作一个实验周期，看看这种做法能不能在你训练生涯的晚期提供一点帮助。绝大多数训练者并不会从超负荷离心训练中得到什么好处。

实践建议

所以，基于以上的所有讨论，可以得出的结论是什么？

实际上，结论很简单：什么都别想，举起来就行了。没错，举起来就行了。不要想着刻意去放慢动作的速度（除非你是新手，需要稍微放慢一些速度，学着如何控制重量，保证动作正确为第一优先级），在保证动作质量的基础上，举起来就行了。

不过，这个说法确实有点过于简单化了。在这里要强调一下，将动作的下降部分完全交给重力做功并不是所谓的"离心动作"。它之所以被称作"离心动作"，是因为你仍然在控制重量。这一点对于那些主要训练目的是肌肥大的人来说非常重要。你需要确保动作的离心部分仍然是由你的肌肉动作控制的，而不是完全放松，让重力把杠铃拉下去。

如果你的训练目的是绝对力量，你可能会反驳，在训练的某些阶段，你并不需要离心动作。你可能只是想练习一下比赛项目，比如硬拉，所以在拉起来之后，你只需要把杠铃砸下去就可以了。但是，在大部分时间里，不管你的训练目的是什么，最好都要确保你的离心动作是由你控制的。

实际上，控制对于力量训练而言非常重要。你需要对负重有着足够的控制，才能确保你在开始向心动作前，身体处于正确的姿势。比如，大部分顶尖力量举选手在深蹲时，会有意识地下降，来确保他们能从正确的位置蹲起，并且完成整个动作。另外，在力量举比赛的卧推项目中，必须要等到杠铃在胸前完全静止时，运动员才能得到"推"的口令，所以，在下降的时候尽量慢一点，有助于裁判更好地判断杠铃什么时候停了。所以，请记住，你必须控制离心动作，才能让向心动作变得更有力，从而得到更好的杠铃轨迹。在这些例子中，相对慢的离心动作不仅很有必要，而且对于运动表现也有帮助。

总结本章内容，关于节奏训练的最大争议点在于肌肉受张力时间。虽然受张力的时间很重要，但张力的大小同样不能被忽略。所以，为了保证你的肌肉能最大化增长，你需要控制离心动作，而不是让重力帮你做功，并且要在向心过程中尽量加快速度（力＝重量 × 加速度）。你的向心动作最好具有爆发力，然后控制离心动作，使离心动作不会太慢。

所以，再说一遍，不要想太多，举起来就行了！

第7章　训练计划速成指南

　　在读完本书前面的内容后，相信你可能会感觉信息"超载"了，或者至少觉得在不同层之间"将知识点连起来很难"，也仍然不太清楚该怎么设计一个既实际又有效的抗阻训练计划。在本章中，我们的目的是将之前的知识点连接起来，并且用它们一步一步地教你设计一个具体的计划。在本章中，我们会先简单地带你回顾一下训练金字塔的所有内容，强调每层的重点，并且列出你需要怎么做才能让训练计划更有效。

　　记住，这是一个速成指南，所以我们并不会像之前一样对每一个知识点都详尽、深入地讲解。速成指南的主要目的，是教你从实际出发，设计出一个可靠的训练计划。等你对这些训练原则更加熟悉之后，你就可以从这个计划出发，根据我们讨论过的内容，将训练原则逐步套用进去。

第1步：依从性

　　虽然第1层里能够学习的知识点很多，但其中最重要的应用之一，就是你需要决定你每周要训练几次。更具体地说，你需要选择合适的训练频率，使它不会对你的正常生活和日程产生巨大压力。在现实中，这个数字在2~6都有可能。

　　你需要决定你是采用每周少练几次，每次时间长一点的方式，还是采用每周多练几次，每次训练时间短一点的方式。而且，你的训练经验也会对这个决定造成一定影响，因为在到达一定阶段以后，绝大多数人都几乎不可能在1周训练3次的情况下还取得进步。所以，如果你是一个新手，你可以每周只练2次，但是过了新手阶段以后，每周只练2次的做法就无法达到你需要的训练容量（除非你的训练日非常长，而且从实际角度来看，在训练的下半场，你的动作质量和表现会非常差），所以，你得在每周练3~6次中做一个决定。

　　当你决定了训练日的数量之后，根据这个数字，会有不同的小周期设置方式（或者俗称的"分化方式"），来达到训练金字塔第2层的需求，即每个动作模式或者肌肉群每周至少训练2次，每天最多训练1次。

　　在以下的表格中，你会分别看到对于以绝对力量和肌肥大为训练目的的不同的分化建议。在表格的最左边找到你每周的训练次数，然后你就能看到可供选择的分化方式。

以绝对力量为目的时的分化矩阵					
每周训练次数	卧推和深蹲（或硬拉）每周训练次数的总和				
	2	3	4	5	6
2	S/B, B/D	无	无	无	无
3	S/B, B, D	S/B, B/D, S/B	无	无	无
4	S, B, D, B	S/B, B, D, S/B	S/B, B/D, S/B, B/D	无	无
5	S, B, D, B, 辅助动作	S/B, B, D, S/B 辅助动作	S/B, B/D, S/B, B/D 辅助动作	S/B, B/D, S/B, B/D, S/B	无
6	S, B, D, B, 辅助动作, 辅助动作	S, B, D, B, S, B	S, B, D, B, S/B, B/D	S/B, B, D, S/B, B/D, S/B	S/B, B/D, S/B, B/D, S/B, B/D

S = 深蹲

B = 卧推

D = 硬拉

"/"意味着在同一次训练中进行，逗号意味着不同训练日

以肌肥大为目的时的分化矩阵					
每周训练次数	肌肉群每周训练次数				
	2	3	4	5	6
2	全身, 全身	无	无	无	无
3	下半身, 上半身, 全身	全身, 全身, 全身	无	无	无
4	下半身, 上半身, 下半身, 上半身	上半身, 下半身, 全身, 全身	全身, 全身, 全身, 全身	无	无
5	腿部, 推类动作, 拉类动作, 下半身, 上半身	腿部, 推类动作, 拉类动作, 全身, 全身	全身, 全身, 全身, 上半身, 下半身	全身, 全身, 全身, 全身, 全身	无
6	腿部, 推类动作, 拉类动作, 腿部, 推类动作, 拉类动作	下半身, 上半身, 下半身, 上半身, 下半身, 上半身	全身, 全身, 全身, 腿部, 推类动作, 拉类动作	全身, 全身, 全身, 全身, 上半身, 下半身	全身, 全身, 全身, 全身, 全身, 全身

　　记住，你对于训练日数量的选择，会决定每次训练中每个肌肉群或者动作模式的容量，进而会决定你每次训练的时间。

举个例子，如果你选择了6个"全身训练日"，那么你每次训练中针对每个肌肉群的动作数量，每个动作的组数都会更少，所以每次训练的时间也会更短。类似地，如果你选择每周只练2次，并且这2次都是"全身训练日"，那么为了达到类似的容量，你就得在每次训练中给每个肌肉群安排更多动作数量，每个动作的组数也会更多，所以你的训练会更耗时。

从围绕力量的训练模板来说，它是围绕你每周训练卧推和深蹲（或硬拉，因为深蹲和硬拉产生的肌肉刺激和疲劳都非常相似，所以在这里归为一类了）的总次数决定的。和上文的例子一样，如果你决定进行高频率训练，你在每次训练中都会将每个动作少做几组，耗时也更短，反之亦然。

训练频率过高或者过低都存在着一些潜在问题。最明显的就是，你不想在训练时让某个肌肉群的超负荷太大，因为那样你得牺牲动作质量来弥补，而且你的训练日也会变得像马拉松比赛一样漫长。但是，对于某些人来说，特定的动作给连接组织带来的压力似乎和总训练容量或者负重并没有什么关系，所以他们不管用什么容量或者负重，只要训练频率一高，就会出问题。总而言之，建议90%的人每周训练3~5次，保证每周每个肌肉群或者动作训练2~4次，这样通常能很好地平衡训练刺激和恢复。

所以，先根据表格选择一个分化方式，因为接下来我们要讨论其他潜在的需要考虑的因素，它们也可能对你的决定产生一定的影响。

第2步：容量、强度和频率

提醒一点，以下的指南是适用于大部分人的起始数值。

训练容量：每周每个肌肉群或者动作模式训练10~20组。

训练强度：对于以绝对力量为目的的训练，将2/3~3/4的训练容量安排在1~6次的范围里，剩下的容量安排在6~15次的范围里，目标RPE保持在5~10。

对于以肌肥大为目的的训练，将2/3~3/4的训练容量安排在6~12次的范围里，剩下的容量安排在1~6次和12~20次的范围里，目标RPE保持在5~10。

训练频率：每个肌肉群或者动作模式每周至少训练2次。

这些变量是决定你能保证超负荷，并且组织进行超负荷训练的关键。

在这里，训练频率已经确定了。那么接下来，需要选择合适的训练容量。在理想世界里，你会在训练生涯的每个阶段中，都详细记录自己的训练容量和进步速度，这样你就很容易知道对于你自己来说，最合适的训练容量是多少。不过，如果你正在阅读本书的话，想必你并不是这类人。

　　什么容量最合适，取决于很多因素，从逻辑上讲至少包括了：训练历史、训练年限、基因、睡眠长度与质量、年龄、体重、饮食习惯、心理抗压能力、性格，以及生理性别。不幸的是，目前的科学研究并不能解释和量化所有的变量，但有不少经验证据、理论基础，以及少量科学证据来表明，从平均水平来说，随着训练经验的增长，你需要更多的容量才能产生进步。因此，假设以上其他所有因素都相似，下表总结了在每周10~20组的训练容量推荐的前提下，具体该如何根据训练经验进行进一步分化。

训练容量及频率依照训练经验的分化推荐		
训练经验	每周每个肌肉群或者动作模式训练的组数	推荐每周训练频率
新手	10~12	2~3
中级训练者	13~15	3~4
高级训练者	16~20	3~5

　　记住，你的训练总容量越高，就越需要将它们更平均地分布在多个训练日里，这样才能保证不会出现某个训练日持续太长时间或者训练压力太大。这是保证训练质量的基本方法。上表的最右边一栏，就是针对不同训练容量的每周训练频率推荐，如果这个数字和你第1步里选择的分化方式不同，那你就得考虑一下调整训练容量，或者采用不同的分化方式了。

　　现在，既然你的训练容量和频率都已经确定了，那么不管你的训练目标是肌肥大还是绝对力量，下一步要做的都是将这些容量分配到每一个肌肉群或者动作模式上（比如对于力量举来说，就是深蹲、硬拉和卧推），并且要将其均匀分配在一周的训练中。和前文说的一样，这里讲的只是一个大致的指南，可以让你的每周训练有着初步形态。举个例子，假如你是一位中级训练者，每周训练4次，每个肌肉群或者动作模式进行13~15组，使用"腿部、推类动作、拉类动作和全身训练"的分化方式，每周每个肌肉群都被训练到2次，那么将这些训练容量分摊开来，你在全身训练日可能每个肌肉群会被训练4~6组，并可以将剩下的9~11组分配到其他的3个训练日里。

　　最后，你需要确定训练强度。这里的强度包括了绝对负重和努力程度两个因素。在下面的两张表格中，我们分别针对以肌肥大和绝对力量作为主要目的，总结了大致的次数范围和RPE区间，以便于你用来管理动作选择和调整组织小周期。

以肌肥大为主要训练目的时的动作次数和RPE区间推荐		
动作选择	次数范围	RPE区间
下半身自由重量复合动作（深蹲、硬拉和罗马尼亚硬拉等）	3~8	5~8
下半身器械复合动作（腿举、哈克深蹲等）	6~12	6~9
下半身孤立动作（提踵、腿屈伸和腿弯举等）	8~20	7~10
上半身自由重量复合动作（过头推举、卧推和杠铃划船等）	3~12	6~9
上半身器械复合动作（高位下拉、器械划船等）	6~15	6~10
上半身孤立动作（二头弯举、三头下压和侧平举等）	8~20	7~10

如你所见，在以肌肥大为主要训练目的时，某个动作产生的疲劳越多，需要的技术含量越高，它的次数和RPE区间就越低。这不仅可以防止疲劳影响接下来的训练，还可以帮你减少受伤的可能性，并且确保你进行的训练容量是有效的，像前文讨论过的那样，在次数很高的时候，RPE是很难被精确估算的。因此，复合动作一般会使用更少的次数、更高的负重来进行。类似地，孤立动作和器械动作则相应地使用的次数更多、负重更低。

以绝对力量为主要训练目的时的动作次数和RPE区间推荐		
动作选择	次数范围	RPE区间
主项力量动作（比赛项目以及它们的变式）	1~5	7~10
主项容量动作（针对特定的肌肥大，以及做功能力进行的训练）	4~8	5~8
主项技术动作（针对"爆发力"进行的技术训练，或者动态恢复）	1~3	4~7
复合辅助动作（过头推举、早安鞠躬和杠铃划船等）	4~8	6~9
器械及孤立辅助动作（三头下压、器械划船等）	8~15	7~10

对于以绝对力量为主要目的的训练，决定动作次数和RPE区间的主要因素是主项动作和辅助动作，以及你做某个动作的主要目的。对于主项动作和它们的变式，取决于你想通过它们达到什么目的：是产生特定的力量适应性（或者对于比赛项目产生更大的迁移性），还是产生特定的肌肥大以及培养做功能力，又或者是既不需要太大重量来产生巨大疲劳，又不需要太轻重量以避免训练没什么用。针对不同目标，同一个动作的次数区间和RPE可能会千差万别。同样地，对于辅助动作来说，取决于你是想通过复合辅助动作加强力量（这些动作往往会产生更多疲劳，对于动作技术的要求也更高），还是想通过孤立动作和器械辅助动作来达到肌肥大（这些动作往往产生的疲劳更少，对于技术的要

求也不高），它们的次数范围和RPE也都有着相应变化。

当你将这些信息和接下来第3步的内容结合以后，你的训练计划就有大致的结构了。

第3步：进步

在这个阶段，你的训练计划出现雏形了，并且在这一阶段，我们会开始确定具体的组数和次数，以及开始设计中周期的计划。具体的计划设计，要取决于你的具体的动作选择（复合动作或者孤立动作），以及你根据实际预计能够达到的进步速度（训练经验）。

根据训练经验决定进步速度的指南		
进步策略	适用情况	示例
线性进步	新手的复合动作	第1周第1天：3×8×100 千克 第2周第1天：3×8×102.5千克
线性周期 （波形负重）	新手的孤立动作、中级训练者的复合动作	第1周第1天：3×8×100 千克 第2周第1天：3×7×102.5千克 第3周第1天：3×6×105千克 第4周第1天：3×8×102.5千克
模块周期计划 中周期	高级训练者的复合动作	积累周期（第1~6周）：每周的总组数从第1周的15组增加到第6周的20组。次数区间控制在10~20次（下半身自由重量复合动作控制在6~12次），在可能的情况下，增加负重，把RPE控制在6~8 强度周期（第7~10周）：每周的总组数保持在14组。使用波形负重的方式，从第7的12次逐步减少到第10周的6次（对于下半身复合动作来说，则从10减少到4次，每次减少2次），将RPE保持在8~10 减量和测试周期（或者重复）
双进阶计划	中级训练者和高级训练者的孤立动作	在固定的次数范围里，比如8~15次，重量不变，每周都增加次数，直至增加到能完成次数的最大值为止（比如使用25千克，做3组，每组15次）。然后在最小幅度下增加负重，并且重复以上过程

简单回顾一下，线性进步（或者线性加重策略）指的是在每次训练中都增加重量，而保持次数和组数不变的做法。

线性周期进步指的是控制组数不变，而在每次训练中减少次数，并且同时增加负重。

模块周期计划中周期则是将不同训练目的中的中周期结合起来，包括了使用高容量、中等RPE和高次数（和你的训练目标有专项性）的积累周期，以及使用低容量、高RPE

和低次数（和你的训练目标有专项性）的强度周期，最后是减量和测试。或者简单地在休息后重复周期，如果你能大致估计自己的力量已经进步了的话（比如在某些训练日里以6~9RPE的单次试举为训练的第1个动作）。

对于新手来说，你可以简单地将每个肌肉群或者每个动作模式的10~12组容量平均分配在每个训练日里，然后在每周进行同样的训练内容，试着逐渐加重（通常会建议每次加重都使用你能使用的最小重量，这样可以尽量延长训练周期）。

对于中级训练者来说，你可以将每周13~15组的训练容量根据自己的分化需求分配，然后在周与周之间使用线性周期的方式加重（重量递增，次数递减），然后使用双进阶计划来给孤立动作加重。

对于高级训练者来说，你可以先进行一个组数逐渐上升的积累周期，接着像中级训练者一样进行一个强度周期，最后减量并且进行极限测试，或者休息后重复强度周期。

继续举例。假设你还是每周练4次，每周每个肌肉群训练2次，以针对中级训练者的肌肥大训练计划为基础，每周每个肌肉群或者动作模式训练13~15组，你的计划大致会像下面这样。

每周训练4次，每周每个肌肉群训练2次，以肌肥大为主要训练目的，针对中级训练者的范例计划模板				
	练腿日：6~20次	推类动作训练日：6~20次	拉类动作训练日：6~20次	全身训练日：4~8次
训练容量	大约每个肌肉群训练9组	大约每个肌肉群训练9组	大约每个肌肉群训练9组	大约每个肌肉群训练6组
复合动作	在8~12次的范围内采用波形加重策略	在8~12次的范围内采用波性加重策略	在8~12次的范围内采用波性加重策略	在4~6次的范围内采用波形加重策略
孤立动作	在12~15次的范围内采用双进阶计划策略	在12~15次的范围内采用双进阶计划策略	在12~15次的范围内采用双进阶计划策略	在6~8次的范围内采用双进阶计划策略

如果你的主要训练目的是绝对力量的话，接下来讨论并确定了动作之后，计划看起来还会更简单。

第4步：动作选择

对于一位健美运动员，或者主要训练目的为肌肥大的健身爱好者来说，可以采用很多不同的动作组合来达到每周的训练容量目标。下表简单列举了每种动作具体"练到"了哪些肌肉群。

肌肥大：动作模式和肌肉群分类		
动作模式	主要肌肉群	次要肌肉群
深蹲类动作（所有深蹲变式、腿举和单腿动作等）	股四头肌、臀大肌	竖脊肌（使用自有重量的话）
髋部铰链动作（硬拉及其变式、早安和山羊挺身等）	臀大肌、腘绳肌和竖脊肌	肩胛缩肌
竖直拉类动作（引体向上、高位下拉等）	背阔肌、肱二头肌	三角肌后束
竖直推类动作（过头推举及其变式等）	三角肌前束、肱三头肌	三角肌中束
水平拉类动作（划船及其变式等）	背阔肌、肩胛缩肌	三角肌后束、肱二头肌、三角肌中束
水平推类动作（平板、上斜、下斜卧推及其变式等）	胸肌、三角肌前束	肱三头肌（窄握、双杠臂屈伸时、是主要肌肉群）、三角肌中束（上斜卧推）
水平伸髋类动作（臀推、臀桥等）	臀大肌	腘绳肌
下压类动作（哑铃下压、背阔肌下压和杠铃下压等）	背阔肌	肱三头肌、胸肌
飞鸟类动作（器械飞鸟、哑铃飞鸟等）	胸肌	三角肌前束
孤立动作	对应的肌肉群	无

从目前的科学证据来说，我们可以基本肯定，如果某个动作只能以间接的方式刺激某个肌肉群的话（表中的"次要肌肉群"），那它产生的刺激的效果会远远不如直接刺激的方式产生的刺激的效果。但是在目前仅有的科学研究中，次要肌肉群和主要肌肉群的训练容量是没有区别的。所以，你在计算训练容量的时候也可以直接将次要肌肉群的训练容量和主要肌肉群的训练容量无分别地相加，但是需要注意的是，不要把所有的训练容量都安排在次要肌肉群的动作上。

对于力量举爱好者来说，动作分类就要简单多了。因为力量举三大项都可以算是全身动作，会训练到多个主要肌肉群，而且我们的主要目的也不是将全身大大小小的肌肉群都训练到。所以，你可以使用以下的方法进行分类。

绝对力量：动作选择和动作模式	
动作模式	动作选择
上半身推类动作	卧推及卧推变式（窄距卧推、木板卧推等），水平和竖直推类动作，肱三头肌孤立动作
上半身拉类动作	硬拉及硬拉变式（罗马尼亚硬拉、暂停硬拉等），水平和垂直拉类动作
下半身动作	硬拉、深蹲及它们的变式（前蹲、安全杆深蹲等），以及其他下半身辅助动作

理解了以上内容之后，下面就是一个范例训练模板。这个模板同样基于中级训练者，每周训练4次，每个肌肉群或者动作模式每周训练2次的前提。这个计划是一个力量举计划，采用了深蹲、卧推、硬拉和卧推的分化方式（如下表所示），每周进行13~15组的训练容量。

每周训练4次，每周每个肌肉群训练2次，以绝对力量为主要训练目的，针对中级训练者的范例计划模板				
	深蹲：4~6次	卧推：4~6次	硬拉：3~5次	卧推：8~12次
主项动作容量	5组	5组	5组	4组
辅助动作容量	4组上半身拉类动作	3组上半身推类动作	3组下半身动作	3组上半身推类动作 4组上半身拉类动作
主项动作	在4~6次的范围内采用波形加重策略	在4~6次的范围内采用波形加重策略	在3~5次的范围内采用波形加重策略	在8~12次的范围内采用波形加重策略
辅助动作	在6~8次的范围内采用双进阶计划策略	在6~8次的范围内采用双进阶计划策略	在6~8次的范围内采用双进阶计划策略	在8~12次的范围内采用双进阶计划策略

如果使用上半身推类动作，上半身拉类动作，下半身动作的分类方法的话，这个示例计划模板能够满足每周每个肌肉群训练13~15组的目标。具体到每个动作上，这个模板每周包含了9组卧推，6组其他上半身推类动作（加起来总共15组）；深蹲和硬拉总共10组，3组其他下半身动作（加起来总共13组）；5组硬拉和8组其他上半身拉类动作（加起来总共13组）。

从更宏观的角度来讲，这满足了将50%~75%的总训练容量安排在主项动作上的要求，因为在总共36组的训练动作中，接近一半（19组）来自力量举比赛的三大项。

第5步和第6步：休息时间和离心训练

在这两个阶段，你需要做的已经很少了。如果你喜欢的话，可以把上半身的推类和拉类动作设计成对抗组（APS）。类似地，如果你的主要训练目的是肌肥大的话，那你也可以用对抗组的方式来做腿屈伸和腿弯举的动作，或者做针对肱三头肌和肱二头肌的孤立动作。

另外，如果你的时间非常紧张，很可能没法完成训练计划的话，那你也可以使用递减组或者休息暂停组的方式来进行辅助动作或者单关节动作的训练。

除此之外，你只要确保自己休息充足，在一定程度上控制离心动作，然后尽量有爆发力地进行向心动作就可以了。到此为止，你已经大致设计完成了整个训练金字塔计划，剩下的内容都非常灵活，可以根据你的个人需求自行调整。

自动调整训练日和休息日

现在，虽然你的训练计划已经设计得差不多了，但你还可以根据个人需求，做一些小调整，来让你的计划更上一层楼。

你回忆一下第1章的内容会发现，应该将最难的训练日安排在休息最充足的那天，并且将更容易一些的训练日安排在休息不充足的时候。这样做不仅可以使力量训练的效果更好，还可以增加你对训练的依从性。所以，你可以根据这条原则，不固定自己的训练日（比如，不把训练日限制在每周的周一、周三和周五），或者在恢复不足的时候，额外增加一两个休息日。这样做可以在不影响你的日程安排的前提下，对运动表现提供一定的帮助。

这里的第1种策略是灵活安排训练日。这种方法更适用于每周只练2~3次的情况，因为在这种情况下，你每周的休息日要比训练日多。而第2种策略是灵活安排休息日。这种方法则更适用于每周训练4次或4次以上的情况，因为在这种情况下，你每周的休息日要比训练日少。

自动调整负荷

对于你想要测试或者估算绝对力量（1RM）的那些动作，建议你同时采用绝对力量（1RM）百分比和RPE两种方式来制订计划。比如，你可以使用百分比的方式设计动作，如3×8×70%（每组3次，每次8组，每次负重为70% 1RM），然后同时提供一个RPE区间，如6~8。在具体执行的时候，如果第1组动作的RPE不在这个范围里，那就根据实际情况增加或者减少重量。

而对于那些你不需要测试或者估算绝对力量（1RM）的动作，你可以只使用RPE来制订计划。如果你是一位新手，没能力准确估算RPE的话，那你只要记录下每一组动作的RPE就行了，不需要使用RPE来决定组数和负重。在记录几个月之后，你应该就会对RPE有着更准确的主观感受，这时候再使用RPE来规划你的训练也不迟。

自动调整减量

在每个中周期的训练结束之后（对于中级训练者来说，就是在你完成了整个进阶循环的时候；而对于高级训练者来说，则是在你完成整个训练模块的时候），使用在第3章中提到的"周期结束后的自我评估表"，来决定你是否需要减量（或者每周使用血流限制训练法的高次数训练进行判断）。

在每3个中周期中，确保你至少要减量1次，以避免过度训练的情况发生。具体的减量方法，可以翻回第3章进行阅读。

自动调整动作选择

如果你能给自己多一点动作选择的空间的话，你可能会更享受训练过程，对于存在的伤病和疼痛会更加重视，进而会提高相应的运动表现。这一点在本书前文已经具体讨论过了。

如果你的主要训练目的是肌肥大，你可以在不同中周期之间切换不同的"水平拉动作""竖直拉动作"，或者"髋部铰链动作"（或者任何复合动作，只要你能在几个中周期之后回到原先的动作就可以了），而不是一直做同一个动作。类似地，对于孤立动作，你甚至可以在不同的训练日之间切换。如果你决定这么做的话，只要能确保做好详细记录就可以了，这可以让你再做回同样动作时，知道自己该从什么地方重新出发。

如果你的主要训练目的是绝对力量，原理也很类似。在离比赛还很久远的时候，你可以在不同中周期中切换主项动作的变式（在离比赛更近的时候，你需要练习比赛动作）。另外，哪怕你的主要训练目的是绝对力量，你同样可以像那些健美爱好者一样，在不同训练日之间切换孤立动作（只要这些动作针对的都是同一个肌肉群或者动作模式就行了）。

减脂期间的训练调整

训练计划的最后一个需要考虑的问题是，你是不是在减脂。如果你采用的是比较温和的减脂方式，并且减脂目标不是健美运动员在台上的那种无法满足正常生理需求的体脂的话，你可能并不需要专门对训练计划做调整。但是，如果你的减脂过程很长，或者方法很激进，比如你在力量举比赛中需要降一个体重级别，或者在备赛健美比赛的话，你就得对训练计划做一些相应的调整了。

下面是一些非常简单的指南（你也可以在第8章提供的范例训练计划中使用这些指南进行适合自己情况的改动）。

1. 在训练容量选择上下降一级（比如，从中级训练者的容量降到新手的容量，或者从高级训练者的容量降到中级训练者的容量），来适应减脂期间恢复能力的下降。你可能并不需要在减脂的一开始就做此调整，但在减脂过程进行到大概1/3的时候，降低训练容量可能会成为你的最佳选择。这可以帮助你在减脂期间在足够的训练刺激和恢复能力之间保持平衡（像上文提到的那样，只有当你想减到极端低的体脂，或者热量缺口非常激进的时候才需要这样做）。

2. 从根据自我评估表决定要不要减量，变成在每个中周期结束后必定减量一次，来确保充足的恢复。

3. 使用上文提到的自动调整策略制订训练计划，确保训练计划有一定的灵活性和变化空间，让你可以根据你训练当天的感受来进行相应调整。

第8章 范例计划

如果你已经读到这里了，那么你应该已经学会了如何从框架开始制订训练计划，加入自动规划的元素，并且根据你的具体情况进行调整，以使计划更加个人化。

你可能仍然觉得对于"到底该如何制订计划"这件事很迷茫。为了帮助你进一步理解该如何将本书提到的指南应用在计划制订中，本章为你创建了一些具体到细节的，分别针对新手、中级训练者和高级训练者的计划，也根据是以肌肥大还是以绝对力量为训练目的对这些计划进行了区分（一共6个计划模板）。对于每个计划，也都会为你细致地讲解进阶细节。

热身

进行热身的目的是让你为真正的训练做好准备，这样可能会提高运动表现，并且可能降低在训练中受伤的概率。

热身给训练带来种种好处的主要原理之一在于，它可以通过升高体温，进而带来提高肌肉血流量以及氧气可利用性，提高神经肌肉系统的速度和敏感性等一系列好处。

尽管很多人都喜欢在训练前通过静态拉伸来提高灵活性，但在训练前通过拉伸达到的短期灵活性的上升，其实可能对运动表现是有负面影响的。你仔细想一想，通过静态拉伸，你会让肌腱单元变得更柔软，通过强制"放松"的方式来让它拉长，从直觉上来看，这似乎和力量训练的目的（让肌肉在重压下收缩）是相悖的。不过，你也可以说，静态拉伸带来的小幅度运动表现牺牲是值得的，因为有些数据指出，它可能可以减小运动中受伤的概率。不过，就目前的证据而言，静态拉伸到底是不是降低受伤概率的良方，结果还很不统一。

抛去静态拉伸对于伤病预防到底有没有用不谈，就算它有用的话，它对于降低受伤概率的作用也不会比动态拉伸强。但是，话又说回来，尽管静态拉伸和动态拉伸相比并没有什么明显优势，但是对于一些灵活性受限的人来说，在训练前进行静态拉伸确实会很有帮助。比如，如果你因为小腿不灵活，而在深蹲中无法完成全部动作，或者需要脚尖离地。"屁股眨眼"才能蹲到一定深度的话，那你可能在训练前需要做一些针对小腿灵活性的静态拉伸。

还有一些类似的情况，比如你在低杠深蹲时由于胸肌或者肩部肌肉群紧张而产生疼痛感，或者在前蹲时由于肱三头肌或者小臂太紧张而无法维持姿势，你可能会从训练前的静态拉伸中得到较大的益处，哪怕它可能会对你的运动表现造成一点点影响。

这也并不是什么无解之题。想要尽量减少静态拉伸对于运动造成的影响，可以试着从以下几点入手。如果限制你训练某个动作的肌肉群和该动作训练的肌肉群并不是同一个的话（比如，在低杠深蹲时的胸肌和肩部肌肉群），那你随便拉伸就可以了，因为这并不会直接对该动作的运动表现造成影响。不过，如果你想要训练和拉伸的是同一个肌肉群，那么你有以下几个选择。

▸ 你可以将拉伸的时间缩短一点（每次不超过60秒），不要一直拉伸到产生肌肉不适的程度，不然很可能就会影响运动表现了。并且，拉伸太长时间也不太可能大幅度提高你的灵活性。

▸ 你可以滚泡沫轴，也就是专家们经常说的"自我筋膜放松"（不过，这样做并不能真的"放松"筋膜）。有一些科学证据表明，这么做可以在不降低肌肉力量输出的前提下增加动作行程。

▸ 你也可以在静态拉伸之后，进行更有运动专项性的动态热身（在下文中，我们会就这一话题进行更详细的讲解）。这样做可以帮助你抵消静态拉伸带来的负面影响。

最后，让我们详细定义一下一个完整的热身程序是什么样子的。

很多人会说，最合理的热身流程是先用中低强度做有氧运动，然后进行全身的动态动作准备，最后进行和当天运动项目相关的动态热身。进行中低强度有氧运动的目的在于帮助升高体温，不过，就我个人而言，我觉得这一部分有点多余，因为接下来的全身动态动作也有着同样的目的。话又说回来，如果你感觉自己"热起来"的速度很慢，或者训练环境比较冷，那先进行有氧运动也没什么问题。

接下来的全身动态动作，应该包括大量的全程且有爆发力的动作，来让你从全身、全方位方面为接下来对于力量输出需求较大的抗阻运动做好准备。和静态拉伸不同，动态拉伸并不会对接下来的运动表现造成潜在影响，甚至反而可能会提高你的运动表现。

最后，作为力量或者形体运动员，你的"运动相关"的热身，就是每个训练动作的热身组。

下面的表格就是一份简单的训练前热身流程的范例（你可以根据自己的需求和爱好自行调整，因为"完美"的热身流程是不存在的）。

5分钟中低强度的有氧热身（可选）
动态热身流程范例
10次前后摆腿
10次左右摆腿
10次向前手臂画圈
10次向后手臂画圈
10次双臂交叉
10次躯干旋转箭步蹲

次数区间为1~5的正式组			次数区间为6+的正式组		
	次数	重量		次数	重量
第1组	5~10	空杠（可选）	第1组	8	正式组重量的50%
第2组	5	正式组重量的50%			
第3组	4	正式组重量的60%	第2组	4	正式组重量的70%
第4组	3	正式组重量的70%			
第5组	2	正式组重量的80%	第3组	2	正式组重量的90%
第6组	1	正式组重量的90%			

范例计划总览

关于范例计划的重要说明

在讲解这些计划是怎么形成，以及该怎么具体执行计划之前，想强调一下，这些计划的主要目的，并不是让你直接拿来用，或者一成不变地照着做。

从原理上来说，这些计划肯定不可能完全适合你，因为它们并没有加入任何个人化的元素进行调整。这些计划可能和你的理想计划差别不大，因为这些计划的训练目的都很明确（绝对力量或肌肥大），也根据你的训练经验有进一步分类（新手、中级训练者，或者高级训练者），并且从一定程度上看有着不错的灵活性，让你可以根据自己的日程安排和训练需求，选择不同的动作或者变式。但是，它们仍然不能被称为"个性化"的计划。

个性化是取得长远进步的关键。这就好比在减脂的时候，如果你忽视了自己的起始热量摄入量以及体脂情况，直接照搬别人的饮食计划，肯定不是明智之举一样。直接照搬别人的训练计划，而忽视了你自己能够适应的训练容量、强度和频率，这也不是什么值得推荐的做法。

本章提供的几个计划可以作为你学习制订计划的参考，而不是成为你制订计划的"成果"。这些范例计划是整个肌肉与力量训练金字塔的产物，将前文提到的所有原则都转化成了可以用于实践的方法。它们只是各种训练原则的应用之一。如果你是一位教练，你可以参考这些范例计划，学习如何更好地为客户设计个性化的训练计划，如果你是一位训练者或者运动员，你同样可以用这些范例计划来优化你自己的计划。

本章的内容包含非常多的细节。如果你仅仅想通过学习迅速制订出自己的计划，而之前的训练计划速成指南又没能满足你的需求的话，建议你挑选自己感兴趣的段落阅读（比如你的训练偏健美还是偏力量举？你是一位新手、中级训练者，还是高级训练者？），然后直接跳到相应的位置，以及本章最后的具体范例计划。

入门力量举计划总览

入门力量举计划使用每周训练3~4次的频率，重点在于培养训练者的动作技巧和提升相应的力量。与此同时，它还会帮你建立一定的基础肌肉量，来帮助你在将来进一步提升力量。

尽管针对新手、中级训练者和高级训练者的计划设计并不一样，但你仍然可以在不同等级的范例计划中发现一些结构和组织上的共通之处。

在针对不同训练经验的人进行计划设计时，最主要的差别是进步速度、总训练容量或者做功内容，以及如何根据训练容量的不同来组织训练计划。除此之外，其他大部分的因素都没有什么较大差别。

作为新手，想要最大化地在训练中取得进步，并不需要复杂的周期计划。因此，不像针对中级训练者和高级训练者的计划那样，你不会在新手计划中见到模块或者线性周期的元素。取而代之的是一项简单的训练日之间负重递增的线性计划。不过，这并不意味着你的训练会完全没有灵活性，或者高度单一化。

你可以看出，这个计划是根据每日波状计划的模型创建的，每个训练日分别着重于肌肥大、爆发力（本质上是较大重量的技术训练），以及力量。这个计划通过增加肌肉纤维体积和神经肌肉适应性来增加力量输出，以及通过打磨技术来提高动作效率，从而帮助训练者达到提高力量的目的。

避免单一化的另一个重要原因是，当训练的负重和容量都缺乏变化时，不仅会让训练者从心理上感觉冗长乏味，还可能会增加过度训练的概率，影响运动表现，或者增加伤病的概率；而当在训练中增加一点灵活性（负重和容量有小部分变化）之后，运动表现就会开始。

综合以上这些原因，我们在入门力量举计划的不同训练日中，安排了不同的次数和负重组合。

▶ 如果你使用每周训练3天的版本，那么，第1天的训练内容是高次数、中等负重的动作，来积累相对高的训练容量（肌肥大日）。第2天的训练内容是低次数、中高负重的动作，在卧推的爆发力日达到较低的容量，而在硬拉的力量日达到低次数、高负重的组合。第3天则是使用低次数、大重量和中等容量的训练内容，来达到针对力量的训练效果（深蹲和卧推的力量日）。

▶ 如果你使用每周训练4天的版本，那么总体结构也很类似，只不过你在前3个训练日中只进行主项动作训练，而在第4个训练日进行辅助动作训练。

▶ 如果你在主项动作的疲劳管理上没有什么很大的问题，并且不介意每次训练耗时都较长的话，建议你使用每周训练3天的版本。如果你想缩短每次训练的时间，并且不介意每周多练1次，而且不太确定主项动作带来的疲劳对于辅助动作的影响到底有多大的话，那你更适合每周训练4天的版本。

在这项计划中，每个肌肉群各自单独的训练容量比起健美计划的训练容量要低很多。正是因为如此，所有的力量举计划在计算容量时，都是按照下半身动作，上半身拉类动作，以及上半身推类动作进行的分类，而不是按照单独的肌肉群分类。

在这项入门力量举计划中，我们安排的训练容量是训练金字塔第2层推荐范围中的低值，并且遵循了速成指南中依据训练年限分类的原则。在这个计划中，大约2/3的总容量被安排在大重量训练上，而剩下的容量被安排在了轻重量的训练上。而按照动作类型分类的话，大约训练总容量的一半被安排在了主项动作上，而另一半则被安排在了辅助动作上。

在下表中，我们总结了这项入门力量举计划的各种动作和容量分类数据（硬拉和硬拉变式所带来的容量，同时被归在了下半身动作和上半身拉类动作中）。

动作类型	每周组数	动作类型	每周组数	总量百分比	主项动作强度	每周组数	总量百分比
上半身推类动作	12	主项动作	18	56%	小于等于每组6次	12	67%
上半身拉类动作	11	辅助动作	14	44%	大于每组6次	6	33%
下半身动作	12	总数	32	100%	总数	18	100%

中级力量举计划总览

这项针对中级训练者的力量举计划，是以入门力量举计划为基础进行设计的，它的训练频率为每周4次。它的训练容量相比入门力量举计划有着总体增加，尤其是下半身动作和上半身推类动作的容量。另外，它还增加了2个水平拉类动作（对于大重量的划船动作，建议你使用自由重量），1个卧推变式动作，以及1个深蹲变式动作，以此来更完全地刺激到整个动作链，确保"铁链没有缺失任何一环"。因为在动作质量和熟练度已经基本有保障的情况下，全面发展就变得更为重要了。

这个计划取消了每周3练的选项，是因为随着训练容量的增加，频率也需要适量增加，才能确保训练质量。

在这个计划中，70%的总容量被安排在了大重量的动作上，而只有30%的总容量被安排在了轻重量的动作上。和入门力量举计划类似，分配在主项动作和辅助动作上的训练容量大致等同。

同时，它也使用了每日波形模型作为基础，和入门力量举计划一样，以周为基本单位。在每周的第1个训练日里，你会进行高容量、中等强度的训练，并且做1个深蹲变式动作（如果你在比赛中使用低杠深蹲的话，推荐你选择一个能让身体更加竖直的深蹲变式动作，以稍微减轻一下臀部的压力。比如，前蹲、高杠深蹲和安全杆深蹲等）以及卧推。尽管在每个训练日都会有一些针对不同目的（绝对力量或者肌肥大）的辅助动作，但在每周的第2个训练日，你的主要目的是进行主项动作的技术练习。而在第3和第4个训练日，则是进行大重量的力量训练，在第3个训练日，你会进行大重量的深蹲和卧推，在第4个训练日则进行的是硬拉，以及一些重量相对轻的卧推变式动作（如果你在比赛中使用杠铃的握距很宽，建议你选择窄距卧推，或者针对某个弱点的特定变式动作，具体内容请参见第4章）。如果可以的话，在第3个训练日和第4个训练日之间至少要安排1个休息日，来确保你的身体可以从大重量训练中恢复。

作为一位中级训练者，你要采用周期化的进步方式，而不是像新手那样采用只有单一变量的线性进步方式。在这个计划中，我们使用的是线性周期模型，并且在主要动作上采用了波形负重变化的模式，在周与周之间进行调整。

你可能会发现，在这个模板的基础上，通过简单增加或者减少次数区间以及负重，就可以把这个计划变成更偏重容量，或者更偏重强度的版本（取决于你处于赛季的什么阶段）。具体如下。

▸ 如果想让这个计划更偏重容量的话，可以将原本的使用82.5%~87.5% 1RM重量，进行3~5次的方式，改成使用80%~85% 1RM重量，进行4~6次的方式。

▸ 如果想让这个计划更偏重强度的话，可以将原本的使用82.5%~87.5% 1RM重量，进行3~5次的方式，改成使用85%~90% 1RM重量，进行2~4次的方式。

在下表中，我们总结了这项中级力量举计划的各种动作和容量分类数据（硬拉和硬拉变式所带来的容量，同时被归在了下半身动作和上半身拉类动作中）。

动作类型	每周组数	动作类型	每周组数	总量百分比	主项动作强度	每周组数	总量百分比
上半身推类动作	15	主项动作	27	64%	小于等于每组6次	19	70%
上半身拉类动作	15	辅助动作	15	36%	大于每组6次	8	30%
下半身动作	18	总数	42	100%	总数	27	100%

高级力量举计划总览

如果你已经过了新手和中级训练者的阶段，那么高级力量举计划可以帮助你在训练生涯的末期继续取得进步。同样，这个计划也采用了每日波形模型的结构，但是频率提高到了每周6次，以此来配合大量增加的训练容量，保证对那些处于训练生涯末期的高级训练者仍能产生足够的刺激。

另外，这个计划开始应用模块周期模型来计划中周期。在这个计划的不同时期，你会分别针对不同的适应性进行训练。从长远角度考虑，这样做对高级训练者是更有利的。

在这个计划的中周期里，除了使用了模块周期模型，还包含了一些线性周期模型的元素。它的强度和次数变化和之前的中级力量举计划类似，都采用了波形负重模型，然后随着整个计划的进行，逐渐增加动作的专项性。

积累周期主要着重于大量的辅助动作、高次数的训练区间，以及总体低强度的训练。从整体而言，积累周期的主要目的是增加肌肉量和提高做功能力，以为接下来的强度周期打下良好的基础。

在积累周期里，你会将一半的训练容量安排在主项动作上，而将另一半的训练容量安排在辅助动作上。同样地，大约56%的总动作次数会被安排在大重量训练上，而剩下44%的总动作次数则会被安排在较轻的重量训练上。

在下表中，我们总结了积累周期的各种动作和容量分类数据。

动作类型	每周组数	动作类型	每周组数	总量百分比	主项动作强度	每周组数	总量百分比
上半身推类动作	21	主项动作	27	50%	小于等于每组6次	15	56%
上半身拉类动作	15	辅助动作	27	50%	大于每组6次	12	44%
下半身动作	18	总数	54	100%	总数	27	100%

强度周期相较于积累周期的主要变化是它的总体训练容量和动作次数减少了。更具体一点，在这个周期里，你会减少一些辅助动作，使用的重量变大，并且每一组都会少做几次。每周的训练频率保持不变，但是动作次数会逐步减少，使用的负重会渐渐增加。

在这个周期里，周与周之间的线性周期模型元素仍然很明显，变化只不过是使用的重量更大了，次数更低了。最后，大量的辅助动作在这个周期里都会被舍弃，更大比例的训练容量将留给主项动作。

和之前的积累周期不同，现在把训练的重点放在更有专项性的动作上。训练总容量的75%会被分配给比赛动作，而只有剩下的25%留给辅助动作。类似地，现在超过80%的主项动作使用大重量进行训练，而只有不到20%的训练组会使用较轻的重量。如果你根据第2章中训练容量、强度和频率的指南来看，这里的积累周期和强度周期，已经分别接近了推荐数值的两个极端。不过，当将这个高级训练计划作为整体看待时，它的整体容量、强度和频率，则恰好处于推荐数值的平均值。

强度周期的动作和容量分类数据，可以参考下表。

动作类型	每周组数	动作类型	每周组数	总量百分比	主项动作强度	每周组数	总量百分比
上半身推类动作	20	主项动作	36	75%	小于等于每组6次	29	81%
上半身拉类动作	13	辅助动作	12	25%	大于每组6次	7	19%
下半身动作	22	总数	48	100%	总数	36	100%

入门健美计划总览

这项针对新手的健美计划模板并不像力量举计划一样有每周3练的选项。因为为了确保所有肌肉群都得到充分的训练，这项计划包含了更多的动作，使得总训练容量要比入门力量举计划高很多。在这个前提下，只有每周训练4次，才能更好地保证训练质量。在以下所有的健美计划中，关于训练容量的分类也会有一些差异。在力量举计划中，我们是按照下半身动作、上半身推类动作和上半身拉类动作这样的分类来分别计算容量的；而在健美计划中，我们则会依照具体的肌肉群来分类计算容量。这样做，可以帮助我们更好地设计计划及监测计划的实施过程，确保每个肌肉群都得到充足的训练。

这项计划同样是基于波形周期模型设计的。不过，在这里我们取消了针对"爆发力（或者大重量技术训练）"的训练日，因为对于形体运动员来说，这不是他们的主要训练目标。取而代之的是针对容量积累的训练日和一些针对力量的训练日，以达到更强的肌肥大刺激。之所以这样设计，是因为这些针对力量的训练日，不仅是对训练容量的良好补充，还可以通过渐进超负荷的原理，使用更大的训练重量，来达到更大的机械张力，进而更好地刺激肌肉生长。

与力量举选手相比，健美选手的动作技巧相对没有那么重要。并且，因为每个训练日的容量都会增多，在这里使用上下半身分化的训练法来设计计划，以此来尽量地平衡每周的疲劳和恢复。和入门力量举计划一样，这里会在周与周之间增加负重。

在这个计划中，大约65%的总训练容量被安排在中等次数、中等重量的动作上，剩下的大约35%的总训练容量则既有安排在大重量、低次数的训练上，也有安排在小重量、高次数的训练上。依照本书的速成指南，在这个计划里，每周每个肌肉群的训练容量为10~12组。不过，你会注意到，小腿和腘绳肌的训练容量会稍微低一些，而臀部肌肉群的训练容量则又稍微超过了推荐范围。这是因为深蹲和髋部铰链动作都会训练到臀部肌群，臀部肌肉群在绝大部分下半身动作中都会被涉及，从而训练容量也相对更高。另外，尽管在深蹲和单腿动作中，腘绳肌都不是主要的训练对象，但它仍然会多多少少被练到。而对于小腿来说，腿弯举、深蹲（以及其他单腿动作）类的动作模式都会涉及它。因此，尽管从表面上来看，它们被练得比较少，但它们真正受到的刺激要比我们预测的多很多。

关于这项入门健美计划的具体数据分析，可以参见下表。

上半身 肌肉群	每周组数	下半身 肌肉群	每周组数	动作强度	每周组数	总量百分比
胸部肌肉	10	股四头肌	11	每组6~12次	36	65%
背部肌肉	10	臀部肌肉	14	其他	19	35%
三角肌前束	10	腘绳肌	9	总数	55	100%
三角肌中束	10	小腿肌肉	8			
三角肌后束	10					
肱二头肌	12					
肱三头肌	12					

中级健美计划总览

这项中级健美计划，在入门健美计划的基础上，全方位地增加了训练容量。另外，这项计划的进步速度也被调整得更适合中级训练者。它和中级力量举计划类似，也使用了线性周期以及波形负重的模式。

这项计划和入门健美计划的总体框架很类似，都是以上下半身分化为基础，从每周第1天和第2天的力量日开始。不过，在剩下的训练日中，这项计划采用了3天分化的方式，分别是下半身训练日、上半身推类动作训练日和上半身拉类动作训练日，在前2个力量日之后依次进行。所以，这是个每周5练的计划。不过，每个身体部位的训练频率还是和入门健美计划一样，保持在每周2次，只是因为每个肌肉群的容量都增加了，我们将每周4练改成了每周5练，把训练压力更加平均地分配在一周中，让你不会在某几天特别累，避免影响恢复。

在这项计划中，中等重量、轻重量，以及大重量训练动作的比例和入门健美计划一样，保持不变。在将训练容量控制在每周每个肌肉群10~20组的前提下，依照计划速成指南，让大部分肌肉群的周容量保持在中级训练者的推荐区间里。不过，因为总体的上半身的推拉类动作容量有所上升，手臂就被训练得更多了。话说回来，这里增加的手臂训练容量，绝大部分都是通过非直接训练的方式体现的，所以它只是看上去在不成比例地增加而已。同样，随着大量推类动作的加入，三角肌前束也被训练得更多了。这是增加复合动作不可避免的后果之一（这也是我从来不在计划中加入前平举的原因）。最后，类似于入门健美计划，这里的臀部训练容量也很高。

　　关于这项中级健美计划的具体数据分析，可以参见下表。

上半身 肌肉群	每周组数	下半身 肌肉群	每周组数	动作强度	每周组数	总量百分比
胸部肌肉	13	股四头肌	13	每组6~12次	51	65%
背部肌肉	15	臀部肌肉	20	其他	28	35%
三角肌前束	19	腘绳肌	16	总数	79	100%
三角肌中束	15	小腿肌肉	10			
三角肌后束	15					
肱二头肌	18					
肱三头肌	19					

高级健美计划总览

　　这项高级健美计划，在中级健美计划的基础上，又进一步增加了训练容量。类似地，为了更合理地安排这些额外的容量，在这个计划里，我们把训练频率增加到了每周6次，在不额外增加每个训练日强度的基础上，在1周里训练更多的总容量。

　　在这个计划中，我们采取了上下半身分化的方式，每个肌肉群每周会被训练3次。这意味着，每周你会有3个上半身训练日，以及3个下半身训练日；它们在1周中轮换进行，一共6天。

　　类似于中级健美计划，这里同样采用了线性周期模型的进步方式。同时，我们也像高级力量举计划那样，加入了模块周期模型的元素。此外，每日波形模型在这里主要的作用是调节整周的训练压力。

　　我们在这里采用了类似改良版的每日波形模型，即将"爆发力日"安排在肌肥大训练之后，从而给接下来的力量日提供更多的休息时间。在前两个训练日中，采用的是高次数、高容量和高RPE的训练方法，接下来的两个训练日中，采用低容量、相对低强度的方式，在最后的两个训练日中，采用的则是针对绝对力量的训练方法。尽管这里的"爆发力日"，或者大重量技术训练日，并不会采用和力量举计划相同的方式呈现，但这里的原理并没有变，即通过动态恢复的方式来在绝对力量日前得到更充足的休息。

　　高级健美计划的积累模块和强度模块的设计，都和高级力量举计划非常相似。动作选择保持不变，唯一变化的是从积累模块转变到强度模块的过程中，次数递减和负重递增。在积累阶段，总训练容量和总次数都会更高，并且训练中使用中等强度的比例也会更高；在强度阶段，总容量和总次数会相对少一些，训练的着重点将转移到更高的强度上。

在这里，组数并没有变化，这看起来似乎和本书第3章的内容以及训练计划速成指南的推荐相悖，但其实这是另一种制订计划的方法。在强度模块中，尽管组数保持不变，但更多的训练容量被转移到了训练次数为6~20次的动作中，这意味着，虽然从表面上看容量没变，实际上针对肌肥大的容量却低了很多。并且，随着强度模块中训练负重的增加，如果你想增加组数，反而会得不偿失。当高强度和高容量（组数）结合起来时，会产生巨大的疲劳。最后，这个计划中对于每个肌肉群的容量分布，会呈现和中级健美计划一样的趋势。因为动作选择更多，手臂、臀部，以及三角肌前束的容量进一步得到了增加，小腿的容量进一步减少（还记得前文提到的，小腿会在弯举、深蹲，以及深蹲变式动作中被练到吗），而训练总容量则有着显著增加，以此来达到速成指南中推荐的范围。

关于这项高级健美计划积累模块的具体数据分析，可以参见下表。

上半身肌肉群	每周组数	下半身肌肉群	每周组数	动作强度	每周组数	总量百分比
胸部肌肉	17	股四头肌	16	每组6~12次	66	69%
背部肌肉	17	臀部肌肉	24	其他	29	31%
三角肌前束	23	腘绳肌	17	总数	95	100%
三角肌中束	19	小腿肌肉	12			
三角肌后束	17					
肱二头肌	20					
肱三头肌	22					

关于这项高级健美计划强度模块的具体数据分析，可以参见下表。

上半身肌肉群	每周组数	下半身肌肉群	每周组数	动作强度	每周组数	总量百分比
胸部肌肉	17	股四头肌	16	每组6~12次	55	58%
背部肌肉	17	臀部肌肉	24	其他	40	42%
三角肌前束	23	腘绳肌	17	总数	95	100%
三角肌中束	19	小腿肌肉	12			
三角肌后束	17					
肱二头肌	20					
肱三头肌	22					

新手进阶

使用极限力量（1RM）的百分比计算复合杠铃动作的负荷

虽然以反向次数（RIR）为基础的主观感受努力程度（RPE）很实用，但却需要训练者拥有大量的训练经验和经过大量的练习，才能准确地掌握这个概念。因此，在新手计划中，你会使用极限力量（1RM）的百分比（%1RM）来决定主项动作的负重，并且简单进行线性加重，直到你没法进行线性进步为止（这也是你从新手进阶到中级训练者的标志）。因此，你需要在执行计划之前进行一次极限测试。与此同时，尽管你并不会在这个阶段中频繁使用RPE，但积极记录和追踪RPE仍然是非常有用的，你可以在这个阶段试着更加熟悉RPE的估测，以及感受每组动作离力竭还有多远（你可以通过录像，或者和教练讨论，来帮你学习这些技巧）。

如果你不太清楚RIR或者RPE具体是什么意思的话，可以再阅读一下第2章中"衡量训练强度"部分的内容，来复习一下这些概念。

作为一位新手，你的首要目标是熟悉训练动作，并且保证自己的动作质量。

估测极限力量

▸ 对于那些用极限力量的百分比进行规划的动作，进行3~5RM的测试。在测试时，请一定要保证旁边有经验丰富的训练者或者教练来监督你的动作执行，并且要有保护者保护你的安全。然后，使用网上的公式或者计算器来估算你的极限力量（1RM）。如果你是一位力量举爱好者的话，那么直接测量极限力量（1RM）也是一个很好的方法，因为这毕竟是你的比赛项目，同样，请一定要确保有保护者在场。请记住，这里的新手计划，针对的是那些仍然处于新手阶段的力量举或者健美爱好者，而不是完全没碰过杠铃的纯新手。如果你属于后者的话，则完全不需要测量极限，只要简单选择一个你觉得比较轻的重量作为开始，专注于动作质量，并且在每次训练时逐渐增加负重就行了。在这样训练几周，拥有了初步的训练基础后，再测试极限也不迟。

▸ 对于深蹲和硬拉（以及它们的变式动作，比如前蹲或者罗马尼亚硬拉等），使用最高次数组（AMRAP）或者极限力量（1RM）测试时，做到技术力竭，而不是绝对力竭。如果你非要在动作变形的情况下完成极限测试，不仅会让动作的效果大打折扣，还会增加你的受伤概率。因此，你在这里的"极限"，指的应该是能用良好动作完成的重量，并且能在这个数字上根据极限力量（1RM）的百分比进行相应规划。

148

▶ 对于那些没有使用%1RM进行规划的动作，不建议你进行极限测试。因为这些动作对于新手来说，在大重量的情况下一般很容易变形。作为替代方法，你可以在一开始就使用RPE来规划动作，这也是一个让你很好地熟悉RPE概念的手段。这些动作一般对于多种动作模式的协调性要求比较低，受伤风险比较小，而且，哪怕你在一开始估算的RPE的误差很大的话，也几乎不会有过度训练一类的风险。

▶ 你会注意到，在新手计划中，第1组RPE的值永远是"8"。这意味着，如果你的重量选择比较精准的话，你应该可以用类似的RPE完成剩下的所有正式组的训练（在这个例子里，就是接近8RPE）。如果你在接下来的正式组里"力竭了"，或者说RPE值上升到了10，就意味着你要么重量选择得不准确，要么组间休息时间不够，或者是因为动作技术不熟练而导致了技术力竭。不过不要担心，这些小错误都可以帮助你在接下来的训练中更了解自己。

▶ 这里还有一些帮你学习估算RPE的小技巧。（1）即使在目前，你的所有主项动作都是用极限力量（1RM）的百分比来规划的，你仍然可以写下每组自己感觉出的RPE，从而熟悉对RPE的估算。（2）用手机录下正式组的录像，或者问问更有训练经验的人和你的教练。对比一下你自己"感觉"的RPE、视频中看起来的困难程度，以及别人的评估有什么差异，再根据这些差异来找到你真正的RPE或者RIR。

现在，你已经有了初始阶段的极限值，让我们来开始进行真正的训练吧。

训练第1周

现在为你详细讲解在这个计划中我们是如何使用初始极限值的。这非常简单，但是在你刚入门，还不了解各种训练术语的时候，可能会觉得有一点难理解。

这里的目的只是展示计划的具体写法，所以，哪怕你是一位健美运动员，我们还是会用"新手力量举范例计划"来当作模板，告诉你每一栏、每一个数字都代表了什么意思。下面这张表格摘录于本书第1部分最后的范例模板之一。不过，因为想到如果你在使用电子设备进行阅读，则会不太方便来回翻页对比，所以在这里单独为你列举了出来。

第1个训练日				
动作	组数	次数	%1RM	第1组RPE
深蹲	3	8	70%	无
卧推	3	8	70%	无
竖直拉	4	10	无	8

你可以从上表看出，我们在第1个训练日里，一共会进行3个动作。

▶ **动作/组数/次数**：拿第1个动作深蹲举例，你会进行3组深蹲，每组8次。

▶ **%1RM**：你在这个动作中使用的重量，会是极限力量（1RM，或者估测出来的极限力量）的70%。

▶ **第1组RPE**：这是基于反向次数和主观感受费力程度得出的数值。在第1组里，对于重量选择尽量保守一些，以免在之后的正式组中无法完成规定的次数。对于那些没有使用RPE进行规划的动作，直接使用极限力量（1RM）的百分比就好了，但是与此同时，记录下自己的RPE（只有在没法完成规定次数的时候，才调节重量）也是非常有用的。在你训练经验越来越丰富之后，你对于RPE的估测也会越来越精准，在这之后你也会更多地使用RPE进行负重规划（详情请阅读"高级进阶"的内容）。

现在，假设你的深蹲极限是180磅。你的正式组重量将会是极限值的70%，也就是126磅，然后用这个重量进行3组，每组8次的训练。你可能会觉得这么做很轻松，想加重一点，但请一定要克制住自己加重的欲望。很多人都可以在这个重量下做8次以上，但这里的目的是让训练从很轻松的程度开始，这样你才有潜力在之后慢慢进行线性加重。在疲劳的积累下，你的第2个和第3个正式组可能会比第1个正式组感觉稍微难一点，这是非常正常的现象。现在，是时候进行第2个动作——卧推。

假设你的卧推极限比深蹲极限要高一点，有200磅。对于很多人来说，尤其是男性，这其实是很常见的现象。很多男性会更热衷于训练上半身，因此他们在刚开始认真进行力量举训练的时候，卧推极限要比深蹲极限高很多。如果你也是这部分人之一，也不要太紧张了，这种情况很容易就能被缓解。同样，在正式组里使用70%的极限重量，也就是140磅，然后进行3组，每组8次的训练。

当你完成全部3组的卧推之后，就该进行竖直拉动作了（如果你上半身力量够强的话，可以在8RPE的强度下做10次卧推的话，那你可以将引体向上或者器械高位下拉等作为替换动作）。在所有热身组完成之后，尽量精准地猜测你还能用多少重量做12次，然后用这个重量做10次（这意味着10次动作，达到8RPE）。重复同样的过程，直到3组正式组都完成了为止。如果你的整个训练日，或者某一个正式组因为重量估算错误，而感觉特别轻松，也不需要太紧张，在之后的正式组稍微增加重量就好。同样，如果你使用的重量太重，而没法完成规划的次数的话，也只需要在接下来的正式组里稍微减重就行了。在你的训练经验越来越丰富之后，你就能更精准地选取重量，在最后一组正式组里你虽然感觉更难，但不会达到无法完成全部10次动作的程度。在这个阶段，你还可以在周与周之间进行小幅度加重。

如果你使用的是入门健美计划的话，除了动作选择会有些差异，过程几乎一模一样的。另外，在每周的第2个、第3个和第4个训练日里，你还可以选择用对抗组（APS，详见本书第5章）的方式来完成。比如，你可以用对抗组的方式结合水平及竖直方向的推、拉动作，肱三头肌和肱二头肌训练动作，或者腿弯举和腿屈伸动作。在这里还要强调一下，如果你还不确定组间休息多长时间的话，建议你回到第5章，再仔细复习一下关于对抗组的内容。

进步准则（第1周之后）

现在，完成了第1周的训练之后，是时候进行线性加重了。在第3章中，我们已经列举过一个"范例新手5×5计划"，使用了同样的加重原则。你可以重新阅读该内容，复习一下我们是如何设计加重的。

在周与周之间，我们将每个训练日都看作独立的进步模式。这意味着，你需要比较每周的第1个训练日之间的负重变化，而不是比较同一周里第1个训练日和第2个训练日使用的重量的变化。

拿入门力量举计划举例，你可以每周在深蹲和硬拉上增加10磅的重量，然后在卧推上增加5磅。对于辅助动作，用你在健身房能找到的最小加重方式来加重就行了。而对于入门健美计划，原理是一样的，只不过你会使用10磅的重量来给深蹲、硬拉、髋部铰链动作，以及腿举动作变式来加重，然后使用5磅（或者你在健身房能找到的最小重量）的重量来给其他动作加重。

对于那些第1组有目标RPE值的动作，如果你的重量选择合理，那么你在完成所有正式组的过程中，不需要再次调整负重（如果你是一位纯新手的话，也不要因为一开始RPE估测不准而担心太多）。如果你在最后一组（或者更多组）正式组中无法完成规划的次数，则说明你要么负重选择有问题，要么组间休息时间不够长。

最后，在你训练生涯的初始阶段（也就是现在），请尽量不要做到真正的力竭。特别是深蹲、深蹲变式、硬拉、硬拉变式、卧推、其他推类动作、过头推举、前蹲和罗马尼亚硬拉这些动作，尽量不要在技术力竭之后还继续做。作为一个新手，你可以在动作变形的情况下再做几下，但从长远角度来说，这种做法是弊大于利的。如果你看过IPF世界锦标赛（力量举运动规模最大的国际赛事）的话，你会发现，那些精英级的运动员，在第1把和第3把之间唯一的差异，是杠铃移动的速度，而不是他们的动作。当你对动作越来越熟练之后，你在接近力竭的时候动作也不太会变形，技术力竭和绝对力竭对于你而言，也会变成差不多同样的事情。不过，只有你培养了良好的训练习惯之后，才能逐渐达到这个水平。

在新手阶段，如果你在某个训练日里没法使用固定重量完成所有的组数或者次数，那在下一周的同一个训练日里，就不要加重了，而是再次尝试能不能使用同样重量完成规划的训练内容。

如果你连着2周都没法用同样的重量完成训练，那么在下一次训练中，将负重减少10%。然后在这周之后，再用同样的重量试一试。如果你仍然没法完成，那么可以重新开始，使用同样的加重策略，只不过要把每周的加重量变成之前的一半。比如，你之前每周会在深蹲、硬拉、腿举，或者髋部铰链动作中加重10磅，那现在每周只要加重5磅就行了。对于卧推及其他加重幅度更小的动作，则用小片进行加重（如果你所在的健身房有的话），每周增加2磅的重量（如果你所在的健身房没有小片的话，只要隔周加重1次就行了）。

根据你的训练完成情况，重复这样加重—维持—减量的过程：如果你可以完成规定的组数和次数，就进行加重；如果你在一次训练中无法完成规定的组数或者次数，就进行维持；如果你连续两次训练都无法完成规定的组数或者次数，就进行减量。如果你在减量10%之后，仍然没法完成训练，那就在大部分动作中采取减少加重幅度的措施（5磅与10磅，或者2.5千克与5千克），并且此时可以考虑使用中级训练者的进阶方法了。最后，请记住，在每周的第2天，卧推会使用80% 1RM的重量做3次，这一天是技术训练日，所有正式组都应该离力竭还有4~6次就结束了。不要等到这一天达到了平台期，才想着进入中级训练阶段；当你在大重量日（第3天和第4天）进入平台期，并且连小幅度增重（每周5磅，或者2.5千克）都无法维持的时候，就该进阶到中级训练阶段了。

中级进阶

使用基于反向次数（RIR）的主观感受费力程度（RPE）计算负荷

现在，你已经有了一定的训练经验，应该开始在计划中加入RPE或者RIR了，在这个阶段，你应该能够比较准确地估算自己离力竭还能做几次。因此，所有的动作都会使用"第1组RPE"来进行负重规划，然后"%1RM"只是作为额外的参考指标。在健美计划里，这相对直白一点，因为所有动作第1组的RPE都是"8"。这个强度是一个很好的起始点，它既可以防止你在最后几组正式组里因为力竭而过度训练，也能防止负重选择过低，而无法对肌肉达到足够的刺激。

在力量举计划里，你会看到，在每周的第1天，所有主项动作和它们的变式动作都被设定为7RPE。选择这个数值，是为了确保你在进行多个正式组的情况下不会力竭，并且在保证动作质量的同时，确保在之后的几个训练日里，不会因为肌肉疲劳而对同样的动作产生太大的影响。同样的道理，在第2个训练日，你的三大项动作会从第1组的5RPE开始。这是你的技术训练日，因此你必须保证在离力竭还有4~6次的时候就停下。在这一天里，我们的主要目的是使用"较大"的重量来进行动作技术练习，而不是产生大量的疲劳。然后，你在第3天和第4天的力量训练日中，不管是主项动作还是辅助动作，都会从第1组的8RPE开始。这意味着你可以在这两天里训练得更尽力一些，而且这才到了你真正挑战自己的时候。

进步准则

根据第3章中的"中级训练者进阶"的指南，我们会使用针对中级训练者的波形负重模式来给除了孤立动作以外的所有动作加重。

在为期3周的循环中，训练强度会逐渐增加，而与此同时训练容量会逐渐减少。如果你在计划中注意到%1RM的范围，那这便是你选择负重的指南，意味着你在达到第1组目标RPE时，需要使用的大致重量，而最高的%1RM值则对应着最低次数的正式组。举个例子，在中级力量举计划的第1天里，卧推的范围是7~9下，使用67.5%~72.5%1RM的重量。这里的意思是，你可能会在训练的第1周使用大约67.5% 1RM的重量做9下（之所以说大约，是因为这里的百分比只是基于估算给出的值，而非硬性指标），在第2周用大约70% 1RM的重量做8下，然后在第3周用大约72.5% 1RM的重量做7下。（假设在第1周里，你达到了7RPE的目标，并且不需要加重或者减重）

和入门计划一样，每周的每个训练日，都需要单独进行进阶，这里的意思是，你仍然不需要在同一周里拿第1天和第2天，或者第2天和第3天使用的重量进行对比，而是应将不同周的同一个训练日使用的重量进行相互对比。

在第1周达到目标RPE之后，使用每周10磅的幅度给深蹲、硬拉，以及它们的变式动作加重。对于其他的所有动作，使用5磅的幅度来加重。对于健美计划，则是在深蹲、硬拉、髋部铰链动作，以及腿举变式动作上使用更大的幅度加重，然后对于其他所有动作使用小幅度加重，加重的具体幅度和力量举计划是一样的。

当3周的波形加重结束之后，进行1次减量测试（在前文的速成指南中，有具体的量表）。如果你需要的话，将第4周设置成减量周，然后再重新进行波形加重。在减量周中，你使用的重量和次数都应该是前3周用过的最低值，然后把组数降低。假如在平时，你每个动作会做3~4组，那么在减量周中就变成只做2组；如果你平时每个动作会做5~6组的话，在减量周中就只做3组，以此类推。再举个例子，假如你在第1周的第2个训练日中，用200磅的重量做了6×3（6组，每组3次。余类推）的卧推，然后在第2周的第2个训练日里用205磅的重量做了6×2的卧推，接着在第3周的第3个训练日里用210磅的重量做了6×1的卧推，那么你在减量周的时候，也就是第4周的第2个训练日，应该用200磅的重量做4×1的卧推。

接着，在减量之后的3周循环中，再开始时加重10磅或者5磅（取决于具体什么动作），然后重复同样的流程。

对于中级健美计划中的孤立动作，使用"双进阶"模型来完成加重，并且和其他动作一样在需要的时候进行减量。记住，如果你连着3个波形加重循环（9周）都没有减量的话，为了保险起见，请一定要减量一次，不管你的减量量表得到了什么结果。

和新手进阶一样，不希望你做到力竭，除非在某些特定情况下，正式组的最后一组会偶尔被设置为力竭组。当你在周与周之间，或者周期与周期之间持续挑战自己的极限时，这是很容易发生的。

当选择负重的时候，同样，请谨慎根据第1组的目标RPE来进行保守选择，以保证你不仅会有进步的空间，还可以在之后的几组正式组中不会因为疲劳积累而无法完成训练。这样做你可以通过避免疲劳产生太快，来达到更长远的进步。如果计划中提供的次数范围太狭窄，让你没法在不力竭的情况下直接增加次数的话，那你可以自己把次数范围的两端都延伸一下。比如，把3~5次变成2~6次，把4~6次变成3~7次，把5~7次变成4~8次，把6~8次变成5~9次。这也意味着，你的周期会变得更长，因为从8次降低到7次，再降到6次，只需要3周的时间；而从9次降低到8次，再降低到7次、6次，最后降低到5次，则需要5周的时间。如果你决定延伸次数范围，那么每2个周期就必须减量1次，而不是之前说的3个周期减量1次。

另外，在本书中，那些8~12次的动作，是以2次为幅度进行波形负重变化的，比如12次降到10次，然后降到8次。如果你把这里的次数范围延伸了的话，那你应该在高值和低值上都分别调整2次（6~14次）。这样做可以让你进行次数递减时，跟那些每次只递减1次的动作用同样的方式进行（比如3~5次、4~6次和6~8次的动作等）。只不过，对于这些高次数动作，你每周会递减2次而已：14次、12次、10次、8次，再到6次，以便和其他动作进行统一。同样，请记住，在每2个周期结束时，至少要进行1次减量，而不是3个周期。

当动作进入平台期

随着时间推移，如果你在某个动作中，无法以规划的进度来完成进步时，你可以采用以下做法。

▸ 仍然完成目前的3周循环，使用减少负重的方式来完成规划的组数和次数。

▸ 在第4周减量，哪怕你在减量量表中测试的答案为"不需要减量"。这样做是为了确保你在所有动作上的疲劳都得到控制。

▸ 在减量之后，新周期的第1周，在动作上，选取一个你一定能完成规划组数和次数的重量（一般而言，选取的重量会比你的平台重量少5%~10%）。

▶ 在这个周期（以及之后的每一个成功完成的周期）结束之后，使用更小的幅度进行加重。

和新手进阶一样，在你进入平台期之后，需要进一步减少进步的幅度，这意味着你会从每个周期增加10磅，变成只增加5磅，如果你所在的健身房有小片的话，你也可以进行更小幅度的加重。不过，这样做可能会让你接下来几周的训练太过轻松，因为当降低次数之后，努力程度也会大幅降低。如果你再次进入平台期，并且在大部分动作上，连5磅的重量都没法增加的话，你就可以进阶到高级阶段了。同样，类似于入门力量举计划中的第2个训练日，卧推"爆发力"日，在中级力量举计划中的第2个训练日，也是同样的内容。你不能等到这一天到达平台期了，才想着调整计划，因为这一天是所有训练日中训练强度最低，也是最不容易出现平台期的一天。总之，在你全面到达平台期之后，就该考虑使用高级训练计划了。

用于力量举备赛的调整

如果你想将这个中级力量举计划用于力量举比赛的话，可以将它和第3章结尾结合在一起。

首先，在离比赛还有4周的时候，开始1个为期4周的周期。然后把第3天的深蹲和卧推，以及第4天的硬拉次数从3~5次变成1~3次。

从第3周开始，也就是离比赛还有1周的时候，开始进行辅助动作的减量，只要不是比赛动作，都算作是辅助动作（包括深蹲、卧推，以及硬拉的变式动作）。这样，减量就比正常的计划提前了1周的时间。

另外，把第4天的卧推变式动作移到第3天，然后把第3天的深蹲移到第4天。因此，在第4天里，你会依次做深蹲、卧推和硬拉。不过，你不需要像计划那样，把每个动作都用1~3次做几组（记得之前我们把次数范围改成了1~3次吗），只需要把每个动作用开把重量做1次就行了。

比赛的当周，你需要对所有的动作都进行减量（包括比赛动作），在第3天里，只需要用4RPE的重量做2组，每组1次的深蹲和卧推，以及1组1次的硬拉就行了，别的什么都不用做。把第3天的训练安排在距离比赛24~48小时之前，作为赛前准备日（这样做，可能可以帮助你在比赛日发挥得更好）。然后，显然你不需要再进行第4天的训练了，因为它是比赛日。

之所以在入门计划里没有任何备赛计划，这是因为在你成为中级训练者之前，不建议你参加力量举比赛。

高级进阶

使用主观感受费力程度（RPE）范围

在高级训练计划中，你会发现，在之前使用的"第1组RPE"不见了，取而代之的是RPE值的范围。在这个阶段，你应该对自己离力竭还有多远，估计得相当准确了。因此，像本书第2章中讨论的那样，你可以使用极限力量（1RM）的百分比来进行你的第1组正式组负重选择（除非你对自己非常自信，确认这个值会让负重在目标RPE之外），然后根据这组的实际RPE，在之后的正式组里相应加重或者减重。这样做有两个目的：（1）它可以让你的负重选择更加个人化；（2）它可以让你在不做最高次数组（AMRAP）或者极限力量（1RM）测试的前提下，知道自己是否有力量增长（尽管在计划中设置了这些内容，但如果你想测试的话是完全可以的）。

内容一览

这项高级计划有2个不同的3周中周期，以及1个积累模块和1个强度模块。训练容量在起始阶段会很高，然后在周与周之间递减，与此同时，训练强度却在逐渐递增。像第3章中说的那样，在每个模块结束之后，你可以进行一下减量量表的自测，看一下自己需不需要减量了（具体参见第3章，或者速成指南的内容）。如果你需要进行减量，就重复第3周的内容，然后把组数减少到原来的2/3，RPE范围降低1，极限力量（1RM）百分比降低5%。记住，如果你连着3个周期都没有进行减量，那么在第3个周期结束之后，为了保险起见，一定要进行一次减量。另外，这里的力量举计划中，还包含了为比赛设计的赛前减量，健美计划中还有为健美运动员设计的测试周。

力量举运动员

取决于你的训练经验，你既可以单独进行2~4个模块，也可以将它们结合起来。如果你想的话，还可以在主项动作上进行一次极限力量（1RM）或者最高次数组的测试，来看看自己进步了多少。如果你正处于赛季的开始阶段，离比赛还有好几个月的时间，那完全可以连续进行几个积累模块，然后来一次最高次数组的测试（或者仅仅靠在同样RPE下，你使用的重量是否有所增加，来对自己的力量是否增长进行判断）。

如果你在整年的大周期里已经训练了一段时间，但又没准备比赛的话，那么可以先进行1~2个积累模块，然后再进行1~2个强度模块，最后以测试主项动作的极限力量（1RM）来收尾。不过，像在第3章里强调过的那样，你并不一定需要测试极限。因为你会在训练中使用RPE，你在平时训练的时候，就已经能够感受到自己是不是在进步了。

如果你想在积累周期结束以后用最高次数组来测量力量水平的话，在测试前用前文描述的方式进行一次减量（重复第3周的训练内容，但是把组数减少到原来的2/3，RPE范围降低1，%1RM降低5%），然后把减量周的内容修改为如下内容。

1. 根据减量指南，在第1天正常执行计划。

2. 在第2天，对竖直推类动作（如果你不想测量这个动作的极限的话，就继续减量），用85%的重量进行一组最高次数组的测试（或者直接测量4~6RM），然后根据减量指南进行髋部铰链动作和肱三头肌的训练。

3. 根据减量指南，在第3天和第4天正常执行计划。

4. 跳过第5天的训练。

5. 把第6天的训练换成用85%的重量，测试主项动作的最高次数，或者直接测量4~6RM。

如果你想要在强度模块结束后，通过测量极限力量（1RM）的方式追踪力量增长水平的话，那你可以在以上内容的前提下，将减量周的内容修改为如下内容。

1. 根据减量指南，在第1天正常执行计划。

2. 在第2天，对竖直推类动作（如果你不想测量这个动作的极限的话，就继续减量），用90%的重量进行一组最高次数组的测试（或者直接测量4~6RM），然后根据减量指南进行髋部铰链动作的训练。

3. 根据减量指南，在第3天和第4天正常执行计划。

4. 跳过第5天的训练。

5. 把第6天的训练换成模拟比赛，给每个主项动作3次试举的机会，看看能不能突破个人极限。

如果你在为比赛做准备，那你可以按以下方式进行训练。

1. 进行1次积累模块。

2. 接着进行1次强度模块。

3. 使用以上极限力量（1RM）测试版本的减量计划，照着做第1~4步。

4. 把第6天的训练换成开把练习，把每个主项动作都用开把重量进行1次试举。这个重量应该是你目前极限（1RM）的87.5%~92.5%（你可能因为一直在进步，因此无法精准地知道具体百分比），或者RPE达到7.5~8.5的水平。这个开把练习日应该在离比赛还有1周的时候进行。

5. 然后进行一次赛前减量，具体的减量方式，在强度模块之后有列举。

健美运动员

健美计划中的积累模块和强度模块与力量举计划相比，二者的设置非常类似，每个模块的长度也一样。不过，健美计划中的测试会更加直接，因为你不需要参加力量举比赛（详情请参见第3章中关于健美运动员冲刺周的训练调整内容）。测试周对你的意义，仅仅是给你一个判断自己进步水平的机会而已（当然，你连测试都并不一定需要进行，因为你会在日常训练中一直使用RPE进行测量）。

取决于你的训练经验，以及你是否想进行测试，建议你在每8~16周进行一次测试。你可以先进行1~3个积累模块，然后进行1~2个强度模块，并且在最后1个强度模块以测试周作为结尾。这里的测试周的内容已经非常简单明了，在强度模块结束之后立刻进行就可以了，在范例计划中也有详细体现。

辅助动作

竖直及水平拉动作

这里的竖直和水平，分别指在竖直面和水平面上进行的拉类动作，比如，高位下拉和坐姿划船，就分别是竖直和水平拉类动作的代表。在选择动作时，只要选择你最喜欢、最能感觉目标肌肉被刺激到的，以及你能用健身房里的器械进行的动作就行了。

对于水平拉类动作，选择一个不会对下背部产生过大压力的动作（尤其是对于力量举爱好者而言，他们的硬拉表现不该被其他拉类动作影响）。建议你使用绳索、单臂哑铃和胸部支撑的方式进行划船，或者进行海豹划船、器械划船。

对于竖直拉类动作，你可以根据自己的个人爱好进行选择。不过，如果你选择进行引体向上或者反手引体向上的话，请确保你能够在保持目标RPE的情况下，做到规划的次数。如果你做引体向上非常厉害的话，也许可以试着进行负重引体向上；相反，如果你的力量不足以做到规划的次数的话，不妨选择高位下拉或者器械下拉来作为替代。如果你所在的健身房里没有这些器械的话，用弹力带作为辅助进行引体向上也是可以的。

如果你有一个次数很低但强度很高的拉类动作规划，那建议你先使用自由重量或者自重进行训练。比如，你可以进行杠铃划船、俯卧划船（即海豹划船），或者引体向上（根据自己的需求进行负重）。

竖直及水平推动作

这里的竖直和水平，分别指在竖直面和水平面上进行的推类动作。举个例子，过头推举是一个典型的竖直推类动作，而卧推则是水平推类动作。

如果你使用基于%1RM的计划的话，那建议你选择杠铃动作，因为它可以让你进行更小幅度的加重，或者用小片加重，从最高次数组估算出来的极限力量（1RM）也更为精确。如果你因为伤病，不能使用杠铃进行推类动作的话，那么哑铃也是不错的替代，把哑铃两边的重量加起来，也可以估算你的哑铃动作的极限力量（1RM，不过要记住之前提到过的哑铃动作存在的缺陷），或者简单使用RPE就好了。

对于水平推类动作，你可以选择上斜卧推或者下斜卧推，只要卧推凳的角度不要极端地高或者低就行了。在入门健美计划中的第4天，特别安排了上斜卧推。对于这类动作，你既可以使用杠铃，也可以使用哑铃或者其他器械来完成。

对于竖直推类动作，用站姿或者坐姿进行推举都可以。

深蹲变式

当你在计划中看到深蹲变式的时候，你可以选择任何一种基于杠铃自由重量的深蹲形式。可以是高杠深蹲、低杠深蹲、前蹲、泽奇深蹲、安全杆深蹲，或者暂停深蹲以及任何形式的阻力适应深蹲。

你在选择动作时，首先要考虑的是它会不会带来疼痛感，其次是受伤概率、你喜欢的程度，最后，还得考虑一下你对于这个动作是不是能够熟练掌握，以及它适不适合你身体的生物力学结构。举个例子，你在做低杠深蹲的时候，如果要达到一定深度，身体就得前倾很多，那么你可以选择一个可以让你的躯干更加竖直的深蹲形式，来保证下半身肌肉的平衡发展。你可能会在所有训练日里都选择同一种深蹲变式，或者在不同训练日里安排不同的深蹲变式，这都没有什么问题。需要注意的是，你在训练中安排的动作越多，你需要花在学习和掌握动作要领上的时间也就更多。

如果你是一位力量举选手，并且你知道自己的技术缺陷更适合用某种特定深蹲变式修正的话（详情参见第4章关于粘滞点和弱点的讨论内容），那么直接把这个动作加入训练内容中就好了。

如果你因为伤病不能使用杠铃进行任何一种形式的深蹲的话，你可以用腿举变式来替代计划中的深蹲变式动作。

腿举变式

腿举变式包括了哈克深蹲、器械腿举，甚至史密斯机深蹲，如果你喜欢把脚放置在身体前方，并且通过后仰躯干来维持躯干竖直的姿势的话。从本质上来说，这些动作的目的都是模拟深蹲，但又不需要像真正的深蹲或者深蹲变式动作那样，需要用上半身承担大量的负重。

我们在健美计划中有策略性地加入腿举变式，是为了减少下背部和臀部总体的疲劳以及训练压力，而又不牺牲类似深蹲的动作对于腿部的训练刺激。

在选择动作的时候，只要选一个不会产生疼痛，并且你可以灵活地做完全程的动作就行了。当然，你也可以把它们换成深蹲变式动作，但你要记住，它们可能会给下背部和臀部带来潜在的压力和疲劳。

髋关节铰链动作变式

和腿举动作变式一样，髋关节铰链动作变式在计划中被有策略性地加入，主要目的是在训练后链肌肉的同时，让上半身不会像做真正的硬拉那样，承担大量的压力。加入这些动作主要也是为了减轻下背部和臀部的疲劳。

髋关节铰链动作变式包括了反向挺身（GHR）、负重背部伸展、俯卧直腿上抬、杠铃臀推或者臀桥（你也可以在史密斯机器上进行）等动作。利用绳索或者器械做屈髋动作（比如绳索硬拉）也是不错的选择。如果你决定对这些动作进行测试的话，请记住，使用最高次数组估算出来的极限力量（1RM）并不会很准确。你也可以用硬拉变式来代替髋关节铰链动作变式，但是同样要记住，它们可能会给下背部和臀部带来潜在的压力和疲劳。

硬拉变式

在健美计划中，硬拉变式动作指的是传统硬拉、相扑硬拉、罗马尼亚硬拉、早安鞠躬、半程硬拉，以及采用阻力适应进行的硬拉。

当选择动作的时候，你需要选择一个受伤风险小，并且你可以保持完成质量良好的动作，并且不要忘了还需做好动作的离心部分（你可以进行快速离心下放，但是不要像力量举运动员那样直接不控制地扔下去）。

如果你选择了相扑硬拉，又不打算参加力量举比赛的话，建议你不要使用过宽的站距，只要站距比手握的地方稍微宽一些就好了。这个站距对于健美运动员来说是比较理想的，因为它可以让你的上半身更竖直，背部更平，从而可以在模拟传统硬拉的发力原理的同时，减少受伤概率。

如果你的计划中出现了高次数（6次以上）的硬拉变式动作，建议你选择罗马尼亚硬拉或者早安鞠躬。选择这两个动作的好处在于，它们的离心部分能够被自动控制。不过，这些动作的缺陷在于，它们对于你的肌肉运动知觉要求比较高，你需要一定的时间才能掌握，并且在大重量下很容易出现动作变形。

如果你是一位力量举选手，并且你知道自己的技术缺陷更适合用某种特定硬拉变式修正的话（详情参见第4章关于粘滞点和弱点的讨论内容），那么直接把这个动作加入训练内容中就好了。

　　如果你因为伤病不能使用杠铃进行任何一种形式的硬拉的话，你可以用髋部铰链动作变式来替代计划中的硬拉变式动作。

卧推变式

　　在力量举计划中，卧推变式动作指的是比赛卧推的变式，比如宽距卧推或者窄距卧推，木板卧推，不起桥或者跷起腿的卧推，更长时间的暂停卧推（比如两秒暂停），或者使用阻力适应来进行的卧推等。如果你选择窄距卧推的话，不要握得过窄了，只需要比你比赛时的卧推握距稍微窄一点就可以。做一个俯卧撑，将胳膊肘贴在身体两边，这时候你两手之间的距离，也是你进行窄距卧推的最窄握距。

　　如果你是一位力量举选手，并且你知道自己的技术缺陷更适合用某种特定卧推变式修正的话（详情参见第4章关于粘滞点和弱点的讨论内容），那么直接把这个动作加入训练内容中就好了。

臂屈伸

　　臂屈伸既可以在双杠上做，也可以使用专门的臂屈伸器械来完成，如果有必要的话，还可以加上一定的负重。如果你有伤病，没法正常进行臂屈伸动作的话，也可以把脚抬起来，在椅子上进行动作，然后把负重放在你的躯干或者膝盖上，不过这样做的话，对胸部肌肉的刺激会变少。如果你的伤病让你没法进行任何一种形式的臂屈伸的话，那把它替换成下斜卧推也是可以的，你可以根据个人喜好选择使用杠铃或者哑铃来进行下斜卧推。

单腿深蹲变式

　　单腿深蹲变式动作的主要目的是确保两条腿的肌肉发展平衡，同时具备一定的协调性。甚至可以在某种程度上将单腿的深蹲变式迁移到双腿动作中，比如深蹲或者腿举，从而减少做这些动作时的受伤概率。

　　如果可以的话，请选择自由重量动作（如果你还没能力使用自由重量的话，也可以在自重训练的基础上加入弹力带等工具），比如保加利亚深蹲、箭步蹲、登阶动作，以及拿着壶铃或者哑铃进行的单腿深蹲动作。如果你的灵活性够强，可以直接在地上进行这些动作；如果灵活性稍有欠缺的话，可以使用跳箱来辅助完成。

　　你也可以选择器械动作，比如单腿腿举等，不过大部分器械动作只能帮你做到两条腿的肌肉发展达到平衡，而不能增加你的协调性和平衡性。因此，它们的伤病预防功能比起自由重量动作会弱很多。不过，有些时候大重量单腿深蹲动作可能更适合在器械上进行。

孤立动作

二头弯举、三头屈伸、腿屈伸、腿弯举，以及其他单关节动作都应该在安全、不产生疼痛感的前提下做完全程。无论你是使用自由重量，还是使用器械或者绳索，选择什么形式都是你的自由，只要确保该动作不产生疼痛感，并且能保证全程位移就可以了。

飞鸟动作可以使用绳索、哑铃或者器械来完成。同时，你也可以选择上斜或者下斜的角度。

站姿提踵动作并不一定要站着完成，只要保证你的腿伸直就行了（比如，你可以在腿举机器上进行提踵动作）。

当你看到同一个动作在不同训练日里，后面被添加了数字，比如"腿弯举1"或者"腿弯举2"，那这意味着你需要在同一个动作类型里选择两个不同的具体变式动作。比如你可以在第1天选择坐姿腿弯举，然后在第2天选择俯身腿弯举（或者站姿腿弯举，如果你所在的健身房里有相应器械的话），或者如果你所在的健身房的器械只能完成一种腿弯举，你也可以在第1天进行双腿动作，在第2天进行单腿动作。

握力训练

在高级力量举训练计划中，你可以看到我们加入了3组握力训练。在这里，你有很多选项。你可以进行计时锁定的架上拉，把架高设置在和硬拉锁定位置差不多高的地方，一般建议在一开始使用90%~110%的硬拉极限重量，进行10~20秒的锁定练习，随着时间的推移，逐渐加重。另一个选项是进行单臂悬挂，维持3组10~20秒的时间。如果你的脊椎在之前的训练压力下已经比较疲劳了，那么单臂悬挂会是一个更好的选择。当然，你也可以选择其他任何形式的握力训练，不过要记住，作为一位力量举运动员，你的专项握力训练应该和大重量杠铃的静止锁定有关（比如，如果你使用握力器进行挤压训练，那它对于力量举的迁移性就会小很多）。

为什么健美计划中没有耸肩及直接腹肌训练

说实话，我从来没见过任何一个健美运动员，能够通过加入腹肌训练或者耸肩来大幅度改善他们相应部位的形态的。这里的前提是，他们本身的训练计划已经比较完善，涉及全身各个肌肉群，并且有着一定量的深蹲和硬拉变式动作、过头推举、划船，以及其他自由重量复合动作。

相反，我倒是见过不少健美运动员，因为本身训练计划不平衡，没有加入很多复合动作，却可以从直接的耸肩和腹肌训练中受益的。但是，只要某个人的计划已经包括了自由重量划船、深蹲、硬拉和推举，他们就不会从这些孤立动作中得到对腹肌或者斜方肌的提升。

我还见过一些健美运动员信誓旦旦地声称这些动作是训练腹肌和斜方肌的必需品，但是，实际上这些人一般都会同时进行其他40种你可能都没听过的动作来训练同一部位，所以他们又是怎么知道到底是哪个动作在起效果呢？

特别是在当我见过更多健美运动员，在设计了一项平衡、科学，包含自由重量复合动作的计划之后，将耸肩和直接腹肌训练从计划中取消，结果完全没有影响到他们的肌肉形态之后，我更加确信我的判断是对的。

但是，话也不能说得太绝对了。当我在指导那些斜方肌和腹肌格外弱的健美运动员的时候，我确实会让他们做耸肩和腹肌动作。这样做可以算是很普遍的情况了，哪怕孤立动作没法带来任何提升，但试一试也没什么问题。因此，如果斜方肌或者腹肌确实是你的弱项（我的意思是，这里所谓的腹肌"弱"，是真的弱，并不是因为你太胖了才看不到腹肌），那么在现有计划中每周加几组耸肩和直接腹肌训练，完全没有问题。

动作替换

在所有计划中，你都可以对辅助动作进行替换。在替换动作的时候，你只要确保知道自己在做什么就行了，并且最好能保证替换前和替换后的动作，训练的是同一个动作模式或者目标肌肉群。这对于保持计划的完整性是很重要的，因为我在设计这些计划时，已经将动作的重合部分考虑进去了。

双栖运动员

目前，同时参加健美和力量举比赛的做法并不是什么新鲜事了。很多人会在整个训练生涯中将两种运动都尝试一下，或者在不同赛季中为不同比赛做准备，甚至在同一个赛季中参加多次比赛。就我个人而言，我同时参加健美和力量举比赛也有些年头了。不过，如果想同时在两个比赛项目中都取得出色的成绩，你需要计划得更细致，以及更科学地使用周期化的训练方式。

最常见的做法是，健美运动员在非赛季参加力量举比赛，保持竞争心理，同时还能将力量进步可视化，并且因为力量举比赛有体重级别限制，参加力量举比赛还可以成为限制非赛季无节制地大吃大喝的手段之一。而力量举选手在减体重、降级别的过程中，将体脂减到极低的水平，直接参加健美比赛的情况，就不怎么常见了。最后，还有一些运动员是单纯两种运动都很喜欢，会同时进行训练，而没有主次之分。

"力型兼备"的运动员们最需要注意的是，尽量不要让其中一项运动影响到另一项运动的表现。另外，我也强烈建议还处于新手阶段的训练者，不要参加任何比赛，等你进步到中级水平再考虑也不迟。

健美为主，力量举为辅

如果你的主要运动目的是参加健美比赛，但是想在非赛季参加力量举比赛，你很可能因为在为赛季做准备，已经开始减脂降重了，在这种情况下，建议你直接使用本书中的健美计划。你唯一需要做的调整，就是将深蹲、卧推和硬拉，作为健美计划中出现深蹲变式、水平推动作变式和硬拉变式时的选择。

另外，如果你是一位中级训练者，在进行中级健美计划的时候，可以在比赛前的最后一个中周期里，将次数范围稍微降低一点，训练负重逐渐提高一点（在前文的中级健美训练计划总览中也有讲解）。

而对于高级训练者，则需要在比赛之前进行一个强度模块，类似在最高次数组之前进行的强度模块一样。

对于那些希望参加力量举比赛的中级和高级的健美训练者们，比赛前的最后一个中周期还应该包含一次赛前减量。你可以根据自己的训练经验，从相应的力量举计划的赛前减量部分进行选择。

力量举为主，健美为辅

如果你的主要运动目的是参加力量举比赛，但偶尔也在减脂或者降体重的过程中参加健美比赛的话，建议你直接使用本书中的力量举计划。不过，为了使形体发展更全面，你需要每周加上2~3组，每组8~15次的肱三头肌、肱二头肌，以及小腿的孤立训练动作。另外，每周再加上2~3组，每组8~15次的腘绳肌弯举也不是什么坏主意，因为股二头肌的短头会穿过膝关节，所以如果仅仅通过髋关节伸展的动作，比如深蹲和硬拉，来训练腘绳肌的话，可能刺激并不会很充分。最后，比起深蹲，腿屈伸对于股直肌的刺激会更加全面（深蹲只能有效地刺激其他的3个头：股外侧肌、股内侧肌和股中间肌），所以，在计划中像加入弯举那样加入腿屈伸，也是个很好的做法。

试着在6~8RPE的范围内，将这些动作尽量用线性的方式取得进步，持续时间越长越好。最后，当你到达平台期的时候，再换成中级训练者的波形负重进步模式，并且使用更小幅度加重的方式，将进步时间进一步延长。

当你要进行健美比赛的赛前冲刺的时候，可以使用在第3章中对于健美比赛冲刺阶段的推荐做法，并且将它和减量结合起来。不过并不建议你在这段时期进行高次数的深蹲或者硬拉动作，因为你很可能没法从这些动作产生的大量疲劳中及时恢复。你可以将它们换成孤立动作，或者腿举动作的变式，来减少疲劳。

真正的"力型兼备"

对于那些追求"力型兼备"，参加健美和力量举比赛不分主次的运动员来说，可以把以上两种方式结合起来。如果你刚刚进入健美的非赛季，想参加力量举比赛的话，可以使用"力量举为主，健美为辅"的推荐。在你离健美比赛还有3~6个月的时间时，就可以开始使用"健美为主，力量举为辅"的推荐了，并且使用同样的推荐，直到健美赛季结束。

如果你准备在健美赛季的中期参加力量举比赛的话，使用"健美为主，力量举为辅"中的推荐，对训练做一些修改，再加上一次赛前减量就可以了。如果你准备在力量举赛季的中期参加健美比赛的话，使用第3章结尾关于健美比赛赛前冲刺的推荐，对计划进行一些修改，再加上一个减量周（同样，根据前文对于动作选择的推荐进行相应调整）就可以了。

新手力量举范例计划

入门力量举计划：3天版本

第1天				
动作	组数	次数	%1RM	第1组RPE
深蹲	3	8	70%	无
卧推	3	8	70%	无
竖直拉	4	10	无	8

第2天				
动作	组数	次数	%1RM	第1组RPE
卧推	3	3	80%	无
硬拉	3	3	85%	无
竖直推	4	10	无	8

第3天				
动作	组数	次数	%1RM	第1组RPE
深蹲	3	4	85%	无
卧推	3	4	85%	无
水平拉	4	10	无	8
单腿动作变式	3	8	无	8

入门力量举计划：4天版本

第1天				
动作	组数	次数	%1RM	第1组RPE
深蹲	3	8	70%	无
卧推	3	8	70%	无

第2天				
动作	组数	次数	%1RM	第1组RPE
卧推	3	3	80%	无
硬拉	3	3	85%	无

第3天				
动作	组数	次数	%1RM	第1组RPE
深蹲	3	4	85%	无
卧推	3	4	85%	无

第4天				
动作	组数	次数	%1RM	第1组RPE
单腿动作变式	3	8	无	8
水平拉	4	10	无	8
竖直推	4	10	无	8
竖直拉	4	10	无	8

入门健美范例计划

第1天：下半身				
动作	组数	次数	%1RM	第1组RPE
深蹲变式	3	5	82.5%	无
硬拉变式	3	5	82.5%	无
单腿动作变式	3	8	无	8
站姿小腿动作	4	8	无	8

第2天：上半身				
动作	组数	次数	%1RM	第1组RPE
水平推	3	5	82.5%	无
水平拉	3	5	无	8
竖直推	2	8	72.5%	无
竖直拉	2	8	无	8
飞鸟	2	15	无	8

第3天：下半身				
动作	组数	次数	%1RM	第1组RPE
髋部铰链动作变式	3	8	无	8
腿举变式	3	8	无	8
腿屈伸	3	12	无	8
腿弯举	3	12	无	8
坐姿小腿动作	4	15	无	8

第4天：上半身				
动作	组数	次数	%1RM	第1组RPE
水平推	3	10	67.5%	无
水平拉	3	10	无	8
上斜推	2	12	无	8
竖直拉	2	12	无	8
肱三头肌	2	12	无	8
肱二头肌	2	12	无	8

中级力量举范例计划

第1天				
动作	组数	次数	%1RM	第1组RPE
深蹲变式	3	7~9	无	7
卧推	3	7~9	67.5%~72.5%	7
竖直拉	3	7~9	无	8

第2天				
动作	组数	次数	%1RM	第1组RPE
深蹲	3	1~3	80%~85%	5
卧推	3	1~3	80%~85%	5
硬拉	3	1~3	80%~85%	5
竖直推	3	4~6	无	8

第3天				
动作	组数	次数	%1RM	第1组RPE
深蹲	3	3~5	82.5%~87.5%	8
卧推	3	3~5	82.5%~87.5%	8
水平推	3	4~6	无	8
腿弯举	3	12	无	8

第4天				
动作	组数	次数	%1RM	第1组RPE
卧推变式	3	6~8	无	8
硬拉	3	3~5	82.5%~87.5%	8
水平拉	3	8~12	无	8

中级健美范例计划

第1天：下半身				
动作	组数	次数	%1RM	第1组RPE
深蹲变式	4	3~5	82.5%~87.5%	8
硬拉变式	4	3~5	82.5%~87.5%	8
单腿动作变式	3	6~8	无	8
腿弯举	3	6~8	无	8
站姿小腿动作	5	6~8	无	8

第2天：上半身				
动作	组数	次数	%1RM	第1组RPE
水平推	4	3~5	82.5%~87.5%	8
水平拉	4	4~6	无	8
竖直推	3	5~7	77.5%~82.5%	8
竖直拉	3	6~8	无	8
肱三头肌	3	8~12	无	8
肱二头肌	3	8~12	无	8

第3天：下半身				
动作	组数	次数	%1RM	第1组RPE
髋部铰链动作变式	3	6~8	82.5%~87.5%	8
腿举变式	3	6~8	82.5%~87.5%	8
腿屈伸	3	8~12	无	8
腿弯举	3	8~12	无	8
坐姿小腿动作	5	12~15	无	8

第4天：推类动作日				
动作	组数	次数	%1RM	第1组RPE
竖直推	3	6~8	75%~80%	8
水平推	3	6~8	75%~80%	8
臂屈伸	3	8~12	无	8
飞鸟	3	12~15	无	8

第5天：拉类动作日				
动作	组数	次数	%1RM	第1组RPE
水平拉	3	6~8	无	8
竖直拉	3	6~8	无	8
负重背部伸展	3	8~12	无	8
脸拉	2	12~15	无	8

高级力量举范例计划

高级力量举计划：积累模块

第1周第1天				
动作	组数	次数	%1RM	第1组RPE
深蹲变式	3	8	无	6~8
卧推	3	8	70%	6~8
竖直拉	3	10	无	6~8

第1周第2天				
动作	组数	次数	%1RM	第1组RPE
髋部铰链动作变式	3	8	无	6~8
竖直推	3	8	无	6~8
肱三头肌	3	10	无	6~8

第1周第3天				
动作	组数	次数	%1RM	第1组RPE
深蹲	3	4	77.5%	5~7
卧推	3	4	77.5%	5~7
水平拉	3	8	无	6~8

第1周第4天				
动作	组数	次数	%1RM	第1组RPE
硬拉	3	4	77.5%	5~7
卧推变式	3	8	无	6~8
负重腹肌训练	3	10	无	6~8

第1周第5天				
动作	组数	次数	%1RM	第1组RPE
深蹲	3	5	82.5%	7~9
卧推	3	5	82.5%	7~9
脸拉	3	12	无	6~8

第1周第6天				
动作	组数	次数	%1RM	第1组RPE
硬拉	3	5	82.5%	7~9
竖直推	3	5	无	6~8
握力训练	3	详情见前文指南		

第2周第1天				
动作	组数	次数	%1RM	第1组RPE
深蹲变式	3	7	无	6~8
卧推	3	7	72.5%	6~8
竖直拉	3	9	无	6~8

第2周第2天				
动作	组数	次数	%1RM	第1组RPE
髋部铰链动作变式	3	7	无	6~8
竖直推	3	7	无	6~8
肱三头肌	3	9	无	6~8

第2周第3天				
动作	组数	次数	%1RM	第1组RPE
深蹲	3	3	80%	5~7
卧推	3	3	80%	5~7
水平拉	3	7	无	6~8

第2周第4天				
动作	组数	次数	%1RM	第1组RPE
硬拉	3	3	80%	5~7
卧推变式	3	7	无	6~8
负重腹肌训练	3	9	无	6~8

第2周第5天				
动作	组数	次数	%1RM	第1组RPE
深蹲	3	4	85%	7~9
卧推	3	4	85%	7~9
脸拉	3	11	无	6~8

第2周第6天				
动作	组数	次数	%1RM	第1组RPE
硬拉	3	4	85%	7~9
竖直推	3	4	无	6~8
握力训练	3	详情见前文指南		

第3周第1天				
动作	组数	次数	%1RM	第1组RPE
深蹲变式	3	6	无	6~8
卧推	3	6	75%	6~8
竖直拉	3	8	无	6~8

第3周第2天				
动作	组数	次数	%1RM	第1组RPE
髋部铰链动作变式	3	6	无	6~8
竖直推	3	6	无	6~8
肱三头肌	3	8	无	6~8

第3周第3天				
动作	组数	次数	%1RM	第1组RPE
深蹲	3	2	82.5%	5~7
卧推	3	2	82.5%	5~7
水平推	3	6	无	6~8

第3周第4天				
动作	组数	次数	%1RM	第1组RPE
硬拉	3	2	82.5%	5~7
卧推变式	3	6	无	6~8
负重腹肌训练	3	8	无	6~8

第3周第5天				
动作	组数	次数	%1RM	第1组RPE
深蹲	3	3	87.5%	7~9
卧推	3	3	87.5%	7~9
脸拉	3	10	无	6~8

第3周第6天				
动作	组数	次数	%1RM	第1组RPE
硬拉	3	3	87.5%	7~9
竖直推	3	3	无	6~8
握力训练	3	详情见前文指南		

高级力量举计划：强度模块

第1周第1天				
动作	组数	次数	%1RM	第1组RPE
深蹲变式	3	7	无	6~8
卧推	3	7	72.5%	6~8
竖直拉	3	10	无	6~8

第1周第2天				
动作	组数	次数	%1RM	第1组RPE
髋部铰链动作变式	3	7	无	6~8
竖直推	3	7	无	6~8

第1周第3天				
动作	组数	次数	%1RM	第1组RPE
深蹲	3	3	80%	5~7
卧推	4	3	80%	5~7
水平推	3	8	无	6~8

第1周第4天				
动作	组数	次数	%1RM	第1组RPE
硬拉	4	3	80%	5~7
卧推变式	4	7	无	6~8

第1周第5天				
动作	组数	次数	%1RM	第1组RPE
深蹲	3	4	85%	7~9
卧推	3	4	85%	7~9

第1周第6天				
动作	组数	次数	%1RM	第1组RPE
深蹲	3	1	77.5%	4~6
卧推	3	1	77.5%	4~6
硬拉	3	4	无	7~9

第2周第1天				
动作	组数	次数	%1RM	第1组RPE
深蹲变式	3	6	无	6~8
卧推	3	6	75%	6~8
竖直拉	3	9	无	6~8

第2周第2天				
动作	组数	次数	%1RM	第1组RPE
髋部铰链动作变式	3	6	无	6~8
竖直推	3	6	无	6~8

第2周第3天				
动作	组数	次数	%1RM	第1组RPE
深蹲	3	2	82.5%	5~7
卧推	4	2	82.5%	5~7
水平拉	3	7	无	6~8

第2周第4天				
动作	组数	次数	%1RM	第1组RPE
硬拉	4	2	82.5%	5~7
卧推变式	4	6	无	6~8

第2周第5天				
动作	组数	次数	%1RM	第1组RPE
深蹲	3	3	87.5%	7~9
卧推	3	3	87.5%	7~9

第2周第6天				
动作	组数	次数	%1RM	第1组RPE
深蹲	3	1	80%	4~6
卧推	3	1	80%	4~6
硬拉	3	3	87.5%	7~9

第3周第1天				
动作	组数	次数	%1RM	第1组RPE
深蹲变式	3	5	无	6~8
卧推	3	5	77.5%	6~8
竖直拉	3	8	无	6~8

第3周第2天				
动作	组数	次数	%1RM	第1组RPE
髋部铰链动作变式	3	5	无	6~8
竖直推	3	5	无	6~8

第3周第3天				
动作	组数	次数	%1RM	第1组RPE
深蹲	3	1	85%	5~7
卧推	4	1	85%	5~7
水平拉	3	6	无	6~8

第3周第4天				
动作	组数	次数	%1RM	第1组RPE
硬拉	4	1	85%	5~7
卧推变式	4	5	无	6~8

第3周第5天				
动作	组数	次数	%1RM	第1组RPE
深蹲	3	2	90%	7~9
卧推	3	2	90%	7~9

第3周第6天				
动作	组数	次数	%1RM	第1组RPE
深蹲	3	1	82.5%	4~6
卧推	3	1	82.5%	4~6
硬拉	3	2	90%	7~9

高级力量举计划：赛前减量，在强度模块的第4周减量之后进行

第1天				
动作	组数	次数	%1RM	第1组RPE
深蹲变式	2	5	无	5~7
卧推	2	5	75%	5~7
竖直拉	2	6	无	5~7

第2天				
动作	组数	次数	%1RM	第1组RPE
休息日				

第3天				
动作	组数	次数	%1RM	第1组RPE
深蹲	3	1	82.5%	5~7
卧推	3	1	82.5%	5~7
硬拉	2	1	82.5%	5~7

第4天				
动作	组数	次数	%1RM	第1组RPE
深蹲	2	1	80%	4~6
卧推	2	1	80%	4~6
硬拉	1	1	80%	4~6

第5天：赛前24~48小时				
动作	组数	次数	%1RM	第1组RPE
深蹲	1	1	77.5%	最多5
卧推	1	1	77.5%	最多5

第6天：比赛日				
动作	组数	次数	%1RM	第1组RPE
深蹲变式	比赛当天			
卧推				
竖直拉				

高级健美范例计划

高级健美计划：积累模块

第1周第1天：下半身				
动作	组数	次数	%1RM	第1组RPE
深蹲变式	3	10	65%	6~8
硬拉变式	3	10	65%	6~8
单腿动作变式	3	10	无	6~8
腿弯举1	3	10	无	7~9
站姿小腿动作	4	10	无	7~9

第1周第2天：上半身				
动作	组数	次数	%1RM	第1组RPE
水平推	5	10	65%	6~8
水平拉	4	10	无	6~8
飞鸟	4	12	无	7~9
肱三头肌	3	10	无	7~9
侧平举	3	15	无	7~9

第1周第3天：下半身				
动作	组数	次数	%1RM	第1组RPE
腿举变式	3	8	无	5.5~7.5
髋部铰链动作变式	3	8	无	5.5~7.5
腿屈伸	3	10	无	6.5~8.5
坐姿小腿动作	4	15	无	6.5~8.5

第1周第4天：上半身				
动作	组数	次数	%1RM	第1组RPE
竖直推	3	8	67.5%	5.5~7.5
竖直拉	3	8	无	5.5~7.5
臂屈伸	3	10	无	6.5~8.5
肱二头肌	3	15	无	6.5~8.5
脸拉	2	15	无	6.5~8.5

第1周第5天：下半身				
动作	组数	次数	%1RM	第1组RPE
硬拉变式	4	6	80%	7~9
深蹲变式	4	6	80%	7~9
腿弯举2	4	8	无	7~9
站姿小腿动作	4	8	无	7~9

第1周第6天：上半身				
动作	组数	次数	%1RM	第1组RPE
水平推	5	6	80%	7~9
水平拉	4	6	无	7~9
竖直推	3	6	80%	7~9
竖直拉	4	6	无	7~9

第2周第1天：下半身				
动作	组数	次数	%1RM	第1组RPE
深蹲变式	3	9	67.5%	6~8
硬拉变式	3	9	67.5%	6~8
单腿动作变式	3	9	无	6~8
腿弯举1	3	9	无	7~9
站姿小腿动作	4	9	无	7~9

第2周第2天：上半身				
动作	组数	次数	%1RM	第1组RPE
水平推	5	9	67.5%	6~8
水平拉	4	9	无	6~8
飞鸟	4	11	无	7~9
肱三头肌	3	9	无	7~9
侧平举	3	14	无	7~9

第2周第3天：下半身				
动作	组数	次数	%1RM	第1组RPE
腿举变式	3	7	无	5.5~7.5
髋部铰链动作变式	3	7	无	5.5~7.5
腿屈伸	3	9	无	6.5~8.5
坐姿小腿动作	4	14	无	6.5~8.5

第2周第4天：上半身				
动作	组数	次数	%1RM	第1组RPE
竖直推	3	7	70%	5.5~7.5
竖直拉	3	7	无	5.5~7.5
臂屈伸	3	9	无	6.5~8.5
肱二头肌	3	14	无	6.5~8.5
脸拉	2	14	无	6.5~8.5

第2周第5天：下半身				
动作	组数	次数	%1RM	第1组RPE
硬拉变式	4	5	82.5%	7~9
深蹲变式	4	5	82.5%	7~9
腿弯举2	4	7	无	7~9
站姿小腿动作	4	8	无	7~9

第2周第6天：上半身				
动作	组数	次数	%1RM	第1组RPE
水平推	5	5	82.5%	7~9
水平拉	4	5	无	7~9
竖直推	3	5	82.5%	7~9
竖直拉	4	5	无	7~9

第3周第1天：下半身				
动作	组数	次数	%1RM	第1组RPE
深蹲变式	3	8	70%	6~8
硬拉变式	3	8	70%	6~8
单腿动作变式	3	8	无	6~8
腿弯举1	3	8	无	7~9
站姿小腿动作	4	8	无	7~9

第3周第2天：上半身				
动作	组数	次数	%1RM	第1组RPE
水平推	5	8	65%	6~8
水平拉	4	8	无	6~8
飞鸟	4	10	无	7~9
肱三头肌	3	8	无	7~9
侧平举	3	13	无	7~9

第3周第3天：下半身				
动作	组数	次数	%1RM	第1组RPE
腿举变式	3	6	无	5.5~7.5
髋部铰链动作变式	3	6	无	5.5~7.5
腿屈伸	3	8	无	6.5~8.5
坐姿小腿动作	4	13	无	6.5~8.5

第3周第4天：上半身				
动作	组数	次数	%1RM	第1组RPE
竖直推	3	6	72.5%	5.5~7.5
竖直拉	3	6	无	5.5~7.5
臂屈伸	3	8	无	6.5~8.5
肱二头肌	3	13	无	6.5~8.5
脸拉	2	13	无	6.5~8.5

第3周第5天：下半身				
动作	组数	次数	%1RM	第1组RPE
硬拉变式	4	4	85%	7~9
深蹲变式	4	4	85%	7~9
腿弯举2	4	6	无	7~9
站姿小腿动作	4	6	无	7~9

第3周第6天：上半身				
动作	组数	次数	%1RM	第1组RPE
水平推	5	4	85%	7~9
水平拉	4	4	无	7~9
竖直推	3	4	85%	7~9
竖直拉	4	4	无	7~9

高级健美计划：强度模块

第1周第1天：下半身				
动作	组数	次数	%1RM	第1组RPE
深蹲变式	3	9	67.5%	6~8
硬拉变式	3	9	67.5%	6~8
单腿动作变式	3	9	无	6~8
腿弯举1	3	9	无	7~9
站姿小腿动作	4	9	无	7~9

第1周第2天：上半身				
动作	组数	次数	%1RM	第1组RPE
水平推	5	9	67.5%	6~8
水平拉	4	9	无	6~8
飞鸟	4	11	无	7~9
肱三头肌	3	9	无	7~9
侧平举	3	14	无	7~9

第1周第3天：下半身				
动作	组数	次数	%1RM	第1组RPE
腿举变式	3	7	无	5.5~7.5
髋部铰链动作变式	3	7	无	5.5~7.5
腿屈伸	3	9	无	6.5~8.5
坐姿小腿动作	4	14	无	6.5~8.5

第1周第4天：上半身				
动作	组数	次数	%1RM	第1组RPE
竖直推	3	7	70%	5.5~7.5
竖直拉	3	7	无	5.5~7.5
臂屈伸	3	9	无	6.5~8.5
肱二头肌	3	14	无	6.5~8.5
脸拉	2	14	无	6.5~8.5

第1周第5天：下半身				
动作	组数	次数	%1RM	第1组RPE
硬拉变式	4	5	82.5%	7~9
深蹲变式	4	5	82.5%	7~9
腿弯举2	4	7	无	7~9
站姿小腿动作	4	7	无	7~9

第1周第6天：上半身				
动作	组数	次数	%1RM	第1组RPE
水平推	5	5	82.5%	7~9
水平拉	4	5	无	7~9
竖直推	3	5	82.5%	7~9
竖直拉	4	5	无	7~9

第2周第1天：下半身				
动作	组数	次数	%1RM	第1组RPE
深蹲变式	3	8	70%	6~8
硬拉变式	3	8	70%	6~8
单腿动作变式	3	8	无	6~8
腿弯举1	3	8	无	7~9
站姿小腿动作	4	8	无	7~9

第2周第2天：上半身				
动作	组数	次数	%1RM	第1组RPE
水平推	5	8	70%	6~8
水平拉	4	8	无	6~8
飞鸟	4	10	无	7~9
肱三头肌	3	8	无	7~9
侧平举	3	13	无	7~9

第2周第3天：下半身				
动作	组数	次数	%1RM	第1组RPE
腿举变式	3	6	无	5.5~7.5
髋部铰链动作变式	3	6	无	5.5~7.5
腿屈伸	3	8	无	6.5~8.5
坐姿小腿动作	4	13	无	6.5~8.5

第2周第4天：上半身				
动作	组数	次数	%1RM	第1组RPE
竖直推	3	6	72.5%	5.5~7.5
竖直拉	3	6	无	5.5~7.5
臂屈伸	3	8	无	6.5~8.5
肱二头肌	3	13	无	6.5~8.5
脸拉	2	13	无	6.5~8.5

第2周第5天：下半身				
动作	组数	次数	%1RM	第1组RPE
硬拉变式	4	4	85%	7~9
深蹲变式	4	4	85%	7~9
腿弯举2	4	6	无	7~9
站姿小腿动作	4	6	无	7~9

第2周第6天：上半身				
动作	组数	次数	%1RM	第1组RPE
水平推	5	4	85%	7~9
水平拉	4	4	无	7~9
竖直推	3	4	85%	7~9
竖直拉	4	4	无	7~9

第3周第1天：下半身				
动作	组数	次数	%1RM	第1组RPE
深蹲变式	3	7	72.5%	6~8
硬拉变式	3	7	72.5%	6~8
单腿动作变式	3	7	无	6~8
腿弯举1	3	7	无	7~9
站姿小腿动作	4	7	无	7~9

第3周第2天：上半身				
动作	组数	次数	%1RM	第1组RPE
水平推	5	7	72.5%	6~8
水平拉	4	7	无	6~8
飞鸟	4	9	无	7~9
肱三头肌	3	7	无	7~9
侧平举	3	12	无	7~9

第3周第3天：下半身				
动作	组数	次数	%1RM	第1组RPE
腿举变式	3	5	无	5.5~7.5
髋部铰链动作变式	3	5	无	5.5~7.5
腿屈伸	3	7	无	6.5~8.5
坐姿小腿动作	4	12	无	6.5~8.5

第3周第4天：上半身				
动作	组数	次数	%1RM	第1组RPE
竖直推	3	5	75%	5.5~7.5
竖直拉	3	5	无	5.5~7.5
臂屈伸	3	7	无	6.5~8.5
肱二头肌	3	12	无	6.5~8.5
脸拉	2	12	无	6.5~8.5

第3周第5天：下半身				
动作	组数	次数	%1RM	第1组RPE
硬拉变式	4	3	87.5%	7~9
深蹲变式	4	3	87.5%	7~9
腿弯举2	4	5	无	7~9
站姿小腿动作	4	5	无	7~9

第3周第6天：上半身				
动作	组数	次数	%1RM	第1组RPE
水平推	5	3	87.5%	7~9
水平拉	4	3	无	7~9
竖直推	3	3	87.5%	7~9
竖直拉	4	3	无	7~9

高级健美计划：测试周，在强度模块的第3周结束后进行

第4周第1天：休息日				
动作	组数	次数	%1RM	第1组RPE
休息日				

第4周第2天：硬拉变式测试				
动作	组数	次数	%1RM	第1组RPE
硬拉变式	1	AMRAP	85%~90%	9~10
腿弯举	3	10	无	6~8
站姿小腿动作	3	8	无	6~8

第4周第3天：水平推类动作测试				
动作	组数	次数	%1RM	第1组RPE
水平推	1	AMRAP	85%~90%	9~10
水平拉	3	5	无	6~8
肱三头肌	3	7	无	6~8

第4周第4天：休息日				
动作	组数	次数	%1RM	第1组RPE
休息日				

第4周第5天：深蹲变式测试				
动作	组数	次数	%1RM	第1组RPE
深蹲变式	1	AMRAP	85%~90%	9~10
腿屈伸	3	10	无	6~8
坐姿小腿动作	3	10	无	6~8

第4周第6天：竖直推类动作测试				
动作	组数	次数	%1RM	第1组RPE
竖直推	1	AMRAP	85%~90%	9~10
竖直拉	3	10	无	6~8
肱二头肌	3	10	无	6~8

第 2 部分　营养篇

第9章 营养金字塔
第1层: 能量平衡

现在，我们开始进入营养金字塔的正式内容了。这些概念会依照重要性的高低来排序，从营养金字塔的塔基（第1层）讲起，一直讲到塔尖（第5层）。

营养金字塔每一层的内容，都会作为下一层的基础知识概念。在健身界中，我们常常能见到很多人会跳过塔基，直接介绍营养金字塔的第4层和第5层，以至于造成了很多误解。举个例子，推荐蛋白质的摄入时机并没有什么问题，在很多情况下还会很有帮助，但只有当你理解了蛋白质是什么，以及你每天到底需要摄入多少热量和蛋白质之后，才能应用这些推荐。营养金字塔最基础的几层会是你学习投入产出比最高的内容，并且经常可以帮你明白概念，理解更高层中提到的内容。

这就是我们设计营养金字塔系统的原因。按照顺序一步一步来，才能取得最好的学习成果。

说到这一点，对于绝大部分想从本书中学到东西的人来说，他们大致能够被分为两大类：想要增肌的人和想要减脂的人。

大部分人都会既想增肌又想减脂，两者同时进行的话，并不是不可能，但却不一定是最佳的方式，除非你是刚刚开始训练的新手，有着"新手福利"加持。没错，如果某人是纯新手（或者因为长时间不训练而训练水平退化），那确实可以增肌、减脂同时进行，因为其对于适应性的阈值很低。比如很多新手往往可以在训练的第1年里，在不增加体脂肪的前提下，增加5%~10%的体重；同样道理，对于那些不想增重，甚至想减脂（如果肥胖的话）的新手来说，同样可能在减少体脂肪的同时，还增加一定数量的肌肉。但是，在脱离新手阶段之后，在特定的训练时期只专注于一个目标，才是更科学的做法。所以，如果你是一位"老新手"、中级训练者或者高级训练者的话，你的训练目标最好要么是增肌，要么是减脂，而不是两者同时进行。

在营养金字塔的第1层，也是最重要的一层里，我们会教你如何决定热量摄入量，以及如何根据增肌或者减脂的目标和体重的变化速度，来进行个人化的调整。

如何找到自己的维持热量

想要决定自己在减脂或者增肌期间分别该摄入多少热量，你得先知道自己的维持热量摄入量，也就是从理论上来讲能保持体重不变的热量摄入量是多少。如果长期保持摄入某一热量之后，你的体重没有变化，那它就是你的维持热量。想要找到自己的维持热量，你既可以同时记录体重和热量摄入数值，然后在两者之间建立联系，也可以在网上找个计算器进行估算一下。这两种方法都是有用的，但是更推荐第1种，具体内容如下。

我最爱的方法：通过连续2周记录体重和食物的热量，找到自己的维持热量

我要介绍的这种理想的方法需要更多的时间、精力以及思考过程，但是结果也会更加精确、更加个人化。首先，你需要电子食物秤和体重秤，以及需要注册一个免费的网上食物数据库。前面已经讲解过具体如何称重、记录以及称量食物了。所以，如果你决定要量化记录热量的话，可以再回头读一读"心态与工具"的内容。

当你准备好之后，下一步就是尽你最大的努力，在接下来的2周里尽可能准确地称量食物以及记录它们的热量，并且在外食的时候，也要尽量精准地估算热量摄入。同样，前面已经讲解了该如何在外食的时候估算热量，因此，建议你再重新回顾一下该章的内容，因为没法用语言来强调，在开始记录前对于食物称重和记录要有一定的熟练性，这是非常必要的。

记录热量摄入的目的，是让你每一天的饮食都可视化。在记录热量的基础上，还得每天早上称一次体重，并且要保持每次称重的条件都一样。

在2周的记录结束之后，你将会得到14个体重数值和14个热量摄入数值。首先，把14个热量摄入数值加起来再除以14，就得到了你2周内热量摄入的平均值。如果你每周只称重或者只记录了3~4天，这也并不是什么大问题，只要保证记录的那几天均匀分布在整个时间段里，并且能代表你的日常生活习惯就好了。举个具体的例子，如果你在每周一到周五都会称体重和记录热量，然后在周末外食或者暴饮暴食，那得到的数据可能就不会那么精准了。你要做的是尽量诚实地记录自己的生活习惯，而不是现在就去评估或者改变任何习惯，在外食的时候也要尽量准确地估算热量摄入。举个例子，比如你的平均热量摄入算出来是每天2 100大卡（1大卡约为4 186焦耳，此后不再标注）。

接下来，你需要通过把每周7天的体重值加起来再除以7，得到每周的体重平均值，如下表所示。

体重数值	单位：磅
第1周	第2周
141.7	141.8
142.1	142.2
141.7	143.0
142.5	141.7
142.5	142.5
141.9	142.8
142.1	142.0
平均值：142.1	平均值：142.3

这样，你就能看出来自己在缓慢地增重了。不过，这对于热量摄入又意味着什么呢？大家都知道，1磅的脂肪组织含有大约3 500大卡的热量。因此，我们可以根据体重变化来推断出自己在这段时间里的热量缺口或者盈余。尽管"3 500大卡"原则并不是非常准确，因为我们在增重的过程中，增长的体重并不全都来源于脂肪，而且随着体重变化，我们的维持热量也会相应浮动，但是这个原则用于估算热量摄入还是很可靠的。

之所以这么说，是因为你仅仅在2周的时间里记录了热量和体重变化，并没有在日常饮食上做任何改动，也就是说在这段时间里，你的体重和身体成分从理论上来讲应该维持不变才对。因此，这段时间的体重变化，主要来源于水分与脂肪的变化，而使用计算7天平均体重的方式，则又排除了水分带来的影响。因此，将"3 500大卡"原则应用在短期体重变化上，误差并不会很大。

例外的情况也有。不推荐使用这种方法的人群，是那些第1次进健身房的纯新手，或者那些因为伤病停练了很久，重新开始力量训练的人，他们的肌肉重量可能在短期内就能有显著的变化，从而会影响计算结果的准确性。不过，如果你是自然健身者，并没有长期停训，也不是第1次进健身房，而且体重总体而言比较稳定，那么将这种方式用于估算维持热量会是比较准确的。

从理论上来讲，如果你每周增加1磅的体重，你平均每天的热量摄入值大约会比你的维持热量高了500大卡，因为7天×500大卡=3 500大卡。以此类推，如果你只增加了0.2磅的体重，简单把3 500大卡×0.2，得到的700大卡就是你的每周总热量盈余。这意味着，你在这一周里的热量摄入总值超过了维持热量700大卡。

把这个数值平均到每一天，就意味着你的日热量盈余为100大卡。因此，如果你知道你在之前14天的平均每日热量摄入为2 100大卡的话，就意味着你的维持热量大约是每天2 000大卡。

话说回来，如果你因为现实原因没法通过连续2周记录热量的方式来找到维持热量，那这里还有另一种方法，通过一些基础的公式或计算器来估算你的维持热量。请记住，这比起记录热量的方式，得到的结果的准确性要差很多，但也并不是完全没有用。

通过计算器来估算维持热量

不要忘了，人与人之间的热量摄入值差异非常大。将这一点记住之后，一个适用于大部分人的计算是：先将你的体重以磅为单位乘以10（或者以千克为单位乘以22），得到基线热量值，再乘以活动系数就是你的估算维持热量值。举个例子，如果一位男性体重为200磅，当将他的体重乘以10之后，就得到了理论上的基线热量值2 000大卡。

第1步：计算基线热量值，不考虑任何活动

200磅 × 10=2 000大卡

之后，将这个数值乘以活动系数。请注意，当说到"活动"这个词的时候，它不仅包括了你的日常活动量，比如建筑工人、白领、全职运动员和业余爱好者的活动量，还包括了一种叫NEAT（non-exercise activity thermogenesis）的东西，全称是非运动活动消耗。简单来说，它就是所有你在健身房之外的活动消耗的热量，以及不自主的动作所消耗的热量。

所以，一位办公室职员的维持热量确实会比体力工作者的维持热量低很多，但造成这个现象的原因之一，是每个人的NEAT消耗差异很大，并且它是每日热量消耗的重要组成部分。这意味着，如果你在通过节食来减轻体重，或者通过多吃来增加体重，那你的身体会在某种程度上通过尽量适应，来维持"正常体重"。你的身体可能会在你意识不到的时候，相应地多消耗或者少消耗一些热量，这并不是我们能够控制的。有些整天坐在办公桌前的人，因为NEAT高，消耗的热量可能是有的人再怎么运动都无法企及的，因为这些人的"代谢很低"。

另外，几乎所有在读这本书的人都会（或者说都应该）每周去健身房进行3~6次力量训练。因此，加入个体差异和训练习惯的因素之后，可以使用1.3~2.2这个范围作为活动系数的范围。可以说大约90%的人的活动系数都在这个范围里。

这意味着确实会有那么一小部分人，每天摄入2 600大卡的热量就能维持200磅的体重（对于这个体重的男性来说，这个数值可以说是很低了），或者需要每天摄入4 400大卡的热量才能维持200磅的体重（对于这个体重的男性来说，这是很高的数值），绝大部分人的维持热量会在这两个数值的中间。不管你信不信，个体差异就是这么大，并且有极少数人的维持热量甚至还会在这个范围之外。下面列出了一份活动系数量表，每一个活动级别的数值都用范围区间来呈现，以照顾个人差异。

第2步：使用活动系数

生活方式及训练频率	活动系数
久坐，每周去健身房训练3~6次	1.3~1.6
轻活动量，每周去健身房训练3~6次	1.5~1.8
活动量较高，每周去健身房训练3~6次	1.7~2.0
活动量极高，每周去健身房训练3~6次	1.9~2.2

基线热量值 × 活动系数＝当前体重的估算维持热量值

取决于生活方式的不同以及个体差异，对于例子中的体重为200磅的男性来说，他的维持热量值为2 600~4 400大卡都是有可能的。

现在，你想问："我该怎么知道具体选哪个数值，或者如何定义自己的活动量呢？"好吧，这其实是我极力推荐记录2周热量摄入和体重数值方法的原因，因为活动量并没办法具体量化。不过，如果你想快点开始，不妨先使用中间值1.7作为你的活动系数。在之后的2~3周里，如果你的体重增加或者减少太快，则根据你的需求，调整相应的热量摄入值就可以了。这种方法也很有效。

将计算热量作为第1步，真的有必要吗

在本书中经常会提到的是更多地使用内在指标，而不是使用外在指标来达到自己的目的，因为这样做可以让你对饥饿感、饱腹感，以及身体需求的感知更为敏感，而不是完全依赖于热量与宏量营养素的量化记录，进而钝化自己对于饥饱的感知。

从能量平衡的角度来说，如果想根据体重增减的速度来调整热量盈余或者缺口的大小的话，只需要在每一餐都吃到更饱或者"更不饱"就行了。同样道理，如果你的目标不是把体脂率减到像健美运动员的体脂率那么低的话，那根据自己身体的饥饱感受调整热量摄入，就完全可以达到小幅度减脂的效果。如果你想使用这种方法来增肌或者减少热量摄入的话，则需要对每一餐的饥饱感受都做定性的记录。举个例子，如果你对于自己的体重增长速度并不满意，可以试着在每一餐都吃得更饱一些，并且多吃点能量密度高的食物。如果你在减脂期间从视觉上看体脂率没有变化（或者连续2~3周体重没有降低，如果你不喜欢通过视觉测量身体成分的话），只要试着每餐都吃得不那么饱就行了，并且多吃点高纤维、高蛋白质和低热量的食物，来进一步增强饱腹感。

如果你觉得这种做法只是量化记录热量的"低配版"，或者不量化记录就达不到你的目标，那请记住，在我见过的所有训练计划设计没有重大缺陷，针对新手的科学研究中，不管是否记录饮食情况，这些新手的肌肉量都得到了显著增长。这是怎么实现的呢？很简单，当他们进行力量训练之后，饥饿感得到了增强，他们会本能地开始多吃，来给肌肉生长提供充足的营养基础。我们的身体好像本身就有某种自然的自我调节系统，来控制能量的摄入和支出，它的名字就叫作"饥饿感"和"饱腹感"。不开玩笑了，在本书最后的"行为与生活方式"一章中，会更详细地讲解这个概念。另外，如果你想结合通过身体饥饱感决定热量摄入的内在指标，以及体重变化的外在指标的话，你就得先知道什么样的体重变化速度才是合理的。

我该减脂还是增肌

你可能读完上一小节的最后一句话——"你就得先知道什么样的体重变化速度才是合理的"，就会开始想，"等等，这里话题跨越的幅度太大了，我连自己该增肌还是减脂都不知道！"别担心，你并不是唯一一个这么想的。

这个问题的答案，取决于你目前的身体成分。话说起来很简单：如果你的体脂率很高的话，就先减脂；如果你的体脂率不高的话，就先增肌。但做起来就不是这么回事了，因为还要考虑训练经验这个因素。比如，如果你是第1次进健身房的新手，哪怕你有肥胖症，也不建议你将减脂作为自己主要的训练目标。因为仅仅是力量训练本身，就能帮那些久坐人群更好地调节饥饿信号，从而自然而然地降低体脂率，哪怕你的体脂肪一点都没减少，但增加的肌肉量也会让你的体脂率变低。而且，不用控制饮食，只进行力量训练，就能对代谢有着显著改善。在这种情况下，只会建议你在最初魔法般的"新手福利期"结束之后，还想继续降低体脂的时候（像之前说的那样，有时候你只要开始进行力量训练就能达到自己的目标了），再开始在饮食上下功夫形成热量缺口以达到减脂的目的。

对于那些没有什么肌肉量，体脂率也不低的人也不建议直接进行减脂。不过，同样也不建议这些人使用本章后文推荐的速度增肌方法。在这种情况下，和上文一样，在开始训练的前6个月，让力量训练发挥它的神奇力量就可以了（关于如何系统进行力量训练，可以参见第1部分训练篇的内容），不要太过于关注饮食到底是热量盈余还是热量缺口。如果你的起始肌肉量比较低的话，你可以在不控制饮食的基础上，很容易就通过力量训练来增长肌肉（除非你的饮食习惯实在是大错特错）。在这个新手福利期过去之后，再开始调整饮食，会因为有着一定的肌肉基础，而变得更容易。

只有当你已经脱离新手阶段时，这个问题的答案才比较绝对。如果你已经系统地训练几年了，进阶到了"中级训练者"或者"高级训练者"的阶段（在本章的后文会定义这两个分类），那么需要增肌还是减脂，就完全取决于你的现有体脂率的高低了。不过，这个问题的答案，可能远远没有你想象的那么重要。一个常见的观念是，如果你的体脂率不算低，那么进行增重时，增加的脂肪比例会远远高于肌肉增加的比例。这个概念被称为"P比例"，它的定义很简单，就是你体重增加时，增加的脂肪和肌肉之间的比例。事实上，这个说法也是有科学证据的，那些体脂率极低的人（指的是天生就瘦，而不是通过节食瘦下来的人）在摄入热量盈余的时间段里会增加更多的瘦体重，而那些肥胖人群，则会在摄入热量盈余的时间段里增加更多的脂肪。

不过，这里有两件常常被误解的事情。（1）那些在热量盈余期间能增长更多瘦体重、更少脂肪的人，是那些天生就瘦，不需要控制饮食就能保持低体脂率的人。如果你通过节食才达到较低的体脂率，你的身体不仅不会有这项福利，反而会更倾向于储存脂肪。（2）这种关系是在没有力量训练经验的人身上观察到的。当你开始进行力量训练的时候，这种关系就完全不一样了。在你的骨骼肌被活跃起来之后，只要你能提供足够的训练刺激，并且经常清空肌肉里的能量，强迫肌肉组织更高效地利用能量并产生适应性，那它的营养分配就会更倾向于增加肌肉组织。如果"肥胖者没法用最高效的方式增加肌肉量"这种说法是正确的，那相扑运动员就不会成为所有运动员中瘦体重占比最高的了，但他们确实做到了。同样道理，如果这种说法是正确的话，那大重量级别的力量举运动员会比小重量级别的力量举运动员的肌肉量要低，但现实情况并不是这样。

不过不要误会了，这么说并不是告诉你马上就开始大量增肌。意思是，男性不要因为你还没有减到8%的体脂率，就拒绝进入增肌期，或者对于女性来说还没减到16%的体脂率。

当你的体脂率高到一定程度的时候，就需要减脂而不是继续增肌了，但这么做的原因是有逻辑的，而不是"合成抵抗"。简单而言，你并不想只进行1~2个月的增肌期，接着马上就开始进行减脂期。

对于力量举运动员来说，哪怕在非赛季，也不会想让体重超出级别上限太多；对于健美运动员来说，也不会希望在非赛季和赛季体重差别太大。如果你做不到这一点的话，那你在下一次比赛前的减脂期将会变得又长又艰难。同样道理，对于那些不以竞赛为目的的普通爱好者们，也不会想在体脂率很高的时候开始增肌，然后在增肌期没开始多久之后，就开始对自己的体形不满意。从本质上来说，你需要给自己足够的空间，来完成至少几个月的热量盈余期。大致建议是，在增肌期开始时，男性不应该超过大约15%的体脂率，而女性不应该超过大约23%的体脂率。在增肌期开始之后，允许自己的体脂率上升3%~5%，然后进行一个"迷你减脂期"（我们会在后文中提到这个概念，如果你想更具体地了解这个概念，可以阅读之后的"恢复饮食"一章），稍微调整一下状态，接着再进行增肌—迷你减脂期过程的重复。记住，这是个肌肉与力量金字塔，而不是什么"要么瘦，要么'死'（并且永远没法成功）"金字塔。一个简单的原则是将增肌和迷你减脂期的时间比例控制在至少4：1（对于那些起始体脂率不高的人来说）。也就是说，如果你使用4个月的时间来增肌的话，那你的迷你减脂期就不应该超过1个月的时间。

现在，最艰难的部分其实是测量你的体脂率（详情请见第14章）。每个人的脂肪分布情况都不一样。并且，在同样体脂率下，肌肉量的多少也会造成很大的视觉差异。所以，最终还是得由你来尽量精确地目测自己的体脂率到底在什么范围里。如果你的体脂率正好处于中间点，既能增肌也能减脂，而且你自己也很迷茫，不知道该怎么办的话，不要怕。你选择从哪里开始，其实并不重要。到现在，相信你已经知道，"太胖的话，增肌效果就会不理想"这种说法并不是真的。

总结

▶ 不要等到体脂率非常低的时候才开始增肌，如果这样做的话，你很可能因为产生大量的饥饿感而增重速度过快。而如果你不是天生体脂率极低，而是采用节食的方式瘦下来的话，这么做反而会增加更多脂肪。不要减脂到让你一天到晚除了食物和饥饿感什么都不想的地步（这常常出现在体脂率低于8%的男性，以及体脂率低于16%的女性身上，但也取决于你的具体减脂方式）。

▶ 如果你是一位肥胖的健身新手，或者你的起始体脂率非常高的话，在进健身房的前6个月里只要刻苦训练就可以了，而对于饮食只需要建立一个基础结构，然后在6个月之后再重新审视自己的饮食。可能会在你不控制饮食的情况下，身体成分就能得到改善。

▶ 如果你是一位新手，体脂率比较高（仅仅是你自己不喜欢，而不是到了肥胖的程度），并且没有什么肌肉量的话，只要大致有维持体重的热量，并且认真训练6个月，再进行重新审视就行了。

▶ 对于那些已经脱离新手阶段，体脂率高于15%的男性，以及体脂率高于23%的女性而言，并不是不可以直接通过热量盈余来进行增肌，但是需要了解，增肌期间肯定会伴随一部分体脂率增加。如果你对于目前的体形不满意，不想进一步增加体脂率的话，则最好先进行一段减脂期。

▶ 对于那些已经脱离新手阶段，体脂率不超过15%的男性，以及体脂率不超过23%的女性而言，可以直接开始增肌期。对于形体运动员而言，应该有3%~5%的体脂率增长空间，然后再进入迷你减脂期。这样做可以帮你将体脂率控制在相对低的范围，让下次备赛的减脂期不会那么艰难。对于不以竞赛为目的的普通爱好者，以我们的经验来看，体脂率这个数字是大部分人（不是所有人都同意）想要开始减脂的点。不过，你也需要知道，如果你是一位体脂率接近20%的男性，或者体脂率接近30%的女性，你同样也是健康的。

男性和女性有着不同的"基础体脂率"——对于生存和生理功能需求的最低体脂率（大部分都不是皮下脂肪组织）。这意味着，哪怕是健美比赛台上那些看起来非常"干"的运动员们，女运动员也会比男运动员有着更高的体脂率。虽然这个数字有着个人差异，但从平均水平而言，男性的基础体脂率在 2%~4%，而女性的基础体脂率则在 8%~12%。因此，在使用健美比赛作为例子的时候，拿男性运动员的 4% 体脂作为例子，而女性运动员则是 12% 的体脂（实际上，如果精确测量体脂就又是一个大话题了，会在第 14 章详细讲解）。同样的道理，在举别的例子时，男性和女性的体脂总会有大约 8% 的差别。

增肌期示意图

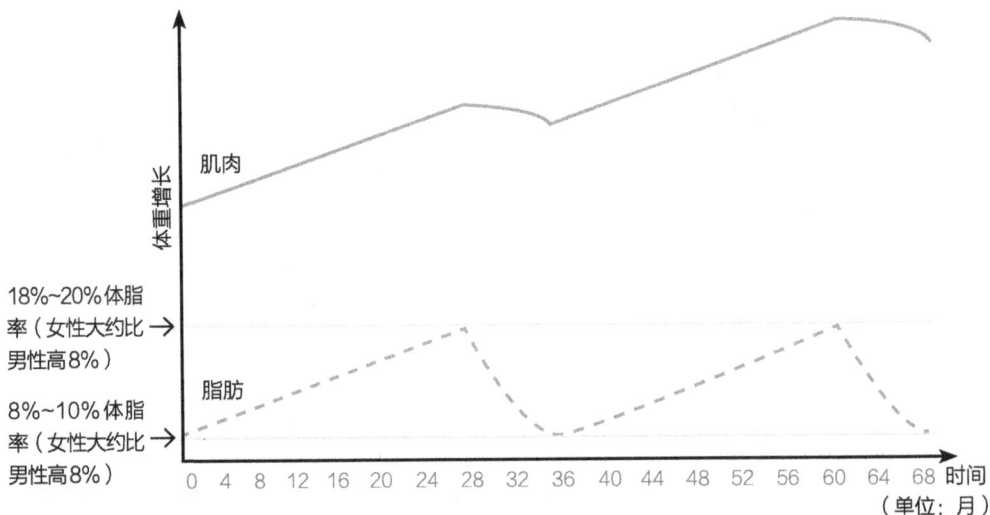

决定最佳减脂速度

如果你在量化热量摄入和定期称体重的话，那设计饮食计划的下一步就是通过测量出的维持热量，根据自己的目标来确定具体的热量摄入目标。对于减脂人群来说，推荐每周减重的范围为你原本体重的 0.5%~1.0%，以最大限度地保证肌肉和力量不会受到损失。比如，一位 200 磅的男性，把每周的减重数值定在 1~2 磅会比较稳妥。

像前文讲过的那样，3 500 大卡的热量相当于 1 磅脂肪组织。因此，如果你每天能制造500大卡的热量缺口，并且减去的大部分是脂肪组织的话，那你会在每周减去大约1磅的体重。再次声明一下，这并不是完全精准的科学测量，但是用于估算还是比较可靠的。

因此，假设我们知道这位200磅体重的男性的维持热量的话，可以在这个数值的基础上减去500~1 000大卡作为减脂期间的每日摄入目标，这样，这位男性理论上平均每周就可以减去推荐的1~2磅的体重了。

尽管体重的增减看起来和小学数学一样简单（比如，如果每天少摄入500大卡，每周就能减去1磅；如果每天多摄入500大卡，一周就能增重1磅），但在实际中，它并没有这么简单。还记得在前文中讨论过的非自主的活动和代谢管理的内容吗？这些概念意味着，你可能需要在减脂或者增肌期间，吃得比自己想象的少一些或者多一些，才能达到想要的效果。

另外，在减脂期间，减去的不仅仅是脂肪组织。实际上，在减脂期间的肌肉流失或增加，都会对体重造成一定影响（在后文中会详细说明这一点）。这里的重点是，这些指南和数字只是给你用于设计饮食计划，但是在你真正进入实行阶段之后，就需要根据自身情况不断进行调整了。

有氧运动在减脂中的作用

另外，减脂期间的热量缺口不一定完全要来源于饮食，你应该也能猜到，通过有氧运动的方式来消耗一些热量，而不是完全依靠少吃，同样也对减脂有帮助。

想简单计算在有氧运动时消耗的热量，你得先决定运动时的主观感受费力程度（RPE）。它可以简单通过你自己给"运动时有多难"从1~10中进行打分（请注意，这里的RPE和力量训练中基于反向次数测量出来的RPE不是同一个概念）。如果你同时还知道自己进行有氧运动的时间以及自己的体重，那你就可以在比较精确的情况下估算出有氧运动消耗的热量了。你在每10分钟的有氧运动里，每磅体重在低强度（在总分为10的情况下，RPE为2~4）、中等强度（在总分为10的情况下，RPE为5~7），以及高强度（在总分10的情况下，RPE为8~10）的条件下会消耗大约0.2大卡、0.45大卡和0.7大卡的热量。这些热量消耗是额外添加在你的普通日常活动消耗之上的。

有氧运动的类型，你的身高、体重，以及其他一些因素都会影响RPE的数值，但是，将其用于估算时还是比较准确的。所以，还是以之前那位体重200磅的男性举例，他如果使用中等强度进行有氧运动，大约会在每10分钟里消耗90（0.45×200）大卡的热量，这一数字是他在同样时间段里进行日常活动消耗的基础上，额外消耗的热量。在1小时里，他可以在日常活动的基础上，额外再消耗540（6×90）大卡的热量。

1~2RPE	基本不费力。你可以轻松地一边活动一边聊天
3~4RPE	有一点点费力。一边活动一边聊天不是很困难
5RPE	低到中度费力程度。你可以在有一点小困难的情况下，一边活动一边聊天
6RPE	中等费力程度。你在一边活动一边聊天时会感觉有点困难
7RPE	中到高度费力程度。一边活动一边聊天开始变得比较困难
8RPE	高度费力程度。一边活动一边聊天变得很困难
9RPE	极高的费力程度。一边活动一边聊天的困难程度达到最高
10RPE	最大费力程度。一边活动一边聊天变成了不可能的事

下表总结了对于3种不同体重的人，进行3种不同类型的有氧运动，每10分钟分别会大约消耗多少热量。

有氧运动类型	120磅（大约54千克）	160磅（大约73千克）	200磅（大约90千克）
低强度	24大卡/10分钟	32大卡/10分钟	40大卡/10分钟
中等强度	54大卡/10分钟	74大卡/10分钟	90大卡/10分钟
高强度	84大卡/10分钟	112大卡/10分钟	140大卡/10分钟

现在，假设这位例子中的200磅体重的男性非常爱吃，他可能会想，"如果我每天用中等强度做1个小时有氧运动的话，每周就能多消耗超过3 500大卡的热量，然后减去1磅。这大约是推荐的0.5%的体重，所以，其实我不用控制饮食也行！"好吧，他的说法不能说全错，但如果他的训练目标还包括了增肌或者增力的话，那每周7小时的中等强度的有氧运动可能会带来一些问题。

使用中等强度进行有氧运动，从本质上来说就是耐力训练。而耐力训练产生适应性的过程，可能会和肌肉力量、肌肥大，以及爆发力适应性需要的训练产生冲突。并不是说做了有氧运动就没法增肌、增力或者增强爆发力了，只不过如果有氧运动做得太多的话，可能会让你的增肌、增力或者增加爆发力的速度减慢，并且它们之间存在着剂量—反应关系。

产生这一影响的原因，有可能是耐力训练导致肌糖原清空以及发出了一些分子信号。另外，有氧运动的动作模式所产生的离心动作以及反复冲击，也可能会导致这种干扰现象的发生。离心动作会在你的肌肉在控制下被伸长时产生，常见的场景是将某个重物移动到指定地点，或者将重物放下时，比如你在放下咖啡杯的时候，你的肱二头肌做的就是离心动作。在耐力训练中，离心动作产生于你的身体冲破惯性，以及控制动作的时候。太强的冲击力会对膝盖造成大量压力，而同时产生的高容量、高强度离心动作则会导致严重的肌肉酸痛。所以，如果你有氧运动做得太多的话，再去进行力量训练时，就有可能会面临肌肉能量不足，关节、肌肉酸痛等一系列问题。

不过，低强度有氧运动（如果它产生的冲击力比较小的话，比如骑单车或者在椭圆机上训练）的强度由于不会达到超负荷的程度，所以不会产生以上的问题。对于平时有力量训练习惯，体型正常的人来说，偶尔进行一些低强度有氧运动不会产生明显的适应压力，因此也不会带来耐力训练的适应性。所以，只要把有氧运动强度控制好，就不需要太担心它产生的干扰现象。但是，比起更高一点的强度，低强度有氧运动燃烧的热量则少了很多，如果你想消耗同样的热量，就得大量延长运动的时间。

高强度有氧运动带来的疲劳度非常高，除非你是专业运动员，否则很难可以像中低强度有氧运动那样持续很长时间不停地做高强度有氧运动。这就是高强度间歇训练（HIIT）经常被人们讨论和推荐的原因。高强度间歇训练的做法是在短时间内用最大强度进行有氧运动，接着休息一段时间，然后重复进行以上过程。高强度间歇训练可以和长时间低强度有氧运动产生同样的适应性，但是其所需的时间却要少很多。另外，耐力训练对力量训练产生的干扰现象似乎在高强度间歇训练中也不怎么明显，因为高强度间歇训练和传统抗阻训练的模式其实很类似。最后，训练的强度越大，训练后短时间内产生的代谢增强效应也更强。高强度有氧运动可以在训练之后的短期内，让代谢率产生小幅度但明显的上升，而低强度有氧运动则没有这个作用。

所以，这是不是意味着高强度间歇训练就像棒球比赛里的全垒打一样，而那位体重200磅的男性，只需要多做很多高强度间歇训练，再加上一点低强度有氧运动，就能在完全不控制饮食的情况下减脂了呢？很可惜，这么做并不理想，因为高强度间歇训练会带来一些和中等强度有氧运动同样的问题。如果在运动时存在大量的离心动作，或者高强度的冲击，那就会产生问题。在现实中，短跑运动员平均要比长跑运动员多出高达2倍的腘绳肌受伤概率，而他们在比赛中持续的时间和路程，都要比长跑运动员少很多。尽管高强度间歇训练的明显缺陷只有两个：会带来大量受伤风险（对于某些动作模式而言），以及对于恢复能力的需求更高。但这两个缺陷都不能被轻易忽视。如果你因为进行高强度有氧运动而更容易拉伤腘绳肌，那它比起中等强度有氧运动所带来的对于力量训练更少的干扰效应，或者对于减脂期间肌肉的保存作用可能就有点争议了。

说了这么多，到底怎么做有氧运动才最好呢？

首先，因为有氧运动对于力量训练存在的干扰效应，所以不管是什么方式、什么强度的有氧运动都不应该作为减脂期间造成热量缺口的第一要素。减脂时候的热量缺口，应该主要来源于饮食控制。其次，如果想在减脂期间尽量减少肌肉流失，那么力量训练才是最重要的。

饮食的主要作用是在保证训练的前提下，尽量多地减少脂肪，而训练的作用，则是尽量多地保存肌肉。不要把这个概念本末倒置了。记住，你是一位力量或者形体训练者，而不是耐力运动员。根据经验来看，你每周花在有氧训练上的总时间，不应该超过力量训练时间的一半。也就是说，如果你每周训练4次，每次大概在健身房花90分钟的时间训练（每周一共6小时），那么你每周进行有氧训练的总时间就不应该超过3小时。再说个不太相干的话题，体重比较轻的女性常常会在减脂进行到一定阶段后，发现很难再进一步减少热量摄入了，在这种情况下，将每周的有氧运动做足时间，甚至比推荐的多做一些，可能更是必要之举。

至于选择什么有氧方式，只要保证其对于关节压力不大（低冲击），以及不会影响下一个训练日使用的肌肉群就可以了（不会造成肌肉酸痛）。划船、骑车和游泳等运动方式，椭圆机，甚至小重量的杠铃或者壶铃循环训练都可以被利用起来。而对于高强度间歇运动，每周做1~2次，每次不超过30分钟会比较好。而中等强度的有氧运动则最好不要超过每周1小时的总时长，因为它最容易对力量训练产生干扰效应。对于剩下的有氧训练内容，安排在低强度就好了。另外，选择一个你喜欢的有氧运动方式也很重要。既然你的唯一目标是消耗热量，那为什么不选一个自己可以享受过程的方式呢？

那么，综合这些建议，一份有氧训练计划应该是什么样的？

以上面的每周进行6小时力量训练、3小时有氧训练进行举例，你可以进行2次30分钟的高强度间歇训练，1小时的中等强度有氧训练，再加上1小时的低强度有氧训练。这是将每周3小时的有氧训练时长安排满的一种做法。

决定最佳增肌速度

对于那些训练目的是增肌和增力的训练者，我们会在这里提供一些稍微不同的数字，并且它们和你的训练经验有关。

现实又有效的减重速度，和增重速度并不完全相同。如果你问问那些有着3~5年系统训练经验的人，他们一定会告诉你，目测增肌速度就好比目测油漆什么时候干一样，而减脂的速度则相对更容易目测出来。

哪怕你只在健身房里训练过一年左右的时间，你也可以在24周的备赛或者减脂期间，通过大量减少体脂，让形体产生巨大的视觉差异。但是，想在增肌期产生同样大的视觉差异，你可能就需要24个月的时间了。

强调一下，在本书中讨论增肌、增重的时候，并不推荐像旧时代健美爱好者们习惯的做法，通过"看到什么吃什么"来增长大量的体重，从而达到"增肌"的目的。如果你的主要训练目标是提高力量水平的话，在增肌期增长了太多的体脂肪，会导致你最终的力量—体重比例下降，而如果你的主要训练目标是参加形体或者健美竞赛的话，那这会让你下一次的备赛减脂期变得更漫长、更艰难。这么说也是有科学证据支持的，比如在一项持续12周的研究中发现，对于那些有力量训练习惯的运动员们，使用保守热量盈余和大量热量盈余（相差600大卡）会让他们增长同样的肌肉量和力量水平，但是那些使用热量盈余较小的运动员们增长的体脂肪只有另一组的1/5。

现在，这并不意味着快速增重就完全没有意义了，它只是需要取决于你自己的"增肌潜力"。这一点是由你的力量训练经验以及你的肌肉增长潜力决定的。所以，想要确定合适的增重速度，得先将训练者们分成新手、中级训练者以及高级训练者3类。再说一句，不同人之间的肌肉增长潜力千差万别。因此，肯定会有一些人的增重速度不在我们推荐的范围之内，但以下的推荐，应该适用于绝大部分人。

在下表中，我们列出了针对不同训练水平的人，每个月的增重推荐。

训练经验	定义	每月增重
新手	可以在周与周的训练之间加重	1%~1.5%体重
中级训练者	可以在月与月的训练之间加重	0.5%~1%体重
高级训练者	只有在相隔几个月甚至一年的时候，才能产生明显进步	最多0.5%体重

现在，请记住如果你每周的体重增加超过了以上的数值，那么你增加的体重很可能大部分都来源于体脂肪。如果不注意饮食的话，在增肌期间脂肪增长过多是件很常见的事（并且在某种程度上不可避免），而这种情况并不理想。

拿一位新手举例，如果这位训练者是体重为180磅的男性，他的理想增重会是每个月2~3磅，而如果这位训练者是体重为130磅的女性，她的理想增重会是每个月1~2磅。

对于中级训练者而言，因为更加接近自己肌肉量的基因极限了，所以这个数值还会再低一点。同样，对于那位体重为180磅的男性，他的理想增重就变成了每个月1~2磅，而对于那位体重为130磅的女性，她的理想增重则变成了每个月0.5~1磅。

当到达高级训练水平之后，我们的目标会主要集中在渐进超负荷和恢复能力上。你只需要极小的热量盈余就足够让肌肉生长了，把增重目标设置为每个月增长体重的0.5%左右，并且还需要有阶段性的迷你减脂期来保证体脂率不要过高。

所以，为什么高级训练者不应该纠结于体重变化呢？

如果你看看那些高水平的自然健美运动员，比如布雷恩·惠塔克（Brain Whitacre）、阿尔贝托·努内兹（Alberto Nunes）、杰夫·艾伯茨（Jeff Alberts）和帕特里夏·贝克曼（Patricia Beckman）等人，或者任何一位处于职业生涯后期的运动员，他们在两次比赛之间的台上体重差异，可能只有1~2磅。

没错，体重确实会随着时间而增长，但是那些中级训练者用1~2个月就能增长的体重，高级训练者则可能需要长达3~4年的时间才能完成。这也意味着，哪怕以"月"为单位衡量体重，对于高级训练者来说也没有很大的意义。哪怕有些运动员可能会在两次比赛之间体重差异更大一点，造成这种现象的原因也往往是他们在备赛减脂期间肌肉流失量的差别较大，而不是他们在非赛季增长了一定的肌肉量。所以，在这个阶段，你需要重视的是能否从训练中恢复，以及能否确保你在训练中一直有进步。这里的进步，可以用同样重量做更多下，或者使用更大重量的方式来衡量。

这些高级训练者也应该知道，他们早就过了由于神经肌肉适应性或者动作得到调整，而力量增长迅速的"新手福利期"。而使用增加次数或者增加负重的方式，可以让高级训练者比较确切地判断自己是否在健身房取得了一些结构上的极小进步。因此，作为高级训练者，你应该把注意力放在健身房里的运动表现上，而不是执着于体重秤上的数字变化。不然，结果很可能是因为追逐数字，而增长太多脂肪。事实上，如果你真的已经超过了中级训练者的阶段，那你在取得进步的同时，可能体重压根就不会上升（后文会详细谈到这一点）。

所以，该如何将这些指南结合到饮食规划中呢？

还记得之前说的，每天多摄入500大卡，大约就能在每周增长1磅的脂肪吗？但是，肌肉的热量是多少？这就是最有意思也是最容易让人迷惑的部分了。

1磅正常的肌肉组织其实只有大约1/3的成分是蛋白质，剩下的全都是矿物质和水分。因此，肌肉的热量其实只有大约800卡每磅。不过，脂肪的合成非常容易，这个过程几乎没有对于代谢的需求，但肌肉的合成就不太一样了，合成肌肉对于代谢的需求比合成脂肪对代谢的需求要高很多。

另外，现实情况往往是哪怕你把该做的全做了，那些不肥胖，也不是新手的训练者，在体重增长的过程里也会不可避免地增长一些脂肪。考虑到肌肉和脂肪同时生长这一点，以及肌肉合成对于代谢有更高的需求，"3 500大卡原则"其实不仅适合在减脂期用于计算，在体重增长时也很适用。这并不意味着1磅肌肉的热量就是3 500大卡了，它意味着由于合成肌肉需要一定能量，真正增长肌肉所需的热量其实要比肌肉本身含有的热量高一些。从本质上来说，合成肌肉的过程中不仅会燃烧额外的热量，还会带来非运动活动消耗（NEAT）的提高，这两个因素相结合，可能会造成在某些情况下增加热量摄入值，增长的体重反而没有预测的那么多的现象。

代谢魔法

很有意思的是，由于肌肉（以及肌糖原）和脂肪组织的热量有所差别，在某些情况下, 会出现一些看似无法解释的现象。比如, 在减脂时突然增加体重, 或者在热量盈余的情况下体脂率下降一些, 甚至在减脂期体脂率反而出现小幅度增长, 这些都是在理论上有可能出现的情况。造成这些现象的本质原因, 就是不同身体组织中的水分与热量存在差别。

想要进一步解释为什么这些现象会出现, 先举几个例子。比如一项针对超重的老年男性的研究中, 志愿者们普遍存在因为老龄化而导致的肌肉流失现象, 研究人员让他们开始进行系统的力量训练, 以及定时摄入蛋白粉补剂。

其中一组志愿者在进行实验的16周里平均增长了1.3磅的体重。而在体重增长的同时, 他们平均减去了2.4磅的体脂肪, 并且平均增加了3.7磅的肌肉。所以, 他们一定是因为在实验期间摄入了盈余的热量, 才造成体重增长, 对不对? 不管你信不信, 他们的平均热量摄入其实有着每天大约65大卡的缺口。

这怎么可能发生, 又是怎么知道这个数字的? 其实, 你的身体在燃烧1磅体脂肪的时候, 会释放出大约4 270大卡的热量。类似地, 如果你摄入了4 270大卡的热量盈余, 又完全没有增加肌肉的话, 那你就会增加1磅的体脂肪。你可能问, "为什么这里不是3 500大卡了?"事实上, 3 500大卡是1磅脂肪组织的热量, 其中除了体脂肪, 还有一些水分和矿物质。当你在家称体重和计算热量时, "3 500大卡原则"是个很好的用于估测热量的工具, 但是在更精细的实验室测试中, 会测量体脂肪的变化量而非脂肪组织的变化量, 因此, 1磅纯体脂肪的热量要更高一些。

瘦体重的变化, 从另一方面来说, 带来的热量变化就要小很多。当使用双能X射线吸收法 (DXA) 等方法测量身体成分时, 瘦体重的内容也包括了身体里的水分 (而当使用二分法将身体成分仅仅分为脂肪重量和去脂重量时, 水分则被认为属于去脂重量的那一部分)。像之前说的那样, 肌肉组织的大部分内容是水分, 在此基础上, 每克蛋白质 (肌肉的组成部分) 的热量连每克脂肪的热量的一半都不到 (大约4大卡/克与大约9大卡/克, 在后文会详细讲解)。因此, 想要增长1磅的脂肪, 你只需要在身体里"充入"大约830大卡的热量就够了 (这大约是纯体脂肪热量的1/5)。

所以, 这意味着尽管这些志愿者的体重增加了1.3磅, 但他们其实在实验期间的总热量缺口已经达到了7 300大卡。因为增加3.7磅的肌肉只需要大约3 100大卡的热量盈余, 而减去2.4磅脂肪则需要大约10 400大卡的热量缺口, 脂肪分解产生的热量有一部分就"填"到了肌肉生长所需的热量中。(10 400-3 100=7 300大卡) 这意味着, 在16周 (112天) 的实验期间里, 这些志愿者在每天摄入65大卡 (7 300大卡除以112, 就是每天大约65大卡) 热量缺口的情况下, 还增长了体重。

不过这是一个非常极端的例子。超重的人一般可以更快地减去脂肪, 因为他们本身的脂肪储备就多，没什么力量训练经验的新手则能更容易快速增加瘦体重。由老龄化导致的肌肉流失其本质就是停训，而停训的人会在重新开始训练时，进步得非常快，直到他们回到基线水平为止。因此，在这类罕见的情况下，因为肌肉组织的热量要比脂肪组织的热量少很多（水分以及能量密度），这些志愿者确实可以在摄入热量缺口的情况下还增加体重。在这种情况下，肌肉组织增长的重量要多于脂肪组织减少的重量，同时，脂肪组织减少时需要的热量要高于肌肉组织增长需要的热量，不需要热量盈余就能造成体重增长。

同样的道理，在这项研究中的第2组志愿者们在实验期间尽管摄入了热量盈余，但却平均减去了0.2磅的脂肪，同时平均增加了4.2磅的肌肉（以及水分）。

这里主要想说的是，你虽然可以依靠体重数字的变化来调整自己的饮食，但不要太过机械化地追究数字了，"3 500大卡原则"在现实中是一个极度简化的模型。不要理解错了，这个原则很重要也很有用，但是你得理解一点，即它存在着一些缺陷。

你可能还会想知道，这些罕见的情况会不会发生在你身上（因为正在读本书的你，不太可能是一位超重、久坐、患有老龄化肌肉流失症的65岁老人，在人生中第1次到健身房进行力量训练）。没错，确实会有一些情况会让这种"代谢魔法"发生在你身上。比如，在间歇减脂的间歇期，你可能会在体重增长的情况下，还看起来更瘦了，你可能会因为肌糖原和肌肉组织的增长（以及肠胃道里的食物重量）而增加体重，并且减去小部分脂肪组织。在这种情况下，你很可能即使只存在很小的热量缺口，却仍然增加了体重。这种情况在减脂期结束后，缓慢增加热量摄入时也可能会出现。

同时，要强调，这种在热量缺口或者盈余程度很小时，导致的肌肉增长和脂肪减少同时进行的"身体成分重组"的速度非常慢，哪怕是像上文那种第1次进行力量训练并且超重的老年人，也用了4个月的时间才达到了比较明显的变化。而对于已经有训练经验的人来说，想在短短几周时间里增加大量肌肉的同时又减少大量脂肪，是不太可能的事情。这也是我们会给大部分人推荐目标专一的增肌期和减脂期的原因。

不过，如果你是一位高水平训练者，在短期内增加大量肌肉本来就是不现实的事情。如果你了解了身体在不需要热量盈余的情况下也能在长期的训练里缓慢增长肌肉，可以让你对缓慢的增肌方式更有信心。

减脂期和增肌期的实际区别

所以，经过上文这么多的解释，得到的结论就是，减脂期和增肌期的实际区别就是在增肌期时的体重增速不应该太快，以避免体脂肪的大量增加。

为了给自己的增肌期设置一个热量目标，你就得先根据自己的训练经验决定目标体重增速，然后参照"3 500大卡原则"。请注意，你并不一定需要每天都摄入同样的热量盈余。每天的热量摄入可以有差别，但是从长期来看，你的每日平均热量摄入必须要超过维持热量才行。

在下表中，我们拿和前文同样的体重为180磅的男性与体重为130磅的女性来举例，在不同训练经验的前提下，他们会有不同的每月体重增长目标，将这个目标数值乘以3 500，再除以30，就是他们每天需要的热量盈余数值。

训练经验	180磅的男性所需的热量盈余	130磅的女性所需的热量盈余
新手	每月增加1%~1.5%的体重=200~300大卡/天	每月增加1%~1.5%的体重=150~225大卡/天
中级训练者	每月增加0.5%~1%的体重=100~200大卡/天	每月增加0.5%~1%的体重=75~150大卡/天
高级训练者	极小的热量盈余，最多每天100大卡	极小的热量盈余，最多每天75大卡

最后，再补充一下具体该如何追踪这些数据变化。用这位体重为180磅的男性为例，如果其目标是每个月增加1~2磅的体重，这意味着把它除以4，就是每周体重增长的目标。

所以，如果这位180磅的男性是新手，想要达到每月体重增长目标，那他的每周体重增长目标就是 $\frac{1.8}{4}$~$\frac{2.7}{4}$ 磅；如果他是一位中级训练者的话，那他的每周体重增长目标就是大约0.5磅；如果他是一位高级训练者的话，那他的热量摄入应该大致与维持热量持平，或者比维持热量稍微高一些。隔2~3周再评估一下自己的体重变化情况会比较合理，因为每周之间的变化可能并不明显。

在"心态与工具"一章中提到过，通过每天称体重（每周至少称3次），然后每隔2~3周进行一次体重变化评估，是帮助你追踪自己饮食是否到位，以及是否在朝着自己的目标进步的工具。如果你体重增加或者减少的幅度没达到计划的数值，就要根据"3 500大卡原则"进行相应调整，才能达到自己的目标（或者根据自己身体的饥饿感和饱足感，主观减少或者增加食物摄入）。如果你能把这一层最基本的概念理解透彻，并且能做到对自己诚实的话，你就已经赢了执行饮食计划这场战役的70%~80%。剩下的几层则是战役的余下内容。但是在进入下一层之前，再告诉你一个重要的概念："能量可利用性"。

能量可利用性

"能量可利用性"这个概念，指的是你摄入的热量是否不仅能保证自己的运动所需，还能保证正常的生理功能运转。

你可能会摄入维持热量，体重不怎么浮动，却仍然处于"相对能量不足"的状态；在这种状态下，你的生殖和代谢功能为了维持能量平衡而被下调。这种情况经常在试着保持低体脂率的形体运动员，或者受到体重级别限制，试着控制体重的力量运动员身上出现。在节食的时候，代谢适应现象会出现，而这其中的一些适应性就包括了通过减少"非必要"的生理功能来减少日常热量支出，而如果在节食之后没有形成足够的体脂肪的话，这种现象会一直持续。长期的低能量可利用性会对健康带来不利影响。

从本质上来讲，能量可利用性在体育语境里，指的是那些运动员在去掉训练所需的热量之后，可以用于维持生理功能的"节余"热量。能量可利用性的计算是基于瘦体重的。举个例子，一位体脂率为10%，体重为220磅的运动员（意味着他有90千克，或者198磅的瘦体重）如果摄入3 000大卡，然后在运动中消耗400大卡（"节余"了2 600大卡），其能量可利用性大约就是28.9大卡/千克（2 600大卡除以90千克），或者大约13.1大卡/磅（2 600大卡除以198磅）。在后文会详细讲解这些数字的意义，但在进入这个话题之前，先谈谈"能量可利用性"的概念。

关于能量可利用性最早的研究表明，当热量摄入不变，提高运动热量消耗时，代谢和生殖功能会受到负面影响。接着，当热量摄入提高时，这些负面影响都是可逆的。读到这里，你可能觉得能量可利用性和能量平衡并没有什么差别。你可能还会想，"我早就知道热量缺口会让生殖和代谢功能下调了"。没错，热量缺口确实会不分性别，让代谢激素和性激素都有着一定程度的抑制，但这里的重点是，这种抑制现象在能量平衡的时候也可能会出现（维持热量，体重保持不变）。

举个例子，一项2017年来自芬兰，针对女性形体运动员的研究发现，在比赛结束3~4个月之后，尽管运动员的体重回到了赛前水平，但并不是所有人的月经都能回到正常状况。一个更极端的例子来自一项基于一位26岁，自然形体女性运动员的个案研究，在这个例子里，这位女性在赛后尽管很快就恢复了体重，但是直到赛后第71周，月经才恢复正常。这一现象并不仅仅局限于女性，在男性健美者身上，低能量可利用性的症状和现象同样会出现。

如果你很瘦的话，在热量缺口期间确实很容易出现低能量可利用性的现象，但是在维持热量期间还出现了相关的症状的话，就是"相对能量不足"了。

那些持续处在低能量可利用性状态里的运动员们，运动表现会受到一定的负面影响。

他们的内分泌系统、心血管系统、免疫系统、代谢系统、生殖系统，以及肠胃功能都会变得更弱。女性运动员可能会产生闭经以及骨骼健康程度下降的现象。

即使这些负面影响并不总是和饮食障碍或者形体障碍同时出现，但它们确实经常被捆绑在一起。维持低体脂和低热量摄入的这种行为需要极高的自控力，往往会需要你长期和"要维持，还是要放弃"的心理做斗争，会产生大量的心理压力，进而会让个人形体、运动目标和生物本能需求起冲突。低能量可利用性、月经失调，以及骨质流失的现象，被称为女运动员三合症，而低能量可利用性带来的其他更广的负面作用（在男女运动员身上都有体现），则被称为"运动员相对能量不足"或者"RED-S"。

这里的重点是，哪怕你在训练中消耗的热量并不多，但如果你想把体脂保持在自己身体"想要"的程度之下（这种情况往往需要持续的低热量摄入，无法满足身体完整的生理功能所需），那你的健康和运动表现可能会受到负面影响。

但是，你该怎么知道自己是不是处在低能量可利用性的状态呢？让我们回到之前的数字，用数字回答这个问题。

大量针对女性运动员能量可利用性的科学证据表明，女性的健康下限值为30大卡/千克瘦体重（或者大约13.6大卡/磅瘦体重），尽管不分性别，所有人都可能受到低能量可利用性的影响。当能量可利用性低于这一数值的时候，代谢及生殖系统功能下降（对于女性运动员来说）的症状就开始显现了。

但是，把30大卡/千克瘦体重定为硬性标准，从科学的角度来说是有问题的。从概念上来讲，你的身体并不会"看出"运动消耗和非运动消耗的热量有什么差别。这里的研究仅仅针对非常同质化的久坐女性，所以尽管这个数值也许适用于一些人，但那些非活动消耗更大（或者更小）的人，就无法应用这个数值了。

对于很多女性来说，在30~45大卡/千克瘦体重（有时候甚至会更低）的能量可利用性区间里，有可能会出现低能量可利用性的症状，而这些症状的严重性也因人而异。对于男性来说，这个"阈值"似乎更接近20~25大卡/千克瘦体重的范围，这些数据是基于男性健美运动员的情况总结出的。这就意味着，在前文的例子中的那位能量可利用性为28.9大卡/千克瘦体重的男性运动员，比起能量可利用性相同的女性运动员，可能生殖和代谢功能下调的幅度要小得多。这就相当于一位体重为154磅，体脂率为18%的女性运动员（意味着她有57.4千克，或者126.5磅的瘦体重），每天摄入2 100大卡，并且平均通过运动消耗440大卡（"节余"了1 660大卡）。这同样能让她的能量可利用性达到大约28.9大卡/千克瘦体重（1 660大卡除以57.4千克）或者大约13.1大卡/磅瘦体重（1 660大卡除以126.5磅），但是她比起前文的那位男性运动员，她受到生殖和代谢功能下调的影响会更大。

综上所述，你不仅需要基于数值对能量可利用性进行评估，更重要的是，要留意自己有没有出现低能量可利用性的相关症状。

所以，如果你是一位女性，那么最好保持至少30大卡/千克瘦体重（大约13.6大卡/磅瘦体重）的能量可利用性；如果你是一位男性，则最好保持至少25大卡/千克瘦体重（大约11.4大卡/磅瘦体重）的能量可利用性。但我认为，依靠症状来诊断更为重要。如果你因为想保持一定程度的体脂率，或者体重，然后必须限制热量摄入，导致出现以下情况。

▶ 闭经或者月经不调。

▶ 持续、强烈的对于食物的渴望。

▶ 经常生病。

▶ 心情变差。

▶ 运动表现无法提高。

▶ 性欲下降。

▶ 代谢或者生殖激素数值在推荐范围之外。

那么你就需要增加热量摄入了，并且最好考虑让体重增长，从长远健康角度而言，这一点可能更重要（第16章会对此做详细讲解）。

第10章　营养金字塔
第2层：宏量营养素及纤维素

当你确定了热量摄入总量之后，下一步就是规划这些热量的具体来源了。饮食中热量的主要来源为蛋白质、碳水化合物以及脂肪，这3种物质被称为"宏量营养素"，或者"宏量（macros）"。

是的，从严格意义上来说，酒精算得上是第4种热量来源。但是在本书中，我们会假设酒精不是你饮食中的重要组成部分，尤其当健身是你生活中重要的一部分时。话又说回来了，适量饮酒是完全没有问题的，而且我们会在后面详细解释该如何称量和计算酒精的热量。

在这一部分内容里，我们将会介绍宏量营养素的基本功能，并且根据不同情境，给运动员们提供最佳的摄入推荐。我们还会给那些需求可能和大部分人不同的群体，介绍该如何具体调整摄入，以及该如何具体确定你在繁多的推荐里，到底该选用哪一种。在本章的最后，我们会介绍在为了健康和保证微量元素摄入的基础上，该如何摄入纤维素。

如何规划宏量营养素

宏量营养素的规划，一般情况下要么是基于体重，要么是基于热量摄入的百分比。两种方法各有其优劣之处。

根据体重，使用克每磅体重（或者克每千克体重）的方式来规划宏量营养素的方法在大部分时候都没有问题。一般而言，你的体型越大，就需要越多的能量。但是，这种方法并没有考虑到你的"热量预算"有多少。如果你正好相对于同样体重的人，每天消耗更多或者更少的热量，而你又完全基于自己的体重来决定3种宏量营养素的摄入，那你可能会相对于自己的热量需求吃得过多或者过少，导致体重上升或者下降的速度不可避免地和预期不符，破坏了营养金字塔第1层的目标。

这也是使用"热量摄入百分比"的方式规划宏量营养素的主要优点之一：随着热量摄入总量的浮动，使用百分比算出来的绝对数值也会跟着浮动。如果你照着第9章中的指南做，那你的热量摄入总量应该是会随着体重增加、减少，或者不变的情况来随时调整的。

所以，这两种方法都有它们存在的意义。根据体重来分配宏量营养素的方式对于蛋白质的摄入非常重要。蛋白质的主要作用并不是作为能量来源（相对于脂肪和碳水化合物），而是构建和修复身体组织。基于此，使用哪种方法取决于我们具体在讨论哪种宏量营养素，但建议把两种方式结合起来。

蛋白质的主要功能是构建和修复我们的身体组织。在最极端的情况下（取决于我们在做什么），大约也只有10%的总能量会直接来源于氨基酸（氨基酸是蛋白质的构成单位）。另外，我们的肝脏还可以将无法用于构建组织的那些蛋白质转化成葡萄糖、酮体，以及其他可以作为身体主要能量来源的物质。但是，哪怕是将蛋白质直接给身体提供的能量和它通过肝脏转化成其他物质提供的能量加起来，蛋白质作为一种能量来源，也完全无法跟碳水化合物或者脂肪相比。

基于这些原因，推荐使用基于体重的方式规划蛋白质的摄入，然后使用基于热量摄入的百分比的方式规划碳水化合物及脂肪的摄入。这可以保证你的蛋白质摄入会根据体重变动进行浮动，从而保证它的主要结构功能；而碳水化合物和脂肪的主要功能是提供能量，所以它们更适合根据总热量摄入的百分比进行相应规划。

还需要知道的是，每克脂肪大约有9大卡的热量，而每克碳水化合物或者蛋白质大约有4大卡的热量。把这些数值和营养金字塔第1层中的每日热量摄入目标结合起来，就可以帮助我们规划宏量营养素的摄入了。

	蛋白质	碳水化合物	脂肪
计算方法	克每磅体重	总热量摄入百分比	总热量摄入百分比
每克热量	大约4大卡	大约4大卡	大约9大卡

和前文一样，我们会根据减脂期和增肌期的不同需求，分别进行讨论。

设计减脂期的宏量营养素

尽管减脂期和增肌期的宏量营养素摄入推荐范围可能非常相似，但这其中仍有一些微小却很重要的差别。不管你在用什么方式进行减脂，都得在某种程度上"拆了东墙补西墙"（译者注：原文为"rob Peter to pay Paul"，直译为"抢了彼得的钱用来还给保罗"），即你的碳水化合物、蛋白质或者脂肪摄入，至少有一项会是不足的，因为你的总热量预算不够。因此，我们得清楚地认识到减脂期间的宏量营养素的规划方式，不仅会对瘦体重流失造成潜在的影响，还会影响到我们对于饮食计划的依从性和在健身房里的运动表现。

但是，如果你连营养金字塔的第1层都做不到的话，那你将会不可避免地把宏量营养素规划"搞砸"。举个例子，如果你忽视在第1层指南中的建议，决定每周更激进一点，减掉1.5%~2.0%的体重，那你就得每天摄入更少的热量，进而给每种宏量营养素的可分配热量也就更少。

你可能会想，"这听起来没什么呀，我可以通过高蛋白饮食来解决这个问题。"但是别忘了，蛋白质并不能很好地为你的训练提供能量，而力量训练才是你对抗减脂期间肌肉流失的主要"武器"。

所以，有的人虽然没有达到本书推荐的蛋白质摄入量，但是在减脂期间每周只减去了0.5%~1%的体重，其实比起那些使用高蛋白饮食，但是减重速度达到1.5%~2%体重每周的人，更不容易流失肌肉。请记住，营养金字塔的每一层都是按照重要性排列的，在这里就体现出来了。另外，蛋白质在减脂期间的防止肌肉流失作用是有限的。

确定蛋白质摄入量

还记得之前说的吗，蛋白质对于总能量支出贡献了很小的一部分力量。

在减脂期间，这个数值会因为种种原因而上升。首先，活动量的增加会使得对于蛋白质的需求增加，而很多人在减脂期间的力量训练基础上还会加入一些有氧训练，这就进一步增加了活动量。其次，在热量受到限制，脂肪和碳水化合物不足的情况下，蛋白质作为能量来源，被利用的比例会更高。最后，同样因为饮食中脂肪和碳水化合物的摄入不足，身体会动用更多的肌糖原和体脂肪来供能，在这两者的储量下降时，身体就只能被迫使用蛋白质来供能了。

在这种情况下，饮食中的蛋白质和身体储存的蛋白质都可以用来供能。因此，为了防止身体的蛋白质流失，全身蛋白质的利用率会更高。不过，这种效率上升的现象并不能防止肌肉流失，尤其是对于那些本身就比较瘦的人来说更是如此，甚至连力量训练也完全没法避免这种现象的发生。

从原理上来讲，你能不能增肌，取决于总体上有多少肌肉蛋白被分解和有多少肌肉蛋白被合成（建立新肌肉蛋白的过程）。

如果肌肉蛋白分解的量超过合成的量，肌肉流失就会出现（反之亦然）。一个比较常用的理论是在减脂能量不足的时期，肌肉蛋白分解会加速，直到超过肌肉蛋白合成的速度，产生减脂期间经常出现的瘦体重流失现象。但是，有些科学证据表明，造成这种肌肉蛋白负周转率的原因不一定是肌肉蛋白分解速度上升，而更可能是因为肌肉蛋白合成速度下降。不过，这种现象可能只适用于超重的人群，而对于那些比较瘦的人，在减脂期间肌肉蛋白分解速度上升的现象也会出现，同步进行。这种推论应该是正确的，因为确实有不少科学证据表明，体脂率越低就越容易在减脂期间流失瘦体重。

现在，问题变成了：摄入比能量平衡状态下更多的蛋白质，是不是能在减脂期间防止肌肉蛋白合成减缓，或者让肌肉蛋白分解不要加快，从而达到更好地保存肌肉的效果？

尽管目前科学证据的普遍答案是"是"，但高蛋白饮食在减脂期间是否有必要，从正反两方面来看都有一些争议。

从防止肌肉蛋白合成减缓的角度来说，我们并不知道肌肉蛋白合成的速度是不是由总热量摄入决定的，如果肌肉蛋白合成的减缓只是因为热量不足的话，那单纯提高蛋白质的比例并不能解决这个问题。我们也不知道肌肉蛋白合成的速度是不是和蛋白质摄入有关，如果是这样的话，在减脂期间摄入足够多的蛋白质，就能让肌肉蛋白合成的速度达到增肌期的水平了。如果第2种理论是正确的话，我们确实可以得出，在减脂期间摄入高蛋白是有好处的。

同样的道理，从肌肉蛋白分解的角度来讲，提高饮食中蛋白质的比例有可能可以防止肌肉蛋白分解速度加快，进而阻止肌肉组织流失。但是，还有一种可能性是增加蛋白质的摄入时，反而会同时增加身体利用蛋白质供能的效率，而两者结合之后，肌肉蛋白分解的总速度有可能并不会发生变化。在这个阶段，我们并没有足够的数据作为支撑来对这个现象的原理作一个肯定的论断。不过，从比较保守的角度来讲，目前大部分研究蛋白质摄入的科学家都会推荐稍微多一些的蛋白质摄入，在减脂时每天摄入0.7~1.2克/磅体重的蛋白质，来帮助保护肌肉组织，降低身体蛋白质分解的速度。

需要注意的是，目前这个理论还并没有被研究透彻，也没有被完全证明。目前只能说，很多实验证据都表明，对于不超重、有力量训练经验的人来说，减脂期间将蛋白质摄入稍微提高一些，对于保存瘦体重是更好的做法。

▸ 0.72克/磅~0.36克/磅，持续1周。

▸ 1.05克/磅~0.45克/磅，持续2周。

▸ 1.09克/磅~0.55克/磅，持续3周。

但是，这些研究往往只对比了中等蛋白摄入与低蛋白摄入，或者高蛋白摄入与低蛋白摄入，并不能证实在减脂期，高蛋白摄入会优于中等蛋白摄入。到目前为止，只有3项实验直接对比了中等蛋白摄入与高蛋白摄入在热量缺口期间的差异。

▸ 在2013年，我的同事和我发现，在连续2周的减脂期平均每天摄入1.27克/磅体重或者0.72克/磅体重的蛋白质的情况下，尽管2组志愿者的身体成分变化没有差别，但摄入了高蛋白的那组的疲劳程度更低、生活压力更小，以及对于饮食的满意度更高。

▸ 另外，其他科研人员也在同期进行过一项实验，这项实验发现，在持续3周的减脂期间，不管是每天摄入1.09克/磅体重还是0.72克/磅体重的蛋白质，志愿者的身体成分的变化都没有差别。不过，摄入高蛋白的那一组，短期肌肉蛋白合成的指标上升幅度更大。

▸ 在另一项持续8周的实验中，研究人员发现，在热量限制期间，那些在训练前后分别服用了乳清蛋白补剂的志愿者，比起服用同样热量的碳水化合物的志愿者，保留了更多的肌肉，力量也得到了更多的增长，而2组志愿者肌肉耐力的变化则没有差别。那些服用乳清蛋白的志愿者，平均蛋白质摄入为大约1.3克/磅体重，而服用碳水化合物的志愿者，平均蛋白质摄入为大约1.2克/磅体重。

遗憾的是，以上的实验没有一项能够回答我们的问题。

在我们的实验中，我们雇用了一位经验丰富的人体测量学家来测量和追踪皮褶厚度的变化，尽管这种方式对于测量皮褶厚度本身（及测量体脂肪）的精度很高，但是用其来估算瘦体重的话，仍然存在一定误差。另外，在以上列出的第2项实验中，募集的志愿者并没有对抗组的训练经验，而且在实验期间也没有使用渐进超负荷的方式进行训练，所以，这项研究的结果不能提供太多的证据来回答我们的问题。

最后，第3项实验中确实使用了有力量训练经验的志愿者，8周实验里的训练设计也比较实际，并且使用了比较精确的方式来测量身体成分（水下皮脂测定法），但实验中有一个重要的变量没有被控制。在这项实验里，两组志愿者除了有中等蛋白摄入与高蛋白摄入这个区别，还有着营养摄入时机的差别。那些摄入乳清蛋白补剂的志愿者，在训练前后都额外摄入了蛋白质，而这种做法很可能会影响实验结果。更重要的是，这个实验中，两组志愿者的蛋白质摄入分别高达3.0克/千克体重和2.6克/千克体重，在如此高的蛋白质摄入的前提下，营养摄入时机可能确实会造成一定差别。

所以，尽管目前我们并不能很肯定地说，在减脂期间摄入高蛋白可以帮你保存更多肌肉和瘦体重，但我们至少能肯定的是，每天摄入高达1.1~1.3克/磅体重的蛋白质至少并不会造成什么副作用，也不会让你的减脂效率降低。有一些其他证据也表明，在如此高的蛋白质摄入时（这些研究使用的量其实更大），会通过提高饱腹感，让志愿者减少热量摄入，比起低蛋白饮食，高蛋白饮食还可能会对心情起到积极影响。

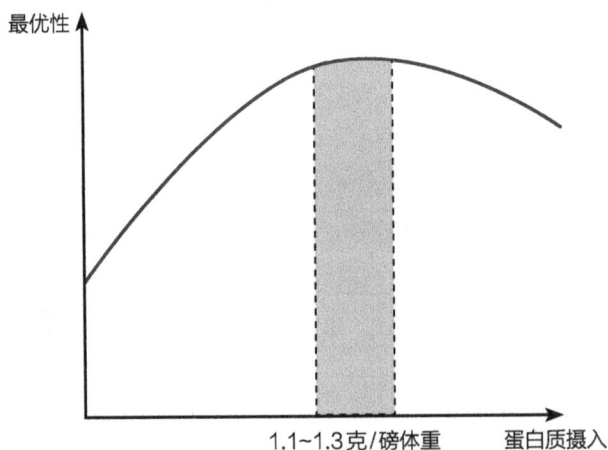

总而言之，基于以上的实验证据以及我自己作为教练的经验，我认为在减脂期间将蛋白质的摄入提高到1.0~1.2克/磅体重是比较好的做法。

现在，你可能在想，"既然蛋白质摄入会影响到瘦体重的话，那我们是不是应该根据自己的瘦体重规划蛋白质摄入，而不是总体重呢？"是的。实际上，在我的一项研究中，我就根据瘦体重提供了蛋白质摄入指南。但是，精准测量自己的身体成分并不容易，除非你去研究机构进行专业测量，所以为了简单起见，推荐都是基于总体重的。

这份指南的唯一例外是那些肥胖人群。如果你体重的大部分都是脂肪组织的话，使用以上的计算方法可能会得出一个过高的摄入数值。但是，安迪想出了一个很好的替代方法：用以厘米为单位的身高来简单计算你的蛋白质需求。试试看，这种方法一般都能得出一个误差不太大的数值（不过，如果你的身高远远高于或者低于平均水平的话，这种方法就不太适用了，比如158厘米以下或者195厘米以上）。举个例子，我的身高大概是184厘米，瘦体重大约是80千克，所以如果我每天按照身高摄入185克蛋白质的话，换算下来大约是1.1克/磅体重的蛋白质。这个数值正好是我在指南中推荐的摄入量。

确定碳水化合物及脂肪摄入量

在确定蛋白质摄入量之后，接下来就是计算碳水化合物和脂肪的摄入量了。

现在，从营养科学的角度来讲，碳水化合物并不是"必要"的营养素。在营养学中，某种营养素是否必要，是根据它能不能被你的身体自身合成来定义的。幸运的是，你的身体哪怕在你不吃碳水化合物的情况下，也能够自己合成糖原。但是，这里真正的问题是，在减脂期间摄入碳水化合物能帮你维持运动表现，或者保存肌肉吗？

你如果想在减脂期间保存肌肉，力量训练是最重要的事情。第二重要的事情，则是你减重的速度，而第三重要的事情，就是现在正在讨论的宏量营养素分配。如果说这个营养金字塔有什么着重不够的地方，那就是你的训练对于肌肉或力量目标的重要性了（如果你还没有阅读的话，强烈推荐你再读一下本书第1部分）。如果把这些重要的事情画成一个金字塔的话，看上去大概会是以下的这个样子。

宏量营养素

减重速度

力量训练

话又说回来了，虽然碳水化合物对于运动表现很重要，但它从理论上来说并不是生活或者身体的"必要"营养素。所以，先讲讲脂肪这个话题。

在减脂时，作为一位力量或者形体运动员，比起非赛季时少摄入一点脂肪在绝大多数情况下都是很明智的做法。这可以让你摄入更多的碳水化合物，因为如果在热量限制期间，碳水化合物摄入过低的话，有可能会影响你的训练表现。这可能会反过来让你没法最大限度地保存瘦体重。

所以对于脂肪摄入，推荐大部分减脂人群将15%~25%的总热量作为目标，然后把剩下的热量全分配给碳水化合物。没错，15%的脂肪摄入对于大部分人而言都太过理想，但这也是你不能一辈子减脂的原因之一。

但是，有些人似乎对碳水化合物更低、脂肪更高的减脂饮食反应更好（不过对于力量运动员和健美运动员，一般都不推荐走向另一个极端，即完全使用生酮饮食，这一点会在后文进行更详细的讲解）。所以，对于这些有实际证据证明低碳水饮食对于他们更有效的人，把脂肪的比例上调到至多40%也可以。

此外，我们还需要知道，身体维持生理功能需要的最低脂肪摄入会和体重有关。但是从整体而言，在减脂期间将脂肪摄入稍微压低一点，可以让你多摄入一点碳水化合物，而只有摄入足够的碳水化合物，才能让你保证训练质量，并且进一步保证你能够最大限度地保存脂肪组织。在后文讲解完针对非减脂期间的情况之后，我们会给出一种具体的计算方式。

碳水化合物和脂肪的最低推荐摄入量

由于碳水化合物和脂肪都是身体主要的能量来源，它们得有个最低摄入数值。至于脂肪，它还是身体必需的营养素之一。

在减脂期间，进行热量限制是必不可少的；而在热量限制期间，进行宏量营养素限制也是必不可少的。但是对于那些每日消耗非常少的人，盲目套用本书中的公式有可能会让你的脂肪或者碳水化合物得到连最低摄入都没法保证的数值。为了避免这种情况，建议你将0.25克/磅体重的脂肪摄入和0.5克/磅体重的碳水化合物摄入作为最低标准。另外，在某些情况下，你可能会需要为了保证最低摄入，而减慢自己的减重速度。如果你减重的目标速度是每周1%体重，但是为了达到这个目标，你的脂肪或者碳水化合物摄入会达不到最低标准，那么为了健康考虑，此时的最佳做法就是把减重目标速度改成每周0.5%体重。

在一些罕见的情况下，有些人可能因为每日消耗极少，导致他们必须把每周的减重目标定为0.3%~0.4%体重，以避免出现碳水化合物或者脂肪连最低摄入值都达不到的情况。就整体而言，比起你把脂肪或者碳水化合物摄入分别降到0.5克/千克体重或1克/千克体重以下的做法，将减重目标改得温和一点是种更明智的选择，因为这样做才能最大限度地保存你的肌肉。

设计增肌期的宏量营养素

至于那些目标为增加肌肉和提高力量的训练者，他们对于宏量营养素的需求就和减脂人群不太一样了。因为他们的热量摄入就算不处于盈余状态，也至少处于维持状态，而且比起减脂人群他们有着更多的体脂肪和糖原储备，在前文建议的高蛋白饮食的优势，在这里就发挥不了作用了。

在目前较新、较全面的关于蛋白质对于非减脂人群肌肉和力量增长关系的荟萃分析中可以得出，蛋白质带来的积极作用在0.7~1.0克/磅体重时就进入平台期了。事实上，仅有少数几项研究表明，摄入超过0.7~0.8克/千克体重的蛋白质对于肌肉增长或者力量训练表现还有帮助。但是，这些统计结果并不统一，而且有时候还会和营养摄入时机这个变量混淆。基于这个原因，在非减脂时期摄入0.7~1.0克/千克体重的蛋白质，就能享受到高蛋白饮食带来的所有优势了。

对于那些总是因为吃得太饱而没法增重的人，高蛋白饮食可能会带来一些问题。在这种情况下，建议采用推荐值的低点（0.7克/磅体重）来减少饱腹感。在另一个极端情况里，如果你因为过于饥饿而增重速度过快的话，你可以把蛋白质摄入提高到1.5克/磅体重来试着增加饱腹感，并且小幅度提高每日消耗。蛋白质有着很高的"TEF"，以及食物热效应值，TEF是指身体代谢消化食物所需要消耗的热量。在如此高的蛋白质摄入下，你摄入的一大部分蛋白质都会被身体转化成其他能量物质，从而提高总热量输出。

现在，这个0.7~1.0克/磅体重的数值可能会把有些人吓到。在健美世界里，很多人认为每天蛋白质的最低摄入值就是1克/磅体重。在你质疑我从没实践过，只懂理论之前，请记住我也是一位健美爱好者，并且在自然健美竞赛中取得过可观的成就（而且我也在系统学习科学知识之前，每天至少吃2克/磅体重的蛋白质，而我那时的体型比现在小多了）。我是一些世界顶尖健美运动员的教练，我针对健美运动员的蛋白质需求进行过大量研究，而且我也可以向你提供一份详细的文献列表来支持我的观点。

换个角度想一想：你在增肌的时候，摄入的热量肯定足够了。在减脂时需要摄入高蛋白的原因之一，就是在你进行热量限制或者降低体脂的时候，更多的蛋白质会被身体用于供能。而在热量盈余的时期，这种现象就不会发生，所以你并不需要摄入和减脂期同样多的蛋白质，并且当你将更多的热量分配给脂肪和碳水化合物之后，对你来说还有一些别的好处。

说到碳水化合物和脂肪，因为在增肌期有更多的热量可以分配，并且基本不用担心由于碳水化合物摄入过低而影响训练状态，所以我们可以把更高比例的热量分配给脂肪。对于绝大部分人，推荐让脂肪的热量占到总热量摄入的20%~30%，但是如果你更喜欢高脂肪、低碳水的饮食方式，或者有充足的证据表明你自己对于这种饮食方式的反应更好的话，你也可以把脂肪的比例调高到40%（关于这一点会在后文详细讲解）。然后和之前一样，把剩下的热量全部分配给碳水化合物就可以了。最后，强烈建议你只要把注意力放在总热量和蛋白质的摄入上就行了，碳水化合物和脂肪的具体摄入比例在非减脂期并不会造成什么影响。

下面的这张表格，为你总结了在减脂期和增肌期，分别该如何详细计算你的宏量营养素需求。

宏量营养素摄入建议	蛋白质	脂肪	碳水化合物
减脂期	1.0~1.2克/磅体重	15%~25%总热量摄入，每天至少摄入0.25克/磅体重*	剩下的所有热量，每天至少摄入0.5克/磅体重
增肌期	0.7~1.0克/磅体重	20%~30%总热量摄入，每天至少摄入0.25克/磅体重*	剩下的所有热量，每天至少摄入0.5克/磅体重#

*如果你有充足的数据或者经验证明自己更适合高脂肪的饮食方式，或者单纯喜好这种方式，可以将脂肪的比例提高到最多40%
#在增肌期，可以将注意力只放在总热量和蛋白质的摄入上

范例增肌期摄入计算

让我们继续用之前那位体重为200磅的男性作为范例，根据他的体重假设一下他的维持热量。在这个体重下（可以回顾一下第9章的内容），这位男性想要维持体重，每天需要摄入2 600~4 400大卡的热量。

让我们取一个中间值3 000大卡，作为他保持体重不变的热量摄入值。如果他是一位中级训练者，想要进入较为保守的增肌期，我们可以让他每天多摄入200大卡来产生小幅度的热量盈余。这位男性训练者的新热量摄入目标就是每天3 200大卡。

计算蛋白质摄入量

让我们从1克/磅体重的蛋白质摄入作为起点，既然他的体重是200磅，那他每天的蛋白质摄入目标就是200克。

接下来，我们需要从他每天的总热量中减去来自蛋白质的热量，才能计算出脂肪和碳水化合物的数值，所以，让我们先来看看。

每天来自蛋白质的热量摄入=蛋白质的克数×每克蛋白质的热量

=200克×4大卡/克

=800大卡

计算脂肪摄入量

我们会将他每天总热量摄入的25%安排到脂肪中，这是推荐值20%~30%的中间值。以下是我们的计算过程。

每天来自脂肪的热量摄入=总热量摄入×（来自脂肪的供能÷100）

=3 200大卡×0.25

=800大卡

每天脂肪的摄入目标=来自脂肪的热量÷每克脂肪的热量

=800大卡÷9大卡/克

=88.89克

计算碳水化合物摄入量

最后，碳水化合物的摄入是去掉蛋白质和脂肪之后，所有的热量摄入。以下是我们的计算过程。

每天来自碳水化合物的热量摄入=总热量摄入－来自蛋白质的热量摄入－来自脂肪的热量摄入

=3 200大卡－800大卡－800大卡

=1 600大卡

每天碳水化合物的摄入目标=来自碳水化合物的热量÷每克碳水化合物的热量

=1 600大卡÷4大卡/克

=400克

总而言之，这位体重为200磅的男性在增肌期，每天大约需要摄入200克蛋白质、90克脂肪，以及400克碳水化合物。或者，他也可以在保证每天摄入3 200大卡和200克蛋白质的前提下，在热量盈余时期根据个人喜好安排脂肪和碳水化合物的具体比例。

范例减脂期摄入计算

现在，如果这位体重为200磅的男性处于减脂期，那这些宏量营养素的数值就要做些调整，以适应他每周减重0.5%~1.0%体重的目标所需要的热量缺口了。

假设他的维持热量还是3 000大卡，使用"3 500大卡原则"进行计算，如果他想每周减去1磅体重的话，他每天就得少摄入500大卡，然后还需在训练日程中加入一些有氧训练（有氧训练的内容在这里不进行具体展示）。

计算蛋白质摄入量

因为他现在每天的总热量摄入只有2 500大卡，所以我们需要将他的蛋白质摄入稍微提高一点。让我们假设他每天摄入1.1~1.2克/磅体重的蛋白质。

每天蛋白质的摄入目标=体重 × 每磅体重的蛋白质摄入量

=200磅 × 1.1克/磅

=220克

和上个例子一样，我们需要从他每天的总热量中减去来自蛋白质的热量，才能计算出脂肪和碳水化合物的数值。为了让接下来的计算变得简单一点，用225克蛋白质的数值作为范例。

每天来自蛋白质的热量摄入=蛋白质的克数 × 每克蛋白质的热量

=225克 × 4大卡/克

=900大卡

计算脂肪摄入量

接着，我们会将他每天总热量摄入的20%分配在脂肪上。这个数值是推荐值15%~25%的中间值。

每天来自脂肪的热量摄入=总热量摄入 ×（来自脂肪的供能 ÷ 100）

=2 500大卡 × 0.20

=500大卡

每天脂肪的摄入目标=来自脂肪的热量 ÷ 每克脂肪的热量

=500大卡 ÷ 9大卡/克

=55.56克

计算碳水化合物摄入量

最后，碳水化合物的摄入是去掉蛋白质和脂肪之后，所有的热量摄入。

每天来自碳水化合物的热量摄入＝总热量摄入－来自蛋白质的热量摄入－来自脂肪的热量摄入

＝2 500大卡－900大卡－500大卡

＝1 100大卡

每天碳水化合物的摄入目标＝来自碳水化合物的热量÷每克碳水化合物的热量

＝1 100大卡÷4大卡/克

＝275克

简而言之，这位体重为200磅的男性训练者，在减脂期的开头，可以将225克蛋白质、55克脂肪，以及275克碳水化合物作为起始摄入目标。

这可以保证他有足够的碳水化合物来维持训练状态，有足够的脂肪来保持心态正常，还有足够的蛋白质来防止肌肉流失，并且让减脂饮食和正常饮食不会太过不同——这是个非常坚实、计划周到的起点。

其他一些细节，比如间歇日和周期减脂等也可以在减脂期被应用到，但以上内容可以给你建立起坚实的热量与宏量营养素的基础。至于其他话题，在后文会一一讲到，另外还会讲到具体该如何"精准命中"这些数字。

这些指南针对的是什么人群

以上的这些推荐数字不可能完全适用于每个人。实际上，盲目套用公式还可能拖慢你的进步速度。

我自己有10%~15%的客户每天的脂肪摄入超过了30%。还有另外大约5%的人甚至达到了接近生酮饮食的状态，这意味着他们平均每天的碳水化合物摄入不会超过80~120克，哪怕在增肌期也是这样。但是像之前提过的那样，这些人仅仅是少数，在我执教过的运动员中，他们的占比最多也就为20%。这意味着，在10个人里，可能有2个人需要在计算出来的碳水化合物摄入量的基础上把数值下调。这些人只是刚好对高脂肪、低碳水的饮食反应更好而已。

所以，你怎么知道自己是不是这一小部分人中的一员呢？

尽管有一些生理学指标可以帮我们推测出你对于哪一类饮食更为敏感，但最好的方法其实是自我实践测试一下，看看你自己更喜欢哪种饮食。第11章就会讲一讲这些自我实践的方法。但是以上的推荐数值，对于绝大多数进行力量训练、不超重、处于青年到中年年龄阶段的人都会有效。

现在我们都知道，运动习惯和维持健康的体重都可以帮你提高代谢碳水化合物的能力，但是为什么年龄在这里也有关系？

大部分老年人之所以不太适合高碳水化合物饮食，往往是因为他们在变老的过程中，流失了一部分肌肉，增长了一部分体脂，结果就是他们产生了胰岛素抵抗。但是，哪怕这些人坚持进行规律训练，仍然会有一些与老龄化相关的独立因素会从负面影响身体处理碳水化合物的能力。

另外，随着老龄化的进程加深，蛋白质带来的合成效应也会慢慢减弱。所以，在随着年龄增长而慢慢增加饮食中脂肪和蛋白质摄入的基础上，不要忘了你的整体热量消耗也会有所下降。这意味着你在热量摄入上的灵活性会变得越来越低，除非进行生酮饮食，否则其他时候你也得注意不要把碳水化合物的摄入压得太低。

所以，总的来说，本书给出的推荐主要是针对80%不超重、有着规律力量训练经验、尚未进入人生的最后1/3阶段的人群（这里的概念比较模糊，让我们大约定在60岁好了）。换句话说，如果你还处在人生的前2/3阶段、不超重、经常去健身房进行力量训练，那直接套用本书的推荐数值应该会对你"有用"。对于不属于这一人群的其他人，我们也很希望能给你们提供具体的宏量营养素的数字建议，让你们能在营养学的世界里畅通无阻，但现实情况是，你们的饮食计划需要进行非常个人化的规划，希望你能够理解本书无法照顾所有人的这一局限性。

我适合低碳高脂肪，或者生酮饮食吗

尽管无论水平如何，参不参加竞技，绝大部分健美爱好者和力量运动员都不适合低碳饮食，但还是有必要解释一下，该如何确定自己是不是那一小部分适合更高脂肪、更低碳水化合物的人。

现在，本书一直在说的"高脂肪"指的是超过35%的相对高的脂肪摄入，这里的相对，是相比于本书15%~30%的推荐值（取决于你在增肌期还是减脂期）。在同样热量摄入的前提下，提高脂肪的摄入比例，就意味着降低碳水化合物的摄入比例。而当本书提到"低碳水"的时候，指的是每天0.5~1.5克/磅体重的碳水化合物摄入。

这里指的并不一定是极端低碳水，每天碳水摄入不超过50克的生酮饮食。生酮饮食常常会要求每天的热量来源至少有60%来自脂肪，以确保基本的热量摄入。在近几年来，生酮饮食逐渐开始流行起来。很多人声称，生酮饮食可以通过让你多摄入脂肪的方式，来让身体更多地使用脂肪来供能，加上"你只有在胰岛素水平低的情况下，才能减脂"的想法，以此来达到燃烧脂肪的效果，不过这些概念并不完全正确。没错，你在进行生酮饮食的时候，确实会让身体消耗更高比例的脂肪来用以供能，并且胰岛素水平也会相对较低，但是，由于你的脂肪摄入同时也大幅度增加了，身体可能会依赖于膳食脂肪作为能量来源，对于燃烧体脂并没有什么帮助，而在热量缺口的情况下，胰岛素的水平也跟减脂效果没有什么关系。

不过，这并不意味着生酮饮食就一无是处了，只不过它和其他饮食方式一样，同时有着优点和缺点。在关于运动、体育以及身体成分的科学研究中，生酮饮食的效果从正面、负面到中性都普遍存在。

▸ 在进行低碳饮食的前1~4周，会出现疲劳、易怒和运动表现下降等现象，不过这些副作用在适应低碳饮食后就消失了。

▸ 在现实世界中，那些使用低碳饮食的人，一般都会增加自己的蛋白质摄入，结果就导致了身体成分更佳，以及饱腹感更强。

▸ 在进行低碳饮食的第1~4周，大部分人还会发现自己的饥饿感显著降低，满足感显著上升，而这一现象和蛋白质摄入量无关。这种现象会导致他们的热量摄入值变低，造成刚进行低碳饮食时的初始阶段减脂更快。

▸ 在蛋白质摄入充足的前提下，比起中等或者高碳水化合物的饮食，平均而言低碳饮食对于减脂和保存肌肉并没有什么优势。

▸ 不过，目前并没有很多基于极低体脂的人群的数据（比如健美运动员），但是从观察报告中来看，那些在比赛中名次更高的运动员，比起那些名次不那么高的运动员，普遍摄入碳水化合物的量要高一些。

▸ 平均而言，在起始阶段的适应期过后，低碳饮食对于肌肉运动表现似乎没有显著影响，不过这一现象只在训练容量较低的时候才存在。

▸ 个体对于低碳饮食的反应的差别也很大，有些人在低碳饮食时身体成分改变和运动表现提高得更快，而有些人则完全相反。

▸ 在高容量的抗阻训练中，低碳饮食可能会对你的运动表现造成负面影响。

▸ 极低碳水的饮食还可能从负面影响肌肉生长。

从上文可以看出，从总体上说，对于健康、体重正常，有力量训练习惯的人，适应低碳饮食一般来说是得不偿失的。但是，这并不代表高脂低碳的饮食就毫无用武之地了，大部分科学证据也表明（但不是所有证据都支持这一点），对于那些存在胰岛素抵抗的人群，低碳饮食可能是更好的选择。

那么，你怎么才能知道自己是否存在胰岛素抵抗，能不能从低碳饮食中获利呢？

首先，可以肯定地告诉你，绝大部分正在阅读此书的人不属于这一群体。胰岛素抵抗一般只在肥胖、久坐的人身上出现（而并不是所有肥胖、久坐的人都存在胰岛素抵抗），它一般只是一个暂时的状态，存在胰岛素抵抗的人通过健康饮食和规律锻炼就可以提高胰岛素敏感性。话又不能说得太绝对，在极少数情况下，有规律锻炼习惯、不超重的人也可能存在胰岛素抵抗，在这种情况下，高脂肪、低碳水的饮食可能会更适合他们。

胰岛素抵抗一般会和年龄增长，家族糖尿病历史，女性的多囊卵巢综合征（Polycystic Orarian Syndrome，PCOS）或者月经过少等因素有关联。虽然前两个因素有时候可以使用控制体重和规律锻炼的手段来改善，但患有多囊卵巢综合征或者月经过少的女性往往比起正常女性有着更高的雄激素（男性性激素）水平，这会导致她们不管运不运动或者体重如何，都容易出现某种程度的胰岛素抵抗的症状。

另外，在运动员群体中，那些雄激素高于常人的女性的数量非常不成比例。尤其是以力量和爆发力为主的运动项目，比起其他运动项目，其会有着更多雄激素水平高的女运动员。所以，如果你是一位患有多囊卵巢综合征或者月经过少的女性，千万不要因为自己需要为了避免潜在的胰岛素抵抗，需改变饮食习惯而灰心丧气。凡事都有两面性，你很可能因为雄激素高，比起别的运动员能取得更好的运动表现。再给你打一剂"强心针"，目前的科学证据很肯定：高脂肪、高蛋白、低碳水的饮食方式，对于存在胰岛素抵抗的人群，减脂效果非常好。

如果你是一位对于碳水化合物反应不好的男性，或者是一位没有多囊卵巢综合征或者月经过少症状，但是对高碳水饮食反应不好的女性，该怎么办？很多人都会怀疑自己是不是属于这种情况，但是只有极少数人有着客观的数据记录来确认这种感觉。所以，应该如何量化测试你是否更适合高脂肪饮食呢？

在理想的世界里，你可以简单地做几次血检，来确定自己的胰岛素敏感性，但并不是所有人都有条件这么做。并且，就算你出现了胰岛素抵抗的症状，医生给的建议也一般都是去减肥、做一点力量训练和增加平时的活动量。但是，如果你正在读本书的话，你很可能已经做到以上3点了。所以，就算你确诊了胰岛素抵抗，你的医生也无能为力。

所以，除了去做血检，更好的方法是在非赛季的时候进行一段时期的饮食测试，并且自己收集相关数据，来看看自己到底是不是对于高脂肪、低碳水的饮食反应更好。建议你使用1个月的时间，把每天的热量摄入调整为40%来自脂肪，然后蛋白质和总热量摄入保持不变。这么做改变的仅仅是饮食中碳水化合物与脂肪的比例。

在这个月里，每天用1~10分的标准来评判你的心情、精力水平以及训练质量。心情和精力水平的定义都非常简单直接，强调一下，训练质量和训练表现并不是一回事。这里看的并不是你的训练计划、容量或者举了多少重量（你可以，也应该记录这些数据，但只有当你的训练内容总体类似，可以直接对比的前提下才有用）。这里的训练质量，指的是你自我感知的努力程度和在当天训练时的心理状态。在追踪1个月量化的心情、精力水平以及训练质量的数据之后，将这些数据取平均值。

在这一个月结束后，用另一个月的时间重复同样的过程，唯一的区别是将饮食中脂肪的比例降低到20%，蛋白质和总热量摄入保持不变。不过，这还没结束。如果你真的想让自己的数据追踪做到最科学的话，建议你再重复一次整个测试过程，让整个测试持续4个月的时间。如果这个测试的结果是可以重复的，那么你就可以保证自己的结论比较可靠，而不会因为饮食之外的其他因素影响了测试的可靠性。在测试的结尾，你可以直接对比两种饮食方式的各项得分的平均值，来判断自己到底适合哪种饮食方式。

对于"我到底适合高脂饮食还是高碳饮食"这个简单的问题，做这么多看起来似乎有点大费周章了，但是在非赛季，这种测试是非常值得的。而且，这么做有什么缺点吗？确保你的热量摄入在盈余状态，保证蛋白质摄入和训练不变（当然，是在持续进步的基础上），保持4个月并不是什么不合理的做法。所以，大胆去做吧，这可以让你对自己的身体更了解。如果你发现自己摄入40%脂肪的那个月和摄入20%脂肪的那个月的得分有着巨大差异，那你可以得出这样的结论：高脂饮食是在长期状态下更适合自己的饮食方式。而且，从相对角度来看，如果你在余生都计划坚持进行力量训练和优化身体成分（如果你正在阅读此书的话，希望这是你的目标），那么4个月的时间仅仅是"沧海一粟"而已！

纤维素

我们在本章要讨论的最后一个话题是纤维素摄入，它对于肠道健康和营养吸收都有着重要意义。它还可以有效减少你的热量摄入，因为虽然纤维素"算作"碳水化合物，但并不是所有种类的纤维素都具有热量，而且纤维素还可能增加你的饱腹感。

目前在美国，对于纤维素摄入的建议是14克/1 000大卡热量摄入；对于女性来说，就是平均25克/天，对于男性来说，就是平均38克/天（并不是所有国家的营养机构的推荐数值都一样，在一些国家，推荐值只有10克/1 000大卡热量摄入，而这个数值很可能已经足够了）。不过，你也得确保纤维素摄入不要过多了。

对于各个性别的最高摄入值，推荐不要让纤维素摄入值超过每日总碳水化合物摄入值的20%（所以如果你某天摄入了400克碳水化合物，那你的纤维素摄入就最好不要超过80克；如果你某天摄入了200克碳水化合物，那纤维素摄入就最好不要超过40克，以此类推）。这个建议可能会出乎很多人的意料，尤其是那些传统思维的健美运动员，因为很多人都不知道纤维素摄入是有上限的。但是，假如你每天只吃燕麦片一类的"干净食物"，那你的纤维素摄入很可能会远远超过推荐上限，并且会对你的肠胃道健康和营养吸收的能力产生负面影响。在极端情况下，这还会让你看起来非常"膨胀"或者感觉胃胀。

这里还有另外一个问题，"我该将纤维素算进碳水化合物的摄入量里吗？"

　　往往传统的营养学会告诉你，纤维素不能被人体吸收，但是实际上，有一部分纤维素虽然不能被小肠消化吸收，但是会在大肠里发酵，而这一发酵过程产生的副产物则会提供能量。但是，想要具体计算哪种纤维素有热量，以及具体有多少热量，是非常困难的。因此，基本建议是将纤维素算进碳水化合物的摄入量中，并且让摄入值保持在本书推荐的最低值和最高值中间。哪怕这样做并不能精准地反映出总碳水化合物提供的热量，但这并不重要，因为在这里需要的是你记录热量和宏量营养素的持续性。

第11章 营养金字塔
第3层: 微量营养素及水分

先铺垫一下：“宏量”意味着大，而“微量”则意味着小。所以，你对于宏量营养素的需求，从绝对数量上来说要比微量营养素高很多。

到目前为止，我们对于宏量营养素的讨论，都是以克为单位的。与它截然相反的是，在我们讨论微量营养素的时候，我们会用非常小的单位来量化，用毫克甚至更小的单位。在极少数情况下，我们会用克来衡量微量营养素，但最多也就是 1~2 克。

尽管我们的身体对于这些营养素的需求只有极少量，但这些营养素对于总体的健康、运动表现、饥饿水平、心境状态，以及增肌能力（如果你缺乏某些微量营养素的话）都起着非常重要的作用。在本章中，我们会一一讲解不同类型的微量营养素，以及该如何从食物中摄取每日需求量。我们还会在本章的最后讨论水分的摄入并给出相应的摄入指南，并且教你判断自己是不是处于缺水状态。

给微量营养素下定义

微量营养素有两个大分类：矿物质和维生素。矿物质主要是无机物；维生素主要是有机物。这里不会把每一种微量营养素和它们各自的作用都一一展开进行讲解，给你上一堂长长的营养学课，如果你对于某种具体微量营养素感兴趣的话，可以使用搜索引擎寻找你想要的信息。

不过，本书会简单介绍一下它们是什么，以及它们该如何分类。因为你不能（或者说不该）在学习完宏量营养素之后，就觉得不需要考虑其他东西了。当讲解完微量营养素的分类之后，还会教你如何把这些知识具体应用到日常饮食中，以确保所有的营养基础都得到保障。

矿物质

矿物质是无机物，你可能在化学元素周期表中见过它们其中一些的身影。矿物质又可以分类成我们身体需求量较多的宏量矿物质，以及身体需求量相对较少的微量矿物质。

宏量矿物质包括了钙、磷、钾、硫、钠、氯以及镁元素。如果你有一些营养学或者化学基础的话，就会知道它们中的大部分都是电解质，和我们的水分摄入及电解质平衡息息相关。

尽管身体对微量矿物质的需求量很少，但微量矿物质在人体生理中却起到了非常重要的作用。它主要包括了铁、铜、钴、锌、钼、碘、硒等元素。还有一些没有列出的微量矿物质，它们的作用相对没那么重要。

维生素

维生素是人体内的有机物，同样被分为两大类：脂溶性维生素和水溶性维生素。顾名思义，脂溶性和水溶性是指维生素在身体里被吸收的方式。

脂溶性维生素会在脂肪的帮助下，在小肠里被吸收，而且比起水溶性维生素，脂溶性维生素在身体里停留的时间要长很多。水溶性维生素会通过汗水和尿液被身体快速排出，所以我们通常对水溶性维生素的需求更多。

脂溶性维生素包括了维生素A、维生素D、维生素E和维生素K，可以用"ADEK"的缩写来记住它们。除了ADEK，剩下的维生素都是水溶性维生素。水溶性维生素包括了8种不同形式的维生素B和维生素C。同样，它们的具体化学名称，各自的生理功能，如果缺乏或者摄入过多会发生什么一类的话题，和你的营养目标关系不大，所以在本书中并不会展开讨论。不过，讨论一下脂溶性维生素和水溶性维生素的区别，以及它们的吸收方式是如何影响我们对于它们的摄入频率需求的，是非常重要的。

因为我们一直会饮水和排尿，身体一直在处理大量的水分。因此，我们需要每天都摄入充足的水溶性维生素。而且由于你会通过尿液排出过量的水溶性维生素，所以它们也很难出现摄入过多的情况。相比之下，我们更容易因为过高的水分周转率而缺乏水溶性维生素。

而脂溶性维生素则是另一种情况了。因为它们会在身体里长时间停留，相对更容易出现摄入过量的情况，也更难被代谢掉。同样，除非你的饮食长期不均衡，否则你很难会缺乏脂溶性维生素。脂溶性维生素缺乏的症状，也需要更长的时间才能显现。

以上就是在进入下一个话题之前需要知道的大致背景知识。接下来，你需要知道该如何确保自己的饮食能够摄入足够的微量营养素。

"广泛摄入"与"单一摄入"的心态

可以回忆一下第9章的内容，我们提到过，在饮食计划的设计中，你的心态和观念是帮助你达到形体或者力量目标的关键。你需要确保你的日常饮食中含有大量富含微量元素的食物，而不是试着避免那些微量元素含量不高的食物。

这种"广泛摄入"与"单一摄入"的心态，在减脂期尤其重要。

当你进食减少的时候，你摄入的微量元素也会相应减少。大部分流行的食谱，哪怕是那些看起来食物非常多样化，含有不少富含微量元素食物的食谱，事实上都会存在微量元素缺乏的问题。

传统的健美运动员的减脂饮食会将注意力集中在那些"健康"的食物上，并且避免那些"垃圾食品"。这种做法从理论上来讲会增加饮食的微量元素密度，但是这种饮食方式在实际中常常因为过度严格，而导致一些关键的营养素无法摄入，从而造成微量元素缺乏。

减脂时期容易缺乏的微量元素

在那些针对20世纪80年代和90年代健美运动员饮食的调查中，发现有5种最普遍缺乏的微量元素：维生素D、钙元素、锌元素、镁元素以及铁元素。有时候，这些微量元素的缺乏可能会严重影响到人的身体健康。这里会举一些例子。

锌元素的缺乏会导致甲状腺功能下调，进而导致热量消耗显著降低。在一项个案研究中，有一位研究对象在连续4个月补充锌元素补剂之后，静息代谢率（RMR）升高了194大卡，而另一位研究对象则在连续2个月补充锌元素补剂之后，静息代谢率升高了527大卡之多。这是一个来源于真实生活的"单一摄入"饮食的极端负面案例，而如果使用本书推荐的"广泛摄入"的做法，就不太容易出现这个问题。

在1989~1994年间，健美运动员最常缺乏的微量元素
维生素D
钙元素
锌元素
镁元素
铁元素

另一个会由于缺乏而显著影响进步的微量元素是铁元素，这种情况在女性运动员中尤其常见（尤其是她们在减脂期）。在一项针对一群女性排球运动员的实验中发现，那些补充了铁元素的女运动员，比起什么都不补充的控制组，在一系列杠铃动作中的力量要更大。

很显然，在一些情况中，依据减脂期缺乏的微量元素有针对性地进行补充，对成功有着令人难以置信的重要性。

钙元素是另一个容易缺乏的元素，同时它的需求量也相对较大。食用乳制品可以避免钙元素缺乏这个问题。低脂肪、低碳水和高蛋白的希腊酸奶可以在低脂、低碳，或者低热量的饮食期间摄入，防止缺钙的情况发生。对于那些在本地买不到希腊酸奶，或者因为特定原因无法摄入乳制品的人，也许可以考虑一下钙元素补剂。

缺乏微量元素可能产生的影响如下所示。

▶ 缺锌可能会对你的新陈代谢产生负面影响。

▶ 缺铁可能会对你的力量产生负面影响。

▶ 缺钙可能会对你的骨骼健康产生负面影响。

微量元素缺乏对你的健康、运动表现，以及潜在饮食成功率都有着显著影响。多样化的饮食方式基本可以避免这些问题，但是在热量摄入和宏量营养素摄入变得更低的时候，防止微量元素缺乏也会变得越来越难。建议在减脂期间保持乳制品和红肉（任何深色或者红色的肉，因为它们富含肌肉蛋白，也就是铁元素）的摄入（或者购买瘦肉，或者把肉眼可见的脂肪部位切掉，可以让这些肉适用于任何饮食），然后确保足够的户外光照（而不是通过窗户）。这样做可以帮你避免缺乏钙、锌、镁、铁等元素或者维生素D的情况发生。对于那些素食者，或者不吃红肉、乳制品的人，在后文会讲到补剂，你可以在减脂的时候适量使用补剂。

在减脂和微量元素这一话题的最后，我想强调一下，你应该把注意力集中在增加饮食多样性上（"心态与工具"一章里也讲过这一点），并且应采用广泛摄入的心态，因为宏量营养素的广泛摄入，会对你的微量元素丰富度造成一定影响。在一项发表于2018年，针对形体运动员的研究里指出，比起那些采用严格的饮食计划的运动员，那些不限制食物摄入种类的运动员，有着更高的蛋白质、钠元素、维生素E、维生素K以及维生素C的摄入量。

增肌时期容易缺乏的微量元素

当你不在减脂期时，避免微量元素缺乏就会变得简单很多。但是，你可能会因为饥饿感不强，而忘记摄入足够的低热量、高纤维、高水分和高微量元素密度的蔬菜和水果了。所以，建议你有意识地确保自己有充足的蔬菜和水果摄入量。

这里强调蔬菜和水果，是因为大多数情况下，健身爱好者们不会缺乏那些主要来源为肉类、乳制品和淀粉类碳水化合物的微量元素。而对于那些把主要注意力放在增肌上的人来说，在饥饿感不强的情况下，更容易缺乏蔬菜和水果提供的微量元素。

简单的水果及蔬菜摄入推荐

蔬菜和水果与健康息息相关，而且你每天得至少吃5份蔬菜和水果才行，因为这个量的摄入和死亡率的降低有着联系。

　　一个简单的方法是在增肌期每1 000大卡的热量摄入中，确保至少有1份（大概是1杯，或者1个中型大小的水果）蔬菜以及水果的摄入（因为你不想因为食用蔬菜和水果而抑制太多食欲），而在减脂期，则确保每500大卡（四舍五入）的热量摄入中，至少有1份蔬菜以及水果的摄入（用以提高饱腹感）。

　　举个例子，如果你是一位体型相对较大的男性，在非赛季每天摄入3 000大卡，那你每天应该至少吃掉3份水果和3份富含纤维的蔬菜。

　　如果你是一位体型较小的女性，或者轻量级的男性，在减脂期每天只摄入1 200~2 000大卡的话，那你的目标就是每天至少摄入水果和蔬菜一共4份。不过，这么做可能会让你的碳水化合物摄入超出每日目标。在这种情况下，你需要在超市仔细找找，看哪种水果和蔬菜的每份热量最低。你会发现，蓝莓一类的水果会比香蕉的热量更低。

　　另一个极端情况是，一位大体重、极度活跃的运动员，可能每天需要摄入4 000~5 000大卡的热量，而如果他们每天吃足5份蔬菜和水果的话，可能就没有胃口吃别的食物了。在这种情况下，将摄入降低到每天4份、3份，甚至每天2份都是可以的，避免吃过量蔬菜和水果带来大量腹胀感和饱腹感，从而影响到非赛季的热量摄入，这才是重点。

　　每天摄入至少2份蔬菜和水果，是推荐的最低值。这个数量可以很好地保证你在确保微量元素摄入的前提下，不会造成过强的饱腹感。记住，这是营养金字塔的第3层，你不能因为微量元素摄入而影响到营养金字塔的第1层热量摄入。

　　除非你在进行极低热量的饮食，否则建议在每500~1 000大卡的热量摄入中，保证有1份蔬菜和水果。这么做的好处之一是可以在减脂期间给你提供更多纤维，以及让你拥有更高的饱腹感，因此增加你对减脂饮食的依从性和持续性。

　　大部分蔬果产品的热量都很低，所以你会发现，在热量缺口期间增加它们的摄入，可以让你在总热量摄入不变的情况下觉得自己"吃得更多"。

食物种类	推荐摄入	备注
水果	在增肌期1份/1 000大卡热量摄入，在减脂期1份/500大卡热量摄入	四舍五入。在极低碳水的饮食期间可能不适用。
高纤维蔬菜	在增肌期1份/1 000大卡热量摄入，在减脂期1份/500大卡热量摄入	四舍五入。在极低碳水的饮食期间可能不适用。

这就是在饮食不均衡的情况下（意思是你的饮食中包含大量的微量元素含量低的食物），哪怕你在理论上可以用大量的高热量密度食物"命中"宏量营养素目标，但仍然会觉得饥饿的原因。

总而言之，请确保你的饮食有着一定的多样性（尤其在减脂期），比如最少有2~3种蛋白质、脂肪，以及碳水化合物的来源，并且确保摄入足量的蔬菜和水果。如果你这么做了，在满足了宏量营养素的基础上，你在达到目标的过程中出现微量元素缺乏的风险会低很多。但是，也不要走向另一个极端，觉得食物多样性越高越好。实际上，保证饮食的结构性和持续性，让它更"自动化"一点，才是保证长期成功的关键。最后，在本书后文关于补剂的介绍中，我们还会谈到一些其他确保你在减脂期不会缺乏微量元素的方法。

液体摄入

和营养金字塔第1层中关于如何计算维持热量的内容类似，确定适合你的液体摄入值也有不同的方法。

但是哪些液体才能被算作在液体摄入里呢？

答案是：除了酒以外的液体都算。没错，哪怕是通常认为的"利尿剂"，比如咖啡，其实补充的水分也比它促进排出的水分要多得多。所以一切饮品，包括咖啡、碳酸饮料、牛奶、果汁、茶和调味过的水等（除了酒之外）都可以算在液体摄入里。我们不计算酒的主要原因是，它其实是一种脱水剂，它让你排出的水分多于其摄入的水分。

那么，你每天该摄入多少液体呢？

目前对于液体摄入的推荐是每天男性3.7升，女性2.7升。不过，这些推荐值既没有照顾到有运动习惯的人，又没有考虑到不同体重。所以，更好的做法是把你的体重以磅作为单位，乘以2/3，就是你需要的液体摄入量（液体以盎司作为单位，1盎司约等于28.4毫升，此后不再标注）。这意味着，如果你的体重是210磅的话，那你每天需要摄入140盎司的液体。对于那些习惯于使用公制单位的读者，换算过来就是每23千克体重需要摄入1升的液体。

哪怕体重一样的两个人，对液体的需求可能也会有差异。举个例子，如果某个人很容易出汗，又习惯摄入大量液体，导致排尿也更多。这个人的液体的周转率就会比其他人高一些。另外，还有其他一些因素，比如你的训练时长、训练类型、有氧运动的类型和运动量、你居住地区的气候等，都会影响你对于液体的需求。

为了更直观一点，再举两个极端的例子。第1位志愿者体重200磅，不怎么出汗，住在阿拉斯加洲（译者注：美国位于北美洲西北端的联邦州），每周只进行3次低容量的力量训练，并且健身房四季有空调。而第2位志愿者体重同样是200磅，住在中东地区，天生爱出汗，每周不仅进行6次力量训练，还有3次有氧训练，并且没有什么接触空调的机会。用逻辑就能推断出，他们虽然体重一样，但是对于液体的需求量会差别很大。

确保充足的液体摄入非常重要，因为哪怕低至2%体重的体液流失，都会导致显著的有氧运动表现下降；而如果体液流失达到了3%体重时，力量就会开始受到显著影响。

第12章　营养金字塔
第4层：进食时机及进食频率

到现在，我们已经讨论过了要摄入多少热量（第9章），这些热量具体来自哪里（第10章），以及食物中微量元素的重要性（第11章），是时候讨论一下该具体在什么时候摄入这些热量了。我们会从长期和短期的角度分别讲解，把饮食的不同阶段分开讨论，具体讲解热量在一周之内该如何分布，在一天之内该如何分布，以及进食时机与训练的关系。

和前文一样，在本章中，我们会把减脂期和增肌期分开讨论，并具体讲解一下两种情况下的细微差别。

间歇减脂（周期化减脂）

在力量训练中，如果能按照周期分别规划高容量、高强度，以及恢复模块的训练的话，能帮助你更有效率地达到训练目标。对于饮食来说也一样，如果能清晰规划出高热量周期以及低热量周期，也会更为高效地达到饮食目标。我们在这里要讨论的第1个手段就是基础的间歇减脂。

间歇减脂的概念类似于在汽车抛锚之前加一点油。这意味着，在减脂到你失去理智想要暴饮暴食之前，你可以简单加入一个间歇期，来避免长期热量缺口带来的一系列潜在负面影响。从心理上来讲，这么做可以让你对整个减脂过程更有掌控感，而不会让你因为减脂而心理崩溃。

关于间歇减脂最原始的研究发现，有意"中断"减脂的过程，其实并不会让减脂过程在实际中中断。那些使用间歇减脂手段的人，和一直减脂不休息的人的整个减脂过程的效率其实是一样的。而且，如果你持续进行热量缺口的时间越长，每天消耗的热量就会慢慢降低，以至于想要继续减脂的话，就得进一步降低热量摄入或者通过运动来增加热量消耗，这会让整个过程变得越来越难。尽管随着体重降低，这种情况不可避免地会发生，因为你身体在活动时需要移动的重量更小了。这种现象产生的另一个原因是"适应性生热"，或者是经常被谈到的代谢适应。

对于那些想把体脂率减到比较低的程度的人来说，代谢适应可能是一个大问题。有一项实验发现，那些减去至少10%体重的人，平均每天消耗的热量，比起没减脂过、处于同样体重的人少了18%。当然，这个数字只是一个平均值。如果把这项研究中的数据拿出来具体分析，就能发现有95%的研究对象的每日热量降低了8%~28%不等。这意味着有一部分人在减脂结束之后，总热量消耗还能保持在减脂前的90%以上，受到代谢适应的影响很小。而另一个极端是，有些人的热量消耗会降低到只有预料值的2/3。如你想象的那样，对于一些人来说，代谢减缓会让他们的减脂过程变得更困难，也更容易令人沮丧。

幸运的是，这个适应过程的一大部分是可以通过增加热量摄入来逆转的。实际上，一项发表于2018年，基于肥胖男性的研究发现，如果可以通过减脂2周，再维持2周的方式循环，比起耗时一样，但是一直采用热量缺口减脂的方法，能让志愿者减去更多的体脂肪，并且维持了更多的代谢。尽管暂时还没有基于运动员的研究，但从逻辑上也能猜测，间歇减脂也许可以通过减少疲劳以及补充肌糖原的方式，来帮助提高训练质量和维持肌肉。但最重要的是，间歇减脂可以让你有一段心理上的恢复时期，调整心态，在再次潜入热量缺口的"深潭"前，呼吸一口新鲜空气。

谁最适合间歇减脂

建议那些减脂期超过3个月，并且有充足时间来实施这项策略的人进行间歇减脂，这样才能尽量减少错过硬性结束日期的风险。除非你的状态已经比较落后了，否则间歇减脂对于备赛中的运动员来说非常有用，因此强烈推荐进行间歇减脂。

因为以上列出的这些原因，我在执教的时候，甚至会提前给客户规划好间歇减脂的时间，并且会和客户解释清楚，减脂的时间越充裕，减脂路上的阻力就会越小。

正常来说，我会根据经验建议在减脂期的每4~8周植入1周的间歇期。举个例子，假如某人规划了1个时长为24周的备赛周期，在这种情况下，他就可以在整个减脂周期里植入2~5个间歇期，并且平均分配在不同时间点里。比如把减脂的第8周、第16周以及第24周（这一周同样也是"冲刺周"，所以进行间歇期正好和"冲碳"重合）作为间歇期（这一点比较显而易见了，我们目前所谈的情况都是减脂期，而如果你在增肌期的话，采取间歇期的做法并不是很有必要）。

我认为自动调节的间歇减脂也是有价值的。具体来说，我会在减脂停滞时（2~3周没有进展）采取这一措施，这样就不用为了继续减脂刻意减少热量的摄入或者增加有氧运动了。你会惊讶地发现，即使当你在间歇减脂后摄入的热量达到原来的水平时，减脂依然有效。

该如何具体实施间歇减脂

间歇减脂的根本，就是把热量摄入从缺口提升到维持状态。本书在这里可以给出一个建议：在绝大多数情况下，在你热量缺口的摄入上额外增加300~600大卡（具体数字取决于你的具体维持热量、体型以及目前减脂的激进程度），并且在此基础上将有氧训练的量降到正常训练量的50%。

这里的目标是在不增加体重的基础上尽量多吃，或者哪怕出现体重增加，也将它控制在极小的程度上，因为在此期间增加的体重主要是水分和肌糖原，而不是脂肪。减脂间歇期，普遍而言需要持续1~2周。最简单的实行方法就是把间歇期的所有日子都当成间歇日，因为间歇日的热量摄入目标也大致在维持热量左右（不要紧张，马上就会开始讲解间歇日是什么）。

现在这里的重点是，研究已经指出，在不量化计算热量的前提下进行间歇减脂，有意识地从减脂饮食变成"正常吃饭"，并不会对减脂结果造成影响，甚至还会让你在心态上更轻松（因为你不需要担心称量食物和计算热量）。但是，如果你想把间歇期当成减脂的助推剂而不是暂停期的话，那你就需要有意识地计算摄入的热量，并且把间歇期当成是减脂期中的普通一天，只不过摄入的热量和宏量营养素都上升到维持水平。

另一种兼顾两种方法优势的折中做法是在减脂期详细记录宏量营养素摄入，然后在间歇期只记录蛋白质和总热量摄入，这样做既可以防止你因为吃太多而增加脂肪，还可以让你在间歇期的食物选择比起减脂期更自由、灵活度更高。

减脂的间歇期可能会发生什么

在间歇期，你的体重上升、下降，或者不变都是有可能的。如果你的体重出现了小幅度上涨，是完全没问题的，因为你在回到减脂期后就会很快把新增的体重减掉，而且这时候增长的体重主要来源于流失的肌肉组织、糖原、水分以及食物本身的重量（见第9章"代谢魔法"的内容）。

有些人在间歇期反而会开始（如果在间歇期前处于体重下降平台期的话）或者继续减重。不管你信不信，这种现象主要是因为皮质醇（一种随着压力而增长的激素，会导致水分滞留）水平在间歇期会因为热量摄入增多而下降，让身体排出滞留的水分；另一小部分原因可能是尽管这些人在间歇期增加了热量摄入，减少了有氧训练量，但是仍然处于热量缺口状态，所以仍然会继续减重。

最后，你也可能在体重不变的基础上，感觉更棒、看起来更健康、训练更有状态、生理和心理都更有活力。这可能是因为你在间歇期的热量缺口或者盈余都非常小，在恢复流失的肌肉和糖原的同时，减去了小部分脂肪或者排出了滞留的水分，导致体重总体没有什么变化。

不管你的体重在间歇期是增加了、减少了，还是保持不变，这些结果都是可以接受并且完全正常的。最重要的是，不管结果怎样，间歇期的做法都是值得的。

强烈推荐所有长期减脂的人都应用一下间歇减脂的策略。这么做可以帮你在竞技期间或者减脂期结尾时吃得更多、做的有氧运动更少、看起来更瘦，以及保存更多的肌肉和拥有更多的满足感。

单天间歇日

让我们从稍微更微观的角度，来谈谈在一周之内调整热量摄入和宏量营养素摄入的做法，以及它们能帮助力量和形体运动员达到目标的原因。最常见的策略之一就是间歇日，或者俗称的"碳水循环""热量循环""宏量营养素循环"等。不管名字叫什么，它们的意思都差不多：在一周中的不同天里，你会将热量和宏量营养素按照某种特殊方式分配，以期望达到更好的效果。

我们在这里要讨论的可以算是最常见的做法了，周期化（最常见的是每周1次）地使用24小时的间歇日，通过增加碳水化合物的摄入，让热量达到维持水平。

尽管这种方式并没有一定的科学研究支持（在后文，我们会讨论针对48小时多天间歇期的相关研究），但它和间歇减脂的主要目的是差不多的，即尽量缓解代谢适应的过程。从逻辑上讲，只进行24小时的间歇期，比起连续进行1~2周的间歇期，带来的效果可能更低，代谢恢复可能更少。但是，这种做法仍然存在着一定的生理和心理优势，让24小时的单天间歇日成为减脂期的应用策略之一。这里的关键仍然是控制饮食，而不是把它变成暴饮暴食的"欺骗日"，并且你仍然需要计算热量，因为你需要确保增加的热量摄入主要来源于碳水化合物。这里增加碳水化合物摄入的目的是恢复糖原，以及在理论上大幅度增加瘦素水平（进而减少代谢适应的现象）。在潜在心理优势的基础上，这种策略还可以通过大量地补充糖原，达到提高能量水平和运动表现的目的，并且能在减脂期间保存更多的肌肉量。

关于间歇日的科学数据虽然非常少，但是目前已有的数据却非常有意思。先说说心理优势，在一项调查中，绝大多数人都更愿意采用每周6天中每天都摄入1 300大卡，然后剩余1天摄入2 700大卡的饮食方式（每周总摄入10 500大卡），而不是每天都摄入1 500大卡（每周总摄入同样为10 500大卡）。另外，有些冲碳的方法还可能帮助你在短短1天的时间里，让肌糖原达到超极限的水平。

不过，除了这些潜在的优势，单天间歇日可能并没法实现很多人所期待达到的一些效果。更具体地说，想要达到完全的肌糖原恢复，你可能需要在1天的时间里摄入大约10克/千克体重（大约4.5克/磅体重）的碳水化合物，对于一位80千克（176磅）的训练者，这就是800克的碳水化合物。这么做的结果就是，你的热量摄入量会远远超过维持水平，但没什么必要非要在1天里实现，把它分布到更多天里，效果可能更好。

同样的道理，对于女性来说，科学研究表明，短短1天的高热量摄入并不能有效地逆转减脂带来的激素适应和月经问题。而在另一项研究中发现，持续48小时的维持热量摄入才开始明显对于激素适应产生逆转现象。因此，不仅间歇日中摄入的热量很重要，间歇期一共持续多久也不能被忽视。从生理和实际的角度来说，多天间歇期可能起到的作用要更大。

不过，这并不意味着单天间歇日就毫无"用武之地"了。哪怕它并不能对减脂期间的代谢适应或者激素适应起到明显改善作用，但热量缺口的天数越少，产生的这些适应性也就越少，并且在减脂期中间的间歇日可以在某种程度上减少这些适应性的累积效应。记住，既然这些适应性需要多天间歇期才能缓解，那它们的产生也不是单天的热量缺口就能累积的，而每间歇1天，就少了1天的热量缺口。

谁最适合使用单天间歇日

推荐那些刚开始减脂、体脂率相对高的人使用单天间歇日的策略。在这个阶段，你的热量摄入相对较高，进行的有氧训练量相对较少，体脂率也相对更高，所以不太需要担心代谢适应的问题。所以，在这个阶段进行单天间歇日，并不会被单天间歇日无法缓解代谢适应的缺点影响。另外，在心理上休息一天，可以提高你的饮食依从性，哪怕你的糖原水平只提高了一小部分，但同样可以帮你在健身房里表现更佳并且保存更多肌肉。单天间歇日还适用于"迷你减脂期"（在非赛季进行的短期、激进的减脂，主要目的是在非赛季控制体脂，在第16章中会详细讲解），因为它持续时间较短，不太容易产生一系列的适应性问题。

该如何具体实施单天间歇日

最简单的做法，就是在每周里找1天，把热量摄入量提高到维持水平（第9章中讨论的内容）。记住，这样做也意味着如果你想保持减脂速度不变的话，就需要在1周的其他6天里将热量摄入量再减少一些，来达到同样的每周总热量缺口。

举个例子，如果你想每周减去1.5磅的体重，你就需要每周产生5 250大卡的热量缺口（3 500×1.5），如果你不使用间歇减脂的话，那你每天就需要少摄入750大卡的热量（5 250÷7）。但是，如果你采用6天热量缺口加1天间歇日的方法，那么你在6天的减脂日里就得每天少摄入875大卡的热量（5 250÷6），才能达到同样的每周总热量缺口。如果你不计算宏量营养素的摄入量的话，只需要相应调整总热量就可以了；如果你计算的话，建议你在间歇日保持同样的蛋白质和脂肪摄入，然后只增加碳水化合物的摄入量，直到总热量摄入量达到维持水平为止。

在增肌期该怎么办

在非减脂期进行宏量营养素或者热量的循环可能并不能带来什么积极作用。尽管这种策略对于帮你达到形体和力量目标可能没什么帮助，但如果你对于饮食的持续性不强的话，那它可以帮你克服这一点。

有些人可能从周一到周五都很容易坚持饮食方案，但是到了周末就开始放纵，很难保持规律的热量摄入。如果你是这类人，只要在周一到周五少摄入一点热量，然后在周末把热量目标定得高一些，以此来满足你的生活习惯就行了。你可能会发现，这样做可以让你在不对生活习惯进行大调整的前提下，更容易达到每周的热量摄入目标。不过，也不要在周一到周五把热量控制得太极端了，比起维持热量，少摄入10%就可以了。

哪怕从周一到周五，你每天只少摄入了一点点热量，但它们累积起来也可以让你在周末稍微放纵一下。举个例子，如果你在增肌期每天的热量盈余目标是200大卡，那你就可以从周一到周五每天摄入维持热量，然后在周末本身200大卡热量盈余的基础上，额外再多摄入1 000大卡。

另外说句离题的话，对于那些使用饥饿感和饱腹感一类的内在指标作为指导，可以避免量化记录的人来说，请记住，很多人在不刻意的情况下，都会在周一到周五吃得相对少一点，周末吃得相对多一点，并且因为他们的饥饿感、饱腹感起着天然的平衡作用，导致他们的体重仍然保持恒定。他们会因为在周末吃得相对多，而在下一周的前几天饥饿感更低、吃得更少一些。你完全可以让这自然而然地发生，只要稍微在脑海里记住一直保持蛋白质摄入，然后每个月称几次体重来确保你的体重增速是合适的就可以了（后文会详细讲解这种做法）。

多天间歇期以及碳水循环

像之前说的那样，单天间歇日虽然有一些好处，但是其对于代谢和激素适应性的缓解作用并不如多天间歇期那么大。当你的体脂率越来越低，进入减脂期越久，体验到身体抗拒的程度越来越高时，就更需要多天间歇期，或者更频繁的单天间歇日了。

不同于持续24小时单天间歇日，针对多天间歇期的科学证据是比较充分的。我们有一些针对48小时间歇日的初步研究，一些关于隔天断食的研究（意思是第1天是减脂日，第2天是间歇日，不断循环），以及一些"5+2饮食法"的研究。在"5+2饮食法"中，每周有2天作为减脂日，其他5天采取接近维持水平的热量摄入。

虽然从整体证据来看，隔天断食的方法或者"5+2饮食法"在热量缺口相等的前提下，比起普通减脂方法，并没有什么优势。偶尔有几项研究表明，"5+2饮食法"可能更有利于减脂，以及一项发表于2011年的荟萃分析也表示，隔天断食的方法可能可以在减脂期间保存更多肌肉。最令人信服的证据，则是在2018年发表的一项基于力量训练运动员的研究：在持续7周的研究时间中，尽管2组的总热量缺口一样，但那些使用了每周连续2天间歇期，再连续5天减脂期的志愿者比起持续减脂的那一组，不仅瘦体重保存得更多，静息代谢在实验结束时也更多一些。总体而言，多天间歇期似乎确实可以在一定程度上缓解代谢适应的症状，比起持续减脂的方法，也会带来更好的减脂效果。

谁最适合使用多天间歇期

尽管并没有充足的实验证据，但从理论上来说，多天间歇期更适合在体脂率相对低的阶段进行。当你的体脂率低于12%（男性）或者20%（女性）的时候，会建议你考虑开始加入多天间歇期。在这个阶段，你自身的"身体反击"成了减脂路上较大的阻碍，而多天间歇期的"先发制人"的策略，可以有效地解决这个问题。说到这里，为了简单起见，常见的做法就是在备赛或者减脂期的一开始就使用48小时间歇期，然后在整个过程中保持不变。

该如何具体实施多天间歇期

最简单的方法就是从每周拿出连续的2天作为间歇日。在此期间，你会采取和之前单天间歇日一样的饮食方法，唯一的区别是你现在每周的热量缺口会被分布到剩下的5天里，而不是6天。另一种方法是在每周选取任意3天摄入维持水平的热量，这么做，你每周就只有4天的时间用于减脂了。但是，目前关于这个话题的唯一直接实验证据是支持连续2天的间歇期的做法的，所以如果你想这么做的话，最好让其中的2天是连续的，然后灵活安排剩下的1天。

间歇日还有其他的实施方法吗

当然是有的，而且本书也不是在宣传每周连续2天的间歇期或者任意3天的间歇期是唯一有效的做法。推荐它们只是因为操作方便而已。对于这个话题，我们有的科学证据很有限，并不知道怎样做才是最适合大部分人的做法，而且哪怕我们知道的话，人与人之间也会有着巨大的差异。

我们能从已有的科学证据中总结的东西是，你在体脂率越低的时候，就越需要间歇期，而且在间歇期中不仅热量和碳水化合物的摄入非常重要，持续时间也是一个重要因素，比如2018年的那项荟萃分析就表明，持续48小时的间歇期比起持续减脂，更有利于保存瘦体重和提高代谢速度。

在训练日多吃，休息日少吃的方法，有用吗

如果你在减脂期间体脂率低到了需要每周加入间歇期的程度（男性低于12%，女性低于20%），那么你的高热量日和低热量日的热量目标可能会有很大的差距。用之前的例子再来说明一下，如果你的目标是每周减去1.5磅的体重（每周需要产生5 250大卡的热量缺口），然后使用每周3个间歇日的方法的话，那你在低热量日摄入的热量就会比在高热量日摄入的热量少大约1 300大卡。这是个很大的热量缺口，并且可能会影响你的训练质量。

想要避免这种潜在风险，有策略地根据训练日来安排间歇日的时间是一种很好的做法。但是，如果你想把间歇日和训练日放在同一天，除非你喜欢在晚上训练，否则这种做法并没有什么逻辑。在训练后想要完全恢复糖原水平（你身体储存的碳水化合物），至多需要24小时的时间。因此，如果你在早上或者下午训练的话，又在同一天进行间歇日的话，你很可能就无法完全得到间歇日给训练带来的一系列好处了。正确的做法是，如果你在早上或者下午训练的话，就把3个间歇日安排在最高容量的3个训练日的前一天；如果你在晚上训练的话，就把这些间歇日安排在训练当天进行。

这种在训练日多吃、休息日少吃的做法的前提是，你在高热量日和低热量日的热量摄入有着较大差别，而且每周的间歇日数量足够，否则这么做并没有什么必要。这么说的主要原因是，你在训练日和休息日的热量消耗的差异并不大。哪怕进行90分钟的全身力量训练，每个动作做很多组，每组10次，并且在最后一组做到力竭，取决于你的体型，你也仅仅能消耗200~400大卡的热量。在同样的90分钟里，假如你没有去健身，而是躺在家里的沙发上看电视，你也能消耗100~150大卡的热量。而如果还是在这90分钟里，你做了一些轻体力的日常活动，比如去超市购物一类的，那么你消耗的热量还会比躺在沙发看电视消耗的热量多一倍。所以残酷的现实是，你在训练日消耗的热量最多也就比平时消耗的热量多一两百大卡而已。所以，你并不需要担心训练日和休息日对于热量的需求会有什么显著差异。

同样的道理，想强调一下，训练带来的适应性并不仅仅在训练日当日才有；相反，适应性的发展是个持续的过程。所以，尽管并没有什么科学证据支持这个说法，但如果在休息日热量摄入过低的话，可能反而会影响到你的恢复和适应性。因此建议你在休息日里不要把热量摄入压得太低。尽管有些人声称，这么做可以在非赛季让你保持更低的体脂率，但如果因为在休息日热量摄入太低而影响到恢复的话，那同样会影响到肌肉增长。但是，只有当你在高热量日和低热量日的热量差较大的时候才需要担心这一点。如果你担心热量摄入的小幅度差异（100~300大卡，或者10%的差异）会对力量训练或者

身体成分造成什么影响的话，你只是在浪费自己的时间。

进食频率

进食频率的意思很简单，就是你每天摄入营养素的次数。它可以是传统健美职业运动员推荐的那样，每天7~8餐，也可以是近些年来流行的间歇断食推荐的，每天在固定窗口期内摄入2~3餐。总体而言，我们应该在这两种极端之间取一个中间值。

目前关于这个话题的科学证据很全面，从每天1餐到每天14餐的研究都有。而且令人惊讶的是，处于中间点的每天5~6餐的情况反而研究数据很少。总体来说，目前的科学数据表明，只要你每天的进食频率比较正常，比如每天3~6餐，那么对于身体成分并不会产生什么显著影响。而需要注意的是，当你走向极低进食频率或者极高进食频率两个极端的时候，就该拉响警报了。

当你的进食频率变得极低（每天2餐或者更少）或者极高（每天超过6餐）的时候，就很容易产生饮食依从性的问题。

进食频率过低的时候，你会在每餐之间相隔很长时间不进食，因此容易因为饥饿感而影响到饮食的持续性。你还会因为每餐需要吃很多，而发展出和食物之间不健康的关系，比如每次吃饭都要强迫自己摄入极高热量的食物等。同样道理，如果你走向另一个极端，每天至少吃6餐的话，会产生相反的问题。每隔1~2小时就吃一顿分量很小的食物会让你永远感觉不到饱，进而会使你时刻把注意力放在食物上。无论是哪种极端情况，都会加剧你的饥饿控制问题。

因此，结合实际经验、理论，以及已有的科学证据，保守地推荐你把进食频率安排在每天3~6次。话又说回来，如果你根据经验发现自己更适合比推荐值更低或者更高的进食频率的话，也不是什么问题。

如果你更喜欢每天只吃2餐或者吃7餐，根据个人喜好坚持就行。世界上有很多职业健美选手都曾经使用高频率进食的方式取得了巨大的成就（每天6~8餐）；也同样有很多人使用间歇断食的方式，在每天只吃2餐（最常见的做法是不吃早餐），训练前只喝乳清蛋白粉或者支链氨基酸的情况下达到了个人目标或者获得了职业成就。顺带说一下（译者注：原文为"buy the whey"，是一句双关语），如果你决定"空腹训练"的话，喝乳清蛋白粉就可以了，不要在支链氨基酸上浪费钱（在后面会详细讲到这一点）。

事实上，目前的科学证据表明，当进食频率成为唯一变量时，每天摄入2餐到每天摄入7餐，都不会对热量消耗产生显著影响。不过，在一周内进食不规律的那些人，比起规律进食的人，热量消耗倒是会少一点（虽然幅度很小），而且胰岛素敏感性也会变低一些。因此，如果你对于自己目前的进食频率很满意，它没有影响到你的社交生活或者造成不便，并且它又对你有效的话，那就不用急着改变它。

在现实中，保持规律的饮食才是关键。规律的用餐时间和规律的用餐习惯（比如每餐都吃1份蛋白质、1份水果和1份蔬菜）可以加强你饮食的坚持性、依从性，并减少你做决定产生的心理疲劳，进而给你带来更好的效果。

我自己的客户中，就有一部分人正在使用间歇断食的方法来增加他们自己的依从性和满足感，安迪和他的客户也同样如此。我还有一部分客户每天进食频率非常频繁，也取得了不错的成果。相似之处是，这些进食方法都有着规律的结构。所以，高频率还是低频率进食这个问题并不是"非黑即白"的，也不是决定你成功的关键因素。你只要知道大部分人更适合每天进食3~6餐，但也有一些例外就可以了。

最后，对于那些体重大，又处于增肌阶段，需要摄入大量热量的人，可能在进食餐数比较少的情况下没法吃那么多。在这种情况下，你可能更适合每天进食6~7餐的方法，因为饥饿感并不会成为让你失败的原因。就算有问题的话，也会是饱腹感太强，所以，如果让你每天摄入5 000大卡的方法是增加进食次数，或者减少每餐分量的话，尽管去做就是了。

运动前后的营养摄入

运动前后的营养摄入（peri-workout nutrition）指的是你在运动前、运动时，以及运动后的营养素摄入。它在健身界也是一个争议非常大的话题，而且常常让人困惑。

在你掉入运动前后的营养摄入时机这个话题的"黑洞"之前，请牢记下图。

在减脂时期营养摄入时机的重要性

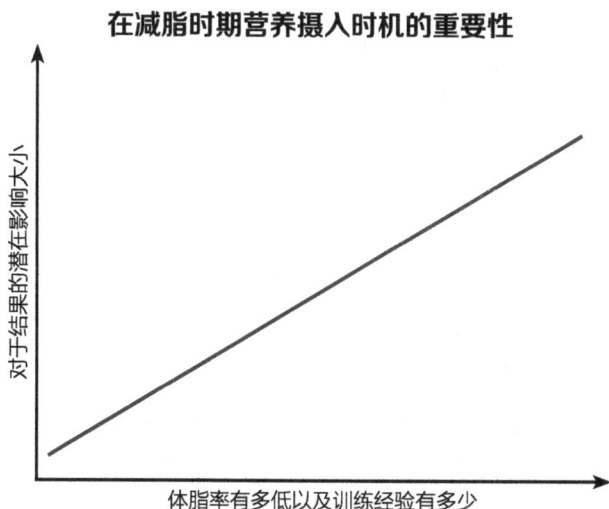

对于结果的潜在影响大小 / 体脂率有多低以及训练经验有多少

　　我们都认识这么一些人，他们过于专注如何把进食时机做到完美，反而忽略了更重要的基础部分。你可能会见到他们苦苦钻研了6个月，结果训练还是一点进步都没有。

　　所以，如果你是一位新手（或者是新手的教练的话），你需要做的是把训练和饮食的基础部分做好，而不是把注意力放在以下的细节里。

　　懂了吗？好的，那么就开始进入这个话题吧！

　　很多人会推荐在训练后立刻摄入碳水化合物来最大化地补充糖原的这种做法。有人认为，这样做可以在训练后刺激胰岛素分泌，从而达到更好的合成与增肌效果。你也可以找到一些科学文献，其会推荐在训练前通过摄入碳水化合物来提高运动表现，还有另一些科学研究会推荐在训练前或者训练后立刻摄入蛋白质来加速肌肉建立、修复的过程。

　　如你所见，关于这个话题的理论和争议非常多，不过它们中的绝大多数都不是针对肌肉和力量训练爱好者的。所以，让我们来一一分析这些理论，然后再来讲解一下，它们和肌肉及力量训练到底有没有关系。

运动后的碳水化合物摄入

　　这种做法的支持者的主要论点是糖原补充。但是，在90%的情况下，健美运动员和力量运动员并不需要担心糖原清空这个问题。我们的训练里并没有持续多轮的肌糖原清空训练，更简单地说，哪怕你的糖原水平变低，并且饮食中的碳水化合物摄入适中的话，在24小时之后也能完全恢复。这也意味着你并不需要担心某些碳水化合物对于血糖的提升速度（一般的衡量指标是它的升糖指数，或者俗称的"GI"）。

　　如果你在某个训练日里，某个肌肉群的训练容量非常大，比如9~12组，那你可能会把这些肌肉里的糖原水平清空40%左右。但是，取决于你的训练计划，一般这么做了之后，绝大部分人都不会在之后的2~3天里（甚至7天）再次训练同一个肌肉群。所以很容易看出，因为你同一肌肉群训练时间相隔较长，肌糖原的恢复并不会是一个大问题。

　　而至于第2种关于训练后摄入碳水化合物会刺激胰岛素分泌的理论也站不住脚。因为其实摄入蛋白质同样会刺激胰岛素分泌，而且如果摄入量足够的话，蛋白质对于胰岛素分泌的刺激和碳水化合物没有差别。更重要的是，如果你看看历来的对比同样剂量的蛋白质或者碳水化合物的不同摄入时机的研究，就会发现，它们中只有一小部分表明，在训练后摄入这些营养素是更佳的选择，而绝大部分研究的结果都是没有差别的。

　　因此，对于只进行力量训练的人而言，训练后的碳水化合物摄入并没有你想象的那么重要。但如果你在力量训练的基础上同时还在进行耐力训练的话，尤其是高强度间歇训练的无氧耐力训练，那么训练后的碳水化合物摄入可能会更值得讨论一些。

运动前的碳水化合物摄入

至于训练前要不要摄入碳水化合物，学术界的意见不太一致。有些研究认为这么做可以提高运动表现，而有些研究则认为这没有什么作用。

在实际中，个人差异很大。有些人似乎在训练前摄入一定量的碳水化合物就可以显著提高运动表现，但有些人就毫无反应。在训练前摄入碳水化合物的效果非常个人化，所以如果你想自己实验一下的话，尽管去做就好了，不过如果你做得太极端，也要小心一些可能出现的问题。

如果你在训练前短时间内摄入了太多碳水化合物，你可能会在训练时产生肠胃不适感，或者出现中度反应性低血糖的症状。而如果你在这之后又很长时间不进食，或者跳过一顿饭的话，还可能会出现疲劳感，尤其是在你训练时间很长的情况下。

最后，你是否处在减脂期间，也会影响这种做法的效果。在2017年发表的一项研究发现，在时长8周的减脂期间，那些在训练前后分别摄入28克碳水化合物的志愿者，比起那些在训练前后分别摄入28克蛋白质的志愿者，有着更强的肌肉耐力。但是话不能说得太绝对，我们并不知道这种差别是因为他们多摄入了56克碳水化合物，还是因为在正确的时机摄入了碳水化合物。保守起见，推荐在训练前1~2小时摄入一些容易消化的碳水化合物。

运动前后的蛋白质摄入

很多人会推荐在训练前后的一段时间内摄入蛋白质。但是，你可能已经听说过了，在训练后立刻摄入蛋白质这种做法并没有旧观点宣传的那么重要。

请记住，大部分蛋白质需要几小时的时间才能被你的身体消化吸收。所以如果你每天进食3~6餐的话，很可能你的身体在一刻不停地消化蛋白质，并且时时刻刻都有着充足的氨基酸。不管你在哪一时刻需要开始身体组织的修复，都永远不会缺少底物（氨基酸）。

所以，尽管科学研究会告诉你，在训练前后摄入蛋白质确实有助于提高运动表现，但你如果正常吃饭的话，蛋白质需求就已经足够了，并没有必要额外摄入蛋白质。在绝大多数情况下，你也没有必要刻意改变自己的饮食习惯，或者增加蛋白质补剂来追求理论上的"合成窗口期"（除非你空腹训练）。事实上，一项分析发现，在总蛋白质摄入不变的前提下，将蛋白质的摄入放在训练前后1小时的窗口期内，对于肌肥大的效果就算有，最多也就是接近肉眼可见的极小程度。

可以肯定的是，每天摄入的蛋白质总量才对抗阻训练产生的适应性有着最大的影响，而不是何时摄入蛋白质。不过，从实用主义的角度来说，肉眼可见的极小效果仍然是效果，而在训练前后摄入一些蛋白质也不是什么麻烦事。这也是很多机构会推荐在训练前后1~2小时摄入0.18~0.23克/磅体重的蛋白质的原因。

说句关于蛋白质消化的题外话。 绝大多数关于蛋白质消化时间的研究都是基于空腹状态的短期实验，很多健美运动员和运动营养学家经常过于关注蛋白质的摄入时机、摄入分布，或者氨基酸的吸收速度等话题。而在你正常吃饭的情况下，蛋白质的消化吸收速度会和研究里的消化吸收速度有着很大差别。如果你的蛋白质来源不单一，尤其是在热量盈余、摄入很多食物的情况下，那蛋白质的消化速度会比你想象的慢很多。

这里指的不是存在快速吸收的蛋白质和吸收较慢的蛋白质，指的是蛋白质和其他食物中的纤维素、脂肪、液体和碳水化合物的相互作用，以及它们带来的总体消化、吸收和再把氨基酸运输到肌肉中的速度变化。这简直是名副其实的"食物康加舞"（译者注：conga line，一种古巴舞蹈，特征是由众多舞蹈者列队进行），哪怕你在起床后只吃了1~2餐，就已经足够让氨基酸释放在血液里的速度显著减缓了，进而减缓氨基酸被运输到肌肉组织中的速度。这种现实情况，让很多喜欢控制蛋白质摄入时机的观点变得毫无意义。举个例子，不吃别的东西，仅仅从瘦牛排中摄入26克的蛋白质（提醒一下，你吃的大部分的牛排都至少含有2倍的这个量的蛋白质），就足以让肌肉蛋白合成速度平稳提升至少6个小时了（很可能持续时间还更长，只是这项研究在6小时之后就停止了）。如果你再加入一点蔬菜和淀粉，那你这顿饭带来的氨基酸可能需要至少10个小时才能被完全释放到血液中。

减脂期的实际考虑

在讲完了所有理论之后，该谈谈实际建议了。对于减脂人群，保守地建议你在训练前的1~2小时里摄入正常分量的、包含碳水化合物和蛋白质的一餐，然后在训练后的1~2小时采取同样做法。

这一餐里最好能含有大约0.2克/磅体重的蛋白质，以及取决于你个人的耐受度的当天碳水化合物总摄入的10%~20%（如果你容易出现反应性低血糖症状的话，再加上当天脂肪总摄入的10%~15%用以减缓消化速度）。如果你在同一天既进行力量运动又进行有氧训练的话，这一餐可以保证你的运动表现不会受到影响，还可以预防在进食不足的情况下连续训练产生的过量疲劳。

作为示例，假设你是一位体重155磅的运动员，想要降一个体重级别，然后日常规划是上午10点到11点半左右进行力量训练，晚上进行有氧训练。如果你每天一共摄入200克碳水化合物以及50克脂肪的话，那你就可以在上午8点到9点左右进食一顿含有20~40克碳水化合物（如果你容易出现反应性低血糖的症状的话，再加上5~8克脂肪）的餐食，然后在上午11点半到下午1点半之间再这么吃一顿（简单来说，正常吃早餐和午饭就行了）。

增肌期的实际考虑

在增肌期，你身体的糖原储备会更高，能吃的食物会更多，训练时的疲劳程度相对也会更低一些。因此，进食时机在这时并没有什么重要性。推荐在训练前的2.5小时之内吃点含有蛋白质的东西，然后在训练结束后的2小时之内再吃一顿就行了。你需要担心的唯一问题是不要在训练前吃得太多，以至于让大量食物堆积带来的肠胃不适感影响到训练质量。

对于运动量极大的运动员的实际考虑

现在，如果你每次训练量很大，持续训练超过2小时的话，情况可能就有点不一样了。比如你可能会在练完腿马上进行一组间歇训练，或者在高容量的训练计划中将推类和拉类动作进行超级组，又或者你并不是一位形体或者力量运动员，但是在你的专项运动训练完之后马上会做一些力量训练。在这些情况下，进食时机就更为重要了，认真设计一下训练前、训练后，甚至训练中的营养摄入，也许能帮助你提高运动表现。

如果你在健身房连续高强度训练超过2小时的话，那推荐你在训练前和训练中摄入1份含有8~15克蛋白质，以及30~60克碳水化合物的混合饮料。

这就是典型耐力、团队训练时的营养摄入的推荐，但是请记住，只有在你连续训练超过2小时，并且强度很大的时候才需要这么做。如果你只是在健身房"举举铁"，1小时45分钟的训练时间大部分花在组间休息上的话，那你并不属于这一部分人群。

你可能在想，"没错，我经常一练就是2个多小时。"哪怕是这样，以上的推荐还是不一定适合你，因为本书一直在说"连续训练"，意思是你在这2小时里应该把大部分时间花在训练上，而不是组间休息。坦白来讲，如果你是一位典型的健美运动员或者力量举运动员，这么练的话只能说明你练错了。

营养摄入时机推荐总结				
	减脂间歇期	间歇日	进食频率	运动前后营养摄入
增肌期	无	无	每天3~6餐，如果需要的话可以增加	运动前和运动后1~2小时各摄入0.18~0.23克/磅体重的蛋白质
减脂期	每4~8周的减脂期里，加入1~2周的间歇期	随着体脂率越来越低，把间歇日的频率从每周1次提高到每周2~3次，并且保证至少有2个间歇日是连续的	每天3~6餐，如果个人喜好更多或者更少的话也可以	运动前和运动后1~2小时各摄入0.18~0.23克/磅体重的蛋白质

第13章　营养金字塔
第5层：补剂

　　膳食补剂的主要目的是帮你补充目前饮食无法顾及的一些营养素。有时候，摄入补剂可以帮你把某些营养素恢复到正常水平，而在另一些情况下，则可以帮你把某些营养素的水平提高到正常饮食无法实现的地步，从而提供额外的好处。

　　这些物质常常来源于你日常饮食中已经存在的食物成分，或者从天然植物中提取出的活性物质。它们被生产销售的主要目的是通过种种手段帮你提高健康水平、运动表现，以及恢复能力。

　　补剂是营养金字塔中不太重要的一层，也不是成功的必需，除非你缺乏某种微量元素或者因为健康原因而必须补充。从长远的角度来看，市场上的绝大部分补剂没有太大的作用。话不能说得太绝对，有一小部分补剂确实是科学证据支持有效的，也值得讨论一下它们的具体效果。但是因为市场上无效的补剂太多了，我们还需要讨论一下该如何分辨这些补剂是否真的有效。在你学习了如何评估补剂效果之后，本书还会给你提供一张详细的补剂列表，根据该补剂的科学证据的多少来进行分类，并一一介绍它们对于完成你的力量或者形体目标可以起到什么作用。

　　在这里，请注意一下我的措辞，我并不是一位注册营养师，也不会给你推荐任何产品，本章的内容完全是出于教育目的告诉你市场上有哪些补剂可以考虑。

　　接下来谈谈在分析任何一种营养补剂时都绝对要考虑的 3 个因素：质量、来源以及有效性。

确保质量，保护自己的健康

　　当说到"质量"这个词的时候，我们指的是那份补剂是否真的足质、足量地含有标签所示的一切成分。它的内容和标签相符吗？我们怎么知道标签是不是虚假宣传呢？现在，在本书教你如何确保补剂质量之前，让我们先解释一下为什么补剂的质量是重中之重。

　　健身市场上的绝大部分补剂产品都会雇用健身爱好者、运动员进行宣传。在最好的情况下，这些宣传中会掺杂着一点"伪科学"；在最坏的情况下，这些产品并不含有标签所宣传的内容，或者分量明显不足，甚至有些产品还含有标签未标示的成分，比如一些不安全、违法和违禁的物质。

　　如果你只是一位普通健身爱好者，对于补剂研究不深入或者不太注意的话，那你有可能会为了健康购买某种补剂，结果反而对健康造成了危害。

　　如果你是一位以竞赛为目的的运动选手，并且会参加有药检的比赛，那么你不仅可能会牺牲自己的健康，还可能因为摄入了含有违禁物质的补剂而被取消参赛资格，导致职业生涯受到影响。

所以，让我们先来讲讲该如何保护自己的健康，以及如何确保自己购买的补剂成分与标签一致。

实验室分析结果

确保补剂质量的方法之一，是看看它有没有实验室分析结果。这一信息有时候可以在产品标签上找到，有时候可以在售卖补剂产品的网站上找到。一般是由第三方实验室对产品进行检测，测验报告会显示产品的实际内容物和厂商宣传、标注的有没有差别。简单来说，就是找一个不属于补剂公司的研究室，看看该产品有没有虚假宣传，有没有额外添加违禁物质。

不过，在补剂行业很少有公司会这么做。在这种情况下，仍然推荐你优先选择那些经过第三方实验室测试的厂商和产品（尤其是如果你要参加有药检的比赛的话）。

说起来可能难以置信，有少部分补剂公司会在发货的时候给顾客附带一份检测报告，这种做法并不常见，但却可以从侧面表现出该公司的质量水平。更常见的做法是，给产品打上"药检认证""运动认证"或者"知情选择"一类的标签（还有别的类似说法），意思是他们曾经付费让第三方实验室检测过产品，还会定时检测生产车间，确保自己的产品不受到污染。两个最常见的进行此类检测，会在补剂瓶身打上标签的机构是美国药典公约（USP）以及NSF国际组织（NSF）。

同样，选择那些靠谱生产商的特定许可成分也能确保产品的质量。举个例子，CreaPure公司专注于生产高质量的一水肌酸。CarnoSyn公司的beta-丙氨酸也有很高的质量。其他补剂公司经常会直接使用CreaPure公司或者CarnoSyn公司的原料来确保自己产品的质量。比如你买了某个厂商生产的氮泵产品，其中的一种成分是CreaPure公司生产的一水肌酸，那你就可以确保至少这个产品里的一水肌酸成分质量过关了。

独家配方

建议你不要购买那些被称为"独家配方"的产品。独家配方的意思是该公司将某些物质的混合物作为专利，注册了商标，然后可以给它们起一个花哨的名字。对于专利产品，补剂公司需要列出其中的具体成分，但是不需要列出每种成分的具体剂量。举个例子，某个产品可能会告诉你它含有30克的"增肌配方"，然后列出都有什么物质，但并不会告诉你每种物质的具体剂量是多少。

这其实就是把"看，这是我们的独家配方，因为我们不想被竞争对手抄袭，所以我们选择不告诉你里面都有什么。"这句话说得好听了一点。现实情况常常是，厂商为了不让你看出"关键成分含量严重不足"的问题，并且引导你把目光放到"这个产品有超级多种成分"这件事上，才注册了专利。这样做，你可能在看到成分列表之后会想，"哇，这么多成分，它一定有效！"因为这种手段常常被用来误导消费者，所以不推荐你购买含有独家配方的补剂。

在购买某款补剂之前，你需要把本书前文所说的所有重点都关注到，才能提高你买到靠谱补剂的概率。哪怕你心仪的产品不能满足所有要求，至少也要保证它的几个关键品质因素能让你满意，不然，你可能会浪费时间和金钱买到虚假宣传、剂量不足，甚至含有违禁物质的产品。

蛋白粉骗局

蛋白粉既是健身人群最常用的补剂之一，也是补剂公司能把以上所有"骗术"都用上的典型例子。

如果你是个举铁爱好者，那你很可能是蛋白粉的忠实"粉丝"。它不仅方便快捷，还是一种满足每日蛋白质需求的手段。乳清蛋白可能不是市场上最便宜的选择，但却是最流行的，因为它的支链氨基酸（BCAA），尤其是对肌肉合成过程有着关键作用的亮氨酸的含量很高。

现在，随着消费者的意识程度越来越高，对于具有第三方检测结果的产品的需求也多了起来。但是，需求越高，产品的价格也就越高。而大部分消费者对于价格很敏感，又缺乏关于补剂的基础知识，不知道怎么挑选产品，以至于补剂公司的首选做法就是想办法通过"作弊"降低生产成本牟取利益，而这么做的公司并不少见。

这里讲的就是"蛋白粉掺假"这种现象。

这种现象是这么来的。

▸ 很多第三方实验室只测量样品里氮元素的含量，而不是测量每种氨基酸的具体含量，但氨基酸是蛋白质的构成基础。

▸ 在正常情况下，因为每一个氨基酸分子都含有氮元素，通过测量样品里有多少氮元素就能反映出其中的蛋白质含量。

▸ 补剂公司"作弊"的第1种方法，是在产品里加入廉价的氨基酸，比如甘氨酸和牛磺酸，注意并不是每一种氨基酸对肌肉合成的作用都一样大。这样做会让产品里对于肌肉生长更有用的氨基酸含量变低，取而代之的是那些价格低廉、没什么用的氨基酸。

▸ 补剂公司"作弊"的第2种方法，是加入其他含有氮元素的非蛋白源性物质（没有合成蛋白质的功能），比如肌酸和beta-丙氨酸。这些物质价格比蛋白粉更低，也能让补剂公司把它们标在成分表上，因为大多数有一些基础知识的消费者会知道这两种物质有用，但是又不了解这两种物质其实会取代了本该在产品里的蛋白质。

在选购蛋白粉时，有以下几种情况需要警惕。

1. 该产品每磅／每千克的价格比同类产品显著要低。乳清蛋白是一种在公开市场交易的产品，你可能会被高价产品"宰"（安迪曾经在某一健身房见过价格高于市场价11倍的"高端产品"），但绝不可能找到价格显著低于市场价，又质量有保障的产品。

2. 该产品的标签是"独家配方"（或者不标注亮氨酸的含量）。

3. 在标注亮氨酸含量的产品中，每25克蛋白质里的亮氨酸含量低于2.7克（正常乳清蛋白的支链氨基酸含量为25%，亮氨酸的含量为11%）。

如果你购买的蛋白粉属于以上情况的话，它的质量就不合格了。

最后，如果你是严格素食者或者有乳糖不耐受的情况，那你也可以把豌豆蛋白和大米蛋白以7∶3的比例混合，这样也能模仿乳清蛋白的氨基酸配比。

补剂的可靠性和有效性

在这部分内容里，虽然我们把补剂的可靠性和有效性归为一类，但它们并不相同。"这种补剂可靠吗？"这种问题并不能说明它对于你的具体目标到底有没有效果。这个问题应该升华为："这个补剂对我有益处吗？"

想判断某种补剂能不能为你带来益处，你不仅得确保它有效，还得确保它的效果和你目标是相关的，以及确保它的效果能达到肉眼可见的程度。

请记住，很多补剂并不是没有效果，只不过它们的效果小到肉眼不可见，所以才不值得你花钱购买。还有一些补剂可能有效，但效果和你增肌、增力的目标并没有关系。幸运的是，网上有很多优秀的资源可以帮我们找到相关信息。

examine网站也许是世界上关于补剂分析得最好的网站了。这个网站几乎搜集了世界上所有存在的补剂的人体研究数据。当你访问网站的时候，你可以通过简单的搜索，找到市场上几乎所有补剂的信息，每一种补剂都有详细的使用方式、剂量、化学物质结构、副作用、参考文献等信息。

这个网站的另一个显著特点是包含了"人体影响指数"，这是一张基于该补剂的人体实验总结的表格。它包括了具体的研究结果，该补剂给结果带来的影响如何（提高或者降低），影响的大小，得到同样结论的研究占总研究的百分比，以及关于研究可靠性的排名。这个网站可以帮你选择哪些补剂值得购买，以及回答一些细节问题，比如"这种效果是给定变量吗？""这种效果的程度到底有多大？"，以及"现有的科学证据中，结果的一致性有多高？"

你可以在这个网站上搜索一水肌酸或者刺蒺藜提取物，这两者都是健美圈子中经常推荐的补剂。但你可以发现，前者有着众多科学证据来支持它的效果（并且这些科学证据能告诉你它是如何起效，以及为何有效），而后者则没有。

推荐的另一个网站是国际运动营养学会杂志的网站。这是一个线上开源期刊的网站，这个网站中不仅会发布很多关于运动营养学的研究，还会对蛋白质摄入量、HMB、青春期少年的肌酸使用，以及营养摄入时机一类的产业热门话题进行推荐。虽然该网站不会像保姆一样，端着盘子用小勺子把知识一口一口"喂"到你嘴里，但它作为开源期刊网站，可以让那些想更深入了解这些推荐做法的科学原理的人深度学习，自行研究一下存在疑惑的补剂。

总而言之，有了 examine 和国际运动营养学会杂志两个网站，你就可以自己查看补剂的可靠性和有效性了，而这些信息也会帮助你判断某种补剂是否值得购买、其效果是否和自己的目标相关。

对于新型补剂，要特别留心

在给你做详细推荐之前，提醒你要留心那些科学证据尚不足够的新型补剂。

市场上一直会有新的补剂出现，它们中的绝大部分没有什么科学研究支持。有一些新型补剂可能会有少部分动物实验、短期实验，或者不直接测量减脂、增肌、运动表现的相关指标，而是测量一些间接指标作为所谓的"科学证据"。而如果某种新型补剂在上市时已经有着充足的直接科学证据支持其效果，这种情况是极为罕见的。

以下是本书对于新型补剂的推荐。

▶ 在第 1 种情况下，如果该补剂没有任何科学证据支持，请直接忽略它。

▶ 在第 2 种情况下，如果该补剂有科学证据支持，但非常不可靠，建议你不要购买。你可以关注一下这种补剂未来的发展，但是不要期待太多。如果这种补剂真的有效的话，厂商是一定会把那些科学证据清晰地展示出来的。

▶ 在第 3 种情况下，如果该补剂在上市时已经有着一定的科学证据支持，建议仍然等到有更多来自不同研究机构的证据之后再选择购买。

研究偏见、样本过小，以及金钱利益驱动，都会影响研究结果。明智的做法是等到大部分研究结果都表明这种补剂有用之后，再考虑购买和摄入。

你是不是觉得这样过于谨慎了？请看看下面这个例子。

你还记得 D-天冬氨酸这种补剂吗？一项发表于 2009 年的研究报告表明，它可以提高男性的睾酮水平，效果还很不错。在研究报告发表之后，补剂公司立刻抓紧潮流，把 D-天冬氨酸包装成增肌利器、运动表现提高剂（哪怕这项研究里压根就没有测量肌肉变化以及运动表现中的任何一项指标）。我曾经多次提醒大家，这项研究是目前已知的唯一一个人体实验，最好等到有更多同类实验验证效果之后再考虑购买。大多数人无视了我的建议，等到2013年另一项实验结果发表之后，惊讶地发现（显然，我是毫不惊讶的）D-天冬氨酸不仅不能提高男性的睾酮水平，还对于身体成分或者力量没有任何积极作用。所以这又是一个毫无作用，只会浪费钱的补剂，对不对？别急着下结论。在2015年更新的实验中发现，D-天冬氨酸竟然会降低力量训练爱好者的睾酮水平。所以，这个补剂不仅会浪费钱，而且还很可能会让你离你的目标越来越远。

　　哪怕是那些经过了大量实验和时间认证有效的补剂，它们的效果往往也非常小。在大多数情况下，它们带来的效果可能连你自己都感受不到。因此，不要被补剂公司的宣传所迷惑了，也不要觉得如果要为了更多科学证据再等上1~2年的话，你可能会错过增肌、减脂的"黑魔法"。实际上，太早地追随潮流是种较差的做法。请记住，这些年上市的数千种补剂中，有99.9%很快会因为没有用处而从市场上消失了。如果你认为某种补剂在没有科学证据的情况下，仍然是"划时代的产品"，那你就是被补剂公司误导了。

　　最后一个建议你最好做"后来者"的原因，是补剂公司经常会投资测试他们的产品。这种做法没什么错，大部分研究者也会专注于真相，愿意受到第三方组织的监管，也不直接从补剂公司获益。但是，有一小部分研究人员会因为从补剂公司得到经济利益而进行欺诈性实验。这种情况虽然会干扰我们的判断，但所幸并不常见。经常见的做法是补剂公司投资研究时，会在合同里加入一个条款，要求该实验结果发表与否的决定权在补剂公司手上。这种合同完全是"霸王条款"。但不幸的是，有时候研究人员确实会签署此类合同，而当实验结果为无效的时候，该研究也就不会被发表。这种做法让补剂工业的研究更倾向于阳性结果（包括了统计学上的假阳性结果），而中性结果则被弃之不理。这里的启示是，在购买补剂时，"做潮流的后来者"才是明智之举。

补剂列表

　　请记住本书对于补剂的质量、可靠性和有效性有多看重，并且这3点缺一不可。接下来会给出一份详细的列表，告诉你哪些补剂有科学证据支持，是对增肌、增力可能有效果的，以及一些爱好者们经常购买，但实际上没用的产品。

　　在决定某种补剂是否值得购买的时候，肯定会有一些主观因素，所以如果你不认同也很正常。另外，在本书出版的几年之后，随着更多科学研究的发表，这份列表肯定也会过时。

以下就是3份补剂列表。

1. A级列表中的补剂都是有大量可信科学证据支持的，而且对于大部分力量训练爱好者都有用。

2. B级列表中的补剂要么只在特定情况下才有用，要么虽然科学证据总体证明有效，但各个研究结果不一致（记住，在今后有更多研究发表以后，这个结论可能会变化）。

3. C级列表中的补剂虽然在健身人群里很流行，但其实只会浪费你的金钱（另外，如果你想买的补剂没有被提到，那请默认它在C级列表里）。

每一小节都会先讨论这些补剂对于健康有何好处，然后再讨论它们对于运动表现的作用。

A级列表：那些有充足实验证据支持的补剂

复合维生素

最常见的针对健身人群的复合维生素补剂会含有大量的水溶性维生素和少量的脂溶性维生素。你常常会见到某些成分高达每日推荐量（RDA）的4位数百分比之多，比如有些产品中的某些特定维生素含量可以达到4 000%。

这种简单又没有必要的超量摄入就是我不太喜欢市场上针对健美人群的维生素补剂的原因，它们要么会做成难以下咽的大药丸，要么要求你每天吃很多药片。如果你能把营养金字塔的前3层的要求完成好，你最多只需要每日1片的基本款维生素，就能保证摄入全面，不会出现微量元素缺乏的症状。你还能在市场上找到一些针对特定人群特定需求的综合维生素补剂，比如为女性或者素食者设计的侧重于补充钙、镁、锌，以及铁元素的产品。

话说到这里，从总体上来讲，综合维生素补剂并没有什么副作用，在长期摄入的情况下还可能有一些极小的健康益处。另外，从逻辑上讲，在减脂时你会因为吃的东西更少，摄入的微量元素也会更少，而一些流行食谱也确实存在微量元素缺乏的问题。因此，建议你在减脂时每天摄入高质量、但又没有超量的综合维生素补剂，来织一张营养的"安全网"。如果你正处在增肌期，这么做虽然并没有必要，但也没有坏处。

不过，补充综合维生素并不意味你可以不关注饮食均衡了。如果你的饮食存在微量元素不足的问题，最好是想办法让饮食更均衡，而不是通过补剂来弥补。其原因是，食物的成分往往比简单的宏量营养素和微量元素相加复杂得多，比如一些来源于植物的食品含有丰富的植物营养素，而来源于动物的产品则含有大量的动物营养素，这些营养素并不属于维生素或者矿物质, 但同样对于健康有着一定益处。所以, 要多吃水果和蔬菜 (还有其他完整食物)。

最后, 建议你在摄入任何维生素或者矿物质补剂之前都做一次血检, 确保自己不会过量摄入某些微量元素, 或者忽视了未知的微量元素缺乏。

必需脂肪酸(EPA和DHA)

必需脂肪酸(EFAs)包含了二十碳五烯酸(EPA)和二十二碳六烯酸(DHA)两种物质, 一般可以通过鱼油来进行补充, 它们对于健康有着一系列的潜在益处。

鱼油作为补剂有着悠久的历史, 众多荟萃分析曾经总结过, 它的健康益处包括缓解抑郁症状、降低心脏猝停的概率、降低血压以及缩小腰围等。不过, 关于鱼油作为抗阻运动的机能增进剂(运动表现增进剂)或者对于肌肥大的作用的相关研究则很少, 而且结果不一。

如果你既不吃鱼, 也不喜欢吃鱼油的话, 那你也可以通过藻类补剂摄取EPA和DHA, 藻类是深海鱼的食物, 也是鱼类体内EPA和DHA的来源。

不管你在减脂期还是增肌期, 基于目前的科学证据, 都可以考虑摄入EPA和DHA (合并)补剂。每天摄入总共1~2克的EPA和DHA, 就足够获取大部分科学研究里总结的健康益处了。这相当于3~6克的实际鱼油量(如果你不吃鱼的话, 就是海藻油)。仔细阅读标签, 就能知道每份产品中的实际EPA和DHA含量了。

这个推荐摄入量, 也是目前有限的科学研究中能达到提高运动表现、改善身体成分效果的有效剂量。尽管目前关于 $\omega-3$ 补剂的实验数据还没有可靠到可以下肯定的结论, 证明它对于力量或者身体成分有什么帮助, 但它很有可能有帮助, 至少没有副作用, 而且哪怕不能提高运动表现的话, 也能帮你降血压、改善胆固醇水平、改善心境和降低心脏病发病概率等。

不过, 摄入远超推荐量的鱼油不仅没有必要, 还可能因为抗炎症效果太强, 反而给重建骨骼肌带来危害。所以尽管巨量摄入、"越多越好"的想法很诱人, 但不要被它们误导了。

想要知道某样产品里EPA和DHA的具体含量, 只要在鱼油(或者海藻油)补剂的瓶子反面找到营养标签, 把里面EPA和DHA的数值加起来, 再关注一下每份的大小就行了。标签可能会告诉你, 每份鱼油中的EPA和DHA加起来一共有400毫克, 这就意味着你需要吃3份鱼油才能达到1.2克的总必需脂肪酸摄入(1克=1 000毫克), 而每1份鱼油可能又有2个胶囊。

维生素D3

维生素 D 是一种脂溶性维生素。维生素 D 的生物可利用率是维生素中最高的，其最常见的形式是维生素 D3（胆钙化醇），它可以经由日光照射在人体内自行合成。在现代社会，光照不足成了一种越来越常见的现象，通过膳食来源补充维生素 D 也对健康以及运动表现起到了越来越重要的作用。

重度缺乏维生素 D 会导致骨质疏松，增加某些癌症、高血压，以及一些自身免疫疾病的患病概率。维生素 D 含量高的食物包括含油量高的鱼类，以及通过维生素 D 强化的产品（最常见的有麦片、奶制品和橙汁）。牛肉、猪肉和鸡蛋也含有少量维生素 D（这个列表很简短）。

通常维生素 D 不足的定义是血浆 25（OH）D（这是维生素 D 的一种代谢物）的水平不足 75 纳摩尔 / 升。这种情况在全世界范围都不少见，尤其是室内运动员们，那些住在极度炎热地区的人（为了避免阳光暴晒，只能选择大部分时间待在室内），还有生活地区天气以阴天为主、得不到足够光照的运动员们，更容易出现维生素 D 缺乏的问题。概观目前的科学证据，改善维生素 D 缺乏的问题之后，可能可以提高你的免疫功能，降低生病概率，但是关于维生素 D 作为抗阻运动的运动表现提高剂到底有没有作用，科学研究得出的结论暂时不一致。

在你考虑摄入维生素 D 补剂之前，建议你先做一次血检，确定一下自己是不是在 75 纳摩尔 / 升的阈值下，然后在摄入维生素 D 补剂之后，再进行一次血检，看看目前剂量适不适合你的个人情况。身体非常容易吸收维生素 D3，标准建议是对于缺乏维生素 D 的运动员，每天补充 20~80IU / 千克体重的维生素 D3（顺便说一下，现在市场上也有素食版的维生素 D3 补剂了）。

你也可以试试多暴露在阳光下，不过，通过窗户来接收阳光并不能给你提供维生素 D。另外，取决于你居住地区的气候，你可能需要在冬天和夏天采用不同的维生素 D 补充策略。

关于维生素 D 的科学研究还在不断进展中。新的科学研究发现包括了不同种族之间维生素 D 缺乏症状的区别，以及新的标记物，比如"游离"25（OH）D 水平，这可能是更好的评估维生素 D 水平的指标。所以就目前而言，只有在你的血检结果显示 25（OH）D 水平低于 75 纳摩尔 / 升的前提下才建议补充维生素 D，也请你不要认为补充得越多越好。只要你不缺乏维生素 D，进一步提高它的摄入量并不能带来任何健康或者运动表现的益处，而且剂量太高反而可能会带来一些风险。

现在，我们已经讲完了基础的日常补剂，接下来讲解那些归类到了 A 级列表的运动表现提高剂。

一水肌酸

一水肌酸能够在人体中由甘氨酸、蛋氨酸和精氨酸自然合成，它会在磷酸肌酸能量系统中起到作用，帮你在运动的前10秒提高功率。因此，补充一水肌酸可以帮你提高力量和功率运动的表现，而且可以增加力量、功率以及长期使用下的肌肉质量。

一水肌酸是所有肌酸类型中被使用最多、最可靠、价格最低，也最有效的类型。它是肌酸的"鼻祖"，而其他更新的肌酸类型要么效果较差，要么在效果同等的情况下价格更高。所以，每次提到"肌酸"这个词的时候，指的都是一水肌酸这种特定的类型。

肌酸是身体里自然合成的物质，所以，在你补充之前它就已经存在了。我们主要从动物产品中摄入肌酸，比如各种肉类，而且它在生肉中的含量会更高。当肉被烹饪做熟之后，其中的一部分肌酸会被分解，所以如果想不借助肌酸补剂就达到提高运动表现的效果的话，实行起来很困难。

想要达到提高力量和功率输出，以及长期帮你增加更多肌肉的目标，肌酸的有效剂量大约是0.04克/千克体重（或者0.02克/磅体重）每天（对于一般人来说，这大约相当于每天3~5克的剂量）。在每天用这种剂量连续摄入几周之后，你体内的肌酸才能慢慢达到提高运动表现的水平，但是在这之后，你只需要每天摄入同样的剂量来维持就行了，这有点类似于给你的油箱加油。

如果你想长期服用肌酸的话，摄入时机并不重要。它不需要和碳水化合物一起摄入，不需要冲击期，不需要必须在训练前摄入，也不需要必须在训练后摄入。那些所谓的肌酸要讲究摄入时机，或者和碳水化合物一起服用，以及通过冲击期大量补充的做法，都只和刚开始摄入肌酸的前几周，让肌酸含量上升的过程有关。这些做法和长期效果没有关系，而从长远的角度来看，你是需要5天还是21天才能让肌酸水平达到目标并不重要。因此，如果你决定摄入肌酸的话，直接按照前文推荐的剂量，每天摄入就行了。

在减脂期间，使用冲击期的方式摄入肌酸倒是一个好方法，因为这么做可以让你储水的时间尽量缩短（肌酸会通过让肌肉细胞充水的方式让身体储水），而水分重量可能会影响你的体重记录（如果你在定期称体重的话）。如果你这么做的话，只要把冲击期结束后的新体重作为减脂的新起点就可以了。

咖啡因

在大多数氮泵产品中，咖啡因提供了90%的短期功效（其中可能还会有一些其他科学研究表明有用的成分，但大多数只在长期摄入时才有效）。没错，如果你只追求短期的兴奋效果，只要摄入咖啡因就行了，这样做还能帮你省不少钱，因为绝大部分氮泵产品会把剂量不足、科学证据不足的其他成分和咖啡因捆绑在一起给产品加价。咖啡因并不是唯一有成效的训练前补剂，但推荐你坚持使用咖啡因，因为它无论是提高运动表现，还是减轻疲劳度，都是有大量科学数据支持的，而其他补剂的证据的数量和它完全不在一个量级。

接下来，我们会按照咖啡因的两个主要功能——降低疲劳和提高运动表现，将关于它们的科学证据一一讲解。然后，我们会讨论一下咖啡因作为"脂肪燃烧"剂的效果，并在最后谈谈它的耐受性问题。

咖啡因是一种兴奋剂，但是它在一开始带来的认知兴奋效果会在持续使用后逐渐消失。幸运的是，哪怕在持续使用，甚至出现了耐受的情况下，咖啡因带来的减轻疲劳的效果仍然不会受到影响。想要达到抗疲劳的效果，它每天的最佳剂量为0.5~1.4毫克/磅体重。另外，咖啡因还可以在短期内增强抗阻运动的训练表现，包括提高力量和肌肉耐力等。想要达到这个效果，最佳的方法则是在训练前大约60分钟摄入1.8~2.7毫克/磅体重的咖啡因。

还需要注意的是，咖啡因经常被作为"脂肪燃烧剂"销售，在厂商的宣传中，它可以通过热效应或者抑制食欲的方式来帮你摄入更少热量，进而提升减脂效果。虽然咖啡因的抗疲劳、增强运动表现的作用已经被科学研究证明得很透彻了，但它的燃脂效应或者减少热量摄入的效果的证据并不明确。尽管在减脂期，它带来的抗疲劳效果也会很有用，但它并不能直接通过燃烧脂肪来帮你减脂。

如果你的目标是提高运动表现，那你可能需要调整一下你的非训练前摄入咖啡因的习惯，这种调整包括了两方面：剂量（大约以1毫克/千克体重作为上限值）和摄入频率（每周最多摄入2次）。因为持续摄入咖啡因带来的耐受性可能会让咖啡因带来的运动表现提高作用减弱。在规律摄入咖啡因后，它的耐受性出现得非常快。不过，咖啡因的其他作用，比如抑制疼痛感和提升局部肌肉机能，似乎并不会随着耐受性的出现而减弱。尽管随着耐受性出现，咖啡因对于一些耐力训练的作用在某些人身上会消失，但并不是所有研究都同意这一说法。

归结起来，这就意味着耐受性会让咖啡因对于耐力训练的效果消失，但是咖啡因对于抗阻训练的效果并不会随着耐受性出现而完全消失，哪怕你天天喝咖啡都没关系（但是比起不怎么喝咖啡的人，它带来的效果可能会稍微弱一点）。

所以，既然咖啡因的耐受性是真实存在的，如果你在某天感觉状态很好，对训练准备得也充分的话，那么你可能根本就不需要在训练前摄入咖啡因。反过来，如果你在某天感觉状态不佳，预计训练质量会很糟糕的话，那摄入咖啡因可能是个好主意。这是一种非常有价值的做法，因为这样可以让你把咖啡因的摄入量保持得越低越好，同时在真正需要咖啡因的兴奋效果时，让它的效果能够最大化。另外，有些时候，你可能更需要抗疲劳的作用，而不是运动表现提升的作用。如果你的减脂过程在某种程度上比较激进，那你可以通过规律摄入抗疲劳剂量的咖啡因来维持所有训练日的训练质量，进而达到总体训练质量不下降的目的，这样做虽然可能会让你训练前的咖啡因作用更小，但从全局上来看却是最佳做法。

另外，以上的推荐做法和剂量都是为了达到效果最大化而给出的，如果你决定试试摄入咖啡因的话，不妨从推荐剂量的一半开始，看看能不能达到令你满意的抗疲劳或者提高运动表现的效果。这么做是因为每个人对于咖啡因的敏感性不同，如果你没怎么用过兴奋类物质，或者一次性摄入过多的话，可能会出现焦躁不安、无法集中注意力等副作用，这些副作用与不摄入咖啡因带来的疲劳或者精力不足现象相比可以说是不相上下。总体而言，最明智的做法是在达到效果的前提下，将剂量控制得越低越好。建议你将咖啡因主要安排在每天的更早时候摄入，以避免它对睡眠造成影响。

B级列表：那些与实验证据不太一致的补剂

β-丙氨酸

在前文那些对于健康和运动表现有用的"顶尖"补剂讲完了之后，我们再来谈谈那些需要根据实际情况考虑的补剂，比如β-丙氨酸。

β-丙氨酸可以被看作肌肉耐力版本的一水肌酸。如果在你的脑海里，肌酸的作用是帮助提高做功功率、力量以及促进肌肥大的话，那β-丙氨酸的作用就是帮助提高持续时间更长的无氧运动的表现。

β-丙氨酸是肌肽的前体。肌肽在骨骼肌组织中大量存在，由组氨酸和β-丙氨酸两种氨基酸合成而来。虽然肌肽没法大量进入肌肉细胞，但β-丙氨酸却可以，因此这个过程也是限制肌肽合成速率的过程。β-丙氨酸可以作为酸性物质的缓冲液，调节肌肉的酸碱度，进而通过限制代谢物累积而起到提高运动表现的作用。因此，我们认为β-丙氨酸是一种在特定条件下有用的补剂，因为它只对持续时间为0.5~10分钟的运动有着极小幅度的提高表现的作用。

所以，对于力量举运动员、奥林匹克举重运动员，以及所有主要训练目标是绝对力量的人来说，β-丙氨酸并没有什么作用。哪怕是进行节奏训练，你也需要每组至少做15~20次才能达到从β-丙氨酸中受益的时长，或者限制休息时间，在休息不充分的时候就开始下一组。因此，CrossFit运动员和健美运动员也许能从摄入β-丙氨酸中受益，但只有在进行高次数、高容量的训练时才有效。不过，对于肌肥大来说，并没有所谓的最佳增肌次数区间。在训练容量相等的情况下，使用10RM和3RM的重量能达到同样的肌肥大效果；而中等次数区间（8~12次）的优势是它比起使用大重量，更容易堆积起训练容量。大重量训练如果想要达到同样训练容量，需要做更多组，组间休息时间更长，耗时更长，还可能给关节带来更大的压力。如果你对这个话题感兴趣的话，可以看看本书的训练篇。

因此，如果你的训练处于以高次数（15~20次）为主的阶段，或者同时进行力竭性的训练内容（比如CrossFit），或者经常进行持续60秒以上的动作，那β-丙氨酸可能是一种值得考虑的补剂。在这种情况下，每天摄入3~4克可能会有潜在的益处。

瓜氨酸苹果酸盐

瓜氨酸苹果酸盐结合了非必需氨基酸、瓜氨酸，以及科雷布斯循环（Krebs cycle）的中间产物（这里的意思是它可以帮助能量生成）苹果酸盐。

瓜氨酸可能可以通过生成一氧化氮（一种血管舒张剂）来增加目标肌肉的血流量，从而帮助提高运动表现，还能帮助清除体内的氨（一种肌肉疲劳的标记物）。另外，苹果酸盐可以在减缓乳酸代谢物累积的同时，增加运动时的能量生成。当瓜氨酸和苹果酸盐结合在一起后，它们就可以在运动时既帮助能量生成，又帮助清除代谢废物了。

基于以上原理，你可以推测出瓜氨酸苹果酸盐有提高肌肉耐力、加快组间恢复，以及增加训练容量的作用。不过，在评估目前已有的科学证据时，关于瓜氨酸苹果酸盐对于抗阻训练的效果有两种结论：一些文献认为它有积极作用，而另一些文献则认为它没有作用。尽管目前并没有任何关于瓜氨酸苹果酸盐在抗阻训练中的作用的荟萃分析，但在不久的将来肯定会有相关文献被发表，并且会给出一个更肯定的答案。这种文献如果得以发表的话，还能帮我们决定瓜氨酸苹果酸盐的最佳剂量、服用时间，以及它到底会有多大的提高运动表现的效果（如果它有效的话）。

至于它的价值到底有多大，本书目前的观点倾向于它有可能是有用的，因为其中一项结果为"没作用"的文献使用的剂量并不足。另外，目前没有任何证据表明它可能会从负面影响到运动表现。

在那些实验结果为瓜氨酸苹果酸盐带来的作用是积极的研究中，常见的使用方法是在训练前大约60分钟服用8克瓜氨酸苹果酸盐。

C级列表：那些没有实验证据支持的补剂

谷氨酰胺

谷氨酰胺是人体中含量最高的氨基酸，它是一种非必需氨基酸，但有时也被称为半必需氨基酸。它的意思是在一些特定临床情况（重大疾病，手术后愈合期间，烧伤等）下，人体组织分解的速度达到正常情况无法达到的地步，甚至远远超过了组织合成的速度。

在医院里，医生确实会给这些患者注射谷氨酰胺来降低感染概率、加速恢复、减少死亡率，并且缩短患者住院的时间。

谷氨酰胺还是健身界和健美界的流行补剂之一，因为那些临床医学的文献表明，它（通过注射）可能有加强肌肥大或者提高运动表现的作用，所以很多人认为它（通过口服）对健身人群也有用。但是，到目前为止，没有任何科学证据表明它能起到优化身体成分或者提高运动表现的作用。它的实际作用，从理论上来讲充其量是可以帮备赛期间的形体运动员保持肠胃健康。

支链氨基酸（BCAAs）

不管你是在减脂期还是增肌期，如果蛋白质摄入足够的话，支链氨基酸（BCAAs）都不会有什么作用。高蛋白饮食（比如本书推荐的饮食方法）本身就能提供充足的支链氨基酸。

虽然支链氨基酸没什么用，但并不妨碍其成为健美界中最常用的补剂之一。我们认为，那些极少表明支链氨基酸有效的研究，都有很大缺陷。

▶ 一项结论是支链氨基酸优于碳水化合物或者乳清蛋白的研究，其实从来没有在正规期刊上发表过。它只在某项会议中被提到过，但从来没有经过同行审议。

▶ 另外，这项研究中支链氨基酸是和谷氨酰胺、瓜氨酸苹果酸盐一起摄入的，我们没法知道支链氨基酸单独使用的效果。

▶ 实验中并没有控制饮食，也没有控制每日蛋白质摄入（因为高蛋白饮食能提供足量的支链氨基酸）。

▶ 除此之外，另外一项针对减脂期间的力量训练爱好者的研究表明，在饮食不变的情况下，额外摄入支链氨基酸的志愿者比起额外摄入碳水化合物的志愿者减去了更多脂肪，保存了更多瘦体重，以及增长了更多的力量。但是，在之后一封致此刊编辑人员的信中提到，这项研究有明显的数据错误，而且使用的统计方法也有重大缺陷，因此得出的结果的可信度也有待确定。

▶ 以上两项实验的资金都来源于同一公司，而该公司的明星产品就是支链氨基酸。虽然这并不能代表以上实验有误导性或者是虚假实验，但还是谨慎一点，等到别的研究人员使用更科学、更严谨的实验设计、分析手段，证明了它们的结果之后再下结论。

从更广义的角度来看，一项发表于2017年的荟萃分析总结到：支链氨基酸与安慰剂相比，可以更有效地减少肌肉损伤。但是，这里的研究都是在支链氨基酸与安慰剂（通常是有味道的水，或者什么都不摄入，或者是碳水化合物）之间进行对比，而不是在支链氨基酸与蛋白质之间进行对比。这里的结论是，支链氨基酸比起什么都不摄入要强，但是它减少肌肉损伤的效果不会强于蛋白质。

如果把"证据"这个概念再放得更宽泛一点，这里还有其他的一些研究也许可以用以支持支链氨基酸的使用。更具体一点，一项发表于2015年针对手球运动员的研究发现，在将支链氨基酸和精氨酸一起摄入后，这些运动员在持续多天的模拟竞赛中疲劳程度更低。但是，这没法说明到底是支链氨基酸有效，还是精氨酸有效，或者是两者协同才产生了效果。而且这种减轻疲劳的效果也很可能只有在连续多天的运动中才有效，因为有一篇针对摔跤运动员的同类研究表明，支链氨基酸对于单次的竞赛表现没有任何提高作用。

至于身体成分，有一项更久远的研究发现，那些在减脂期间用支链氨基酸代替了大部分蛋白质的摔跤运动员减去了更多的腹部脂肪，而对照组则使用了大豆蛋白替代大部分蛋白质摄入。不过，这两种情况在正常饮食中都不现实。实验中不管是大豆蛋白还是支链氨基酸的极端摄入，都会让这项实验的结果对于现实情况没有什么意义。

最后，还有一项研究表明，摄入同样热量的支链氨基酸，比起摄入碳水化合物更能提高有氧运动的表现，但是只有在糖原清空的前提下才有效。在糖原水平正常的时候，支链氨基酸可能可以帮助降低主观努力程度，但是对于运动表现的提高不如相同热量的碳水化合物。但这项结果对于大部分人来说还是没有什么意义，因为对于力量或者形体运动员而言，有氧运动的表现并不重要，它只是消耗热量和维持健康的手段，也完全没必要用补剂来提高表现。

所以，这里的重点是，如果你的日常饮食里有充足的碳水化合物、蛋白质以及总热量，那支链氨基酸补剂对你来说就没什么用了，尤其不会对你的力量训练表现起到什么帮助。从另一方面说，如果你必须空腹进行有氧运动，或者采用极低热量、极低碳水化合物的饮食方式减脂（可能导致糖原水平变低），又对于耐力训练表现有需求的话，那你可能会从支链氨基酸补剂中受益。相信你能看出，这里的应用条件非常狭隘。即使这样，你在训练前简单吃一勺蛋白粉也能获得同样效果，或者如果你想要提高有氧耐力的话，别在空腹、糖原水平低的时候进行就是了。

和标签上写的不同，支链氨基酸实际上是有热量的。基于市场规范的原因，在很多国家，支链氨基酸一类的单独氨基酸补剂不能标注出热量。支链氨基酸和乳清蛋白的热量差别很小，两者的吸收速度也差不多。如果非要比个高下的话，那你可以说乳清蛋白更胜一筹，因为它包含了所有必需氨基酸，而必需氨基酸在理论上能起到更好的增肌、修复肌肉组织的作用。

β－羟基－β－甲基丁酸（HMB）

β－羟基－β－甲基丁酸是亮氨酸的一种代谢物，它作为运动机能促进剂，已经被研究超过20年了，它主要的作用是提高抗阻训练的运动表现，以及通过减少肌肉蛋白分解来达到增加瘦体重的作用。关于HMB的研究已经不是什么新鲜事了，第1项关于它对于运动表现影响的人体实验研究发表于1996年。在这项基于没有力量训练经验的志愿者的实验中，HMB无论是在提高抗阻运动表现还是优化身体成分方面，表现得都非常有潜力。在之后几年，随着越来越多关于HMB的研究被发表，积极结果的数量进一步攀升。在一项发表于2001年的荟萃分析中，研究人员总结到，在被评估的所有和肌肉、力量相关的运动补剂中，只有HMB和肌酸有着明显作用。但是，当更多研究使用了有力量训练经验的志愿者之后，结果就没那么积极了。在2009年发表的一篇荟萃分析中研究人员进一步总结到，尽管HMB对于没有力量训练经验的新手会有很小的帮助，但在有力量训练经验的人身上，它就没有效果了，而不管你的训练经验如何，HMB对于身体成分的提高作用都不显著。

在此之后，尽管关于HMB作用于肌肉萎缩患者的临床研究还在继续，但它在运动科学领域的研究已经开始渐渐衰败了。不过，到了2011年，以富勒（Fuller）为首的科学家们发现，如果训练者使用游离酸凝胶胶囊形式的HMB，则可以将血浆中的HMB浓度增加接近2倍之多，并且清除率也提高了25%，效果要远远优于传统的HMB钙盐形式。这个结果重新燃起了运动科学领域对HMB（游离酸形式）对于身体成分影响的研究兴趣。但是，目前为止唯一一项结果积极的实验是由销售HMB游离酸的公司赞助的，并且在3封不同的致编辑者的信中，实验的结果都受到了严重的质疑，我也是那17位提出质疑的科学家之一。

更具体一点来说，在那些致编辑者的信中，该实验结果的真实性受到了如下质疑。

1. 摄入HMB的那组志愿者增加了比类固醇实验中还多的肌肉量，和以往的HMB实验结果极度不相符。

2. 这些变化缺乏可行的原理解释（简简单单地提高生物可利用率，不应该让某种补剂从没有效果一下提升到比类固醇还有效的地步）。

3. 从统计结果来说，组间变化有着不可置信的一致性。

4. 在安慰剂组中，竟然也有小幅度的肌肉和力量增长。

5. 实验使用的数据收集、志愿者募集流程和预注册的流程不符。

6. 同样的控制组在不同实验中结果都不一样。

但是，这并不意味着HMB就完全没用了。像之前说的那样，对于新手来说，他们在刚开始力量训练时会产生更大程度的肌肉损伤，所以HMB可以帮助他们增加肌肉量、优化身体成分。另外，在具有极高破坏性的训练方案中（比如高度很高，产生大量离心超负荷的着地跳跃），HMB的游离酸形式也能帮助训练者恢复。不过，如果你的训练计划设计得比较科学的话，在最开始的几个月之后肌肉损伤就不会那么明显了，HMB的作用也会慢慢消失。一项发表于2018年的荟萃分析也从侧面证明了这一点：在有训练经验的人身上，HMB无论对于运动表现还是身体成分都没有明显作用。

补剂	有效剂量、使用条件及备注
A级列表：那些有充足实验证据支持的补剂	
复合维生素	在减脂期，低剂量的复合维生素可以预防微量元素缺乏，而在增肌期则不太有必要。 *在补充之前，最好做一次血检或者微量元素监测
EPA和DHA	健康机构的推荐是每天摄入总计1~2克的EPA+DHA。 *如果你每周吃两次以上含油量高的鱼类，则没有必要补充
维生素D3	如果25（OH）D水平低于75纳摩尔/升，则每天补充20~80IU/千克（9~36IU/磅）体重的维生素D3。 *如果你肤色较深，则应该在条件允许的情况下测量"游离"25（OH）D的水平
一水肌酸	每天摄入0.04克/千克体重（0.02克/磅体重）来达到理想的肌酸水平。 *非一水形式的肌酸、冲击期，以及和碳水化合物同时服用都没有必要
咖啡因	用于抗疲劳的每日摄入量：0.5~1.4毫克/磅体重。 用于提高运动表现：在训练前1小时摄入，摄入量为1.8~2.7毫克/磅体重。 *耐受性可能会影响到咖啡因的运动表现的提高效果，为了避免这一点，可以将摄入限制在每周不超过2次
B级列表：那些与实验证据不太一致的补剂	
β-丙氨酸	每天摄入3~4克，可以在动作持续超过1分钟，或者休息时间受到限制的情况下提高运动表现。 *对于力量举选手、奥林匹克举重选手，以及大部分健美选手都不太可能有用
瓜氨酸苹果酸盐	在力量训练前1小时摄入8克，可能可以提高做功能力或者力量耐力。 *科学研究证据目前说法不一致，最好等到新的荟萃分析发表之后再下结论

第14章
监测进步与进行相应调整

到目前为止，本书第2部分营养篇的主要目标都是帮你根据具体目标来设计饮食计划。这里还有同样重要的一些内容，甚至有时候比设计饮食计划更重要，就是学习该如何调整计划以确保你会一直朝着目标前进，以及该如何监测自己的进步。

在本章中，我们会根据以下方式——讲解评估进步的方法。

1. 使用体重数值衡量。适用于需要控制体重、有体重级别限制的运动员，增肌期间的形体运动员，大部分备赛期间的形体运动员，以及虽然不比赛，但是体重数值比较健康的爱好者。

2. 使用视觉衡量。适用于不同阶段的形体运动员，但是在备赛后期尤为重要，以及适用于那些使用内在指标（详情请见第17章）来减脂，或者处于增肌期的爱好者。

3. 使用运动表现衡量。适用于不同阶段的任何人，从不以竞技为目的的爱好者到形体运动员，再到力量运动员都适用。取决于你的具体目标，你的绝对力量或者相对力量应该会有一定的变化趋势。而当这些趋势消失的时候，就意味着需要采取调整措施了。

4. 使用身体维度衡量。适用于在减脂期间和体重测量同时进行，或者用其代替体重测量。如果你的体重数值不太健康的话，它是一个很好的替代；它还可以告诉你减脂和增肌是不是在同时进行，也对小变化更为敏感。

在讲解这4种方法之前，先回答一个你一定会问的问题："那x，y，z的体脂测量有用吗？"这个问题很好，很高兴你能这么问。让我们先详细讲讲身体成分测量的缺陷，以及为什么它对于99%的人来说不是一个明智之选。

体脂肪测量的问题

如果你有任何形体方面的目标，很多人会建议你经常测量体脂率。因为从逻辑上来讲，如果你的目标是把体脂率控制在某个数值范围内，那直接测量体脂率是评估某种饮食方法有没有效的最好方法了。但是，这里有几个原因，会让你明白体脂测量方式远远不如你想象中的那么有用。第一，许多分析身体成分的"黄金标准"方式，比如双能X射线吸收法（DXA），以及之前的水下称重法等，误差其实都不小，因此它们对于个人测量没有什么实践意义（它们在科学实验中，对于一群人的测量结果还是精准的）。在操作正确的前提下，用双能X射线吸收法在同一个人身上重复测量体脂率，误差率很少会低于2%。因此，如果你的真实体脂率是10%的话，双能X射线吸收法的结果可能会在8%~12%不等。而这还是在让经验丰富的实验室技术员操作、使用科研级别的设备，使用标准化的操作流程，被测者自己做了一切能够确保结果可重复性的事情的基础上，测试出的能出现的最佳结果。

这也就意味着，如果你的测试经验不足、用了商业级别的器械、没有确保每次测量都在同一个时间点、没有在训练（训练容量、强度基本不变）前的相同时间测试、饮食没有保证基本不变、饮水状态没有确保统一，或者女性没有保证在生理期的同一周期测量，那么这些都可以让结果上下浮动10%之多！

所以，结合上文内容，你应该能理解双能X射线吸收法为什么既不准确，还可能给你带来负面影响了吧。因为你可能会根据测量结果认为自己在进步或者进入了平台期，而事实却并非如此。

有意思的是，目前最靠谱的测量方式其实是让专业的测量学家使用皮脂钳测量。你可能经常听说皮脂钳测量的结果不那么靠谱，但其实这句话只说对了一半。皮脂钳测量的准确性与可靠性完全取决于你对结果的处理方式。如果你测量了皮脂厚度，然后把这些数值和其他测量数值放在某个公式里估算体脂率，那它的误差就会非常大，而且基本没有什么用。

举个例子，我曾经在一项没有发表的实验中测量了13位男性力量训练爱好者，将同样的皮脂厚度数值放在3个不同公式里之后，他们的体脂率平均值分别为大约10%、15%和20%。但是，如果你把皮脂厚度数值单独拿出来使用的话，只要是经由专业人员测量的，它就会很靠谱。

有经验的测量人员可以把单次的皮脂钳测量结果的误差控制在5%以内。这意味着如果你的6项皮脂厚度总和为80毫米的话，立刻让同一位测量人员再测一次，得到的数值应该为76~84毫米。这种误差范围可以让运动员在不频繁进行测量的前提下（比如每月一次），看出自己的皮脂厚度变化有没有超过5%（如果你的测量人员经验非常丰富的话，这个数值可能会更小），并且这个变化趋势不会出错。

不幸的是，很多人不喜欢直接使用皮脂厚度数值，因为他们没法像想象体脂率那样来视觉化皮脂厚度，而皮脂厚度的数值也让他们很难把自己和想象中的正常值进行对比。但是，体脂率本来就是一种非常没用的信息（对，你没读错）。如果你在意自己看起来是什么样的，或者你是一位形体运动员，那你的终极目标应该是某种形体状态，而不是某个数值。

同样道理，如果你是一位以成绩为目的的运动员，你应该把注意力放在找到体脂率的"甜蜜点"上。这个体脂率应该可以让你在生理、心理都能维持的基础上（重点），取得最佳的长期表现（另一个重点）结果。

想要找到这一点，你首先要有和自己长期运动表现关联的可靠数据，而身体电阻测量、双能X射线吸收法、水下测量法，以及空气置换法（Bod Pod）都无法满足要求，这

说句题外话，经常做双能X射线吸收法测试其实是个坏主意。假设你找到了一个不错的双能X射线吸收法服务，并且做了你能做的，比如每次测试都在同一时间、同一条件下进行。在这里我们假设你的误差率降到5%。现在，我们再假设你听从了本书的建议，每周减去0.75%的体重（0.5%~1.0%体重的平均值）。如果你的起始体重为154磅，那么你每周就减去了大约1.1磅的体重。如果你的起始体脂率为20%，那么你就有30.8磅的体脂肪。所以假设你每周减去的体重全部来自脂肪的话，那你每周的体脂率就会降低大约0.3%。如果你有个"小魔杖"，可以做到完全减脂不减肌，那么每4周里你的体脂率就会降低1.2%。让我们假设这个"小魔杖"还能精准地告诉你你的体脂率，那么体脂率看起来会是以下的样子。

    1. 减脂4周：体脂率为18.8%。

    2. 减脂8周：体脂率为17.6%。

    3. 减脂12周：体脂率为16.4%。

    4. 减脂16周：体脂率为15.2%。

现在，双能X射线吸收法如果有5%的误差，那结果会是怎样的呢？我们用了谷歌的随机数生成工具，然后把以上数值的两边都加上"5"。接着，我们又把同样的过程重复了4次，生成了0~9的随机数作为小数点后一位的数字，因为这个生成器只能生成整数。以下就是我们得到的结果。

    1. 减脂4周：DXA体脂率为23.1%（实际为18.8%）。

    2. 减脂8周：DXA体脂率为17.4%（实际为17.6%）。

    3. 减脂12周：DXA体脂率为18.7%（实际为16.4%）。

    4. 减脂16周：DXA体脂率为10.8%（实际为15.2%）。

作为一位运动员，你可能在一开始会想，"我的体脂率好像比我以为的高啊！"在第2次测量之后，你会很满足于自己的进步，然后在第3次测量之后，你可能开始惊慌，开始做一些不必要的调整。这意味着你很可能都得不到第4次的测量结果。但是，假设你得到了同样的数值，你的反应会是什么？你会认为你之前做的没有必要的调整不仅很有用，而且太神奇了！可能在几十年之后，你还会使用同样的策略来进行减脂，并且还很可能过度限制饮食，来让它"根据身体优化"，而实际情况是，从一开始你的计划就没什么问题。

些方法在长期基于个体的测量上的误差都太大。实际上，在所有模型中，简单将皮脂厚度加起来就是最可靠的方法。而不幸的是，想找到经验丰富的测量人员不仅很困难，而且耗资不菲，这2点就足以让10个人里的9个放弃了。更重要的是，使用本章开头提到的4种非体脂测量的方法，其实足以满足你获得可用于实践的数据的需求。

评估体重变化

我们在"心态与工具"中已经讲过，并且在接下来的第17章中还会再次提到这一点：对于某些人来说，称体重会造成一定的心理压力。它可能会成为你一天过得好不好的晴雨表。但是，如果你是一位有体重级别限制的力量选手，或者是在备赛阶段早期的形体运动员，那称体重是一种非常有价值、也有必要的方法，你得学会和它和平相处。至于其他人，应该优先考虑其他评估进步的方式（在本章开头，以及第17章中都有讨论）。

理解体重数值能说明什么、不能说明什么，是你和它和平相处的过程之一。首先，让我们回到营养金字塔的第1层。如果你想要在1天里真正增加或者减去1磅脂肪，就需要大约3 500大卡的热量差。所以除非你1天摄入了5 000~7 000大卡，或者其他什么都没做，从早跑到晚，你就不需要惊慌于天与天之间超过1磅的体重浮动，它们绝大部分来自水分和肠胃里食物的变化。

这么说虽然可以给你带来一些心理上的安慰，但它同时也带来了一些挑战。如果你想要准确地测量体重数值，而不被水分蒙住双眼，做出一些不理智、不必要的饮食改变，就不那么容易了。

想要有效利用称体重的方法，关键是每周至少要称重3次（如果你只称重3次的话，至少在周末称重1次），并且要根据以下的指南进行。

1. 在早上醒来，上完厕所（如果你需要上厕所的话）之后立刻称重。

2. 将体重秤放在水平、坚硬的平面上（而不是地垫或者地毯上），然后裸体进行称重。

3. 你可以用Excel软件记录体重数值，或者简单地用纸笔记录下来。

4. 告诉自己单天的体重数值不能说明什么，它只是你长期观察的一部分数据。

这样做可以让你的称重数值更一致，不过它只是"消除噪声"的一部分。真正需要观察的是体重随着时间的变化趋势。你首先要做的，是将每周至少3次的体重数值取平均值（如果你能每天称重的话，就能更有效地消除误差，而且更容易养成习惯，所以这是推荐做法；但如果你不能每天称重的话也无所谓，只要在需要称重的几天中设个提醒闹钟就好了，不然万一你忘记的话，会对整周的数据产生影响）。然后，你要在接下来的几周重复同样的流程，并做出周与周之间的对比。

对于大部分人，推荐在减脂期连续称重至少2周之后再开始对饮食进行调整（举个例子，不要仅仅把这周的平均数值和上周对比，而是把这周的平均值和之前至少2周的数值对比）。不过，你在减脂期第1周的数据应该被忽略。在这一周里，你会流失更多的水分、糖原，以及因为肠胃里食物分量更少了，而看到体重数字的下降（刚进入增肌期也是同样道理）。然后，你可以开始进行2周的称重了。这样做，基本可以确保你有足够的时间来观察自己体重的变化速度（每周0.5%~1%）。但是，有些人可能需要更长的时间。

如果你是一位女性，可能会因为月经周期导致的水分滞留而使体重变得更不稳定，或者在某段时间高于平常值。在这种情况下，你需要再进行1周的称重，来确保自己的体重数据足够可靠，可以用于评估趋势。

同样，在增肌期记录体重时，不管你的性别是什么，也需要同样的时间来观察小幅度的体重变化（每月0.5%~1.5%的体重增速）。以下是我自己记录体重的Excel表格的范例，它可以总结一周体重的平均值，以及进行周与周之间的对比。

7天平均值		日期	体重（磅）
		11月5日	139.4
		11月6日	139.2
		11月7日	139.2
		11月8日	139.2
		11月9日	138.6
		11月10日	139.2
139.4		11月11日	141.2
		11月12日	141.2
		11月13日	142
		11月14日	142.6
		11月15日	143.2
		11月16日	143.2
		11月17日	143.2
142.6		11月18日	143.2
体重变化 = 3.2		11月19日	143
		11月20日	142

在上表中，唯一有用的信息是左边一栏的7天平均值。你需要连续多周数据的平均值才能判断自己的每周减重、每月增肌速度有没有达到目标。

所以，现在你已经知道了该如何准确记录体重，以及该记录多久才可以开始进行饮食调整。但是，具体该做哪些调整呢？

首先，在我们讨论体重增减的平台期之前，先来谈谈你在前期可以做的一些调整。像营养金字塔第1层讲的那样，在理想情况下，你应该连续2周记录热量摄入，然后根据实际摄入取一个平均值来作为饮食计划的开始。但是，很多人不会这么做，只想立刻开始。营养金字塔第1层里同样讲过，这种做法并不理想，但只要你理解，你在饮食计划开始之后不久就会需要进行调整就可以了。很多人会严重高估或者低估自己的活动系数，导致根据公式计算出来的热量数值和实际相差甚远。不过，如果计算器给出的数值误差太大，你在第1周应该就能发现。虽然在前文说过，第1周的体重数值应该被忽略，但是不要纠结于体重增、减的具体数字，因为它代表不了身体组织的真正变化。但如果你的热量摄入存在盈余或者缺口，那你的体重应该会朝着正确的方向变化。这意味着在增肌的第1周，你的体重应该会因为额外的食物量、钠、糖原储备、水分滞留而上升。同样的道理，在减脂的第1周，你的体重应该会因为食物量、钠、糖原储备、水分滞留更少而产生下降的趋势。如果这没有发生，那你很可能高估或者低估了自己的活动系数，因此需要进行重大调整。如果在增肌期开始后你的体重没有上升，或者减脂期开始后你的体重没有下降，那你需要将活动系数相应增减0.2，再计算出新的热量需求。举个例子，如果你用了1.5的活动系数计算增肌期需要的热量，但是连续一周之后平均体重毫无变化，那你就得用1.7的活动系数重新进行计算了。如果你处于减脂期，就减去0.2，用1.3的活动系数重新计算。

从另一方面来说，如果你的饮食计划设计得比较科学，在合理地增减一段时间的体重后遇到了平台期，你也需要采取一些小幅度的调整来回到正轨。最简单的推荐是在体重增减速度与预期不和的时候，相应增减100~200大卡的热量（如果你的每日摄入低于3 000大卡，就相应增减100~150大卡的热量；如果你的每日摄入高于3 000大卡，就相应增减150~200大卡的热量），这些增减的热量应该来自碳水化合物或者脂肪（说句题外话，热量计算不准确是件常见的事，也经常是导致平台期的原因之一。所以提醒你一下，请确保你阅读了"心态与工具"和第17章的内容，确保你的热量计算是精确、一致的）。

举个例子，如果你根据营养金字塔的指南，以2 200大卡为目标进行日常饮食，然后遇到了平台期，减重速度从过去几周的每周减少体重的0.7%降到了现在的每周减少体重的0.4%，那你就可以再将每日摄入降低100~150大卡。这可以从每天少吃20克碳水化合物、5克脂肪来实现（总计降低125大卡的摄入）。

以下是一张很实用的表格，可以告诉你该如何将目标热量调整分配到碳水化合物和脂肪上。

大约变化100大卡	大约变化150大卡	大约变化200大卡
15克碳水化合物，5克脂肪	25克碳水化合物，5克脂肪	25克碳水化合物，10克脂肪
10克脂肪	5克碳水化合物，15克脂肪	5克碳水化合物，20克脂肪
25克碳水化合物	40克碳水化合物	50克碳水化合物

你可以依照自己的喜好，只减少碳水化合物摄入或者只减少脂肪摄入，也可以同时减少两者的摄入，只要不低于每日最低摄入就行了。每日最低摄入为：0.25克/磅体重的膳食脂肪，0.5克/磅体重的碳水化合物。

最后，你也许注意到了，我们刻意将数值四舍五入到了最近的5克里。你没有必要追求更精确的数字。这条原则同样也适用于教练们：在对宏量营养素的摄入数值做调整时，调整幅度不应该低于5克，不然会让你的客户感觉他们需要把热量计算得很精确才行，这会让他们觉得哪怕小于5克的变化都有必要，从而会很容易让他们变得"神经质"。

那么，有氧运动呢？这是另一种选择，但是如果你记得营养金字塔第1层的内容的话，就会知道，你的有氧运动总时长最好不要超过力量训练总时长的一半。因此，你可以增加几次有氧运动次数，但是它的增量是有上限的。在这种情况下，一个黄金准则是每周增加40分钟的低强度匀速有氧训练（LISS），或者20分钟的高强度间歇有氧训练（高强度间歇有氧训练的频率应该控制在每周最多1~2次，请记住关于低冲击模式的指南）。

视觉评估

视觉评估同样是很有用的工具，因为它直接满足了形体运动员和大部分爱好者的关注。但是，视觉评估的方式既主观又无法量化，所以想要评估具体变化了多少、什么时候该出现视觉变化等情况会变得很麻烦。在大部分情况下，推荐将视觉评估与其他方法一起使用，因为这可以很好地反映出减重的质量（意思是身体成分的变化），而体重数字只能告诉你减重的数量。如果你在镜子里看起来越来越弱、越来越小，哪怕减重速度正常，也意味着你需要在某些方面进行调整了。

对于形体运动员而言，随着备赛进程的推进，视觉评估的重要性会越来越大。举个例子，一位健美运动员在备赛后期可能需要在4周里减去2磅的体重，但是只靠体重数字评估的话，会很难辨别是否出现了平台期（因为体重浮动可能会掩盖变化趋势，而在备赛后期，已经没有时间等几周再进行判断调整了）。在这种情况下，你只能依靠视觉评估。幸运的是，如果某位运动员需要减的体重已经不多了，那他在周与周之间的形体变化会变得非常明显。

所以，你该如何才能进行优质的视觉评估呢？首先，不要只照镜子，然后依赖记忆力。你可以给自己的舞台动作展示拍一段短片，或者拍一些照片。请确保光线是正对着你的，然后把相机放在光源和你的正中间。举个例子，如果你面向天花板的灯，你就可以把相机放在你的身体和灯之间拍照。这样做可以让你的形体更真实。其次，请保持一致性，在每次拍的时候都使用同样的光源。

不过，你的体脂率越高，视觉变化就会越不明显。从另一方面来说，当你的体脂率变得越来越低的时候，你也会对视觉变化变得更敏感。所以，视觉评估的方式只有在你比较瘦的时候才会有用。对于依据视觉评估进行调整的推荐和前文一样，如果你在减脂期已经足够瘦了，每2~3周评估一次视觉变化就可以了。如果你从视觉上看没有变得更瘦，像之前建议的那样相应调整热量摄入，或者增加有氧运动的训练量。

在另一方面，如果你正处于增肌期（记住，增肌的速度会远远慢于减脂的速度），或者体脂率没有那么低，视觉差异就不能帮助你及时进行饮食上的调整。想象一下，如果你在减脂开始的时候体重为80千克，体脂率为30%，你一共就有24千克的体脂肪。如果你减去了1%的体重，而且全来自脂肪，那你就会减去0.8千克的体脂肪，它大约只占总脂肪重量的3.3%。但是，在减脂30周之后，你的体重会降到64千克，体脂率会降到13%，一共就只有大约8千克的体脂肪，在这时，减去的0.64千克的体脂肪（同样是体重的1%），就成了你总脂肪重量的8%。前者产生的视觉变化会比后者更难观察到。因此，在你不是很瘦的时候，视觉评估不是一种非常有用的方法。

在减脂的时候，哪怕你流失了一部分肌肉，你也会在体脂率越低的时候看上去越壮。但是增肌的时候，情况就相反了。哪怕在增肌期把所有的方面都顾及，你的体脂率仍然会上升一点。这意味着你可能在增加了肌肉量的同时，反而看上去更没有训练痕迹了。另外，你的训练年限越长，增肌的速度就越慢，也越难在有限的时间里看见视觉差异。对于训练经验非常丰富的人，可能需要几个月甚至一年的时间才能让增肌的效果在视觉水平上呈现出来。因此，在增肌期间，视觉评估也不是一个合适的方法。

但话不能说得太绝对，如果你愿意隔更长的时间才评估一次，或者想用更质化、"身体成分重组（recomp）"的方式来改善形体的话，视觉评估也不是完全没有用。它适用于第1次进健身房训练的新手，以及那些不以竞赛为目的，增肌潜力还很大的人（身体维度评估在这里也有着重要作用，我们会在本章结尾具体讲解）。在第17章中，我们会讲讲在这种场景下，通过视觉评估指引的减脂或者身体成分重组是如何具体进行的。

最后，最有用的评估增肌进步的方法之一，其实是最不直接的一种：通过运动表现评估。

运动表现评估

很多人会说，在减脂的时候不能增加力量，其实这种说法并不正确。在减脂开始的时期，尤其是你的体脂率比较高的话，你肯定能减脂、增力同步进行。但是，到了减脂的某一个阶段，如果你将体脂率降到足够低的程度，你会开始连维持力量都很难，更别说增长力量了。同样道理，在增肌期，如果你的训练计划设计科学，热量盈余也足够的话，进步速度应该是可以与你的训练经验相呼应的（详情可以参见"肌肉与力量全书：训练篇"的内容）。如果你的饮食计划做得到位，但你在热量盈余的基础上不能举得更重，或者不能增加训练容量，那可能说明你的训练计划出了问题。

这里的重点是，如果你把所有事情都做对了，也在对你的肌肉进行渐进超负荷训练，那适应性肯定会产生。尽管力量并不是肌肉大小的简单反映（实际上，肌肉大小只是决定力量的几种主要因素之一），如果你的力量或者肌肉耐力有着提高（在大重量下的做功能力更高），动作技术又稳定的话，这几乎就可以等同于你的肌肉量在增长。因此，在健身房是否取得进步是你的主要目标（哪怕你的训练目的是以形体为主），因为随着你训练经验的增长，肌肉增长从视觉上看会变得越来越不明显。

在我监测我指导的形体运动员时，我的目标是让他们在备赛的前1/3阶段每周减重值更接近于体重的1%，而不是体重的0.5%，同时取得力量增长，并且逐渐在形体上取得视觉可见的进步（但不一定明显）。

在备赛的中间1/3阶段，我的目标还是让他们持续减重，但是每周的减重值会更接近体重的0.5%而不是1%，同时尽量维持力量水平和做功能力，以及取得更明显的视觉进步。

在备赛的最后1/3阶段，我的主要目标变成了让他们在视觉上的变化更明显，以及在此基础上让运动表现降低得越少越好（至少在冲碳之前，这个概念会在第15章里讲到），而体重数值的变化就相对没那么重要了，只要运动员在周与周之间在视觉上有着变化就行。

对于那些需要上升体重级别，或者在备赛期间需要减重的力量运动员们，我会更重视他们的运动表现。尤其当他们需要改变体重级别的时候，我会很注意他们的相对力量变化（IPF，Wilks，Sinclair等系数）。关于这个话题，在第15章会具体讨论，但不管怎样，如果你的体重在以目标速度下降，但与此同时运动表现也遭受了重挫（对于力量举或者奥林匹克举重运动员），那你最好小幅度地增加一点热量摄入，把减重速度放慢一点，让它更接近每周减少体重的5%而不是1%。

在体重数字、视觉评估，以及运动表现评估之外，你还可以根据身体维度变化来对自己的进步进行评估，从而调整自己的计划，如果你知道如何正确测量的话。

身体维度评估

为什么要测量身体维度

当谈到设计目标的时候，让目标变得可测量是一件很重要的事情，因为只有这样，我们才能衡量成功与否、在达不到目标时及时对计划做修正，以及在实现目标的道路上保持动力。这适用于生活中的所有事情，而形体变化也不例外。

如果你刚开始力量训练，主要目的也不是为了参加比赛，并且有很大的肌肉生长空间，那么身体维度测量会是一个评估进步的宝贵工具。这是因为仅仅看体重数字的变化，无法得出肌肉和脂肪比例的变化。

尽管力量增长意味着肌肉增长，但它的测量并不如身体维度数值那么具体。

对于不超重（或者体重过低）的"胖瘦子"（它可以帮你理解这里所指的人群），建议不要刻意采用增肌期或者减脂期（详情请见"我该减脂还是增肌"小节的内容）的方式，因为你可能会在体重不变的情况下，同时进行增肌和减脂。当你采用视觉评估时，短期内的变化可能并不明显，而追踪腰围一类的数据则可以提供一种更具体的"进步证据"，从而大大提高你的"士气"。

训练经验不多的超重训练者也能在减脂期间显著增加肌肉量。但是，因为减脂的速度会超过增肌的速度，所以只使用称体重的方式很难衡量总体成果。在这种情况下，如果他们的胸背部以及四肢的维度都"不寻常地保持不变"（尽管总体维度肯定会下降，但因为减脂时全身脂肪都在减少），这就意味着他们的肌肉量增长了。

另外，对于那些处于减脂期收尾阶段的人，下腹部和下背部的脂肪只通过视觉评估，可能变化并不明显。

最后，身体维度测量可以提供每个人的具体指标，用于赛季与赛季之间的对比（假设你在每个赛季对比时的体脂率都差不多）。

如何测量

建议你在这些区域进行测量：四肢、胸部（包括了背部）、臀部，以及腹部（胃部）的3个不同区域。如果你能连续3次测量同一部位，并且每次测量结果都基本一样的话，那你的测量基本功就算过关了。推荐在腹部测量3个不同区域，是因为腹部减脂的明显程度常常倾向于从上到下依次变化。

进行身体维度测量的位置

1: 胸部
2/3: 手臂
4: 肚脐上方5厘米
5: 肚脐位置
6: 肚脐下方5厘米
7: 臀部
8/9: 大腿

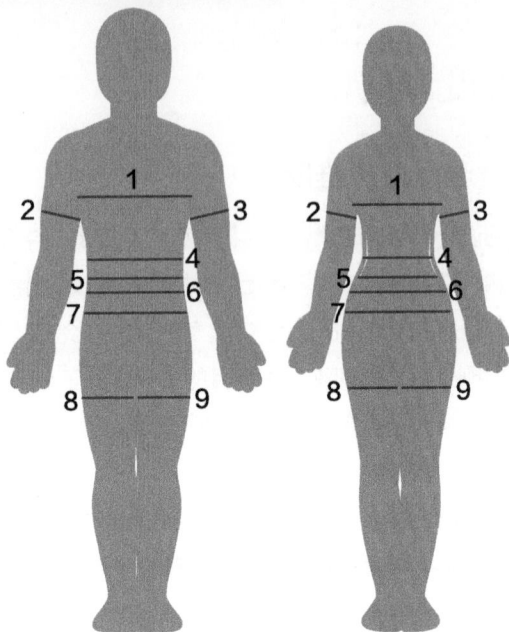

▸ 在每周的同一天进行测量，精确到毫米（0.1厘米）。将数字和每周体重的平均值记录在一起。

▸ 自己亲手测量。不要让你的另一半、朋友，或者家人来帮你测量，因为他们总会有不在你身边的时候，那时你的测量结果就不一致了。

▸ 测量方法请保持一致。最简单的方法如下。

　– 胃部：保持紧张，想象一些你马上要被打的感觉。不要刻意吸肚子或者把它鼓出来。如果你不想测量肚脐上下方的"5厘米"的话，直接测量肚脐上下方3根手指的宽度也行。

　– 腿部：腿伸直，保持紧张，测量最粗的部位。

　– 手臂：将手臂弯曲，想象一下你在向别人展示肱二头肌，然后测量最粗的部位。

　– 胸、背部：深吸一口气，让胸肌和背阔肌保持紧张。将软尺放在乳头高度（这可能不适用于所有女性，将软尺放在腋窝高度也是可行的）。这个部分的测量可能需要一些练习才能掌握技巧，因为软尺可能会在你背后歪掉。

　– 你拉软尺的松紧程度，也会影响你的测量结果，所以推荐你使用类似下图的可以自己调节松紧度的软尺。这些软尺不论是什么品牌的，都可能在收回的时候尾端受损，所以使用的时候请尽量轻柔一些。

可以自己调节松紧度的软尺

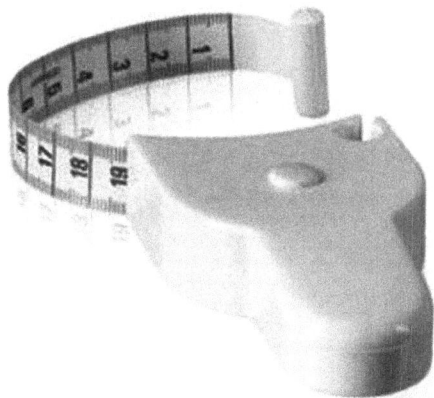

如何分析测量的数据

我经常会提醒我的客户，应该寻找自己产生进步的数据，而不是在大量数据中挑出那个反面数据。我们所提到的所有数据的值都会上下浮动，所以，不要因为数据变化而高兴或者伤心得太早。

以下是一些建议和指南。

▶ 对于体重数据，有些时候数字没有变化是很正常的事情，所以你需要重视长期的变化趋势。

▶ 在至少2个腹部区域的测量中，如果你的维度降低了2~2.5厘米，大致等同于脂肪减少了4磅。这种估算方法并不适合所有人，所以不用过于关注。

▶ 当你的体脂率低于15%（女性为23%）时，腹部脂肪会先从上腹部开始减少，所以你会先看到上腹部和腹部中间的维度下降，然后才是下腹部。当增肌的时候，情况则相反。

▶ 对于许多女性（但不是全部），上一点也许不成立，因为女性倾向于在腿部储存更多脂肪。因此，观察腿部的维度变化可能更适合女性，而观察腹部的维度变化则更适合男性。

▶ 在减脂的收尾时期，你可能会发现上腹部和腹部中间的维度不怎么下降了（如果有下降的话），视觉上也没有什么变化，但是下腹部的维度却开始减少。这意味着下背部的脂肪开始燃烧了，而这一部位的变化很难通过视觉来评估。

▶ 不要忘了你的胸部、背部和四肢也都有脂肪。所以，如果这些部位的维度在减脂期间开始下降，那也并不一定意味着你的肌肉减少了。

▶ 反过来，如果你的所有维度在增肌期都开始上升，这意味着你在增肌的同时也增长了一点脂肪。

▶ 如果你胸部和四肢的维度基本不变，而腹部的维度有所下降，那就说明你长肌肉了。

▶ 如果你的体重突然上升（这种情况每个人都会遇到），哪怕你从逻辑上知道它不可能都是脂肪，你也可以通过测量腹部维度来打消顾虑。因为这种体重上升大部分来源于水分和糖原，会平均分布在全身各处（主要是肌肉组织里），而不是只在腹部，你的腹部维度增长一定不会太夸张。

所以，这么做有什么好处呢？

如果你是一位新手，肌肉量不高，体脂率不低，那你可能在之前6周的时间里体重丝毫没有变动，但是裤子松了一点，力量也上升了。但是，如果不测量身体维度的话，你可能会觉得没有什么具体数据来"证明"自己真的进步了，从而对自己产生怀疑。

如果你测量了身体维度，你可能会看到自己腹部所有区域的维度都下降了3厘米，而这就是证明进步的坚实有力的数据。你虽然不会知道自己身体成分的具体变化，但根据前文的内容，你应该能计算出自己大致减少了5磅脂肪，同时增长了5磅肌肉。这种量化进步给你带来的自信心和动力是至关重要的。

第3部分　备赛与生活篇

第15章 备赛与冲刺

简介

无论是力量运动员还是形体运动员，都会希望在比赛日发挥出最好的状态。力量运动员在备赛的过程中不仅需要通过减量来达到巅峰状态，还可能需要一些营养策略来降重。和力量运动员类似，形体运动员也会在饮食和训练上做一些调整，但区别是，他们的主要目的是在形态上达到巅峰水平，而不是提高在某个体重限制内的运动表现。

在本章中，我们会先介绍形体运动员的备赛方案，然后谈一谈力量运动员该如何进行赛前减重。在第1部分我们会讨论形体运动员的广为人知的"冲刺周"，然后在第2部分谈谈力量举运动员（或者奥林匹克举重运动员）是否需要在赛前减重，如果需要的话，又该如何在不影响运动表现的基础上达到体重目标。

本章的内容非常多，而且很理论化，还会有不少详细的个例。如果你的训练目的不是为了参加比赛的话，完全可以跳过这一章，直接阅读第16章的内容。

为形体比赛冲刺

在健美比赛中，运动员往往会在赛前一周通过最后一次调整饮食来达到形体的巅峰状态，常见的做法包括冲碳、控制水分、控制电解质摄入、加入糖原清空的力量训练、慢慢减少或者停止做有氧运动，以及减少高强度训练，比如练腿日的内容等。这些做法的目的是通过最大化肌肉容量、最小化水分滞留，来改善肌肉的外观。

在讨论冲刺之前，我想强调一下，当一位参赛者站到台上时，他肌肉外观的95%~99%都是由常年的刻苦训练和赛前艰苦的减脂达到的。在肌肉量和对称度都相同的情况下，一位赛前冲刺做得完美，但是体脂率不够低的选手，一定会输给赛前冲刺没做好，但体脂率极低的选手。

话说到这里，我们会在接下来列出那些能给你带来最后1%~5%变化的策略。虽然它们中的一些做法确实可以有效地提高你的形体视觉效果，但是很多传统做法都是缺乏生理依据的。事实上，一些最常见的做法反而会很危险，甚至会影响运动员在台上的状态，它们通常来自那些使用药物的运动员（如果这些做法真的有效的话），也只对使用药物的运动员有效果。因此，你不仅需要理解哪些方法是有用的，哪些是没用的，还需要知道这些方法为什么这样、正确的应该怎样，以及在什么情况下才能应用在你身上。

冲碳

在传统做法中，"冲碳"，即在上台或者比赛前刻意增加碳水化合物的摄入，常常被耐力运动员用来最大化肌糖原储备水平，这样做可以让他们在相对高强度的情况下，运动更长时间。因为绝大部分的碳水化合物都储存在骨骼肌里，健美运动员们也对冲碳这种方法有着浓厚的兴趣，因为他们认为这样做可以让肌肉在视觉上看起来更大。

在关于冲碳的科学研究中，使用过多种不同的方法，这些方法对于肌糖原的储备水平、运动表现的影响也不一致。对于形体运动员来说，他们唯一关心的是到底能储备多少糖原。很多科学证据都表明，当某个人突然从高碳水饮食变成低碳水饮食，或者进行清空糖原的训练方式时，若接着立刻补充大量碳水化合物，那他的肌糖原水平则会达到比之前更高的水平。但是，这种传统做法适用于耐力运动员，而并不完全适合形体运动员。耐力运动员并不在乎他们看上去是什么样的，而且会使用高达5~6克/磅体重的碳水化合物摄入来最大化肌糖原储存水平。

如此高的碳水化合物摄入，可能会让一些运动员看起来状态更糟。这就是俗称的"冲糊了"。简单来说，这种现象就是某位参赛者在短时间内摄入太多碳水化合物后导致肌肉线条变模糊。他们的肌肉虽然看起来会更大、更饱满，但是因为摄入的碳水化合物还有它们同时带来的水分没法被身体全部储存，未被储存的碳水化合物及其带来的水分会流入到皮下组织，导致辛苦训练出来的肌肉分离度降低，并且肌肉线条细节变得更模糊。

但是，当谈到冲碳这个话题时，不能把耐力运动员和形体运动员混为一谈。耐力运动员们往往在日常中的碳水化合物摄入就非常高，有时候能高到他们赛前冲碳的程度，而且他们并不在意自己会不会"冲糊了"。如果这种情况发生，对他们来说反而是一件好事，因为这意味着他们的糖原储量已经满了。但从形体运动员的角度来说，如果"冲糊了"的现象太严重，对于形体运动员的外观会产生显著影响，这会让某人的体脂率看上去比实际还高几个点。另外，形体运动员们在备赛后期会持续几个月的低热量摄入，对于碳水化合物的需求量也相应更低。到了备赛的某个阶段，绝大部分形体运动员在非恢复日中每天只会摄入1~3克/千克体重的碳水化合物。长期的中低碳水饮食加上糖原清空的训练方式，到了冲碳的时候，形体运动员们的肌糖原储存能力会远远低于耐力运动员。

肌糖原储备并不能被比作汽车的油箱。如果你有一辆40升油量的车，连续6个月只给它加12~24升油，它的容量还是40升不会变。在人体中，肌糖原的"油箱"容量会在备赛过程中随着低碳水饮食中一些酶的功能下调，而变得越来越低。基于这个原因，为了避免"冲糊了"的问题，冲碳的量最好是根据你在备赛期间的碳水化合物摄入量进行计算，而不是根据体重进行计算。这样，冲碳的结果会更好地被掌控，因为它和你备赛期间的摄入量更类似，也会照顾到你的胰岛素的敏感性和肠胃的耐受度。

虽然关于冲碳这个话题99%的实验都以耐力运动员，或者以耐力运动赛事内容为基础，但一项发表于1992年的研究探讨了冲碳与男性训练者肌肉大小的关系，试图给健美运动员带来更实际的指导。

有意思的是，该研究发现，冲碳并不会对肌肉维度产生什么影响。但这项研究的重大缺陷在于，它没有完全复制健美运动员冲碳时的状态。实验中志愿者的平均体脂率为10%。虽然这个体脂率很低，但是就算比起那些在台上看起来"不够干"的"打酱油"的健美运动员，还是高了2%~3%。另外，实验也没有模拟长期糖原水平低下的备赛后期条件。这项实验还使用了高脂肪、低碳水和维持热量的饮食来模拟低糖原条件，和真正的健美备赛中低热量、低碳水的饮食相差甚远。最后，肌肉的维度不变，但这并不意味着视觉效果就没有变化了。想要真正评估冲碳对于视觉效果的影响，需要健美比赛的裁判在不知道该选手是否冲碳的情况下进行盲选，或者根据照片进行评估。

如果这项实验改进了方法，更贴近现实世界中的健美备赛条件，那实验结果会变吗？想要回答这个问题，我们可以看看那些观察性的研究。在一项基于使用冲碳方法进行备赛的健美运动员的调查中，在比赛的前一天，健美运动员的肱二头肌维度有着显著的增长。在备赛最后阶段，增肌几乎是不可能的，因此这种现象可能得益于冲碳。

哪怕完全基于经验主义，我也可以很自信地告诉你，我这么多年的执教经验告诉我，赛前冲碳对于形体是有影响的。如果你冲到肌肉饱满的状态，那它对于你的形体会有正面帮助；如果你冲得过头了，就可能带来一些问题。而通过冲碳来达到理想状态的方法又具体分为两种："碳水化合物前置"和"碳水化合物后置"。两者的主要区别是运动员在赛前一周进行冲碳的具体时间点不同。

在碳水化合物前置的方法中，运动员会在一周的前几天进行冲碳，接着慢慢减少摄入，然后在上台前的1~2天再次冲碳。在碳水化合物后置的方法中，则只在上台前1~2天冲一次碳。两种方法都可能有效，并且都有各自的适用情况。但是，在讨论这两种方法之前，想先说一下"在赛前提高摄入"。

在赛前提高摄入

通常来说，在接近比赛的时候，很多人会加大热量缺口，增加有氧运动的量，意图来一个"终点线前的冲刺"，让自己在上台前再减掉一点体脂肪。遗憾的是，不管是从生理的角度还是心理的角度来讲，你备赛的时间越久，就越不能进行"冲刺"。

在理想世界中，你会在赛前的3~4周就达到比赛需要的体脂率，所以你会在接下来的2~3周里逐渐减少有氧运动的量，增加食物摄入，进而提高你的能量可利用水平、消化能力、肌糖原储量（以及储存上限）、训练质量、激素水平，并且恢复一些在备赛期间流失的肌肉。除了这些显而易见的好处外，这样做还可以让你的身体在进行冲碳时更容易被预测。另外，"提高摄入"可以让你在冲刺周到来之前，就达到一些你想要在冲刺周达到的形体提升。

该怎么做呢？坦白来讲，说起来永远比做起来容易。你需要及早开始减脂，充分了解自己的身体，并且刻苦备赛，将注意力集中到在比赛开始前就准备好一切。尽管这是可以让你在赛前提高摄入的理想情况，但一般只有经验丰富的教练和参赛者才能成功达到这种状态。这里的具体做法是在赛前3~4周就开始降低体脂率，然后每周增加大约10%的碳水化合物和脂肪的摄入量，并且减少1次有氧训练，只要你的形体不变得更圆润就行。如果你不小心退步了，就得回到低热量摄入状态，并且维持有氧运动现状。

所以，举个例子，假设你在赛前4周就把体脂率降得很低（或者非常接近），然后每天营养素的摄入如下。

▶ **低热量日**：150克蛋白质，100克碳水化合物，40克脂肪。

▶ **恢复日**：150克蛋白质，150克碳水化合物，40克脂肪。

▶ **有氧运动**：每周4次低强度有氧运动（LISS），每次45分钟。

在接下来的4周里，你会每周增加10克碳水化合物，5克脂肪的摄入，并且每周减少1次有氧运动。以此类推，在3周之后，当你离比赛只有1周的时间时，你的每日摄入看起来会是以下这样。

▶ **低热量日**：150克蛋白质，130克碳水化合物，55克脂肪。

▶ **恢复日**：150克蛋白质，180克碳水化合物，55克脂肪。

▶ **有氧运动**：每周1次低强度有氧运动，每次45分钟。

从绝对数字的角度讲，这些数值看起来似乎并不高。但请记住，以上这个例子可能来自一位体重为120~130磅的运动员，而且在你身心俱疲、筋疲力尽的备赛末期，小小的变化都能让你重新振作起来。每天多摄入15克脂肪和30~45克碳水化合物，每周少做3次有氧运动看起来变化很小，但却可以让你看起来更健康、更饱满和更紧致，而在后文，我们会谈到这样做还可以在冲刺周助你一臂之力。

碳水化合物后置方法

这种冲碳的方法很直接，在两种情况下会更适用。第1种情况是你想减脂更长时间。使用碳水化合物前置的方法意味着你在冲刺周会有至少5天的时间没有热量缺口，而使用碳水化合物后置的方法则只有1~2天。如果你正处于赛季的早期，状态并没有达到巅峰，并且在接下来几个月还要比赛的话，碳水化合物后置的方法可能更适合你。你可以在提高视觉状态的前提下，不牺牲太多减脂的时间。

很多人会觉得在一周时间里，能改变的很有限。但在高水平、竞争激烈的赛事中，男运动员4%和5%体脂率的区别，或者女运动员12%和13%体脂率的区别，很可能就是冠军和第5名之差。想一想，取决于你的体重级别，我们在这里谈到的差别也就是1~2磅，你就可以理解为什么额外一周的减脂时间在某些情况下，确实会产生一些差别。

因此，考虑一下本次比赛的状态和赛季剩下的计划，如果你觉得拥有更多的减脂时间比长时间的冲碳更重要，那碳水化合物后置的方法就是你的首选。如果你遵循了营养金字塔第4层的指南，在减脂期间加入了一些恢复日，这就意味着你已经有了充足的数据，来预测自己身体对于短期的热量和碳水化合物增加会有什么反应。另外，如果你能根据比赛日期安排自己的恢复日，你甚至不需要牺牲任何一个减脂日。这里的意思是，如果你在4月份时状态还不佳，并且在5月份有1场比赛，那么你只要把正常的恢复日重新安排一下，让你看起来状态最佳的一天和比赛日重合就行了。这样做，你在冲刺周的饮食计划完全不需要进行调整。

想要成功，你得先评估一下自己的形体对于恢复日饮食的反应怎样。在你体脂率足够低的时候（对于大多数选手来说，差不多是在赛前4~8周的时候），可以开始通过拍照记录自己的形体，然后标注一下它们和恢复日的关系。有些人在恢复日当天看起来状态最好，有些人则在恢复日当天看起来稍微胖一点，然后在第2天达到顶峰状态，而另一些人可能需要2天才能达到这种状态。在极端情况下，还有一些人只有进行连续2天的恢复饮食，才能提升形体状态。

在你进行评估的时候，请保持客观。每周在同一地点、同一时间和同一光照条件下，分别在恢复日当天、恢复日后一天和恢复日后两天进行拍照。如果你需要连续2天的恢复期，那可以找1周时间试试看把这两天分开，看看单天和2天的恢复日哪一种对于你形体的影响最大。不要只通过照镜子"感受"这种变化，你需要对比照片（如果能录像，就更好了）才能客观进行评估，如果你可以从家人和朋友处得到第三方的观点，那就更理想了。

在备赛进行一段时间后，你会很容易将注意力放在细节上，以及放在那些你想要进一步提高的部位上，而不是客观审视你的整体形体。有些选手会信誓旦旦地说，他们在恢复日2天之后看上去最棒，但实际情况是他们看起来非常干瘪、纤瘦，因为在他们的眼里只能看到自己的腹肌状态，而忽视了整体形体状态。

在经历了这一过程，确定了你的形体在何时看起来状态最佳以后，你只需要把间歇日在冲刺周重新安排一下，确保在比赛日时自己的状态最好就行了。

第2种情况，也是最理想的情况，是你在赛前至少有1周时间可以逐渐增加摄入，并且在热量缺口逐渐减小、做有氧运动次数更少的情况下看上去更饱满。像本书之前在"在赛前提高摄入"中讲到的那样，如果你这么做了，那你冲刺周的大部分工作已经完成了。因此，你需要做的只是在提高摄入以后，再进行一次碳水化合物后置的冲碳，来"给油箱加满油"。在这种情况下，你可能不需要照搬恢复日的摄入数值，在之后的碳水化合物后置模板中我们会给出具体做法。

碳水化合物前置方法

碳水化合物前置的方法，简单来说就是充分利用肌糖原储量上限的"油箱"的灵活性这一特点。这里的理论是，如果你在备赛期间一直使用碳水化合物相对低的饮食方式，能有两次峰值碳水化合物摄入，并且在两次峰值之间逐渐减量的话，你的肌糖原"油箱"上限就能进一步提高。第1次峰值摄入的目的是"扩充你的油箱容量"（通过上调相关酶的生化功能），第2次峰值摄入的目的是给"油箱加满油"。对于那些常年摄入高碳水化合物的耐力运动员，如果能先清空糖原，再补充大量碳水化合物，那他们身体能储存的糖原会明显高于不进行糖原清空，单纯摄入大量碳水化合物的情况。以上就是进行两次峰值碳水化合物摄入的理论背景，这样做，你应该能获得更高的肌肉饱满度。另外，在肌糖原被储存之后，它的储量在下一次通过训练清空之前会比较稳定，所以通过第1次峰值摄入而达到的肌肉饱满度会相对保持恒定。

碳水化合物前置的方法的另一个优点是让你有更多时间修错。在碳水化合物后置的情况下，如果你很干瘪（冲碳不足）或者"冲糊了"，那你基本不会有什么时间来修正。但是，在碳水化合物前置的情况下，如果你的形体变化在意料之外，你还能有几天的时间来修正碳水化合物的摄入。基于这个原因，碳水化合物前置的方法在动态调整的前提下效果最佳。和之前我们在碳水化合物后置方法中推荐的记录形体变化与恢复日的关系一样，在碳水化合物前置的方法中，我们也建议你记录同样的内容，来帮你决定到底冲多少碳最合适。

所以，这两种方法到底哪种更好呢？这取决于你的具体情况。

碳水化合物后置的方法更简单，带来的心理压力也更小。在比赛前，你需要把压力水平降到最低。从我的经验来看，那些压力巨大的运动员往往看起来状态更差（也许这是因为皮质醇导致的水分滞留，但我不知道具体原因）。因此，在我看来，最佳情况是及早将一切准备妥当，在赛前逐渐提高摄入，然后进行一次碳水化合物后置的冲碳。从经验来看，这么做可以让一切更流畅，也没什么需要随时调整的地方（在碳水化合物前置的方法中，变量要多很多），你的身体在增加摄入之后会变得更容易预测，而你也因为糖原水平没那么低，所以不需要进行第2次峰值碳水化合物的摄入。

次佳的情况是卡在时间点上准备妥当，但没有预留额外的时间（对于很多人来说，这是一个不切实际的目标，尤其是第1次比赛的人）来进行碳水化合物前置的冲碳。这可以让你看起来更饱满，让你不那么干瘪，还能给你预留几天时间用于调整意料之外的情况。

最不理想的情况是你还没准备好，需要更多时间减脂，所以只能在最后进行一次紧急碳水化合物后置的冲碳。说这种情况最不理想，是因为如果你的体脂率不够低的话，指望在最后进行改变是没有用的。就算有一点用的话，你在冲碳的那天也会有很多不可控因素。在这种情况下，你很可能在冲碳前因为糖原水平太低，看起来仍然很干瘪（糖原水平过低）。

两种方法并没有高下之分，它们分别适用于冲刺周的不同情况。并且冲刺周除了冲碳，还有一些别的策略可以助你一臂之力。

控制水分与电解质

水分滞留是很多健美运动员为自己状态不佳找的"替罪羊"。在健美运动的早期，健美运动员们就开始通过减少水分、钠离子的摄入，提高钾离子的摄入等方式，试图在维持肌肉内水分的前提下，排出皮下水分，进而让肌肉看上去更有质感。减少水分摄入是为了最小化身体的含水量，而减少钠离子的摄入、增加钾离子的摄入则是为了让身体里滞留的水分都留在肌肉细胞里。

这种方法的科学背景就是所谓的"钠钾泵"，当动物细胞里的钾离子浓度较高、钠离子浓度较低时，更多的离子和水分会被运输到细胞内部，反之亦然。

尽管以上钾钠泵的理论完全正确，但这种逻辑却有一定的缺陷，不建议你在实践中这么做。

首先，在你失水的情况下，肌肉内的水分也会相应减少，而这会让你看上去更小、更干瘪。另外，肌肉类水分并不完全等同于细胞内水分，而皮下水分也不完全等同于细胞外水分。实际上，血液系统就属于细胞外，而它负责将营养物质运输到肌肉中。在备赛期间，血压会大幅度下降，并且会随着短期钠离子摄入的增加或减少而相应地提高或下降。

这就意味着，如果你在上台前减少钠离子的摄入，对于你的血压来说就是双重打击，而你也会因此很难得到泵感。如果你同时还减少了水分摄入和身体总水分含量，就等于对你的泵感下了3张"死亡通知书"。原因还远远不止这些。不管你信不信，从小肠中运输糖原同样需要钠离子，因此，这么做还会影响你的冲碳效果。如果有什么区别的话，你在上台前应该做的是立刻补充钠离子，以保持相对高的血压来帮你产生泵感。

你肯定知道这种断水、断钠离子、补充钾离子的做法有多流行，但在本书告诉你以上的原理之后，你可能会想知道为什么大家还在这么做。

其实，在这种方法流行的时候，自然健美并不存在。在20世纪80年代之前，世界上没有任何自然健美组织，口服类固醇不仅合法，而且很容易买到，健美运动员用药的情况很普遍。这些早期的药物通常雄激素活性非常大（很容易通过激素增加身体的水分），在整个备赛过程中都会被使用。

我个人认为这就是操控水分、电解质做法的起源。在那个年代，健美运动员没有雄激素活性更小的药物可以选择，没有控制雌激素的药物，没有利尿剂，而这些药物在今天却是很常见的。因此，在那时，水分滞留可能是个大问题，大到必须采用以上方法才能达到提升形体状态的程度。

坦白来讲，我并不知道这些冲刺周的方法对于使用药物的运动员到底有没有必要，效果有多大，对身体有没有伤害，以及在现在这些做法是不是还仍然有必要，因为我只对自然健美的备赛有经验。但是，对于真正的自然运动员，我会很强烈地建议你不要采用这些做法。我个人从来没见过任何一位自然健美运动员通过断水、断钠离子，或者摄入钾离子的方法真正提高了台上的状态。往乐观方面说，顶多是有些人这么做，但没有造成什么负面效果而已。而在最坏的情况下，我也见过一些运动员这么做确实影响了形体和台上表现。

冲刺周的训练考虑

尽管在本书的训练篇中，我们已经讨论过关于力量训练的主要话题，但如果不讨论一下比赛前一周的训练内容，这部分内容就不能完结。

在比赛前一周里，为了维持对肌肉的刺激，让它们更高效地储存肌糖原，你仍然需要刻苦训练，与此同时，你也需要避免那些带来大量炎症反应和延迟性肌肉酸痛的训练内容。酸痛和炎症可能会一直持续到比赛日，它们会给你的动作展示能力带来负面影响，或者影响肌肉承受冲碳的能力。在我见过的一些竞争激烈的赛事中，参赛者可能需要在台上进行40~60分钟的动作展示，这也是另一个你不该断水、断电解质的原因。

记住，在这时，没有任何事有必要，或者应该做到太极端。你已经完成了绝大部分该做的事，现在需要做的仅仅是锦上添花而已。建议你根据如下指南进行训练。

▶ 保持训练容量（组数）不变。

▶ 不要训练到力竭，每组在离力竭至少还有1~2下的时候就停。不要盲目相信你必须做糖原清空训练。除非你在赛前慢慢提高过碳水化合物的摄入，否则如果你减得够干瘦的话，你的糖原水平肯定很低。

> ▶ 将动作次数调整为8~20次，以使用更多糖酵解系统。

> ▶ 不要加入任何新动作，也不要在任何动作中进行大重量离心训练，因为它们会带来更强的酸痛感（举个例子，不要做罗马尼亚硬拉、早安鞠躬，或者全程大重量哑铃飞鸟）。

> ▶ 在比赛前2天进行1次充血训练，来帮助碳水化合物流入肌肉组织中，并且将其作为动态恢复的手段，来减轻肌肉的酸痛和损伤。

至于充血训练，建议你做2轮轻重量、次数为15~20次的训练，重量大约为你的20~25次极限（每组的RPE为5~6），用循环训练的方式进行。这次训练应该控制在20分钟之内完成。你可以使用器械和一些自动重量动作进行训练，但需要确保能在比赛日上台之前重复同样的训练内容（除了腿部动作），所以使用弹力带和自重动作也是可以的。

范例充血训练模板

1. 腿举或者哑铃箭步蹲 × 15~20（在比赛日跳过）（即腿举或者哑铃箭步蹲进行15~20次。余类推）
2. 器械推胸或者俯卧撑 × 15~20
3. 器械或者弹力带划船 × 15~20
4. 哑铃或者弹力带侧平举 × 15~20
5. 高位下压或者椅上双杠臂屈伸 × 15~20
6. 哑铃或者弹力带弯举 × 15~20
7. 自重提踵 × 15~20

建议你使用节奏训练的方法，把注意力放在肌肉收缩上，并且试着让这些动作变得比实际更难，以此来提高泵感。这么做的目的是给碳水化合物储存成肌糖原的过程提供助力，而在比赛日的目的则是真正让肌肉充血，以使其看起来更饱满。在比赛日，除非你知道自己适合这样做，否则不要进行腿部充血训练。你会在舞台上站一整天，这对双腿的压力已经足够大了，所以在赛前进行腿部充血训练可能会导致你在台上过于疲劳或者抽筋。

总结实践：范例形体比赛冲刺周指南

冲刺周（碳水化合物后置范例）					
距比赛天数	碳水化合物	钠离子	水分	力量训练*	有氧训练	视觉评估
7	低热量日	正常	正常	下半身	正常	无
6	低热量日	正常	正常	上半身	正常	无
5	低热量日	正常	正常	休息	正常	无
4	低热量日	正常	正常	下半身	正常	无
3	低热量日	正常	正常	上半身	正常	上午（基线水平）
2	110%恢复日水平	正常恢复日水平	正常	充血循环	休息	下午
1	70%~90%恢复日水平	正常恢复日水平	正常	休息	动作展示	下午
比赛日	**60%~100%恢复日水平，取决于你的状态。每2~3小时进食1次，一半在预判前摄入，一半在决赛前摄入。在上台之前的充血训练前，每摄入1 000大卡的热量就额外摄入1克（半茶匙食盐）的钠离子。根据口渴感摄入水分				休息	上午

冲刺周（碳水化合物前置范例）					
距比赛天数	碳水化合物	钠离子	水分	力量训练*	有氧训练	视觉评估
7	低热量日	正常	正常	下半身	正常	无
6	低热量日	正常	正常	上半身	正常	无
5	低热量日	正常	正常	休息	正常	上午（基线水平）
4	110%恢复日水平	正常	正常	下半身	正常	无
3	低热量日和恢复日的平均水平	正常	正常	上半身	正常	无
2	90%低热量日和恢复日的平均水平	正常	正常	充血循环	休息	下午
1	85%~105%恢复日水平	正常	正常	休息	动作展示	下午
比赛日	**60%~100%恢复日水平，取决于你的状态。每2~3小时进食1次，一半在预判前摄入，一半在决赛前摄入。在上台之前的充血训练前，每摄入1 000大卡的热量就额外摄入1克（半茶匙食盐）的钠离子。根据口渴感摄入水分				休息	上午

*你的训练安排可能和表中的安排有出入，但是请在离比赛还有3天的时候结束最后一次高强度训练，在比赛前2天进行1次全身充血训练，包括腿部动作（在比赛日不需要练腿），然后在比赛前1天进行1次动作展示练习。

**保持平常恢复日的钠离子摄入水平，然后在上台前额外补充钠离子（直接加在水里就行了）。一个简单的指南是随着每1 000大卡的热量摄入，额外添加1克（大概半茶匙的食盐）钠离子，但是保险起见，最好在前几周先试一试自己形体对于高钠摄入的反应。

在以上2个范例模板中，对冲刺周的训练（力量及有氧训练）内容做过少许调整。

在冲刺周，为了简单起见，不要对蛋白质和脂肪摄入进行变动，然后在表中那些摄入为"正常"的日子里，按照平时习惯的摄入量来摄入钠离子和水就行了。

控制碳水化合物

其他2种宏量营养素的摄入量不变，就意味着你需要控制碳水化合物的摄入量。你会注意到，在表中，碳水化合物的摄入量分为了低热量日（减脂期间正常的摄入）、恢复日水平（低热量日和恢复日的平均值），以及这些数值的百分比，因此可以得到如下结论。

▸ 假如在正常减脂期间，你每天摄入120克碳水化合物，那么就在低热量日里同样摄入120克碳水化合物。

▸ 如果你在恢复日摄入200克碳水化合物，然后表中建议是110%恢复日水平，那就意味着你需要摄入220克碳水化合物。

▸ 如果表中提到70%~90%恢复日水平，那么你就需要摄入140~180克碳水化合物。

▸ 如果表中提到低热量日和恢复日的平均水平，你只需要把低热量日和恢复日的碳水化合物摄入值相加，除以2，然后再根据百分比进行计算即可。

至于那些用百分比范围表示的日子，具体摄入碳水化合物的量需要基于视觉评估结果。进行视觉评估时必须采用拍照或者录像的形式，在同样的灯光条件下进行对比。

使用表中"视觉评估"一栏中的第1天作为你的基线水平，然后之后所有的评估都与

说句题外话——让赛前冲刺更简单。如果阅读了以上的内容，你还是不知道该怎么调整自己的碳水化合物摄入，我们发现在80%的情况下，这一整个过程可以进一步简化成一个决定：你在比赛前夜的状态如何？

作为一位线上健美教练，我的体会是：在比赛日让运动员发来高质量的照片或者录像几乎是不可能的事。在比赛当天，运动员可能因为交通问题、无线网络信号不好、灯光条件不同及本身的心理压力，拍一张可以用来进行高质量视觉评估的照片非常困难。幸运的是，我发现如果运动员在比赛的前一晚看上去仅仅"冲糊了"一点点，那我还可以通过稍微降低他们比赛日的碳水化合物摄入（常常降到低热量日和恢复日的平均值），让他们在比赛前把状态及时调整过来，以在比赛时达到最佳水平。

这一天的状态进行对比。比如"离比赛还有2天时，在下午进行对比"，就意味着你在进食完这一天的大部分的食物之后，再次进行视觉评估，并与第1天的状态进行对比。这样做，你可以看出自己的肌肉有没有看上去更饱满、更有质感，是不是有点"冲糊了"，还是看上去仍然有点干瘪，并且根据状态决定下一天（离比赛还有1天）的碳水化合物摄入。如果你有点"冲糊了"，那就在下一天摄入少一点；如果你的肌肉看起来又饱满又有质感，那就取中间值摄入；如果你看上去还是有点干瘪，那就取高百分比值摄入。在离比赛还有1天时的最后一餐前，再次进行视觉评估。在理想情况下，这时候你的肌肉状态应该很好了，但如果状态还不理想的话，也不要过于担心。接下来，你需要根据你的肌肉饱满程度来调整最后一餐的碳水化合物摄入。在比赛日，你会进行最后一次视觉评估，重复以上的过程，用同样的原理调整比赛当天碳水化合物的摄入。

比赛当天的进食时机

在大部分比赛中，你会上台2次，1次用于预判，1次用于决赛。所以，你要提前决定你一整天的食物摄入，然后平均分成2份，分别在2次上台之前进食。如果你想要尽快消化食物、储存糖原，又不想因为吃得太多而减慢消化速度，那建议你在预判之前至少吃3顿饭，每顿之间相隔2~3小时，然后把最后一餐安排在上台前1个小时吃。这意味着你可能需要起得非常早。如果你需要早上8点上台，那你就得在7点钟吃完最后一顿饭，在此之前的2顿则分别安排在凌晨3点和凌晨5点。没错，你可以在凌晨3点吃完饭之后再回床上睡一觉（如果你睡得着的话）。大部分人在吃完几餐之后，到了下午状态才最好，但是，预判往往在早上进行，所以早点起床开始进食才是正确的选择。

在预判前对自己进行1次评估。如果你在比赛日的开始，觉得自己只需要摄入推荐的碳水化合物的下限值就行了，结果到了预判时看起来还是有点干瘪，那你就可以在剩下的几餐中提高碳水化合物的摄入量，让它接近推荐值的上限，并且在决赛之前全部摄入（和之前一样，每2~3小时进食1次，在上台前1小时吃完最后一餐）。

如果你的比赛只需要上台1次，就意味着你一般会到下午才需要上台展示，那么你在上台之前就可以比起"预判+决赛"形式的比赛多吃1~2餐。幸运的是，这样吃对于大部分人来说都会更容易。因为不需要连续2次上台，你在比赛日所需的食物量会相对更少，但是你在第1次（也是唯一一次）上台之前能摄入的食物量则相对更多。

水分与钠离子

按照正常节奏喝水，不要在比赛日喝得太多或者太少。在充血训练前立刻摄入钠离子。建议你可以直接在水里加盐，虽然味道欠佳，但是起效快。在每茶匙的食盐里有2.3

克钠离子（食盐是氯化钠，所以它不仅仅是钠离子），而我们的推荐则是在比赛日，每摄入1 000大卡的热量，就额外摄入1克的钠离子，直到2次上台展示都结束。假设你在比赛日计划摄入45克脂肪、250克碳水化合物，以及150克蛋白质，这一共是2 005大卡，所以你会在预判和决赛之前一共额外摄入2克钠离子，请注意这里的"额外"，这意味着这是在你日常饮食基础上添加的量。在大部分情况下，这样做可以提高你的肌肉饱满度，但它并不是完全有效。幸运的是，以我的经验来看，在90%的情况下，这么做就算没效果，也不会对你的形体产生任何负面影响。不过，你可以在比赛前几周自己试试看，观察一下这么做自己的身体反应如何。一些人对于补钠的反应非常好，另一些人则反应平平。在你对自己的身体有足够的了解之后，就能以此为根据在比赛日进行调整了。

最后，在比赛日，你需要多摄入低纤维的食物，并且要确保你摄入的那些富含淀粉的碳水化合物不会让你腹胀。我们需要的是容易消化、容易被转化成糖原的碳水化合物，而不是会加重你的肠胃负担的碳水化合物。冲刺阶段需要让日常习惯的改变越少越好。你的主要碳水化合物来源，应该是那些你平时经常吃的食物。钠离子和水分的摄入也和日常习惯持平就好了，这样你在比赛日摄入的钠离子实际上也会超出日常水平。如果你突然开始摄入那些你很久没吃过的食物，或者在冲刺周每天的钠离子和水分摄入都极度不稳定，或者在比赛日喝水太多、太少，那你的计划很可能会因此而功亏一篑。另外，如果你不能控制其他变量，让其随意发展，那么你在下一次重复计划的时候很难得到同样的结果。同样的道理，如果你在下一次重复计划的时候失败了，那么你也没法知道自己到底是在哪一环出了差错。

降体重的营养策略

力量举和奥林匹克举重都是有体重级别限制的运动。除了那些体重只有下限、没有上限的"无差别"运动员，你的体重级别会分别有一个上限值、一个下限值。很多参赛者会因此通过操控体重的方式，来特意让自己参加某一体重级别的比赛，常见的做法包括通过减脂达到长期减重，以及主要通过（但是不限于）控制水分达到短期减重。

总体而言，如果你的体重能处在最佳力量体重比（意味着在体重最低的前提下，达到肌肉最大化）的级别里，那你会具备更多的竞争优势。但是，这并不意味着每个人都该为了比赛而降体重。同样的道理，有些人会更适合增加体重，上升一个体重级别，因为这样做可以让他们的肌肉量更多、力量更强。所以，你怎么知道自己到底该升级别还是降级别呢？

升降体重级别的最佳时机是什么时候

升降体重级别取决于身高、骨骼结构，以及体脂率设定点，大部分脱离新手阶段的运动员可以选择的体重级别大致有3种。

对于那些体脂率中等的人，他们既可以减少一点重量来降级别，也可以维持现在的体重级别，还可以增加一点重量来升级别。但是，有些人的体重会处在两个体重级别的临界点上。这就意味着，他们其实只有两个比较现实的选项：一个是通过短期减重达到新的级别，一个是不做任何改变，保持现在的级别。以及另外两个需要大量工作才能达到的选项：一个是通过长期、可持续的减重来降低级别，另一个则是通过长期、可持续的增重来提升级别。虽然你能选择的选项有多种，但它们并不全都是最佳选项。

首先，如果你的训练经验相对不足，或者你是还没有完全成长发育的青少年，那请你不要刻意改变体重级别。如果你还在发育，或者处于"新手福利期"，这意味着你还没有达到"有训练经验"的成人体重。对于青少年而言，刻意降低体重不仅会影响力量和肌肉的发展，还会影响身体发育。另外，青少年的体重还在增长阶段，意味着他们不需要刻意多吃就能上升体重级别，所以，青少年运动员应该在自然而然的情况下升级别，和其他孩子一样，这只是他们成长的一部分。

如果你是一位中级水平的力量举运动员，在决定降体重级别之前也要仔细考虑清楚。很多人的力量水平其实已经接近自己的极限了，差一点点他们就能被称为精英运动员。但是，从"优秀"到"精英"是一个极其漫长的过程，比从"新手"到"优秀"的过程要长得多。"如果我能在力量水平保持不变的情况下，降一个体重级别，那我就是精英选手了！"这种想法虽然非常好，但常常并不实际或者没有可持续性。对于中级训练者来说，需要极大的耐心，持续训练数年，才能越来越强。如果你一直在减脂，或者控制体重的话，那可能会让这个过程进一步延长，甚至可能会无法完成这一过程。

真正的高水平运动员也许是唯一一群能从降体重级别中受益的人。如果你有机会在国际竞赛中一展身手，或者降体重级别能让你拿到国际名次或者创造世界纪录，那降体重肯定是更好的选择。如果你的训练水平还没达到这一点，那也不要担心，直接参赛，将目标放在提高个人纪录上就可以了。等你真正有理由非降重不可的时候，再降重也不迟。

现在，如果你的自然体重离下一个级别只有1%~2%的差别，那你完全可以在赛前2~4天通过短期降重的方式，轻而易举地达到目标。不管你的训练经验和水平如何，这么做都不是大问题，你需要避免的是长期减脂和控制体重的做法。为什么这么说？先来谈谈通过减脂降体重级别的优缺点。

通过减脂降体重级别的优缺点

哪怕降体重级别是你的最佳选择，你仍然需要考虑一下它的优缺点。

优点

▸ 对于那些体脂率较高的训练者，可以提高生理和心理的健康程度。

▸ 正确实施的话，可以增强训练者的相对力量（IPF，Wilks或者Sinclair等系数）。

缺点

▸ 如果训练者本身体脂率不高，又需要下降一个体重级别的话，可能会导致绝对力量的下降。

▸ 如果实施不科学的话，不仅不能提高相对力量，反而会削弱相对力量。

▸ 训练者能够取得力量增长的优化环境时间更少了。

▸ 减脂会给训练者带来心理压力、生理压力，以及社交压力。

从本质上来说，通过减脂来降体重级别的做法，就是让你远离了最佳的训练环境。因此，很多训练者会不鼓励其他训练者进行减脂，有时候还会说得很夸张。经常能听到有训练者说，在减重的时候增长力量或者肌肉是不可能的，甚至连维持都很难。另一个极端的说法是（也经常听到教练们说），大多数训练者应该比现在低两个体重级别。这两种极端说法都缺乏相关语境，但又不完全错误。那些体脂率高的人，瘦体重也会相对更多，摔跤运动员比起非赛季的健美运动员，甚至有着相对身高更多的瘦体重。另外，在减脂期间，虽然力量和肌肉流失很常见，但并不是永远会发生。但是，力量举就和摔跤一样，不是每个人都适合成为无级别差异的运动员；从另一方面来说，哪怕你可能在短期降重的过程中不一定会流失力量，但这并不意味着这么做就不会影响你的长期力量发展了。

总的来说，如果你是一位高水平运动员，降重可能会让你创造全国纪录或者世界纪录，或者让你可以参与国际级别的赛事，那么通过长期减脂来降体重级别就是合适的做法（短期减重2%以下的情况不包括在内），但对于其他人来说，这么做就没有什么必要。

那么，升体重级别呢？

在力量举运动中，肌肉量确实和力量增长、竞争力增长有着较强的关联。这意味着随着你力量举生涯的推进，你的肌肉量也应该越来越多。对于那些起始体脂率不高的人，这常常意味着在整个运动生涯中上升1~2个体重级别。你需要增长多少体重，或者在整个竞赛生涯中需要上升几个体重级别，又和你开始训练的年龄、你肌肉生长的基因潜力有关系。最后，它还取决于你在体脂率较高的情况下能不能取得更好的表现，体脂率的高低对你的表现有无影响，以及你在体脂率较低的时候能否保持训练效率、增长力量等。

如果你在开始力量举训练的时候体脂率已经很高了，然后在运动生涯里体脂率渐渐变低，那你可能最终会因为减去脂肪的量超过了增加的肌肉量，自然而然地降低体重级别。我们在这里想要表达的是，体重级别的自然升降是一件非常个人化的事情，而在体重级别变化之后，它对于你的相对力量是否会有提升、是否能让你更有竞争力而言，也非常个人化。

所以，如果你的起始体脂率不高，完全可以试试营养金字塔第1层中推荐的增肌速度。特地强调"推荐的增肌速度"，是因为很多力量举爱好者会觉得"我需要升一个体重级别"，这种想法可能没错，但他们犯的错误是觉得自己一定要在下一场比赛前就达到下一个级别。如果下一场比赛离现在很近的话，这个错误就更严重了。比如，1位女选手从57千克增重到63千克，或者男选手从83千克增重到93千克，就是接近10%的体重增幅。

像我们在营养金字塔第1层里说的那样，1位正常的中级训练者，应该用10个月左右的时间达到这个增幅。不要在距离下一场比赛只有几个月，甚至几周的时候，就非要达到目标体重级别，慢慢来会更好。增重不是一夜之间就可以完成的事情，如果你在"增重半成品期"以58~62千克，或者84~92千克的体重参加了几场比赛，完全没有任何问题。增加太多脂肪一般不会给你的力量带来什么提升，但却会让你变得郁郁寡欢。所以，在增重的时候要一步一步来，不要急于求成，像营养金字塔第1层建议的那样，每个月增加0.5%~1%的体重比较合适。

另外，在你升降体重级别的时候，不要忘了记录你相对力量水平的变化，来看看这么做有没有效果。不管你是通过最高次数组估算极限力量（1RM），还是使用主观感受费力程度进行估算（比如，在8RPE下做1次的重量），或者进行实际的绝对力量（1RM）测试，大多数时候你都应该能相对准确地估算出自己的相对力量水平的变化。在正常情况下，你大概只会专注于提高绝对力量，但是，在体重变化的时候，相对力量才是你需要关注的重点。因此，你需要把注意力放在你的IPF，Wilks，或者Sinclair等系数上。网上有很多免费的系数计算器，你可以通过公式，把你的极限力量和体重数据转化成相对力量系数。

如果你的相对力量水平没有呈现出上升趋势，那么无论你是在减脂（不管绝对力量有没有下降），还是在增肌（不管绝对力量有没有上升），都意味着你的训练或者营养有一方面做得不到位，或者你本来就不该改变体重级别。

其他降重策略

在本书第2部分营养篇讲到这里之前，所有的内容都是在教你如何围绕力量运动设计自己的饮食方案。因此，如果你决定降一个体重级别的话，相信你已经知道该如何设计长期的减脂饮食来达到自己的目标了。但是，这并不意味着你需要完全通过减脂来达到自己的目标体重。如果你在比赛前1周的体重比目标体重高了5%左右的话，你完全可以使用短期降重的策略，通过减掉水分和肠胃内容物来减掉最后一点体重。

在具体讲解这些策略之前，先声明一下，我只在自然运动员降重方面有经验，我指导的99%的运动员参加的都是IPF及其下属的比赛。因此，以下的方式主要适用于2小时称重的比赛（意味着你的称重和比赛之间，只隔了2小时）。这也是我不建议你在短期减掉超过5%的体重的原因（而且我认为需要减的体重越少越好）。这些短期降重策略虽然可以帮你减掉更多体重，但是在2小时的时间里，你会很难将失去的水分都补充回来。降重本身很简单，但无法及时将体重补充回来，因此影响到你的运动表现，这才是主要问题。

如果你读到这里还感到不太明白的话，再强调一下，在比赛的前一周里不进行减脂。在最后的一周里，关注的唯一问题应是你在称重时的体重是多少，以及该如何通过短期策略操控体重。因此，在这个阶段关注的重点应该是食物的能量与重量的比例、身体水分的重量、肠胃内容物的重量，以及尽量不要让降重影响到你的赛场表现。

减少肠道内容物

降低体重最安全、最不会影响运动表现的方法之一是进行低纤维、高热量密度的饮食。虽然从长期来看，纤维素对于肠道健康很有好处，多吃水果、蔬菜，以及全谷物也是均衡饮食的重要方法，但这同时也会减缓消化速度，并且增加肠道中粪便的重量。在2~4天的时间里，每天把纤维素摄入控制在10克以下，就能显著减少肠道里的内容物。在低纤维饮食的基础上，你还可以多吃热量密度高的食物，在达到总热量和宏量营养素要求的基础上，减少摄入食物的总重量。你在减脂期间可能每天会吃多份水果、蔬菜、全谷物，或者瘦肉，而在降重时，则可以将它们替换成几勺蛋白粉、一些糖果，或者巧克力一类的食物，帮助你在不降低总热量摄入的前提下大大降低食物重量。在低纤维和高热量密度饮食同时进行的情况下，你可以在完全不需要减脂、脱水的基础上，轻松降重（取决于个人体质，这么做差不多能降低1%~2%的体重）。

减少身体水分

对于有氧和技巧类的运动，在身体失水2%的情况下，运动表现就会开始受到影响，不过，力量与爆发力类的运动似乎受到失水的影响要小一点。因此，在我们推荐的赛前1周减掉的最多5%的体重中，最后的3%左右可以通过失水来减掉。这种程度的身体水分流失可以在称重后、比赛前大部分补充回来，不太会影响力量。不过，水减具体要怎么减，也是有讲究的。

不管是通过运动主动流汗，还是通过高温环境被动流汗，对身体来说都是一种压力。穿着几件衣服在跑步机上跑步显然不是力量比赛前减重的最佳做法。同样道理，通过高温来排汗同样不是理想做法（显然易见，将两者结合起来对你身体的压力会更大）。压力较小的失水方法包括短期限制液体摄入、降低钠离子摄入，或者通过嚼口香糖、酸糖果来刺激唾液，将口水排出（这样做很恶心，但确实有效）。受到体重级别限制的运动员常常会在称重前1~2天通过尽量少地摄入液体和钠离子，来降低体重。一项发表于2018年的研究表明，通过连续数天提高水分摄入，直到赛前1天再限制水分和钠离子的摄入，可以让你减去更多身体水分。这是因为这么做会让你在限制水分的时候，仍然保持较大量的液体排出（通过流汗和排出尿液）。如果你需要通过减去水分来减重的话，这么做更不容易对运动表现产生影响，比起高温、运动，或者在高温环境里运动，这样做取得的效果更理想。

如果你能回忆起营养金字塔第2层的内容的话，你会记得本书讲解过低碳水饮食一般不会在短期影响力量。另外，在刚开始进行低碳水饮食的时候，会因为它的利尿效果而让身体失去一部分与肌糖原结合的水分。不过，你同样也需要记住，生酮饮食可能会在一开始还没有得到适应的时候，让人产生大量的疲劳感。这一点是需要避免的。所以，可以适当使用低碳水但不完全生酮的饮食来减去一点体重。

一个简单的指南是将饮食中碳水化合物的热量用脂肪替代。我一般会用这种等热量替代法，每天依次减少45克碳水化合物（180大卡）的摄入，并增加20克脂肪（180大卡）的摄入。如果是周六比赛的话，就在前一周的周日开始，从而减轻运动员的压力。另外，我还会确保每天的碳水化合物摄入不低于1克/千克体重，来避免常见的"生酮疲劳"现象。

虽然在理论上，这么做可以在避免脱水的情况下，安全地减去一部分身体水分（以我的经验来说，这么做往往可以减掉大约1%的体重），但我也听说过一些运动员声称，这么做让他们感觉很糟糕。这可能是因为低碳水饮食的代谢效应，或者肌糖原显著减少带来的副作用。我不能对此下一个肯定的结论，但我认为只有在你需要减去4%~5%的体重时，才需要采取这种做法。

最后，短期减重的最后一个做法是完全断食。这意味着在比赛前的14小时里，你既不能进食任何食物，也不能喝水。"14小时"来源于间歇禁食人群的经验总结，他们中的很多人都说，禁食14小时不会从负面影响训练状态。这种做法可能听起来有点极端，但如果你是在早上10点称重的话，你就得在前1天晚上8点之后停止摄入所有食物和水分。

如果你在晚上10点上床睡觉，早上6点起床的话，这就意味着你在前1天晚上8~10点，第2天早上6~10点这段时间里得醒着断食。如果你能换个角度思考的话，这其实就相当于晚一点吃早饭，并且在吃早饭之前不喝水而已。

不过并不是所有人都是在早上称重。如果你是在下午或者晚上称重，那你在断食期间会有更长时间醒着，会在饥饿状态下活动和处理日常事务，也就让这个过程变得更难熬。所以，本书会将断食这种做法在早上称重时归类为低压力策略，而在下午或者晚上称重时归类为高压力策略。

因此，你完全可以多管齐下，在赛前1周进行低纤维、高热量密度的饮食，与此同时进行脂肪和碳水化合物的热量交换，再进行水减、断水和断钠离子，然后在比赛称重前断食14小时。每个人情况不同，这么做应该可以帮你减去3%~5%的体重（有些人可以减去更少或者更多）。

但是，这并不代表你需要把它们同时进行。你要做的是选择那些最有必要、风险最低的策略，在帮你完成减重的前提下，尽量减少对于比赛状态的影响。接下来会给这些策略排名。

从低风险至高风险，所有短期降重策略的排名

第1：低纤维、高热量密度、低重量的饮食。

第2：如果在早上称重的话，在称重前进行14小时的断食。

第3：增加饮水量，然后断水、断钠离子。

第4：逐渐进行脂肪和碳水化合物的热量互换。

第5：如果在下午或者晚上称重的话，在称重前进行14小时的断食。

第6：通过高温或者运动脱水（不推荐）。

称重后的补水

整个降体重过程中最重要的部分，可以说是称重后的补水了。只有补水做好了，才能保证接下来的运动状态不受短期减重的影响。

如果你只进行了低纤维、高热量密度的饮食，那你不需要额外做什么。但是，如果你进行了断食、水减或在比赛前断水、断钠离子，那及时补水对你来说就至关重要了。

在从体重秤下来之后，你需要立即补充液体和电解质。一个简单的做法是将运动饮料和水以1:1的比例混在一起，再加大约半茶匙的盐（尤其是在你通过流汗减重的情况下），摄入15毫升/千克体重的总量。这样做可以确保碳水化合物、电解质，以及水分的比例正确。将混合液体越快喝完越好。在你喝完之后，给肠胃几分钟的时间适应，接着

就可以根据后面的"对于周六比赛的短期降重策略模板"摄入少量的食物了。说到模板，请再次记住，它虽然列出了以上讲过的所有降重方法，但你只需要选择最有必要的、给比赛状态带来的风险最小的策略就行了，并不需要全部实行。

最后，在你开始阅读后面的"对于周六比赛的短期降重策略模板"之前，还有一个黄金准则需要知道，即你一般会在睡觉期间通过呼吸作用（如果你年纪比较大的话）带来的体液流失，减去大约1%的体重。

所以，如果你在称重前一晚入睡前比目标体重重了1%左右的话，完全不用担心。同样道理，如果你在下午或者晚上称重，只要保证称重前大约8小时断食时，使断食后的体重不超过目标体重的1%就行了。

对于周六比赛的短期降重策略模板

日期	脂肪	碳水化合物	蛋白质	热量	水分	钠离子	备注
周日	+20克	-45克	正常	维持水平	正常	正常	保证最低1克/千克体重的碳水化合物摄入
周一	+40克	-90克	正常	维持水平	正常	正常	保证最低1克/千克体重的碳水化合物摄入
周二	+60克	-135克	正常	维持水平	100毫升/千克体重（1.5盎司/磅体重）	正常	保证最低1克/千克体重的碳水化合物摄入
周三	+80克	-180克	正常	维持水平	100毫升/千克体重	正常	保证最低1克/千克体重的碳水化合物摄入
周四	+100克	-225克	正常	维持水平	100毫升/千克体重	正常	保证最低1克/千克体重的碳水化合物摄入
周五	0.25克/磅体重的食物	0.5克/磅体重	0.7克/磅体重	根据宏量营养素计算*	15毫升/千克体重（0.2盎司/磅体重）	正常量的50%	低纤维，断食14小时
周六	称重后第1餐里0.1克/千克体重，尽量选择易消化的食物	称重后第1餐里0.5克/千克体重，尽量选择易消化的食物	称重后0.2克/千克体重，尽量选择易消化的食物	称重后自由进食易消化的食物	称重后立刻摄入15毫升/千克体重，之后正常饮水	佳得乐和水以1：1的比例混合，加上半茶匙盐	在称重后立刻开始进食，采用先液体再固体的顺序

*在14小时的断食之前，分别摄入1.6克/千克体重、1.0克/千克体重，以及0.5克/千克体重的蛋白质、碳水化合物和脂肪，来尽量减少肠道里食物的重量。如果饥饿感变得无法忍受，可以多吃一点，但尽量选择低重量、高热量密度的食物，比如巧克力就是一个不错的选择。记住，这时候不用管热量如何，只需要保证食物重量越低越好就行了。

第16章　恢复饮食

简介

　　本章的内容，几乎全部是为了那些必须将体脂率降到健康标准之下，并且试图维持这种低体脂率水准的运动员准备的，可以说这种做法会和形体运动员的目标相反。使用"几乎"这个词，是因为本章的一些关于减脂后恢复的概念已经慢慢从健美界扩散开来，影响到了普通人群，所以这一点确实需要特地强调一下。

　　如果你减脂不是为了比赛，那么你本来就不应该减到让身体无法维持的低体脂率程度。请把这句话再读一次。这里的例外是健身模特，或者那些超重6%~8%，超过了短期减重"显著极限"（超重<5%），需要在短短1~2个月的时间里用短期的激进方式减重的力量运动员们，他们会在比赛前达到暂时的"体脂率过低"的状态。

　　这意味着，本章的内容是为特定人群（形体运动员，为了比赛减重到体脂率非常低的力量运动员，以及健身模特）准备的。如果你不是其中之一，那你在减脂期结束后要做的事很简单：恢复维持热量（具体该怎么做，会在接下来的几段里讲解到），或者进行小幅度的热量盈余（取决于你的具体目标）。

　　如果你觉得饥饿难耐，每时每刻都想着吃东西，经常暴饮暴食；或者如果这是你在数次失败之后，第1次减到了如此低的体脂率，并且想保持下去，这意味着以下几点可能出现问题:（1）你减脂的方式;（2）你和食物，以及你和你自己身体的关系;（3）你的目标体脂率可能有点不切实际，无法长期维持（这一点和第2点有一定的关系）。本书会教你如何解决第1点。而第2点，很不幸的是，超出了本书的范畴，因为你需要个性化的医学专家来帮助你解决问题。如果你的问题出在第3点的话，你需要做的是接受胖一点的自己。更具体来说，如果你在减脂之后哪怕是恢复了维持热量，仍然每时每刻都想着吃东西，永远觉得饿，并且这种情况连续几个月都没有缓解的话，那你的体脂率就是过低了。

　　如果你减脂期很短，或者减去的体重不多，那你应该可以恢复到减脂前维持热量水平的95%~100%。如果你减去的体重较多，或者减脂期较长（但是没有减到无法维持的体脂率），建议你对于维持热量进行更保守的计算。举个例子，你可以先把有氧运动的量减半，然后每天多摄入200~400大卡。因为你不知道在如此长的减脂期之后，你的热量消耗功能到底减弱了多少，不妨保守一点，然后再在之后的几周里慢慢增加热量摄入，直到你的体重维持不变，或者以理想的速度开始增长为止。

　　另外，在本书的最后会讲到，当你的体脂率恢复到可以维持的程度后，你可以采用非量化的方式设计饮食。这样做对于那些不以竞赛为目的，想长期保持和食物的良好关系的爱好者来说很有帮助（详情请见第17章）。

反转饮食与恢复饮食

首先，让我们谈谈形体运动员比赛后的饮食策略。你经常能听到"反转饮食"的概念。如果你没听过这个概念的话，我可以简单地解释一下（或者说，大部分运动员在实践中是怎么做的）：在备赛减脂期结束后，一步一步、慢慢地增加热量摄入，直到恢复到维持水平，或者小幅度热量盈余为止，完全过渡到"非赛季模式"。

这么做的理论是在尽量多吃的情况下，避免体脂肪增多，让你在非赛季的开始不要太胖。从理论上来说，你可以在保持低体脂率的前提下摄入更多的热量，并且在开始下一次备赛时状态更好、肌肉量更多和体脂率更低，与此同时每天还可以多摄入很多热量。

现在，尽管理论听起来很棒，但不幸的是，反转饮食的概念已经被营销得太过分，也并没有什么人能真正做对并且从中受益。在更极端的情况下，反转饮食可能会让你在比赛后的数周里仍然处于热量缺口的情况，直到达到热量盈余之前。这可能听起来有点奇怪，也许你会问，"为何会这样呢？"。

代谢适应（也被称为"适应性生热"）是你的身体在减脂期间，通过减少热量支出来减缓减重速度的现象。这是身体的一种存活机理，也是减脂期间再正常不过的反应了。而反转饮食没有考虑到的是，想要快速恢复这些适应性的最好方法不仅仅是提高热量摄入，还需要增加体重。

我很理解，在比赛结束之后，你最不想见到的就是之前历经艰苦得到的备赛结果被付之一炬。我完全能体会这种心情，因为我自己也是一位形体运动员，而且声明一下，我并不会鼓励任何人在比赛后或者赛季结束后暴饮暴食。没错，如果你非要在传统的反转饮食和暴饮暴食里二选一的话，建议你选择反转饮食。但是，在两者之间取一个中间点，对你而言可能会更好。

所以，这个中间点是什么呢？这就是3DMJ（起源于杰夫·艾伯茨教练）所说的"恢复饮食"。

现实情况是，你又长又艰苦的备赛过程，其实就是一种有计划、有组织的饥饿状态，它对于你的生理和心理都会带来巨大的压力。睡眠质量变差、心情不佳、男性体内的睾酮水平下降、力量水平下降、瘦体重流失、对于食物更专注、无法控制的饥饿感、易怒，以及增加患上饮食失调的风险等，这些都是形体运动员面临的常见风险。在备赛结束后，你需要一段时间的恢复，才能让身心都回到正常的健康状态，为非赛季的训练做好准备。如果你真的想尽快缓解因为长期减脂、体脂率大幅度下降带来的各种负面适应性的话，不出意外，你必须停止热量缺口状态，并且让体脂肪回升。

▶ 恢复饮食会让你立刻从热量缺口中抽离出来，而不是像反转饮食那样，虽然让热量缺口变得越来越小，但实际上还是大大延长了减脂的时间。

▶ 恢复饮食的重点是关注体重上升的幅度，而不是在体重不变的情况下尽量多吃，后者则是反转饮食的常见做法。

▶ 更重要的是，反转饮食会给你不必要、也不切实际的目标。在比赛结束之后，你完全没有任何理由继续处在热量缺口状态（尤其是当你想要反转的代谢适应全部来自热量缺口的时候）。记住，保持极低的体脂率并不能帮你增肌，它的唯一好处是在比赛时看上去状态更好。你唯一需要把体脂率减到最低的时候，就是你站在健美比赛台上的时候。但这并不意味着你在非赛季时就能把自己吃得很胖，从而给下一次减脂带来麻烦。这里要强调的是，你的赛季顶峰状态保持的时间要越短越好，因此，你需要尽快回到非赛季状态，为非赛季的增肌与进步做好准备。

▶ 另外，在长时间的艰苦的备赛期结束后，没了上台竞赛这个目标，你会发现自己很难坚持反转饮食的做法。从我的经验来看（在3DMJ的教学中，我们曾经使用过反转饮食的方法），反转饮食的失败率可以高达90%。

将目标设定得太不切实际，并且没法完成，会让刚刚经历过残酷备赛洗礼的运动员们感觉自己是个失败者。另外，它还会引起一些纠正行为，比如，暴饮暴食，接着通过节食和多做有氧运动来"抵消"暴食的影响，接着再进行下一次的暴食。

和反转饮食不同，恢复饮食不会把你当作机器人来看待。哪怕是意志力最坚强的健美运动员，也会在比赛结束后有一段挣扎的时间，而这段时间也可能比备赛本身更为难熬。所以，想要在比赛之后进行极端严格、缓慢和一步一步来的热量增长计划，还指望运动员有很高的依从性，不仅不现实，还可能对运动员造成一些伤害。有时候，哪怕在反转饮食的最后阶段，哪怕你达到了热量平衡甚至盈余的状态，你还可能存在着相对能量不足的问题（详情请见第9章"能量可利用性"小节的内容）。

希望了解了这些内容以后，你能知道反转饮食因为进程缓慢、热量增量太小，并不是你最好的选择。现在，让我们讲讲在比赛之后到底该如何过渡到备赛季，这种方法比起反转饮食更为健康，而且它不仅仅优于反转饮食，比起传统的在比赛结束后暴饮暴食的做法也强了很多。

恢复饮食的原理

想要从赛后的虚弱状态中恢复，你首先需要根据以下两种情况采取相应的措施：（1）你在之后还有别的比赛；（2）你的赛季已经结束了（或者下一场比赛离现在还很远）。

场景1：你在之后还有别的比赛

首先，让我们讲讲当你在之后还有别的比赛要参加时你该怎么做。如果你的比赛之间只有1周之隔，你可以简单地在冲刺周之后继续减脂。你可能在第1场比赛之后可以有控制地吃一顿庆祝餐，但它不能成为暴饮暴食的"欺骗餐"。如果你的下一场比赛离现在还有2周、3周或者4周，那么你可以在比赛后吃1顿庆祝晚餐，或者在第2天的早餐时庆祝一下。

- 当你在吃庆祝餐的时候，请记住，这已经是在冲刺周后期，你的热量和碳水化合物摄入已经到了相对高的时候了。所以，这一餐的分量并不需要很大。
- 至于赛后的庆祝餐，用少油的蔬菜搭配一份肉类永远不会错。
- 将注意力放在备赛期间一直给你支持、关怀的家人和朋友身上，而不是只顾着满足自己的口腹之欲。
- 如果你只吃鱼类，那你可以吃一份豆腐沙拉（或者类似的菜）或者少油蔬菜加上鱼肉作为庆祝餐。不管哪种情况，尽量参考以上例子中的营养素和热量配比就行了。
- 或者，如果你可以等到第2天早上的话，就不要在赛后晚餐时庆祝，而是在第2天早上和家人、朋友去吃一顿传统早餐。培根、鸡蛋，加上几片吐司和烤薯饼，就是不错的选择。

如果你的下场比赛在1个月之后，4个月之内，那你应该可以在赛后晚餐和第2天的早餐时都稍微放纵一下，而不影响接下来的备赛。

- 在赛后的庆祝餐里，因为你接下来还有很长时间来准备下一场比赛，则可以吃一些淀粉类食物。所以，除了牛排和蒸蔬菜之外，你还可以吃掉前菜里的面包。你也可以选择鱼肉，加上有面包丁的沙拉，再加块烤土豆或者一些米饭。
- 在第2天早晨，你还可以吃一顿传统早餐。尽情享受煎饼、鸡蛋、培根和面包。
- 不要记录这2餐的热量，但是请尽量把自己当作一位注重健康、没有在节食的成年人（这一点往往说起来比做起来简单）。这就意味着，不要一顿吃几个人的分量，不要吃额外的甜品、前菜或者喝鸡尾酒，也不要把别人的饭也吃了。
- 在你吃完不记录热量的早餐之后，从这一天的午餐开始记录热量，假装时钟从你吃完早餐之后才开始走就是了。

场景2：你的赛季已经结束了（或者下一场比赛离现在还很远）

现在，让我们再来谈谈当你的下场比赛还有至少4个月，或者赛季已经结束后的时候，又该如何开始恢复饮食。

- 和前一种场景一样，你可以在比赛后吃一顿庆祝餐。
- 接下来，不要只吃一顿不记录热量的早餐，而是在第2天吃3顿不记录热量、正常分量的正餐。举个例子，你可以像前面举的例子一样，和家人、朋友吃一顿传统早餐，然后再吃一顿像样的午餐。它可以是芝士汉堡、炸薯条，再加一杯奶昔，或者几片比萨。请尽情享受你的食物，但也请控制自己不要太放纵。最后，你可以跟家人一起动手做一顿晚餐，或者跟朋友出去吃，别忘了甜点！这里的目的是在赛后的第2天吃三顿不记录热量的正餐，但任何一餐都不应该延伸成暴饮暴食。
- 如果你真的暴饮暴食了，不要责怪自己，也不要灰心丧气，继续按照正确的计划前进就是了。在长达数个月的控制饮食和饥饿模式之后，这种情况是很常见的。
- 在下一天开始下一场比赛的备赛计划就可以了（你可能会加入一些恢复日，或者使用"在赛前提高摄入"的方法，因为这么做你的状态不会退步太多）。
- 仅仅在1个周末里像正常人一样吃饭，并不能帮你完全恢复。

没错，像本书之前说的那样，完全恢复的前提是增长体重，但你需要有意控制体重增长的速度，这样才能让非赛季的体重增长变得更加有效率。不过，1次恢复饮食应该持续多久？对于大部分人，它可能会持续4~8周左右，你需要做大量的基础工作，才能抵消因为长时间减脂、大量体重流失对身体带来的负面影响。

我们在这里的目标就是增长体重。要增长多少体重才行呢？你的目标应该是在4~8周的恢复期后，比起竞赛体重来说，上浮5%~10%。举个例子，一位典型的健美运动员如果竞赛时体重为165磅，他在这段恢复饮食结束后的体重应该需要达到173~181磅。这里提供了范围而不是具体数值，是因为每个人自我感觉"正常"、对于食物不产生心理问题、生理上不觉得"难受"的体脂率设定点都不一样（这和体重增长一样，需要时间）。

绝大部分人在经过4~8周的恢复期后都应该达到这个体重范围，这么做也能在很大程度上帮助你减少对于食物的专注，让睡眠、性欲、月经功能和心情等恢复正常水平（但对于很多人来说，并不能完全恢复）。

想要实现它，你就得主动调整有氧运动和热量摄入。在备赛期间，有氧运动的量往往会越来越大，而热量摄入则越来越低。现在，你需要做的是完全相反的事情。所以，你该减少多少有氧运动的量呢？一个很好的起点是去掉所有的过量的有氧运动。过量的有氧运动指的是你为了备赛，额外添加的所有有氧内容。所以，假设你在非赛季每周做2次有氧运动，但是在备赛后期你会每天多做1次，那么你就可以在比赛结束后，直接恢复到每周2次的频率。

从另一方面来说，不会建议你用同样的方法来调整热量摄入。因为你现在的目标不仅仅是回到基线水平，还包括创造热量盈余。事实上，现在你享受的可能是整个非赛季中最大的热量盈余，因为此时我们对于体重增长速度的要求很高，高到放在任何别的时机都会不合适的程度。

正常来说，在非赛季，建议你采用较小的热量盈余，来尽量减少体脂肪的堆积（详情请见营养金字塔第1层），但这么说是因为你在非赛季的体脂率不会变得超级低，不想让你因为在非赛季体脂率堆积过多，而使下一次备赛更艰难。但是在比赛结束之后，你的身体状态是体脂率极端低，低到了几乎无法增肌的程度，建议采取较为激进的热量盈余的原因是，你在此时不仅需要增长肌肉，还需要增长体脂肪。为了达到5%~10%的体重增幅，大部分人需要每天400~1 000大卡的热量盈余（这意味着如果你现在的饮食仍处于热量缺口的话，需要在减少有氧运动的基础上，每天多摄入600~1 500大卡的热量；具体的数字要取决于你在比赛结束第2天放纵餐的"起跑"有多少）。开始实行如此激进的热量盈余，直到你在赛季后的4~8周里达到5%~10%的体重增幅为止。

不管你信不信，在达到这一点之后，你就能开始应用反转饮食的一些概念，在一段时间内慢慢增加热量摄入，来控制体重增长幅度。这是一种非常可行的策略，只有在你增长了5%~10%的体重，达到了健康的体脂率范围之后才有用。我们会在后文具体谈谈该如何从恢复饮食过渡到非赛季，但在这里，先谈谈你该如何克服对于刻意增长体重、体脂肪的恐惧感。

克服对于刻意增长体重的恐惧感

在长达数月的减脂期结束后，产生对于体重增长的不安全感、焦虑感，甚至恐惧感，都是再正常不过的事情。你在减脂期的最后几周里已经竭尽全力，为了比赛达到了人生中最巅峰的状态。另外，你还可能盲目相信过之前提到过的反转饮食的概念，或者至少觉得它很有吸引力，因为体重增长对你来说是非常可怕的事情。所以，现在所说的一切可能会对你的观念产生巨大的冲击。

对于那些有一些竞赛经验的人，肯定体会过当体脂率降到非常低的时候，运动表现逐渐下滑，以及精力状态忽高忽低的感觉。你肯定也体会过力量进步停滞，甚至退步的感觉。你可能会发现一些肌肉群在几个月的激进减脂之后，变得越来越小，也更容易受伤。甚至你连激励自己去健身房都变得比平时更加困难。但是，你在备赛时可以克服以上的一切困难，因为你可以用肉眼看到自己的体脂率越来越低，而再过几周或者几个月，你就能以最好的状态上台展示了。但是在赛季结束之后，讽刺的是，你对于低体脂率的追求可能会成为你未来比赛的绊脚石。这很难，但你必须克服过渡期的种种困难，以最好的状态来迎接未来的比赛。

随着热量摄入的增多，体脂率回到正常水平之后，你的整体精力水平、心境水平、激素水平，以及睡眠质量都会有显著提高。用另一种眼光来看待的话，备赛其实就是一种有计划的饥饿模式。尽管你可以在备赛时用意志力克服种种困难，因为这么做对于比赛是有必要的，但请问你真的可以告诉自己，当你处在备赛阶段最艰难的低体脂率状态，对于增肌与健康有好处吗？在比赛结束后，立刻将这种观念来个180度大转弯是非常困难的，但是这对于你的长远发展，以及对于这项运动的心态都至关重要。建议你在赛季结束前的几周就开始为恢复饮食做准备，这样在真正开始恢复饮食的时候，你会更容易接受体重增长的事实。

恢复后向非赛季的过渡

尽管在备赛时期，对于饮食记录的准确性和精准性都非常重要，但到了非赛季，情况就不同了。

在备赛时，因为一切都以结果为导向，所以能够允许的误差幅度非常小。对于宏量营养素的小幅度调整，都会给你的能量水平、运动表现，以及心境水平带来巨大的影响。在这个时期，你的目标是把尽量多的时间花在"最佳"等级上（本书在第17章会详细介绍饮食记录中不同等级的概念），把三大宏量营养素记录得越精细越好。话也不能说得太绝对，对于一些特殊的日子，比如恢复日、纪念日、生日和节假日等，你也可以把它们安排成"更佳"或者"优秀"的等级（只记录总热量和蛋白质摄入）来让备赛饮食更有可持续性和更加灵活（详情请见第17章）。

而在非赛季里，当你的体脂率、肌糖原储量、激素稳定性，以及生殖功能都得到显著提高以后，你每天到底是摄入350克碳水化合物、200克蛋白质、100克脂肪，还是摄入400克碳水化合物、175克蛋白质、90克脂肪更好这种问题，在热量相等的情况下就没什么问的必要了。从运动表现、肌肉生长，以及生理学的角度来讲，你完全没有任何必要将热量计算精确到5~10克以内。哪怕在非赛季的减脂期（比如偶尔进行的迷你减脂期），你饮食的灵活性也应该高于备赛期。

在你进行恢复饮食，过渡到非赛季的过程中，你还应该学会在记录热量时不要太过注意细节。你可以从记录宏量营养素过渡到只记录总热量和蛋白质，并且把摄入量从固定数字变成小范围，比如"±10~20"克蛋白质、"±150"大卡等，然后允许自己从备赛期间的每个月外食1次，变成恢复饮食期间的每周外食1次。然后，慢慢学会使用内在指标（饱腹感和饥饿感）。当把注意力放在饱腹感和饥饿感上的时候，一开始你可能会觉得一直饿，从来感觉不到饱，但是这种情况会在你进行恢复饮食、过渡到非赛季的过程中慢慢改善。在你对于饥饱更为敏感、饱腹感更强之后，就可以开始根据饥饿感和饱腹感来规划你的热量分配了（但是总热量保持不变）。在饥饿感更强的时候，吃一顿分量更大、蛋白质更多的餐食，直到感觉饱了为止。然后，从计算热量或者宏量营养素中慢慢抽离出来，只在保证持续性的基础上做最简单的记录，比如只记录蛋白质摄入量。在此基础上，只要确保你的体重增速合理就行了。

请记住，不精确计算宏量营养素，并不代表你吃得就不合理，只要你养成了良好的饮食习惯，就不需要担心这一点。要有自信心，一步一步地完成过渡。如果你养成了只记录摄入范围，而不是具体数字的习惯之后，就可以试试只记录蛋白质摄入量，不记录其他宏量营养素；接着是只记录总热量和养成健康的生活习惯。这可以让你在某些日子里根据需求摄入更多的脂肪、更少的碳水化合物，而在其他日子里则反过来，也能允许你偶尔摄入一些酒精（适量的前提下）。

再进一步，如果你知道你在不计算热量的情况下，也能摄入足够的蛋白质，那你就可以调整到"优秀"级别了（详情请见第17章），在这一级别中，你只需要在上下浮动100大卡左右的范围里记录总热量就可以。接着再进一步，请记住在非赛季需要把注意力的重点放在合适的体重增速上。你在比赛结束后的4~8周体重增速可能会相对更快，而在非赛季的剩余时间里则应该慢很多（详情请见第9章）。

在恢复饮食的最后，正式进入到非赛季的时候，体重数字应该会取代热量平衡，成为你量化记录的唯一指标。如果你的体重增速合理，那的热量摄入就没什么问题。所以，如果你的饮食习惯基本良好，能基本确保宏量营养素的摄入分配合理，那你就可以仅仅根据饥饿感、饱腹感（你可能要经过一段时间才能开始体验到饱腹感），以及体重这几个指标来调整饮食。说到这里，其实绝大多数人在停止量化记录之后，总会有一两件偏离了"最佳营养指南"的事情，这是完全正常的。所以，如果你发现在不刻意留意的情况下很难摄入足够的蛋白质，那你可以继续记录蛋白质摄入量；或者如果你经常吃不够水果和蔬菜，那也可以在记录体重数字的基础上，再记录一下水果和蔬菜的摄入量。

这里的目标是在满足基本饮食原则的前提下，量化记录的指标越少越好，从而让你的非赛季更有效率。但是，请不要操之过急。如果你已经习惯于一丝不苟地记录自己的饮食了，那么适应这个过程所需要的时间可能就更长一点。

一些人会很适应基于生活习惯的记录，而另一些人则更喜欢记录宏量营养素，还有一些人处于两者之间。你需要强迫自己更多地使用内在指标，听听自己身体的声音，如果身体内在信号长期被忽视的话，可能会带来一些你不想面临的负面后果。这也是建议你不要每个赛季都比赛的主要原因（如果这些概念听起来很陌生，或者觉得没什么组织性，不要担心，在接下来的第17章中，我们会更深入地讲解这个话题）。

如果你能在2个赛季中拿出至少1年的时间休息，这不仅可以让你的身体完全恢复，还可以给你充足的时间增肌，并且能让你对身体内在的饥饿感和饱腹感的信号更为敏感。到了某一个阶段，你甚至连体重都不需要频繁地记录。我们对于高级训练者的推荐体重增速应该也适用于绝大部分形体运动员，并且不会在短时间内让你在数字上看到任何明显变化，所以每周只称重1~2次，以1~2个月的时间段为单位观察体重变化趋势，可以更好地缓解体重数字带给你的心理压力。

小结

现在，让我们来总结一下恢复饮食的做法。请记住，我们的目标是增加一些体脂肪，而这不完全等同于把自己吃成胖子。像之前说的那样，你的目标体重应该比比赛体重高上5%~10%，在赛季后用4~8周的时间来实现。那么，你具体该怎么做呢？首先，在你比赛刚结束的时候，你可以吃1顿庆祝餐，如果这是赛季的最后1场比赛，你还可以在接下来的1天里吃3顿不记录热量的正餐。在此之后，将体重增长目标定在每周1~2磅，在4~8周的时间里达到目标体重。在你达到这一阶段目标之后，将热量盈余变得稍微保守一点，让体重的增速变得和正常训练者一样，具体数字可以参见营养金字塔的第1层（每月增长0.5%~1.5%的现有体重）。

至于饮食习惯，你需要慢慢变化热量记录的级别，使用更多内在、质化的习惯指标（详情请见第17章），直到你能在量化记录与听从身体内在信号之间达到一个平衡，并且在不影响长期进步的前提下，达到能量化记录和越少地称体重。请记住，以上这些都只是推荐指南，如果你的体重增速比起推荐值稍微快了一点或者慢了一点，或者你用了更长或者更短时间才达到阶段目标，那这也不是什么很严重的事情。这里的重点是基础原则。

你还需要考虑自己的比赛日程安排，有些时候，你并没有时间严格地遵循我们给出的指南。举个例子，某位刚刚拿了职业卡的运动员可能会在5个月之后参加自己的第1场职业赛，之后才进入非赛季。比起某位准备迎接2~3年非赛季的新运动员，他们需要采取的非赛季策略肯定不一样。在第2种情况下，这位运动员虽然适合使用恢复饮食的策略，但是采取的具体措施也许需要进行一定的调整。又或者你可能是健身模特，增长5%~10%的体重对你来说可能并不现实，因为对于肌肉增长、心理健康最合适的体脂率，可能和你的职业需求有冲突。不管你如何衡量利弊，千万不要忘了自己身体的长期健康，因为如果一直忽视这些事情的话，问题总有一天会集中爆发。

　　所以，记住以上的原则就行，因为哪怕本书列出了理论上最理想的做法，人与人之间还是会有差异。这并不是精准的科学，需要依据个人情况进行调整。

　　最后，让我们来谈谈恢复饮食在形体运动员长期营养周期规划中的作用。

对于形体运动员的长期营养周期化

　　下图总结了总时长为2年的饮食规划，其中包括了时长为6个月的备赛期，时长为3个月的恢复饮食期（没错，恢复饮食本身只需要4~8周的时间，但本书在这里向你描述的是在心理层面和生理层面完全恢复所需要的时间），以及时长为15个月的非赛季；在非赛季里，又包括了2个单独的迷你减脂期，以及时长为2个月的"备赛准备期"。在图中，你可以看到，在每一个阶段里的热量摄入、体脂水平、训练压力、有氧运动量，以及外在指标（食物称量、热量记录）与内在指标（饥饿感、饱腹感）的变化。

形体运动员的长期营养周期化

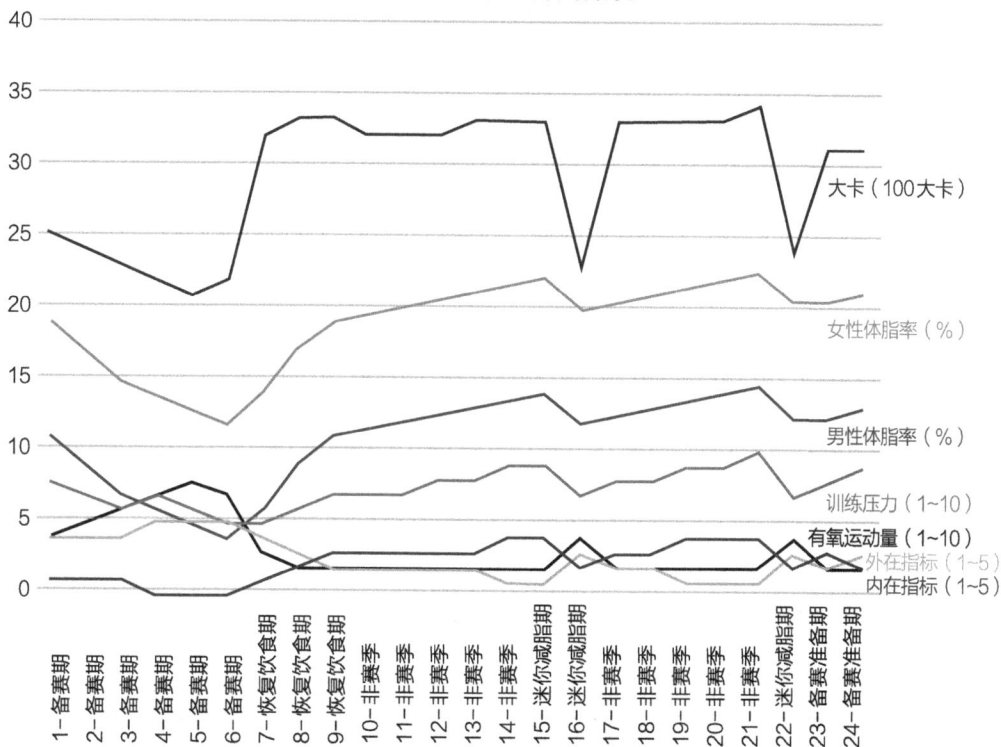

大卡（100大卡）
女性体脂率（%）
男性体脂率（%）
训练压力（1~10）
有氧运动量（1~10）
外在指标（1~5）
内在指标（1~5）

1-备赛期
2-备赛期
3-备赛期
4-备赛期
5-备赛期
6-备赛期
7-恢复饮食期
8-恢复饮食期
9-恢复饮食期
10-非赛季
11-非赛季
12-非赛季
13-非赛季
14-非赛季
15-迷你减脂期
16-迷你减脂期
17-非赛季
18-非赛季
19-非赛季
20-非赛季
21-非赛季
22-迷你减脂期
23-备赛准备期
24-备赛准备期

对于大部分人而言，取决于级别和起始状态，想要达到真正的竞赛体脂状态，会需要5~7个月不等的时间。恢复饮食期的时长则大约是备赛期的一半，恢复饮食期可以用来恢复你在备赛期间流失的肌肉、力量，以及恢复正常的代谢和激素功能。而如果想要恢复和食物、自己身体形象的健康关系，或者学会根据身体的内在指标来进食，那这一过程也许还需要更长的时间。在你的竞赛经验越来越多之后，你会更加适应从备赛期饮食过渡到更正常的非赛季饮食的这一过程。但是，根据我作为教练的经验来说，在回归正常饮食的过程中进行一定程度的组织规划是很有必要的，不然，你在赛季内或者赛季间与食物的关系会更难恢复正常。

回到时间线上，在生理层面恢复，并且让肌肉量恢复到备赛前之后，一位自然训练者在下一次备赛之前就只有3个月的时间来增长新的肌肉了。基于这个原因，除非你经验非常丰富，否则建议你不要让自己的参赛频率高于每2个赛季1次（这样做还可以帮你恢复你和食物的健康关系）。如图所示，这样做可以留给你15个月的时间来保守地维持热量盈余，让形体得到改善。这样做不可避免地会导致体脂率有一些上升，所以我们在其中穿插了一些迷你减脂期（你可以在图中看到2个分开的迷你减脂期）。最后1个迷你减脂期会在下一次备赛开始前2个月完成，中间是2个月的备赛准备期作为缓冲。在这个阶段里，你需要做的是大约吃到维持水平的热量，并且逐渐回归记录热量的习惯，避免备赛期开始的时候因为不适应而手忙脚乱。另外，你需要在维持体重的前提下将热量摄入保持得越高越好。这样，你在下一次备赛开始的时候体脂率会相对低一些，但又不处在"节食"的状态下（意思是出现代谢功能下调现象）。最后，你在下一次备赛开始前，还可以进行1~2个特定的训练周期，专门针对自己的薄弱部位进行训练。

长期阶段中不同的营养周期以及它们的特点

▸ **备赛期。** 在备赛期里，体脂率、热量摄入，以及外在的训练压力都会下降（尽管内在感受的训练压力会上升）。另外，有氧运动的量会逐步上升，以配合减脂的速率。最后，在这一阶段，我们会更多地使用外在的营养指标（称体重、记录热量等），因为随着功能下调，饥饿感与饱腹感会变得越来越不准确。

- **间歇饮食。** 在备赛期里，每4~8周中（有时候还需要根据平台期进行自动调节）进行1~2周的饮食恢复期。在此期间，你需要通过摄入维持水平的热量，来缓解减脂期间产生的一些激素和代谢适应性，提高训练质量，恢复肌肉量，并且在心理上休息一段时间。至于记录方式，你既可以记录3种宏量营养素摄入，也可以只记录总热量和蛋白质摄入，来进一步缓解减脂期间的心理压力。

- **赛前提高摄入**。在理想情况下，你需要在赛前2~4周就减到理想状态，然后在比赛之前可以小幅度地慢慢增加碳水化合物和脂肪的摄入量，并且逐步减少有氧运动量，来提高肌糖原的储备水平，恢复肌肉量，以及减少总体压力，让冲刺周的状况更容易被预测。

- **冲刺周**。在比赛当周，你需要通过碳水化合物前置或者碳水化合物后置的方法来提高肌糖原储备水平和血压，进而给形体状态锦上添花；这么做还有助于上台前的充血训练，让你的肌肉看起来更大、更紧致，并且分离度更好。

▶ **恢复饮食期**。在此期间，训练压力会和备赛期间差不多，但是随着有氧运动量的减少、热量摄入的增加，你的体脂率也会随之上升。在压力—恢复的等式中，恢复的一边有所提高，你在备赛期间流失的肌肉组织会逐渐恢复，并且达到健康的体脂状态；你的睡眠质量会变得更正常，激素水平变得更平衡，因为备赛而闭经（很遗憾的是，这种情况非常常见）的运动员也会重新迎来月经；你的运动表现会相应提高，因为身体本能带来的一直吃东西的欲望也会慢慢消失。在恢复了正常的饥饿感与饱腹感之后，你下一步要做的就是从严格的热量记录过渡到以内在指标为主的饮食方法。

▶ **非赛季**。在你至少比比赛体重增重了5%，并且完全恢复之后（饥饿感和饱腹感水平、心境水平、精力水平、月经、运动表现、肌肉饱满度，以及睡眠质量都正常化），就需要通过稍微减少热量摄入、减缓体重增速，来达到营养金字塔第1层里推荐的速度。在此期间，你只需要为了健康和乐趣做最少量的有氧运动，体脂率在稳定热量盈余下进一步上升，并且使用内在指标来规划饮食。

- **迷你减脂期**。你的增肌期和减脂期的比例不应该高于4∶1（意思是不要进行更高频率的减脂，但是低于这个频率可以）。因此，在非赛季的每4个月中，必须穿插1个月的迷你减脂期。在迷你减脂期里，你的体重减轻速度会接近推荐值的上限（大约每周减少1%的体重），使用一定程度的量化记录（比如体重、总热量，或者蛋白质摄入）手段，来帮助达到"清理体脂"的目的。在此期间，总体训练压力应该被减轻一些，并且适度增加有氧运动量。

- **备赛准备期**。在下一次备赛开始的4~12周前，最后一次迷你减脂期结束后，就是备赛准备期了。在此期间，你需要摄入维持水平的热量，来看看自己在不增长体脂率的前提下，能"塞"进多少热量。这段时间里，你还需要重新拾起量化记录的习惯，熟悉一下备赛期的生活方式；同时，在找到非赛季体脂率的最低点与热量摄入的最高点的平衡之后，你在下一个赛季开始时会胜券在握。

第17章　行为与生活方式

现在，你已经了解了营养金字塔的所有等级、它们各自的重要性，以及每一层里具体的操作指导，我们又该如何将它们结合在一起进行实践呢？如果一个饮食计划让你没法长期坚持，它又有什么用呢？除非你在备赛期。在本章中我们会讲讲这些话题。

在本章中，我们会讲讲你的饮食计划的长期可持续性；该如何真正改变生活习惯；作为形体运动员，该如何减少热量记录和称体重带来的潜在负面影响；以及作为普通爱好者，又该如何使用更多的内在指标与外在指标来帮助自己达到目标。本章还会告诉你，当和家人、朋友一起在外面吃饭的时候，该怎么计算热量，甚至还包括了如何在计算热量的时候适量饮酒，如果你选择这么做的话。

使用3级系统记录热量

到目前为止，我们一直在强调，运动员的备赛期和普通人的减脂期是不一样的，维持期、非赛季的增肌期也需要不同的营养策略才行。

在一位运动员的职业生涯中，不同阶段、不同赛季会有完全不同的营养需求，而大部分饮食计划在设计时都没有考虑到这一点。这就导致了很多人会在社交中被孤立，并且很容易产生"非黑即白"的思想。

在没有背景信息的时候，所有事情看起来好像都特别重要，你也很容易把所有时间都花在钻研无穷无尽的细枝末节上。所以这里的问题是，你在什么时候才需要钻研细节呢？又该钻研哪些细节呢？当然，营养金字塔本身就能帮你回答这个问题的一部分，但与此同时，在某些特殊情况下，营养金字塔中的一些元素甚至会变得几乎没有必要。

在对比非赛季的健美运动员或者力量举运动员，与备赛期的健美运动员或者在降体重级别的力量举运动员时，经常会用这么一个类比：前者类似于走在一条宽广的大路上，而后者的路则越走越窄，最终会窄到"走钢丝"的程度。

这个类比的意思是，当你的体脂率很低、热量受到限制的时候，想要不影响效果的话，你的饮食计划的回旋余地会更少。比起超重人群，较瘦的人会在身体蛋白质代谢的过程中产生更多的能量，而在热量受到限制的时候，他们的睾酮水平会显著下降，而超重人群则不会。根据这些原因可以得出，你的体脂率越低，也就越容易在减重的过程中流失瘦体重。

另外，力量训练还会在一定程度上清空糖原储备，而当糖原处在清空状态的时候（在减脂期间更容易发生），会降低肌肉运动表现。力量训练的一部分能量还来自肌内甘油三酯，但它会随着肌糖原在力量训练的过程中逐渐被部分清空；如果你的饮食中脂肪摄入很少的话，有可能无法完全补充肌内甘油三酯。在减脂过程中，为了达到目标热量，碳水化合物和脂肪的摄入往往都会被限制，因此也就更容易从负面影响到力量训练的表现。从逻辑上来讲，你需要限制多少碳水化合物和脂肪的摄入，是和饮食热量缺口的大小直接相关的。因此，减重越快（意味着饮食中热量缺口越大），力量运动表现也就越容易受到影响，维持肌肉量也就越难，这些结果就完全在意料之中了。

除了以上这些生理影响，快速减重给训练者带来的心理压力也会比不限制热量时大得多。

根据需求决定准确度

基于前文我们可以知道，拥有不同目标状态的人会有完全不同的营养需求。在备赛期间的运动员，对于饮食记录需要极高的持续性和精确性，与此同时这意味着他们要牺牲一大部分的灵活性。但是，当他们在不需要减脂的"非赛季"（或者仅仅是不需要减脂的时候，比如没有降重需要的力量举运动员）时，在每日饮食中应该把重点放在什么地方？记录的准确性应该达到什么程度？想要回答这些问题，就得使用各种理论和概念建立起一个适合实践的框架。

营养科学和运动科学很少会直接教我们怎么做。它们能做的是帮我们决定我们需要测量、管理什么变量。而我们作为训练者，则需要将这些知识转化成可以实践的内容。

一个比较贴切的例子是管理宏量营养素的范围和热量缺口的大小。我在指导运动员时，一般会对他们的三大宏量营养素给出一个每日摄入范围，然后根据他们每周体重下降的速度（结合照片里的身体成分变化，以及健身房里的运动表现变化）来相应提高或者减少摄入量。在减重期间，宏量营养素的具体配比平衡就变得格外重要，因为总热量的摄入受到了限制，在维持热量缺口不变的前提下，增加或者减少某种宏量营养素的摄入量，就意味着另一种宏量营养素的摄入量也得相应地跟着变化。

基于这个原因，我们对于宏量营养素摄入量一般给出的浮动范围会很小，在减脂期间常常在5~10克的区间浮动。这种程度的精确性，可以保证备赛期间的运动员可以顺利走在之前类比的"钢丝"上。但是，这么做需要你注意到每一个细节，每天使用热量记录软件或者App进行记录，买个电子食物秤，放弃大部分外食的机会，并且在出门旅行前提前计划好几餐，甚至一整天的食物。这种对于细节的关注与掌控只在短时间内是有可持续性的，并且这也是我指导的运动员能在短期减重成功的基础。

从另一方面来说，当我们说到运动员的长期成功与可持续性时，依从性和享受度就成了最重要的变量。从我作为一位运动员和教练的经验来讲，饮食计划的执行难度越大，你也就越难从这个饮食计划中取得成功。

所以，在现在这个到处都是"灵活饮食法"和"坚持饮食模板，吃得越干净越好"的世界里，很多人会觉得世界上只有这两种饮食方法，然后你也就只有这两种灵活度很低的选择。前者意味着你需要在余生的每天里都计算宏量营养素的摄入量，后者意味着你在余生的每天下午3点都得准时吃一顿水煮鸡胸肉和西蓝花。显而易见，对于大部分人来说，这两种方法都没有很高的可持续性，都依赖于使用外在指标（固定饮食模板，或者三大宏量营养素的数字）而忽略了内在指标（饥饿和饱的感觉），并且都提倡了"非黑即白"的思想。你要么在进行饮食规划，要么完全没在做；或者要么达到了宏量营养素目标，要么没达到（详情请见"心态与工具"里"最神奇"的饮食模板部分内容）。幸运的是，你完全没有必要这样做。

对于那些不在减脂期的人，或者寻求长期计划的普通爱好者而言，答案是建立非二分法的心态。这里的意思是，饮食并不是只有0和1，只有黑和白，或者只有好或者不好。你需要建立的心态，是将饮食看作一张持续的谱图，根据特定情况、特定需求，有着不同的选项，比如在你对于饥饿感和饱腹感不敏感的时候（如在将体脂率降到非常低，或者降体重级别的时候）可以更多地使用外在指标，在你对于体重、体脂没有什么苛刻要求的时候则更多地使用内在指标。在前文中，我们已经讲过了这种心态的重要性，而现在我们会告诉你该如何将这些概念具体运用起来。

我们想给你介绍的第1个系统，叫作"记录热量的3级系统"。顾名思义，它适用于你需要量化记录饮食的时期，比如备赛期，降体重级别时，或者不使用量化记录的手段就没法达到减脂目标时，这一点我们会在本章后文再次讲解（而且请记住，如果你无法通过非量化、基于习惯养成的方式达到目标，那你可能就需要考虑一下这个目标有没有可持续性了）。

定义不同级别

所以，哪怕我们想要把热量记录得越精确越好，但生活里总会有些变数，让你在一些情况下无法精确计算热量。如果你用二分法看待的话，一点点差错就是"饮食搞砸了"，但如果你用灵活的眼光看待，就完全不一样了。比如，当你没有完美地达到饮食目标的时候，这仅仅意味着你需要把目标变得更宽泛一些，然后将精确度的级别下调一级，接着该怎么做还是怎么做。

想要把这个概念建立起来，先要定义3种记录热量的不同级别。

▶ 优秀级别。你在一定的上下浮动范围内摄入了目标热量。通常来说，推荐给目标热量100大卡的浮动空间。这一级别适用于当你无法准确计算宏量营养素（比如蛋白质）的摄入量，但是可以估算热量的情况。

▶ 更佳级别。你在一定的上下浮动范围内不仅摄入了目标热量，还摄入了目标量的蛋白质。使用和以下同样的蛋白质浮动空间，然后给目标热量100大卡的浮动空间。这一级别适用于非赛季的热量记录（如果你需要记录的话）、赛后恢复饮食时期、普通爱好者的减脂期、迷你减脂期，以及间歇饮食时期。

▶ 最佳级别。你在一定的上下浮动范围内摄入了3种宏量营养素。这一级别只适用于备赛期的形体运动员，或者需要降体重级别的力量运动员。建议在备赛后期，将每种宏量营养素的浮动空间控制在5克以内，在备赛前期或者降体重级别的时候，则将每种宏量营养素的浮动空间控制在10克以内。

这个系统在以上提到的需要计算热量的情况下才适用。如果你的目标对于热量记录的准确性有一定要求的话，也不需要完全局限在某一特定级别中。比如，如果你正处在备赛时期，在绝大多数情况下，你应该试着达到"最佳级别"；但是别忘了如果偶尔有一两天只达到了"优秀级别"或者"更佳级别"，也是完全可以接受的。

这种方法可以让你适量地参与社交活动、外食、在节假日出去旅游，以及喝酒精饮料。它同样可以帮你在不小心吃多了某种宏量营养素，或者吃多了蛋白质后会让总热量超支的情况下对饮食进行灵活调整。

热量借用法

另外一种在记录热量期间可以助你一臂之力的方法是热量借用法。正常来说，我们会以24小时为周期计算饮食目标。这在备赛期间是非常理想的做法，因为它可以保证你在大多数日子里的热量摄入都足够低，保证在严格控制饮食的"钢丝"上不会掉下来。但是，对于普通爱好者而言，你的肌糖原储备水平、体脂肪水平，以及每天的热量摄入都相对更高，所以你会有更多的空间来进行浮动调整，饮食也会相对更灵活。把24小时这个限制去掉，你就会发现一下子有了更多选择空间，你可能偶尔也会有一两天的热量消耗高于平常，或者一不留神就吃超了目标数额。

使用热量借用法之后，你就可以在任何一天中拿出20%的某种宏量营养素或者总热量，然后把它借给另一天（或者几天）。这么做，如果你有计划好的特殊活动，或者在某天非常饿的话，就可以灵活转移热量了。在非减脂期间，单独一天少吃20%产生的影响非常小，但却可以让你根据现实情况，灵活混搭热量。

另一种使用热量借用法的方式是使用Excel表格记录每周7天的平均热量摄入。你可以把自己的目标变成在一周结束时让平均值达到某个值。在实行这个方法的时候，比如你的目标是每天摄入2 500大卡，在每7天结束之后，只要平均值达到了这个值，你的目标就达到了。你可以在这周里有1天摄入3 000大卡，1天摄入2 000大卡，1天摄入2 700大卡，1天摄入2 300大卡，然后在剩下的3天里都摄入2 500大卡，这完全不会有任何问题，而不是每天固定摄入2 500大卡。以上只是一个简单的例子，不过提醒你一下，不建议你的热量摄入上下浮动这么大。如果你的饮食能建立起简单的基础结构，并且保证持续一致的话，其实是最理想的情况。热量借用法只是为了让你不要因为饮食太过严格而失去了生活中的其他乐趣。

外食

现在，你已经了解了一些在计算热量期间的基本方法（3级系统、热量借用法），除了在自己做饭时学会使用它们，你还需要学会如何在和家人、朋友外食的时候使用这些方法。在我们深入讲解食物选择策略之前，想先针对还处于赛季内的健美运动员们谈一谈如何应对外食。

简单来说，在备赛期内，你需要尽量避免外食。一个很好的规则是每个月内不要超过一次外食，并且建议你提前规划一下你的每月外食日。在备赛期间，除非是对你来说特别重要的日子，否则尽量不要外食。

举个例子，在2011年，我从1月到8月都在减脂，在此期间我一共外食了3次：结婚纪念日、母亲节，以及我母亲的生日。每次外食的时候，我都会选择最简单的菜，比如清蒸西蓝花加上瘦肉较多的西冷牛排，并且要求不放黄油。我并不会带着食物秤去称重，只需要目测食物中所含有的热量和宏量营养素就行了。但是我知道，哪怕厨师并没有按照我的要求烤一块精准重量为7盎司的牛排，或者不多不少2杯西蓝花，但我的估算误差最多不会超过几克碳水化合物，6~7克蛋白质或者脂肪。所以，即使我对于宏量营养素的估算并不完全精准，它所带来的影响也小到可以忽略不计。

但是，如果我点了意面，估算的误差就会大很多。厨师如果在意面中相比餐厅列出的营养信息多放了2勺橄榄油，它看起来不会有任何差别。这就意味着我可能在不知不觉中多摄入了250大卡热量，而我也很可能在吃饭的时候完全尝不出任何差别。就算我在那天有足够的热量来吃一盘意面，但想要准确估算它的宏量营养素或者依赖于餐厅菜单营养信息的准确性，对我来说也无异于"赌博"。

所以，不要指望厨师们能帮你精确到克地称量食物。没人会关心你到底要吃几克宏量营养素，他们的职责是把饭菜做得可口。在外食的时候，不要完全信任餐厅提供的营养数据，在选择某些估算误差较大的菜肴时（因为它们的热量密度更大），也不要对自己的估算太过自信了。不过，这里有一些聪明的点菜策略，可以帮你尽量减少误差。另外，像之前强调的那样，如果你是一位备赛期的形体运动员，请尽量每个月最多外食一次。

我在这里给出的建议，也都是针对备赛期的形体运动员的。如果你是一位在减重的力量举运动员，或者在减脂的普通爱好者，那你完全没有必要把饮食控制得这么严格。实际上，你也不应该对自己这么严格，因为这可能反而会降低你对于饮食的依从性。说到底，竞技健美是一项非常极端的比赛，它需要极高程度的投入和自控，才能让你在比赛中取得好成绩。

如果你不在备赛期，或者不是为了健美比赛而降重的话，每周外食 1~2 次是完全可以接受的，只要你能对食物的热量和宏量营养素做出相对保守的估算（意思是偏向于高估），并且尽量选择低热量的菜肴（比如之前提到过的瘦牛排配西蓝花，而不是意面）就行了。这么做可以确保你在热量计算相对精准的同时，不会因此耽误其他重要的社交活动。

如果你不在减脂期（不管目的是什么），那外食就完全没问题了。需要注意的是，餐厅食物的分量在你的掌控之外，你也很容易不管眼前菜肴的热量多少，而将其一扫而光。并且，厨师们往往会把菜肴烹饪得越发可口，这也意味着，餐厅的菜肴的热量往往会比你想象的热量还要高一些。只要你仍然对自己的形体状态满意（假设你想要保持一定程度的体脂率），或者以合适的速度在增重（详情请见营养金字塔第 1 层），并且对于宏量营养素和微量元素的摄入都在合理范围里（详情请见营养金字塔的第 2 层和第 3 层），那频繁外食并没有什么问题。

酒精

用一句话来总结，关于喝酒的关键词就是适量。不管拼酒这种行为在某些文化中有多流行，喝酒喝到不省人事或者吐一地并不是什么好习惯。它也不是健康生活方式中的一部分。

话说到这里，适量又是什么意思呢？这意味着你喝了酒之后，在第 2 天并不会有任何宿醉的感觉。或者就算你在第 2 天早上有点不适，也不会影响到你的运动表现。在以上建议的基础上，它需要向你的饮食目标看齐。

尽管本书在营养金字塔第 2 层的有关宏量营养素的内容中并没有提到酒精，但它确实有热量。更准确地说，1 克酒精里含有 7 大卡的热量，在大部分情况下，它还会和碳水化合物结合在一起。红酒是由水果制成的，啤酒是由啤酒花、小麦和大麦制成的。这些原料的主要营养成分都是碳水化合物，也相应都有热量。

因为并不存在这第 4 种宏量营养素，所以当你决定喝酒的时候，你已经自动把计算的精准度降到"优秀级别"或者"更佳级别"了。因为你也没有具体的酒精摄入目标，所以这就意味着在喝酒的时候，你的计算目标变成了只计算热量与蛋白质，或者仅仅计算总热量。

举个例子，假设你喝了2杯啤酒，热量大约400大卡。你的每日摄入一般是200克蛋白质，300克碳水化合物，以及70克脂肪，共计2 630大卡。在喝完酒之后，你只需要把注意力放在总热量和蛋白质的摄入上（"更佳级别"），或者仅仅关注总热量摄入（"优秀级别"）就行了。去掉啤酒的热量之后，你这一天就只剩下2 230大卡的热量份额可以分配给蛋白质、碳水化合物、脂肪这三大宏量营养素了（试着达到目标蛋白质摄入，然后把热量摄入控制在目标的正负100大卡以内）。这样做，你仍然可以达到最重要的目标：能量平衡，并且确保有着足够的蛋白质摄入。这个量的酒精摄入也不太可能会影响到你第2天的运动表现，所以这就很好了。

和外食部分的建议一样，建议你限制饮酒的频率。我对于我自己的客户的建议是每周饮酒不超过1~2次，并且遵循适量的原则（在备赛期间，还需要把频率再降低一点）。如果非要更精准地定义"适量"的话，建议不要将超过15%的每日总热量分配给酒精饮料。对于大多数人而言，这可能就是1~2杯，如果你体型更大、热量摄入更高的话，也许就是3杯。

重新学习聆听自己身体的声音

如果你是一位以竞技为目的的健美运动员，在备赛进行到一定阶段的时候，你就得停止聆听自己身体的声音了。你会每时每刻感到饥饿，饱腹感也会几乎不存在。在这些情况下，严格的饮食计划是唯一可以让你不吃太多的工具。简单来说，你得依赖于外在指标（体重数字、形体状态和宏量营养素数字等）来达到自己的目标。如果你聆听自己身体的声音，那你肯定会开始增长体重。虽然依赖严格饮食计划的减脂方法并不健康，但它是唯一一种能让你达到比赛所需的体脂率的方式。

但是，当你不处于备赛阶段的时候，一件很重要的事就是过渡回使用内在指标的习惯，重新学习聆听自己身体的声音。如果你花了几个月的时间来学习如何称量体重、计算热量、阅读营养标签、学习热量来自哪里，以及根据自己的营养目标来改变饮食习惯，那你的知识储备和能力就已经更上一层楼了。但是，与此同时，你也会在不知不觉中变得太过于依赖相对严格的计划，让它成为你的第二本性，甚至取代了正常人用来调节热量摄入的指标：饥饿感和饱腹感。

讽刺的是，你可能会花上几年的时间，学习使用本书中列举的量化方法来"用数字决定一切"、调整和设计饮食，但是到最后却忘了听听自己的身体在说什么。我们的最终目标，是将对于身体信号的敏感性和你新学习的营养学知识、经验结合到一起，然后总结出一套对日常工作需求最低的方法。想达到这个目的，第1步就是试试你能不能在1天里不遵循自己的饮食计划。不要想着达到某个目标，而是试着简单地吃饭，然后注意自己身体的感受：饥饿、满足，还是饱了？如果你是一位刚比完赛的形体运动员，这些信号在你完全恢复之前是不会恢复正常的，这意味着你必须适当增加热量摄入和提高体脂率（详情请见第16章）。而且哪怕在体脂率回升之后，想要完全习惯于听从身体的信号，也会需要一点时间。

不过，哪怕你暂时忘了饥饱的感觉，你也一定不会忘记你一般会吃多大分量的食物，或者1份40克蛋白质的肉看起来是什么样的，以及大部分食物的大致热量。在刚开始重新学习使用内在指标的时候，你可能对于食物分量的掌控并不好，如果你发现自己在这个阶段经常吃太多的话，适当使用你之前掌握的量化记录的知识来控制进食量并不一定是件坏事。但不管怎么说，这个过程需要一定的时间。

生活方式与自我暗示

这一部分的内容会教你如何使用质化的指标，也就是使用非数字信息，来调整自己的饮食。这里的策略包括了习惯养成（你每天在维持的行为和惯例），根据内在指标（饥饿感和饱腹感）自动调节食物摄入，以及如何最小化地使用外在指标（称量食物和体重）来进行反馈。

本书在"心态与工具"一章中指出过，频繁地称体重、记录热量和宏量营养素的数字这些行为，可能和身体形象障碍、进食障碍有着关联，甚至会加重它们。这一现象，在形体运动员和受到体重级别限制的运动员群体中更为普遍。这并不是在说，如果你天天称体重或者计算热量，就一定会导致身体形象障碍和进食障碍。这两种方式都是在营养学中学习量化记录的好工具，它们也能确保你完全参照营养金字塔1~5层里的指南去具体实行为身体成分或者运动表现设计的营养计划。但是，你越依赖于使用外来指标来告诉自己该吃什么、该怎么做，就会越容易忽视饥饿感和饱腹感这类自然的内在指标，进而导致一系列不良后果。基于这个原因，训练者的最终目标应该是将营养金字塔2~5层的内容变成"自动化"的生活习惯，然后使用内在指标来指导热量摄入（营养金字塔第1层）。你在自己力量训练生涯中的绝大部分时间都应该这么做（意思是增肌时期或者维持时期）。换句话说，你只有在饥饿信号与运动目标冲突、变得不敏感的时候，比如降体重级别或者健美比赛备赛期间，才应该依赖于外在指标。

因此，在这一部分内容里，我们会根据2种不同的场景，分别教你该如何做：（1）普通爱好者、力量运动员，或者非赛季的形体运动员，主要目的是维持或者保守增肌；（2）想要减脂并且长期维持的普通爱好者，主要目的是维持健康和身体机能。

场景1：非量化的增肌时期或者维持时期

首先强调一下，以下的策略只适用于当你的饥饱信号还正常的情况下。这对于形体运动员来说，就是比赛和恢复阶段结束之后的那段时期。这一部分内容会告诉你如何回到正常的饮食习惯中，或者如何通过非量化的手段来达到你的目标。

在理想情况下，你的训练生涯中的大部分时间都不应该完全依赖于量化计算，并且你应该保持和食物的健康关系。对于训练目的不是竞赛的普通爱好者，你可能需要先根据本书第2部分的前面的内容先学习一下如何建立饮食的基础结构，花一段时间量化追踪饮食，然后再回到非量化的手段，才更容易取得成功。哪怕你的目标不是减脂，也不想具体计算热量和宏量营养素的数字，你也需要了解常见食物的主要营养成分、分量大小，以及对自己的饮食习惯进行深入了解。

学习这些知识，可以帮你了解自己的饮食习惯还有哪些不足，需要借用外在手段怎样进行提高（用某种方式量化计算）。比如，我的很多客户如果自己每天不刻意留意的话，他们的水分、水果、蔬菜，或者蛋白质摄入会不足。每个人的情况都不同，但你需要根据营养金字塔的内容，一一确认自己目前的饮食习惯有哪些欠缺之处。然后，对于每一项欠缺的内容（如果你已经做好了充足的准备，有了基本的饮食结构，并且照着做的话，欠缺的内容应该不会很多），在脑海里生成一个每天需要达到的目标，或者建立某种系统来激励自己完成目标。

举个例子，其实我自己经常也会存在水果、水分和蛋白质摄入不足。为了确保我能达到饮食目标，我每天都会冲1杯包括3片水果、1勺蛋白粉或者含有20克蛋白质的希腊酸奶的奶昔，然后把水加到快溢出来为止。不管当天我的摄入情况怎样，我都会坚持每天喝一杯。但是，在此之外，我只会根据自己的饥饱感觉来调整饮食。

这种通过找到饮食习惯中的不足之处，加以强化，并且配合体重监测的方式，可以让你在不完全放弃身体内在信号的同时，能够将饮食计划进行下去；它还可能避免让你和食物的关系恶化。

下面列出了具体实行这种方法的指南。再强调一下，这种方法只有在你对于量化记录有一定的熟悉程度，并且身体的饥饱信号正常的前提下才可以应用。如果你了解基本的饮食记录知识，并且认为你的身体有足够的能力"自动驾驶"，就试试以下的建议吧。

▸ 如果你的目标是缓慢增重，但是在不量化记录的情况下，你的体重会保持不变甚至缓慢下降，那么可以试着把每一餐都吃到很饱（或者更饱）。另外，你还可以尽量选择自己喜欢、更容易多吃的食物。如果你平时的饮食中蛋白质摄入比较高的话，把它降低到0.7克/磅体重（1.6克/千克体重），然后只摄入最少量的水果、蔬菜和纤维素（详情请见营养金字塔第3层），还可以用榨汁机把它们做成液态餐，让它们更容易下咽。

▶ 同样道理，如果你的目标是缓慢增重或者维持体重不变，但是目前增重速度太快了，那你可以试试减少每一餐的食物分量，在刚刚有饱腹感的时候就放下刀叉。你还可以更加地细嚼慢咽，给大脑更多的时间来适应和反馈饱腹感。同时增加蛋白质的摄入，但是不要超过1.5克/磅体重，并且增加水分、蔬菜和水果的摄入量（详情请见营养金字塔第3层）。试着多吃那些你"不讨厌"的"健康食物"（比如蔬菜），这些食物往往热量密度更低，带来的饱腹感也更强。

▶ 如果你的目标是保持现有体脂率，那你同样可以参照上面一段的建议。将注意力放在提高健身房里的运动表现上，这样你可能就能慢慢"减脂增肌同步进行了"。不过，在你肌肉量越来越高、体脂率越来越低之后，你最终还是会变得越来越饿。如果出现了这种情况，多吃点就好了。这是十分正常的现象，因为你已经减到了比你身体"想要"的体脂率还低的程度了。如果这种情况从未发生，但是你在健身房的运动表现也没有提高，或者你在使用了以上策略之后，还是觉得很饿，或者很容易长脂肪，那这意味着你试图保持的体脂率太低了。

▶ 对于以上所有情况，只在必要的时候使用体重秤。举个例子，如果你的目标是用营养金字塔第1层推荐的速度缓慢增重的话，你每周只需要在工作日和周末各选一天称重就行了。然后，因为你的体重涨幅会很小，你只需要在每3周里对比一下体重数据的变化趋势，并且因此调整自己的饮食习惯就可以了。很多人并不适合频繁称体重，这么做可以在很大程度上避免这一问题。如果你的目标是维持现有体脂率，不变胖的话，你连称体重都不需要，你现在的目标是以形体外观为主，而体重秤上的数字到底是多少，对你来说没有什么区别。如果你可以在健身房持续取得进步，而没有整天觉得饿的话，就意味着目前的饮食是合适的。反过来说，如果你的训练到达了平台期，并且饥饿感每时每刻都存在的话，那你的体脂率可能就太低了，这对于健康和长期运动表现的作用都会适得其反。

场景2：不比赛，尽量不计算热量的减脂时期

至于那些不以竞赛为目的的训练者们，你们可能会想一年四季都保持相对美观的体型。在历史上，健美运动不仅仅是一种竞技行为，它更是一种被称为"身体文化"的生活方式。直到今天，很多训练者还在不知不觉中成为这种文化的一部分。他们想要看上

去身强体壮，或者用艺术的方式表达自己的形体，再或者通过科学饮食、艰苦训练来改变自己的身体，增加心理上的掌控感。但是，现代竞技健美运动已经从原始身体文化的概念中改善、脱离了出来，所以作为非竞技选手，你的饮食和训练方式应该和形体运动员不同。

竞赛往往需要以牺牲你的身体健康作为代价，你在备赛期结束时的健康状况，会比备赛前或者非赛季明显差很多。哪怕你把所有事情都准备周全了，并且在减脂过程中尽量减少了各种适应性，但在备赛的过程中仍然会产生一系列负面的生理后果（详情请见营养金字塔第1层的"能量可利用性"内容）和心理后果。健美比赛需要长期的计划准备，而不是你在某个周六起床之后，一时兴起就能去报名参赛的。

因此，如果你是一位"将健美作为生活方式"的训练者，训练目标主要是为了看上去更强壮、让形体更有艺术感，或者通过改变身体来提高心理上的掌控感，那你的营养策略就需要根据目标调整。这意味着，它需要具有可持续性，并且应该最终在不损害健康的情况下，给你带来最佳的身体成分结果。

养成每周都要称好几次体重的习惯，将热量计算作为生活的一部分，忽视身体的饥饿信号，通过多锻炼、少吃来补偿自己偶尔不小心的"暴饮暴食"，总是对自己的身体和进步不满意，或者常常把自己和别人比较，并且打击自己的自信心……这些行为都不健康。因此，这些行为也都不符合健美生活方式的理念。真正的健美生活方式，包括了根据自己的训练情况和健康状况来调整饮食习惯，和身体的信号和谐相处，让生活方式和社交融合，保持健康的社交生活，不放弃督促自己进步，也能随时肯定自己已经取得的成果。

基于以上这些原因，如果你想要让自己看上去更有肌肉感，并且可以长时间地维持，那你就需要一份基于内在指标和可持续性的营养计划。实际上，如果我能回到2005年—2012年的话，那时我还是一位普通私教，我会先让客户们学习记录体重和食物热量来获得一些基本意识，学习营养学知识。在此之后，我只会在别的方法都达不到客户想要的效果，并且十分必要的情况下才会实施这两种量化记录方法。即使这样，我也一定会在让客户开始量化记录前准备好退路，最终，他们必须回到使用内在指标来调节饮食。

所以你可能会想问："你在说些什么？你花了大约半本书的篇幅教怎么量化记录，现在又告诉我不该量化了？"

别急，朋友，你在这里可能有点分析过度了。请记住，学习营养学的第1步仍然是花上几周或者几个月的时间，慢慢学习如何量化记录食物、阅读营养标签、理解增肌所需要的营养概念（如果你已经看到了这里，恭喜你，这一点你已经做到了），以及体会食物分量的大小，并把它和你的日常饮食习惯进行对比，在吃得过饱的时候留意一下这是为什么（社交环境、压力、无聊和分心等因素），然后看看你在不刻意的情况下，有哪些方面没有达到指南中的要求（蛋白质、水果、蔬菜、水分和餐数的训练后蛋白质摄入等）。

在有了足够的营养意识之后，你才能开始不依赖于MyFitnessPal或者数字秤来调节自己的饮食，让形体变得越来越精壮。

- 建立基本的饮食结构，尽量不要太频繁地变动。当你没法在家吃饭的时候，随身带上1份水果和蛋白质，比如便利店很容易买到的三明治、肉卷，或者蛋白棒等。
- 在你吃饭的时候，不要做别的事情，把手机关掉，专心吃饭。
- 在每餐进食的时候，以及**餐与餐之间**都要记得喝水，并且观察一下自己尿液的颜色（详情请见营养金字塔第3层）。
- 在想要放糖的时候，使用人工甜味剂代替（在适度的情况下）。没错，它们在适量食用的时候是安全的，如果你能用人工甜味剂代替糖的话，减重会变得更容易。
- 在想要喝碳酸饮料的时候，替换成无糖版本，适度饮用。
- 每一餐都吃1份高纤维的蔬菜。
- 每一餐都吃1份水果，如果你不喜欢在晚上吃水果的话，就在午餐时候多吃一点。
- 正常来说，每天进食3~5餐，体型偏小的人偏向进食3餐，体型偏大的人偏向进食5餐，最好每一餐都自己准备。
- 每一餐都吃1份蛋白质。
- 吃饭时不要急，最好细嚼慢咽。
- 经常提醒自己你的长期目标是什么，以及它们对你而言为什么这么重要。定期将以上内容大声读出来，或者每周以日记的方式将它们写下来。
- 在训练后，用清水冲1杯蛋白粉。
- 减少在外用餐的频率，选择合你胃口的低热量菜肴，并且每次只点一人份的菜。除了出门就餐，还可以使用做饭的方式来和家人、朋友社交。
- 吃更多原料简单的菜肴，采购时也尽量选择原料单一的食物。
- 不要总是用吃来缓解压力或者奖励自己，试着养成别的习惯，比如出门走走、读书、听广播或者音乐、冥想和写日记等，都可以替代食物作为奖励或者减压的手段。
- 不要严格禁止摄入某些食物，让饮食的主要内容来源于完整食物（水果、蔬菜、坚果、芝士、肉类、蛋类、酸奶、豆类、根茎类食物和全谷物等）就行了，不要完全限制自己的饮食。

▶ 如果某些食物很容易让你不知不觉地吃到撑，那就不要经常买。

▶ 将那些经常让你吃到撑的食物放在自己看不到，或者很难够到的地方。

▶ 关注自己的饱腹感，试着在每一餐里吃到饱但是不感到撑。1个小招数是经常问问自己：你是吃了自己需要的量，还是有多少吃多少？在很多时候，如果你能关注自己身体的信号的话，你的盘子里应该有剩菜才对。

建议在每1~2个月里，在以上列表中选择3~4点（有一些建议更适合互相搭配），慢慢将它们引入到自己的生活习惯中。在你养成新习惯的过程中，不要忘了在视觉上评估一下自己的体型有没有改善。不要去称体重，因为你的目标和体重数字无关，而是变得更健美，称体重的做法从逻辑上来说就是与之相悖的。如果你的体型没有改善的话，首先请告诉自己，你的生活习惯已经有所改善，变得更健康了，这是好事；然后，再加入另外3~4条新习惯。重复以上过程，直到你的体型开始改善为止。如果你能做到以上的大部分内容，那你的体型应该不会没有进步。

在绝大多数情况下，照着以上建议实行，你会达到更饿、吃得更多的程度，这是件好事。保持这种体脂率，可以让你的训练更有效率，增肌更容易，并且能确保有更多的肌肉生长潜力。如果你能在新的生活方式中再加入内在指标来调节饮食，那这给你带来更多回报，哪怕你完全不需要记录任何数字。

不过，要是这种方法没用怎么办？不要紧张。你可能需要更多地向形体运动员们靠拢，学习他们的饮食方式。这意味着，你需要先使用量化记录的方式达到低体脂率的状态，然后再慢慢过渡到前文场景1的内容。从外在指标过渡到听从身体的内在指标这一过程很艰难，但绝大多数在这项运动中长期保持成功、从容坚持的运动员，都经历了这一过程。运动员们在进行量化记录的过程中可以巩固自己的饮食习惯，牢记食物的热量和营养成分，并且用量化手段形成新的饮食习惯。然后，这些新的习惯就可以慢慢通过内在指标来调节了。如果你在使用了非量化、基于习惯养成和内在指标的饮食方式之后，还没有取得什么成果，那可以回头仔细读一读上文针对形体运动员的内容。

3级热量记录系统、习惯养成，以及内在指标饮食法	
最佳级别：备赛期或力量运动员降重时期	在一定的浮动范围内摄入足够所有宏量营养素
	备赛的前一半时期、降重时期：每种宏量营养素 ± 10克
	备赛的后一半时期：每种宏量营养素 ± 5克
更佳级别：恢复饮食时期、饮食间歇期和其他减脂期	在一定的浮动范围内摄入足够蛋白质和总热量
	蛋白质 ± 10克，总热量 ± 100大卡
优秀级别：当没法计算宏量营养素时	在一定的浮动范围内摄入足够总热量
	总热量 ± 100大卡
生活习惯养成及内在指标	在最开始使用量化记录的方式建立准确、持续的饮食方式，然后再慢慢引入新的生活习惯。
	如果你常常蛋白质摄入不足，脂肪摄入过多，水果和蔬菜摄入不足，或者饮食中任何一点有所欠缺的话，那就选择其中一项着手改善，直到它成了你生活的一部分为止。在改善了这个习惯之后，再开始改善下一个，直到你的饮食习惯已经完全和目标看齐为止。使用饥饿感和饱腹感作为指标调整热量摄入，并且不要忘了让营养金字塔2~5层的内容都成为生活习惯。
	*对于那些目标是增重的人，比如健美运动员在非赛季，可以将内在指标与不频繁的称重相结合。根据体重增长速度，调整一下每餐吃到多饱才停，直到满意为止。
	*对于那些目标是减脂到可以维持的水平的人（非形体运动员），养成那些可以增加饱腹感的饮食习惯，避免盲目进食，不要用食物作为奖励或者沮丧时的安慰，将注意力放在增肌上，并且通过建立科学的饮食结构，避免经常吃零食。你需要使用视觉评估的方式来评估饮食效果。只有在以上方法都不奏效的情况下，才使用量化记录热量和称体重的方式

社会环境

这一部分内容的主要目的，是给你提供一些循证的手段，来解决健身人群因为生活习惯和其他人不同而出现的常见问题。因为你选择走上了一条和世界上绝大多数人不一样的路，所以你在生活中可能会碰到来自他人的阻力，或者因为他们对你的生活方式、选择不理解而造成的误会。

因此，我认为给出我自己的经验和推荐很重要，因为它可以帮助形体和力量运动员们在社会上更好地生存。我在这里说的不是养活自己，如果你有经济能力买这本书的话，你的基本生活应该是有保障的。我在这里说的是，如何在不拖累运动目标的前提下，最大限度地维持心境稳定，和家人、朋友和平共处，而不会因为健身而疏远了他们。

他人支持

从出生的那一刻起，我们就需要别人的支持。从牙牙学语开始，到整个生存的过程，都离不开他人的帮助。除此之外，不管你认为自己有多独立、多能干，你永远都无法完成所有的事情。人类是一种社会动物，和其他人维持健康的人际关系很重要，是让我们生活变得美满的一部分。

人际关系不仅和你的个人幸福感有关，它还与你作为运动员的成败有关。没错，如果你所处的社会环境稳定又和谐的话，可以在某种程度上帮助你增肌、增力。每个人内向、外向的程度不同，所需要的社交多少也会有所不同，但我们所有人都需要一定的社交关系，所以，平衡健身的生活方式和社交关系就显得很重要了。从科学上来讲，很多数据都表明，社会支持网络无论是对于训练还是营养的行为养成、变化，都会产生积极的作用。这也是我们在执教的过程中常常着重3DMJ战队这个名字，而不仅仅是3DMJ的原因。

家人和朋友

"framily"这个词，是家人（family）和朋友（friends）结合的简称。你的配偶、父母、好友、教练、同事等，他们都是在生活中你关心和关心你的人。

他们只有在了解了你正在做什么、经历了什么、如何经历了这件事，以及这件事对你的意义之后，才能全力支持你。我见过很多人，会突然开始改变饮食习惯，开始减少体重，甚至开始为了比赛将体脂率降到极低的程度，却从没与家人和朋友沟通过。因为忽视了这一点，他们可能会在开始减脂几周之后就逐渐失去家人和朋友的支持。

这并不是因为他们的家人和朋友不关心他们，而是因为他们的家人和朋友不理解他们这么做是为了什么。非常建议你在健身的过程中争取到家人和朋友的支持，建立起社会支持网络，让那些关心你的人知道你在做什么，耐心和他们沟通，才能让他们尽量了解你。

这种社会支持网络可以是网络平台，也可以是本地的某个健身房、某个健身课，任何形式其实都可以，它进行的方式也多种多样。这里的重点是，你需要在开始健身和改变生活习惯的时候，冷静、细致和耐心地向家人和朋友解释你想要做什么，这样才能得到他们的支持。

沟通

当你决定和家人、朋友进行对话之后，你不仅需要告诉他们自己在做什么，还需要解释一下为什么这么做，以及这样做对你的重要之处。你的家人和朋友并不需要成为健美运动的"粉丝"才能"听懂"你的话，但是，他们确实需要了解你的感受、你做这件事的原因，以及这件事对你的意义。我有很多家人和朋友直接跟我说过，他们讨厌健美运动。这完全没有问题。这里的重点是，他们仍然会爱我和尊重我，在我需要的时候助我一臂之力，哪怕他们并不懂我为什么会选择这项运动。另外，你需要把自己的需求表达得明确一点。比如，如果你想得到身边人的支持，你可以告诉他们："如果你能在这些时候帮我一下就太好了！因为这些事情，我在这些日子里会感觉更难熬，如果知道你能在身后支持我的话，会给我莫大的鼓励和信心。"

不要假设他们对你在做什么、做这些事的原因有什么了解；同样的道理，也不要假设他们行为的动机。在整个健身的过程中，你需要对你自己的选择负责，并且确保和家人有着频繁、良好的沟通。成熟的沟通意味着你要讲清楚自己需要什么，告诉对方你在意什么、它为什么对你意义重大，然后问问对方自己在人际交往的关系中有没有什么不成熟之处。

请不要把寻求帮助当作是弱者的象征。所有聪明的人都知道，自己没法完成一切，所以也不会耻于看起来像个弱者。展示你的脆弱之处才是勇者的象征，如果你能做到这一点，就已经超过绝大部分不肯正视或者承认自己脆弱之处的人了。如果你一直伪装得很坚强，那也就没法和别人产生深层的情感连接。所以，试着和别人高效地沟通其实是帮了你自己一个大忙，它能让你得到自己需要的支持，并且以成熟、负责任的态度来和家人、朋友交流。

另外，请记住你的行为都是自己的选择。没人强迫你减脂或者备赛，也不要指望整个世界都会围着你转。保持心智健康、清楚地表达自己的需求，并不等于你就能因为自己要比赛了，就要求别人给你特殊待遇。

我对我自己指导的运动员的要求之一，就是在减脂期间对于身边人产生的社交影响越小越好。这意味着他们在备赛过程中需要选择对别人影响尽量小的方式。比如，他们仍然可以在周末和朋友出去玩，虽然不能喝酒，但是可以主动开车或者点餐时点上无糖碳酸饮料，这样做，他们仍然可以和朋友进行正常的社交。再比如，他们虽然需要顿顿自己在家做饭，而无法和另一半出门用餐，但是可以在某天晚上亲手为另一半做一顿饭，然后再一起看场电影。

或者哪怕你不喜欢和另一半出门吃饭，你们可以一起出门看电影。再或者，你在减脂期间会出门吃饭，但是选择了正确的餐厅和菜肴，那也不会成为减脂之路的绊脚石。用耳熟能详的话讲，这里的目标就是"鱼和熊掌兼得"。

互帮互助

尽管你的家人和朋友可能不会一直问你关于健身、健康的问题（当然，除非你要求他们这么做），但总会有另一群人会想从你的身上学习一些关于健身的知识。他们可能和你来自同一个健身房，或者是你的同事。总之，这些人会因为每天和你生活在一起，而关注到你的健身成果，并且也想自己取得同样的成果。

一些训练者的交流技巧很棒，他们有着强大的共情能力，能够以理智、开放的心态进行交流。另一些训练者则不然，他们可能会刻意疏远、羞辱别人，对别人评头论足，甚至给出不恰当的建议。如果你想在健身领域成为领头人的话，你得理解你说的每一个字，在来寻求帮助的人眼里，都有着非同一般的分量。

下面总结了一些思维方法和策略，可以帮你在训练之路上成为一位正直、善良的人，不会因为交流方式的问题而疏远了身边的人。

改变心态

本书中提到的一些内容，和传统思想或者某些健身人群坚信不疑的信念是相冲突的。当别人向你求助的时候，他们可能会对你的一些做法和建议感到很惊讶，因为这可能和他们想象中的成功方式不一样（比如严禁摄入某些食物，定时、定点吃饭等）。所以，当你回答这些问题的时候，不要为了反对传统而反对，也不要故意用批判的方式炫耀自己很聪明。

另一个反面例子是网上常见的"灵活饮食"和"干净饮食"的争议。在讨论这个话题的过程中，你很容易就能见到人们把重点放在打击和自己观念不一致的一方上，而不是对读者进行教育、提供可行的方法，而这种行为又会加深双方的矛盾。在这里，双方的目标其实是一样的：让饮食变得更健康、让身体变得更好，但是通过站队、互相打压的方式并不能让他们学习到任何有用的知识。他们不知道（或许知道但不愿意承认）的是，两方的观点其实都有缺陷。

如果你想回答某个问题，你并不需要告诉提问的人他的想法是错的。你也不需要对提出错误观点的人进行人身攻击，只要把注意力放在回答问题上就好了。如果你提出新的观点，也不需要建立在"打击伪科学"、打击某些人的偶像上。如果你这么做了，那很可能会让这些人直接不想关注你，而不是被你说服。你大可以直接告诉他们该怎么做、这种做法背后的逻辑分析，而不是进行人身攻击。

在和别人交流的时候，不要认为自己高高在上，或者用极具优越感的语气说话。如果别人问你在干什么，或者说"嘿，我以为（某种不科学的做法）才是对的"的时候，不要用羞辱或者高高在上的语气回应。如果你的第一反应是打击对方的做法，那对方的第一反应会是防备；如果你的第一反应是羞辱对方，那对方也就更容易被你激怒，加剧对你的不信任。

正确的做法是简单解释你正在做什么、为什么这么做就行了。如果对方还有更多问题的话，跟他们分享你学习的资源，或者在闲暇时间慢慢教他们。你需要避免的是不请自来的建议，或者一味地反对、人身攻击和你意见不同的人。

不要毛遂自荐

等到别人来向你求助的时候再开口，而不是主动给人提建议。当某人主动寻求帮助的时候，才意味着他准备好学习新知识，挑战自己的旧观念了。如果你正在卧推凳上坐着休息（或者玩手机），稍微分神听一下身边人的对话，你很容易就能听到让你不能认同的内容。在这种情况下，你肯定会产生去打断他们的对话的冲动，不请自来地给出自己的建议，但请不要这么做。

你需要理解，那些给出常见错误建议的人，本质上并不是想害人，他们只是在帮助别人达到我们都想达到的目标。另外，那些接受错误建议的人，在这之前很可能错得比这个建议还要离谱（或者甚至什么都没有做过）。所以，单单是他们开始主动寻求他人帮助的这一点，就已经是一个很好的开端了。

请记住，我们这些"循证"健身的科学家们，和健身房的"民间科学家们"其实是在同一战线的。我们和他们的区别仅仅在于心态和手段不同而已。如果你不给自己加标签和强行站队的话，那你可以从另一方身上学习到很多宝贵的经验。

总的来说，请你保持开放的心态，保持同情心，试着针对错误概念进行讲解，而不是进行人身攻击，也不要不请自来地给人提建议。另外，哪怕别人主动来向你寻求帮助，你也不需要通过羞辱他们来回答问题。请用理智、无攻击性和无对抗性的方式来给出建议，这样做，你才更有可能对整个健身人群产生积极影响，而不是产生进一步的分歧和争议。

参考文献

第 1 章

1. Fishbach, A. and J. Choi, When thinking about goals undermines goal pursuit. Organizational Behavior and Human Decision Processes, 2012. 118(2): p. 99-107.

2. Bartholomew, J.B., et al., Strength gains after resistance training: the effect of stressful, negative life events. J Strength Cond Res, 2008. 22(4): p. 1215-21.

3. McNamara, J.M. and D.J. Stearne, Flexible Nonlinear Periodization in a Beginner College Weight Training Class. Journal of Strength & Conditioning Research, 2010. 24(1): p. 17-22.

4. Colquhoun, R.J., et al., Comparison of powerlifting performance in trained men using traditional and flexible daily undulating periodization. J Strength Cond Res, 2017. 31(2):283–91.

5. Hunter, G.R., Changes in body composition, body build and performance associated with different weight training frequencies in males and females. Strength Cond J, 1985. 7(1): p. 26–8.

6. Carvalho, A.D., and Rodrigues, S.J., Nonconsecutive versus consecutiveday resistance training in recreationally trained subjects. J Sports Med Phys Fitness, 2018. 58(3): p. 233–40.

7. Yang, Y., et al., Effects of Consecutive versus Nonconsecutive Days of Resistance Training on Strength, Body Composition and Red Blood Cells. Front Physiol, 2018. 18(9): p. 725.

8. Richards, J., et al., Don't worry, be happy: cross-sectional associations between physical activity and happiness in 15 European countries. BMC Public Health, 2015. 15(1): p. 53.

9. Yorks, D.M., Frothingham, C.A., and Schuenke, M.D., Effects of Group Fitness Classes on Stress and Quality of Life of Medical Students. J Am Osteopath Assoc, 2017. 117(11): e17–25.

10. Tillmann, S., et al., Mental health benefits of interactions with nature in children and teenagers: a systematic review. J Epidemiol Community Health, 2018. 72(10): p 958–66.

11. Robineau, J., et al., Specific training effects of concurrent aerobic and strength exercises depend on recovery duration. J Strength Cond Res, 2016. 30(3): p. 672–83.

12. Keogh, J.W. and P.W. Winwood, The Epidemiology of Injuries Across the Weight-Training Sports. Sports Med, 2017. 47(3): p. 479–501.

13. Aasa, U., et al., Injuries among weightlifters and powerlifters: a systematic review. Br J Sports Med, 2017. 51(4): p. 211–19.

14. Cumps, E., Verhagen, E., Meeusen, R., Prospective epidemiological study of basketball injuries during one competitive season: ankle sprains and overuse knee injuries. J Sports Sci Med, 2007. 6(2): p. 204.

第 2 章

1. Schoenfeld, B.J., et al., Effects of Low- Versus High-Load Resistance Training on Muscle Strength and Hypertrophy in Well-Trained Men. J Strength Cond Res, 2015. 29(10): p. 2954-63.

2. Schoenfeld, B.J., et al.,. Differential effects of heavy versus moderate loads on measures of strength and hypertrophy in resistance-trained men. J Sports Sci Med, 2016. 15(4): p. 715.

3. Sale, D.G., Neural adaptation to resistance training. Med Sci Sports Exerc, 1988. 20(5 Suppl): p. S135–45.

4. Stone, M., S. Plisk, and D. Collins, Training principles: evaluation of modes and methods of resistance training--a coaching perspective. Sports Biomech, 2002. 1(1): p. 79-103.

5. Schoenfeld, B.J., et al., Effects of different volume-equated resistance training loading strategies on muscular adaptations in well-trained men. J Strength Cond Res, 2014. 28(10): p. 2909-18.

6. Gentil, P., S. Soares, and M. Bottaro, Single vs. Multi-Joint Resistance Exercises: effects on Muscle Strength and Hypertrophy. Asian J Sports Med, 2015. 6(2): p. e24057.

7. Ralston, et al., The effect of weekly set volume on strength gain: a metaanalysis. Sports Med, 2017. 47(12): p. 2585–601.

8. Schoenfeld, B.J., Ogborn, D., Krieger, J.W., Dose-response relationship between weekly resistance training volume and increases in muscle mass: A systematic review and meta-analysis. J Sports Sci. 2017. 35(11): p. 1073–82.7.

9. Baz-Valle, E.N., Fontes-Villalba, M., Santos-Concejero, J., Total Number of Sets as a Training Volume Quantification Method for Muscle Hypertrophy: A Systematic Review. J Strength Cond Res, 2018. [Epub ahead of print].

10. Robbins, D.W., P.W. Marshall, and M. McEwen, The effect of training volume on lower- body strength. J Strength Cond Res, 2012. 26(1): p. 34–9.

11. Radaelli, R., et al., Dose-response of 1, 3, and

5 sets of resistance exercise on strength, local muscular endurance, and hypertrophy. J Strength Cond Res, 2015. 29(5): p. 1349–58.

12. Gonzalez-Badillo, J.J., et al., Moderate resistance training volume produces more favorable strength gains than high or low volumes during a shortterm training cycle. J Strength Cond Res, 2005. 19(3): p. 689–97.

13. Heaselgrave, S.R., et al., Dose-Response of Weekly Resistance Training Volume and Frequency on Muscular Adaptations in Trained Males. Int J Sports Physiol Perform, 2018. [Epub ahead of print]: p. 1–28.

14. Amirthalingam T., et al.,. Effects of a modified German volume training program on muscular hypertrophy and strength. J Strength Cond Res. 2017. 31(11):3109–19.

15. Hackett D.A., et al., Effects of a 12-Week Modified German Volume Training Program on Muscle Strength and Hypertrophy—A Pilot Study. Sports. 2018. 6(1): p. 7.

16. Fry, A. and W. Kraemer, Resistance Exercise Overtraining and Overreaching. Sports Med, 1997. 23(2): p. 106–129.

17. Chiu, L.Z.F. and J.L. Barnes, The Fitness-Fatigue Model Revisited: Implications for Planning Short- and Long-Term Training. Strength Cond J, 2003. 25(6): p. 42–51.

18. Pistilli, E.E., et al., Incorporating one week of planned overreaching into the training program of weightlifters. Strength Cond J, 2008. 30(6): p. 39–44.

19. Bartholomew, J.B., et al., Strength gains after resistance training: the effect of stressful, negative life events. J Strength Cond Res, 2008. 22(4): p. 1215–21.

20. Helms, E.R., et al., Recommendations for natural bodybuilding contest preparation: resistance and cardiovascular training. J Sports Med Phys Fitness, 2015. 55(3): p. 164.

21. Schoenfeld, B.J., et al., Resistance Training Volume Enhances Muscle Hypertrophy. Med Sci Sports Exerc, 2018. [Epub ahead of print].

22. Radaelli, R., Dose-response of 1, 3, and 5 sets of resistance exercise on strength, local muscular endurance, and hypertrophy. J Strength Cond Res, 2015. 9(5):1 p. 349–58.

23. Richens, B. and D.J. Cleather, The relationship between the number of repetitions performed at given intensities is different in endurance and strength-trained athletes. Biol Sport, 2014. 31(2): p. 157–161.

24. Zourdos, M.C., et al., Novel resistance training–specific rating of perceived exertion scale measuring repetitions in reserve. J Strength Cond Res, 2016. 30(1): p. 267–75.

25. Morán-Navarro R., et al., Time course of recovery following resistance training leading or not to failure. Eur J Appl Physiol, 2017. 117(12): p. 2387–99.

26. Davies, T., et al., Erratum to: Effect of Training Leading to Repetition Failure on Muscular Strength: A Systematic Review and Meta-Analysis. Sports Med, 2016. 46(4): p. 605–10.

27. Zourdos, M.C., et al., Efficacy of daily one-repetition maximum training in well-trained powerlifters and weightlifters: a case series. Nutrición Hospitalaria, 2016. 33(2): p. 437–43.

28. Izquierdo, M., et al., Differential effects of strength training leading to failure versus not to failure on hormonal responses, strength, and muscle power gains. J Appl Physiol (1985), 2006. 100(5): p. 1647–56.

29. Pareja-Blanco, F., et al., Time Course of Recovery From Resistance Exercise With Different Set Configurations. J Strength Cond Res, 2018. [Epub ahead of print].

30. Gonzalez-Badillo, J.J., M. Izquierdo, and E.M. Gorostiaga, Moderate volume of high relative training intensity produces greater strength gains compared with low and high volumes in competitive weightlifters. J Strength Cond Res, 2006. 20(1): p. 73–81.

31. Schoenfeld, B.J., et al., Strength and Hypertrophy Adaptations Between Low- vs. High-Load Resistance Training: A Systematic Review and Metaanalysis. J Strength Cond Res, 2017. 31(12): p. 3508–23.

32. Lasevicius, T., et al., Effects of different intensities of resistance training with equated volume load on muscle strength and hypertrophy. Eur J Sport Sci, 2018. 18(6): p. 772–80.

33. Perlmutter, J.H., et al., Total Repetitions Per Set Effects Repetitions In Reserve-based Rating of Perceived Exertion Accuracy: 3648 Board #95 June 3 8: 00 AM – 9: 30 AM. Med Sci Sports Exerc, 2017. 49(5S): p. 1043.

34. Lima, B.M., et al., Planned Load Reduction Versus Fixed Load: A Strategy to Reduce the Perception of Effort With Similar Improvements in Hypertrophy and Strength. Int J Sports Physiol Perform, 2018. [Epub ahead of print].

35. Hartman, M.J., et al., Comparisons between twice-daily and once-daily training sessions in male weight lifters. Int J Sports Physiol Perform, 2007.

2(2): p. 159–69.

36. Hakkinen, K. and M. Kallinen, Distribution of strength training volume into one or two daily sessions and neuromuscular adaptations in female athletes. Electromyogr Clin Neurophysiol, 1994. 34(2): p. 117–24.

37. Hakkinen, K. and A. Pakarinen, Serum hormones in male strength athletes during intensive short-term strength training. Eur J Appl Physiol Occup Physiol, 1991. 63(3–4): p. 194-9.

38. McLester, J.R., Bishop, E., Guilliams, M.E., Comparison of 1 day and 3 days per week of equal-volume resistance training in experienced subjects. J Strength Cond Res, 2000. 14(3): p. 273–281.

39. Raastad, T., et al., Powerlifters improved strength and muscular adaptations to a greater extent when equal total training volume was divided into 6 compared to 3 training sessions per week, in 17th annual conference of the ECSS, Brugge 4–7 2012.

40. Schoenfeld, B.J., et al., Influence of Resistance Training Frequency on Muscular Adaptations in Well-Trained Men. J Strength Cond Res, 2015. 29(7): p. 1821–9.

41. Schoenfeld, B.J., et al., Effects of resistance training frequency on measures of muscle hypertrophy: a systematic review and meta-analysis. Sports Med, 2016. 46(11): p. 1689–97.

42. Grgic, J., et al., Effect of resistance training frequency on gains in muscular strength: a systematic review and meta-analysis. Sports Med, 2018. 48(5): p. 1207–20.

43. Ralston, G.W., et al., Weekly Training Frequency Effects on Strength Gain: A Meta-Analysis. Sports Medicine-Open, 2018. 4(1): p. 36.

44. Nuckols, Greg. "Training Frequency for Muscle Growth: What the Data Say." Aug 9, 2018. Accessed Sep 19, 2018.

45. Nuckols, Greg. "Training Frequency for Strength Development: What the Data Say." July 30, 2018. Accessed Sep 19, 2018.

46. Marchetti, P.H. and M.C. Uchida, Effects of the pullover exercise on the pectoralis major and latissimus dorsi muscles as evaluated by EMG. J Appl Biomech, 2011. 27(4): p. 380-4.

47. Landin, D. and M. Thompson, The shoulder extension function of the triceps brachii. J Electromyogr Kinesiol, 2011. 21(1): p. 161–5.

48. Botton, C.E., Wilhelm, E.N., Ughini CE. Electromyographical analysis of the deltoid between different strength training exercises. Medicina Sportiva, 2013. 17(2): p. 67–71.

49. Boeckh-Behrens, W.U. and Buskies, W., Fitness-Krafttraining. Die besten Übungen und Methoden für Sport und Gesundheit (Fitness – Strength Training: The Best Exercises And Methods For Sports And Health). Hamburg, 2000.

第 3 章

1. Timmons, J.A., Variability in training-induced skeletal muscle adaptation. J Appl Physiol, 2011. 110(3): p. 846–53.

2. Baker, D.G., 10-year changes in upper body strength and power in elite professional rugby league players--the effect of training age, stage, and content. J Strength Cond Res, 2013. 27(2): p. 285–92.

3. Pritchard, H., et al., Effects and Mechanisms of Tapering in Maximizing Muscular Strength. Strength Cond J, 2015. 37(2): p. 72–83.

4. Issurin, V.B., New horizons for the methodology and physiology of training periodization. Sports Med, 2010. 40(3): p. 189–206.

5. Zourdos, M.C., et al., Novel resistance training-specific rating of perceived exertion scale measuring repetitions in reserve. J Strength Cond Res, 2016. 30(1): p. 267–75.

6. Hackett, D.A., et al., A novel scale to assess resistance-exercise effort. J Sports Sci, 2012. 30(13): p. 1405–13.

7. Lixandrão, M.E, et al., Magnitude of muscle strength and mass adaptations between high-load resistance training versus low-load resistance training associated with blood-flow restriction: a systematic review and metaanalysis. Sports Med. 2018. 48(2): p. 361-78.

8. Hughes, L., et al., Blood flow restriction training in clinical musculoskeletal rehabilitation: a systematic review and meta-analysis. Br J Sports Med, 2017. 51(13): p. 1003–11.

9. Helms, E.R., et al., Recommendations for natural bodybuilding contest preparation: resistance and cardiovascular training. J Sports Med Phys Fitness, 2015. 55(3): p. 164-78.

10. Buford, T.W., et al., A comparison of periodization models during nine weeks with equated volume and intensity for strength. J Strength Cond Res, 2007. 21(4): p. 1245– 50.

11. Kok, L.Y., P.W. Hamer, and D.J. Bishop, Enhancing muscular qualities in untrained women: linear versus undulating periodization. Med Sci Sports Exerc, 2009. 41(9): p. 1797–807.

12. Mann, J.B., et al., The effect of autoregulatory progressive resistance exercise vs. linear periodization on strength improvement in college athletes. J Strength Cond Res, 2010. 24(7): p. 1718–1723.

13. Monteiro, A.G., et al., Nonlinear periodization maximizes strength gains in split resistance training routines. J Strength Cond Res, 2009. 23(4): p. 1321–6.

14. Painter, K.B., et al., Strength gains: block versus daily undulating periodization weight training among track and field athletes. Int J Sports Physiol Perform, 2012. 7(2): p. 161–9.

15. Rhea, M.R., et al., A comparison of linear and daily undulating periodized programs with equated volume and intensity for strength. J Strength Cond Res, 2002. 16(2): p. 250–5.

16. Prestes, J., et al., Comparison of linear and reverse linear periodization effects on maximal strength and body composition. J Strength Cond Res, 2009. 23(1): p. 266–74.

17. Willoughby, D.S., The effects of mesocycle-length weight training programs involving periodization and partially equated volumes on upper and lower body strength. J Strength Cond Res, 1993. 7(1): p. 2–8.

18. Zourdos, M.C., et al., Modified Daily Undulating Periodization Model Produces Greater Performance Than a Traditional Configuration in Powerlifters. J Strength Cond Res, 2016. 30(3): p. 784–91.

19. Bartolomei, S., et al., A comparison of traditional and block periodized strength training programs in trained athletes. J Strength Cond Res, 2014. 28(4): p. 990–7.

20. Kiely, J., Periodization paradigms in the 21st century: evidence-led or tradition-driven? Int J Sports Physiol Perform, 2012. 7(3): p. 242–50.

21. Kiely, J., New horizons for the methodology and physiology of training periodization: block periodization: new horizon or a false dawn? Sports Med, 2010. 40(9): p. 803–5; author reply 805–7.

22. Tsoukos, A., et al., Delayed Effects of a Low-Volume, Power-Type Resistance Exercise Session on Explosive Performance. J Strength Cond Res, 2018. 32(3): p. 643–50.

第 4 章

1. Stone, M., S. Plisk, and D. Collins, Training principles: evaluation of modes and methods of resistance training--a coaching perspective. Sports Biomech, 2002. 1(1): p. 79–103.

2. Behm, D.G., Neuromuscular implications and applications of resistance training. J Strength Cond Res, 1995. 9(4): p. 264–74.

3. Sale, D.G., Neural adaptation to resistance training. Med Sci Sports Exerc, 1988. 20 (5 Suppl): p. S135–45.

4. Rasch, P.J. and L.E. Morehouse, Effect of Static and Dynamic Exercises on Muscular Strength and Hypertrophy. J Appl Physiol, 1957. 11(1): p. 29–34.

5. Schoenfeld, B.J., et al., Effects of different volume-equated resistance training loading strategies on muscular adaptations in well-trained men. J Strength Cond Res, 2014. 28(10): p. 2909–18.

6. Chilibeck, P.D., et al., A comparison of strength and muscle mass increases during resistance training in young women. Eur J Appl Physiol Occup Physiol, 1998. 77(1–2): p. 170–5.

7. Seynnes, O.R., M. de Boer, and M.V. Narici, Early skeletal muscle hypertrophy and architectural changes in response to high-intensity resistance training. J Appl Physiol, 2007. 102(1): p. 368–73.

8. Fry, A.C., The role of resistance exercise intensity on muscle fiber adaptations. Sports Med, 2004. 34(10): p. 663–79.

9. Helms, E.R., et al., Recommendations for natural bodybuilding contest preparation: resistance and cardiovascular training. J Sports Med Phys Fitness, 2014.

10. Fonseca, R.M., et al., Changes in exercises are more effective than in loading schemes to improve muscle strength. J Strength Cond Res, 2014. 28(11): p. 3085–92.

11. Woodley, S.J. and S.R. Mercer, Hamstring muscles: architecture and innervation. Cells, Tissues, Organs, 2005. 179(3): p. 125–41.

12. Glass, S.C. and T. Armstrong, Electromyographical activity of the pectoralis muscle during incline and decline bench presses. J Strength Cond Res, 1997. 11(3): p. 163–167.

13. Antonio, J., Nonuniform response of skeletal muscle to heavy resistance training: Can bodybuilders induce regional muscle hypertrophy? J Strength Cond Res, 2000. 14(1): p. 102–113.

14. Schoenfeld, B.J., The mechanisms of muscle hypertrophy and their application to resistance training. J Strength Cond Res, 2010. 24(10): p. 2857–72.

15. Rauch, J.T., et al., Auto-regulated exercise selection training regimen produces small increases in lean body mass and maximal strength adaptations in strength-trained individuals. J Strength Cond Res, 2017. [Epub ahead of print].

16. Snyder, B.J. and J.R. Leech, Voluntary increase in latissimus dorsi muscle activity during the lat

pull-down following expert instruction. J Strength Cond Res, 2009. 23(8): p. 2204–9.

17. Kompf, J., Arandjelović, O., Understanding and overcoming the sticking point in resistance exercise. Sports Med, 2016. 46(6): p. 751-62.

18. dos Santos, W.D., et al., Effects of Variable Resistance Training on Maximal Strength: A Meta-analysis. J Strength Cond Res, 2018. 32(11): p. e52-5.

19. Kubo, T., Hirayama, K., Nakamura, N. and Higuchi, M., Influence of Different Loads on Force-Time Characteristics during Back Squats. J Sports Sci Med, 2018. 17(4): p. 617-22.

20. Kubo, T., Hirayama, K., Nakamura, N. and Higuchi, M., Effect of Accommodating Elastic Bands on Mechanical Power Output during Back Squats. Sports, 2018. 6(4): p. 151.

21. Peltonen, H., et al., Increased rate of force development during periodized maximum strength and power training is highly individual. Eur J Appl Physiol, 2018. 118(5): p. 1033-42.

22. Snyder, B.J. and W.R. Fry, Effect of verbal instruction on muscle activity during the bench press exercise. J Strength Cond Res, 2012. 26(9): p. 2394–400.

23. Simao, R., et al., Exercise order in resistance training. Sports Med, 2012. 42(3): p. 251–65.

24. Simão, R., et al., Influence of exercise order on repetition performance during low-intensity resistance exercise. Res Sports Med, 2012. 20(3–4): p. 263–273.

25. Bloomquist, K., et al., Effect of range of motion in heavy load squatting on muscle and tendon adaptations. Eur J Appl Physiol, 2013. 113(8): p. 2133-42.

26. Pinto, R.S., et al., Effect of range of motion on muscle strength and thickness. J Strength Cond Res, 2012. 26(8): p. 2140-5.

27. McMahon, G.E., et al., Impact of range of motion during ecologically valid resistance training protocols on muscle size, subcutaneous fat, and strength. J Strength Cond Res, 2014. 28(1): p. 245-55.

第 5 章

1. Schoenfeld, B.J., Postexercise hypertrophic adaptations: a reexamination of the hormone hypothesis and its applicability to resistance training program design. J Strength Cond Res, 2013. 27(6): p. 1720-30.

2. Loenneke, J.P., et al., Blood flow restriction: the metabolite/volume threshold theory. Med Hypotheses, 2011. 77(5): p. 748-52.

3. Phillips, S.M., Physiologic and molecular bases of muscle hypertrophy and atrophy: impact of resistance exercise on human skeletal muscle (protein and exercise dose effects). Appl Physiol Nutr Metab, 2009. 34(3): p. 403-10.

4. West, D.W. and S.M. Phillips, Anabolic processes in human skeletal muscle: restoring the identities of growth hormone and testosterone. Phys Sportsmed, 2010. 38(3): p. 97-104.

5. West, D.W., et al., Elevations in ostensibly anabolic hormones with resistance exercise enhance neither training-induced muscle hypertrophy nor strength of the elbow flexors. J Appl Physiol (1985), 2010. 108(1): p. 60-7.

6. West, D.W., et al., Resistance exercise-induced increases in putative anabolic hormones do not enhance muscle protein synthesis or intracellular signalling in young men. J Physiol, 2009. 587(Pt 21): p. 5239–47.

7. West, D.W. and S.M. Phillips, Associations of exercise-induced hormone profiles and gains in strength and hypertrophy in a large cohort after weight training. Eur J Appl Physiol, 2012. 112(7): p. 2693–702.

8. Hartgens, F. and H. Kuipers, Effects of androgenic-anabolic steroids in athletes. Sports Med, 2004. 34(8): p. 513–54.

9. Ehrnborg, C., et al., Supraphysiological growth hormone: less fat, more extracellular fluid but uncertain effects on muscles in healthy, active young adults. Clin Endocrinol, 2005. 62(4): p. 449–57.

10. Buresh, R., K. Berg, and J. French, The effect of resistive exercise rest interval on hormonal response, strength, and hypertrophy with training. J Strength Cond Res, 2009. 23(1): p. 2–5.

11. Goldberg, A.L., et al., Mechanism of work-induced hypertrophy of skeletal muscle. Medicine and Science in Sports, 1975. 7(3): p. 185–98.

12. Schoenfeld, B.J., The mechanisms of muscle hypertrophy and their application to resistance training. J Strength Cond Res, 2010. 24(10): p. 2857–72.

13. Schoenfeld, B.J., et al., Effects of Low- Versus High-Load Resistance Training on Muscle Strength and Hypertrophy in Well-Trained Men. J Strength Cond Res, 2015.

14. Schoenfeld, B.J., et al., Muscular adaptations in low- versus high-load resistance training: A meta-analysis. Eur J Sport Sci, 2014: p. 1–10.

15. Schoenfeld, B.J., Potential mechanisms for a role of metabolic stress in hypertrophic adaptations to resistance training. Sports Med, 2013. 43(3): p. 179–94.

16. Helms, E.R., et al., Recommendations for natural bodybuilding contest preparation: resistance and cardiovascular training. J Sports Med Phys Fitness, 2015. 55(3): p. 164–78.

17. de Salles, B.F., et al., Rest interval between sets in strength training. Sports Med, 2009. 39(9): p. 765–77.

18. Villanueva, M.G., C.J. Lane, and E.T. Schroeder, Short rest interval lengths between sets optimally enhance body composition and performance with 8 weeks of strength resistance training in older men. Eur J Appl Physiol, 2015. 115(2): p. 295–308.

19. Henselmans, M. and B.J. Schoenfeld, The effect of inter-set rest intervals on resistance exercise-induced muscle hypertrophy. Sports Med, 2014. 44(12): p. 1635–43.

20. Flann, K.L., et al., Muscle damage and muscle remodeling: no pain, no gain? J Exp Biol, 2011. 214(Pt 4): p. 674–9.

21. Zourdos, M.C., et al., The repeated bout effect in muscle-specific exercise variations. J Strength Cond Res, 2015.

22. Clarkson, P.M., K. Nosaka, and B. Braun, Muscle function after exerciseinduced muscle damage and rapid adaptation. Med Sci Sports Exerc, 1992. 24(5): p. 512–20.

23. Paulsen, G., et al., Leucocytes, cytokines and satellite cells: what role do they play in muscle damage and regeneration following eccentric exercise? Exerc Immunol Rev, 2012. 18: p. 42–97.

24. de Souza, T.P.J., et al., Comparison Between constant and decreasing rest intervals: influence on maximal strength and hypertrophy. J Strength Cond Res, 2010. 24(7): p. 1843–1850.

25. Ahtiainen, J.P., et al., Short vs. long rest period between the sets in hypertrophic resistance training: Influence on muscle strength, size, and hormonal adaptations in trained men. J Strength Cond Res, 2005. 19(3): p. 572–582.

26. Schoenfeld, B.J., et al., Effects of different volume-equated resistance training loading strategies on muscular adaptations in well-trained men. J Strength Cond Res, 2014. 28(10) :p. 2909-18.

27. Grgic, J., et al., Effects of rest interval duration in resistance training on measures of muscular strength: a systematic review. Sports Med, 2018. 48(1): p. 137–51.

28. Grgic, J., et al., The effects of short versus long inter-set rest intervals in resistance training on measures of muscle hypertrophy: A systematic review. Eur J Sport Sci, 2017. 17(8): p. 983–93.

29. Robbins, D.W., W.B. Young, and D.G. Behm, The effect of an upper-body agonist- antagonist resistance training protocol on volume load and efficiency. J Strength Cond Res, 2010. 24(10): p. 2632–40.

30. Robbins, D.W., et al., Agonist-antagonist paired set resistance training: a brief review. J Strength Cond Res, 2010. 24(10): p. 2873–82.

31. Maia, M.F., et al., Effects of different rest intervals between antagonist paired sets on repetition performance and muscle activation. J Strength Cond Res, 2014. 28(9): p. 2529–35.

32. Ciccone, A.B., et al., Effects of traditional vs. alternating whole-body strength training on squat performance. J Strength Cond Res, 2014. 28(9): p. 2569–77.

33. Ozaki, H., et al., Effects of drop sets with resistance training on increases in muscle CSA, strength, and endurance: a pilot study. J Sports Sci, 2018. 36(6): p. 691–6.

34. Prestes, J., et al., Strength And Muscular Adaptations Following 6 Weeks Of Rest-Pause Versus Traditional Multiple-Sets Resistance Training In Trained Subjects. J Strength Cond Res, 2017. [Epub ahead of print].

35. Morán-Navarro, R., et al., Time course of recovery following resistance training leading or not to failure. Eur J Appl Physiol, 2017. 117(12): p. 2387–99.

第 6 章

1. Garhammer, J., A review of power output studies of Olympic and powerlifting: Methodology, performance prediction, and evaluation tests. J Strength Cond Res, 1993. 7(2): p. 76–89.

2. Zourdos, M.C., et al., Novel Resistance Training-Specific RPE Scale Measuring Repetitions in Reserve. J Strength Cond Res, 2016. 30(1): p. 267-75.

3. Roig, M., et al., The effects of eccentric versus concentric resistance training on muscle strength and mass in healthy adults: a systematic review with meta-analysis. Br J Sports Med, 2009. 43(8): p. 556–68.

4. Mohamad, N.I., J.B. Cronin, and K.K. Nosaka, Difference in kinematics and kinetics between high- and low-velocity resistance loading equated by volume: implications for hypertrophy training. J Strength Cond Res, 2012. 26(1): p. 269–75.

5. Headley, S.A., et al., Effects of lifting tempo on one repetition maximum and hormonal responses to a bench press protocol. J Strength Cond Res, 2011. 25(2): p. 406–13.

6. Westcott, W.L., et al., Effects of regular and slow speed resistance training on muscle strength. J Sports Med Phys Fitness, 2001. 41(2): p. 154–8.

7. Hunter, G.R., D. Seelhorst, and S. Snyder, Comparison of metabolic and heart rate responses to super slow vs. traditional resistance training. J Strength Cond Res, 2003. 17(1): p. 76–81.

8. Kim, E., et al., Effects of 4 weeks of traditional resistance training vs. superslow strength training on early phase adaptations in strength, flexibility, and aerobic capacity in college-aged women. J Strength Cond Res, 2011. 25(11): p. 3006–13.

9. Keeler, L.K., et al., Early-phase adaptations of traditional-speed vs. superslow resistance training on strength and aerobic capacity in sedentary individuals. J Strength Cond Res, 2001. 15(3): p. 309–314.

10. Neils, C.M., et al., Influence of contraction velocity in untrained individuals over the initial early phase of resistance training. J Strength Cond Res, 2005. 19(4): p. 883–887.

11. Shepstone, T.N., et al., Short-term high- vs. low-velocity isokinetic lengthening training results in greater hypertrophy of the elbow flexors in young men. J Appl Physiol, 2005. 98(5): p. 1768–1776.

12. Schoenfeld, B.J., D.I. Ogborn, and J.W. Krieger, Effect of repetition duration during resistance training on muscle hypertrophy: a systematic review and meta-analysis. Sports Med, 2015. 45(4): p. 577–85.

13. Gonzalez-Badillo, J.J., et al., Maximal intended velocity training induces greater gains in bench press performance than deliberately slower halfvelocity training. Eur J Sport Sci, 2014. 14(8): p. 772–81.

14. Lim, H.Y., Wong, S.H., Effects of isometric, eccentric, or heavy slow resistance exercises on pain and function in individuals with patellar tendinopathy: A systematic review. Physiother Res Int, 2018. 23(4): p. E1721.

15. Schoenfeld, B.J., et al., Hypertrophic effects of concentric vs. eccentric muscle actions: a systematic review and meta-analysis. J Strength Cond Res, 2017. 31(9): p. 2599–608.

16. Buskard, A.N., Gregg, H.R., Ahn, S., Supramaximal Eccentrics Versus Traditional Loading in Improving Lower-Body 1RM: A Meta-Analysis. Res Q Exerc Sport, 2018. 89(3): p. 340–6.

第8章

1. Shellock, F.G. and W.E. Prentice, Warming-up and stretching for improved physical performance and prevention of sports-related injuries. Sports Med, 1985. 2(4): p. 267-78.

2. Kay, A.D. and A.J. Blazevich, Effect of acute static stretch on maximal muscle performance: a systematic review. Med Sci Sports Exerc, 2012. 44(1): p. 154-164.

3. McHugh, M.P. and C.H. Cosgrave, To stretch or not to stretch: the role of stretching in injury prevention and performance. Scand J Med Sci Sports, 2010. 20(2): p. 169-81.

4. Behm, D.G. and A. Chaouachi, A review of the acute effects of static and dynamic stretching on performance. Eur J Appl Physiol, 2011. 111(11): p. 2633–51.

5. Witvrouw, E., et al., Stretching and injury prevention: an obscure relationship. Sports Med, 2004. 34(7): p. 443-9.

6. Pope, R.P., et al., A randomized trial of preexercise stretching for prevention of lower- limb injury. Med Sci Sports Exerc, 2000. 32(2): p. 271-7.

7. Amako, M., et al., Effect of static stretching on prevention of injuries for military recruits. Mil Med, 2003. 168(6): p. 442-6.

8. MacDonald, G.Z., et al., An acute bout of self-myofascial release increases range of motion without a subsequent decrease in muscle activation or force. J Strength Cond Res, 2013. 27(3): p. 812-821.

9. Taylor, K.L., et al., Negative effect of static stretching restored when combined with a sport specific warm-up component. J Sci Med Sport, 2009. 12(6): p. 657-61.

10. Kiely, J., Periodization paradigms in the 21st century: evidence-led or tradition-driven? Int J Sports Physiol Perform, 2012. 7(3): p. 242-50.

11. Tsoukos, A., et al., Delayed Effects of a Low-Volume, Power-Type Resistance Exercise Session on Explosive Performance. J Strength Cond Res, 2018. 32(3): p. 643-50.

12. Schoenfeld, B.J., et al., Regional differences in Muscle Activation During Hamstrings Exercise. J Strength Cond Res, 2015. 29(1): p. 159-164.

13. Escamilla, R.F., et al., Biomechanics of the knee during closed kinetic chain and open kinetic chain exercises. Med Sci Sports Exerc, 1998. 30(4): p. 556-69.

第9章

1. Hall, K.D., What is the required energy deficit per unit weight loss? Int J Obes, 2007. 32(3): p. 573–6.

2. Hall, K.D. and C.C. Chow, Why is the 3500 kcal per pound weight loss rule wrong? Int J Obes (2005), 2013. 37(12): p. 10.1038/ijo.2013.112.

3. Carpentier, A.C., Acute Adaptation of Energy Expenditure Predicts DietInduced Weight Loss: Revisiting the Thrifty Phenotype. Diabetes, 2015. 64(8): p. 2714–2716.

4. Beaulieu, K., et al., Homeostatic and non-homeostatic appetite control along the spectrum of physical activity levels: An updated perspective. Physiol Behav, 2018. 1(192): p. 23-29.

5. Forbes, G.B., Body fat content influences the body composition response to nutrition and exercise. Ann N Y Acad Sci, 2000. 904(1): p. 359–65.

6. Kondo, M., et al., Upper limit of fat-free mass in humans: A study on Japanese Sumo wrestlers. Am J Hum Biol, 1994. 6(5): p. 613–8.

7. Helms, E.R., A.A. Aragon, and P.J. Fitschen, Evidence-based recommendations for natural bodybuilding contest preparation: nutrition and supplementation. J Int Soc Sports Nutr, 2014. 11: p. 20.

8. Ainsworth, B.E., et al., Compendium of physical activities: classification of energy costs of human physical activities. Med Sci Sports Exerc, 1993. 25(1): p. 71–80.

9. Wilson, J.M., et al., Concurrent training: a meta-analysis examining interference of aerobic and resistance exercises. J Strength Cond Res, 2012. 26(8): p. 2293–307.

10. Hawley, J.A., Molecular responses to strength and endurance training: are they incompatible? Appl Physiol Nutr Metab, 2009. 34(3): p. 355–61.

11. Gergley, J.C., Comparison of two lower-body modes of endurance training on lower- body strength development while concurrently training. JJ Strength Cond Res, 2009. 23(3): p. 979–87.

12. Burgomaster, K.A., et al., Similar metabolic adaptations during exercise after low volume sprint interval and traditional endurance training in humans. Journal of Physiology, 2008. 586(1): p. 151–60.

13. Balabinis, C.P., et al., Early phase changes by concurrent endurance and strength training. J Strength Cond Res, 2003. 17(2): p. 393–401.

14. Borsheim, E. and R. Bahr, Effect of exercise intensity, duration and mode on post-exercise oxygen consumption. Sports Med, 2003. 33(14): p. 1037– 60.

15. Lysholm, J. and J. Wiklander, Injuries in runners. Am J Sports Med, 1987. 15(2): p. 168– 171.

16. Garthe, I., et al., Effect of nutritional intervention on body composition and performance in elite athletes. Eur J Sport Sci, 2013. 13(3): p. 295–303.

17. Williams, M.H., Nutrition for health, fitness, and sport. 2005: McGraw-Hill Science Engineering.

18. Levine, J.A., N.L. Eberhardt, and M.D. Jensen, Role of Nonexercise Activity Thermogenesis in Resistance to Fat Gain in Humans. Science, 1999. 283(5399):p. 212–214.

19. Maltais, M.L., et al., Effect of Resistance Training and Various Sources of Protein Supplementation on Body Fat Mass and Metabolic Profile in Sarcopenic Overweight Elderly Men: A Pilot Study. Int J Sport Nutr Exerc Metab, 2015.

20. Peterson, M.D., M.R. Rhea, and B.A. Alvar, Applications of the doseresponse for muscular strength development: a review of meta-analytic efficacy and reliability for designing training prescription. J Strength Cond Res, 2005. 19(4): p. 950–8.

21. Ogasawara, R., et al., Effects of periodic and continued resistance training on muscle CSA and strength in previously untrained men. Clin Physiol Funct Imaging, 2011. 31(5): p. 399–404.

22. Mountjoy, M., et al., International Olympic Committee (IOC) Consensus Statement on Relative Energy Deficiency in Sport (RED-S): 2018 Update. Int J Sport Nutr Exerc Metab, 2018. 28(4): p. 316–331.

23. Loucks, A.B., Callister R., Induction and prevention of low-T3 syndrome in exercising women. Am J Physiol, 1993. 264(5 Pt 2): p. R924–30.

24. Hulmi, J.J., et al., The effects of intensive weight reduction on body composition and serum hormones in female fitness competitors. Frontiers in Physiology, 2017. 10(7): p. 689.

25. Halliday, T.M., J.P. Loenneke, and B.M. Davy, Dietary Intake, Body Composition, and Menstrual Cycle Changes during Competition Preparation and Recovery in a Drug-Free Figure Competitor: A Case Study. Nutrients, 2016. 8(11).

26. Fagerberg, P., Negative consequences of low energy availability in natural male bodybuilding: a review. Int J Sport Nutr Exerc Metab, 2018. 28(4): p. 385–402.

27. Burke, L.M., et al., Pitfalls of Conducting and Interpreting Estimates of Energy Availability in Free-Living Athletes. Int J Sport Nutr Exerc Metab, 2018. 28(4): p. 350–63.

第 10 章

1. Bilsborough, S. and N. Mann, A review of issues of dietary protein intake in humans. Int J Sport Nutr Exerc Metab, 2006. 16(2): p. 129.

2. Lemon, P.W., Beyond the zone: Protein needs of active individuals. JJ Am Coll Nutr, 2000. 19(suppl 5): p. 513S–21S.

3. Millward, D.J., Macronutrient intakes as determinants of dietary protein and amino acid adequacy. Journal of Nutrition, 2004. 134(6): p. 1588S–96S.

4. Elia, M., R.J. Stubbs, and C.J. Henry, Differences in fat, carbohydrate, and protein metabolism between lean and obese subjects undergoing total starvation. Obes Res, 1999. 7(6): p. 597–604.

5. Saudek, C.D. and P. Felig, The metabolic events of starvation. Am J Med, 1976. 60(1): p. 117–26.

6. Helms, E.R., et al., A Systematic Review of Dietary Protein During Caloric Restriction in Resistance Trained Lean Athletes: A Case for Higher Intakes. Int J Sport Nutr Exerc Metab, 2014. 24(2).

7. Hector, A.J., et al., Pronounced energy restriction with elevated protein intake results in no change in proteolysis and reductions in skeletal muscle protein synthesis that are mitigated by resistance exercise. The FASEB Journal, 2018. 32(1): p. 265–275.

8. Carbone, J.W., et al., Effects of short-term energy deficit on muscle protein breakdown and intramuscular proteolysis in normal-weight young adults. Appl Physiol Nutr Metab, 2014. 39(8): p. 960–8.

9. Pasiakos, S.M., et al., Acute energy deprivation affects skeletal muscle protein synthesis and associated intracellular signaling proteins in physically active adults. J Nutr, 2010. 140(4): p. 745–51.

10. Heymsfield, S.B., et al., Voluntary weight loss: systematic review of early phase body composition changes. Obes Rev, 2011. 12(5): p. e348–61.

11. Murphy, C.H., A.J. Hector, and S.M. Phillips, Considerations for protein intake in managing weight loss in athletes. Eur J Sport Sci,, 2015. 15(1): p. 21–28.

12. Phillips, S.M. and L.J. Van Loon, Dietary protein for athletes: from requirements to optimum adaptation. J Sports Sci, 2011. 29 Suppl 1: p. S29–38.

13. Jager, R., et al., International Society of Sports Nutrition Position Stand: protein and exercise. J Int Soc Sports Nutr, 2017.

14: p. 20. 14. Hector, A. and S.M. Phillips, Protein Recommendations for Weight Loss in Elite Athletes: A Focus on Body Composition and Performance. Int J Sport Nutr Exerc Metab, 2018. 28(2): p. 170–7.

15. Walberg, J.L., et al., Macronutrient content of a hypoenergy diet affects nitrogen retention and muscle function in weight lifters. Int J Sports Med, 1988. 9(4): p. 261–6.

16. Mettler, S., N. Mitchell, and K.D. Tipton, Increased protein intake reduces lean body mass loss during weight loss in athletes. Med Sci Sports Exerc, 2010. 42(2): p. 326–37.

17. Longland, T.M., et al., Higher compared with lower dietary protein during an energy deficit combined with intense exercise promotes greater lean mass gain and fat mass loss: a randomized trial. Am J Clin Nutr, 2016. 103(3): p. 738–46.

18. Helms, E.R., et al., High-protein, low-fat, short-term diet results in less stress and fatigue than moderate-protein moderate-fat diet during weight loss in male weightlifters: a pilot study. Int J Sport Nutr Exerc Metab, 2015. 25(2): p. 163–70.

19. Pasiakos, S.M., et al., Effects of high-protein diets on fat-free mass and muscle protein synthesis following weight loss: a randomized controlled trial. FASEB Journal, 2013. 27(9): p. 3837–47.

20. Dudgeon, W.D., Kelley, E.P., Scheett, T.P., Effect of Whey Protein in Conjunction with a Caloric-Restricted Diet and Resistance Training. J Strength Cond Res, 2017. 31(5): p. 1353–61.

21. Tipton, K.D. and R.R. Wolfe, Protein and amino acids for athletes. Journal of Sports Sciences, 2004. 22(1): p. 65–79.

22. Antonio, J., et al., A high protein diet (3.4 g/kg/d) combined with a heavy resistance training program improves body composition in healthy trained men and women--a follow-up investigation. J Int Soc Sports Nutr, 2015. 12: p. 39.

23. Antonio, J., et al., The effects of consuming a high protein diet (4.4 g/ kg/d) on body composition in resistance-trained individuals. J Int Soc Sports Nutr, 2014. 11: p. 19.

24. Horswill, C.A., et al., Weight loss, dietary carbohydrate modifications, and high intensity, physical performance. Med Sci Sports Exerc, 1990. 22(4): p. 470–6.

25. Jacobs, I., P. Kaiser, and P. Tesch, Muscle strength and fatigue after selective glycogen depletion in human skeletal muscle fibers.

European Journal of Applied Physiology and Occupational Physiology, 1981. 46(1): p. 47–53.

26. Leveritt, M. and P.J. Abernethy, Effects of Carbohydrate Restriction on Strength Performance. J Strength Cond Res, 1999. 13(1): p. 52–7.

27. Morton, R.W., et al., A systematic review, meta-analysis and meta-regression of the effect of protein supplementation on resistance training-induced gains in muscle mass and strength in healthy adults. Br J Sports Med, 2018. 52(6): p. 376.

28. Willoughby, D.S., J.R. Stout, and C.D. Wilborn, Effects of resistance training and protein plus amino acid supplementation on muscle anabolism, mass, and strength. Amino Acids, 2007. 32(4): p. 467–77.

29. Candow, D.G., et al., Effect of whey and soy protein supplementation combined with resistance training in young adults. Int J Sport Nutr Exerc Metab, 2006. 16(3): p. 233–44.

30. Cribb, P.J., et al., Effects of whey isolate, creatine, and resistance training on muscle hypertrophy. Med Sci Sports Exerc, 2007. 39(2): p. 298–307.

31. Hoffman, J.R., et al., Effect of a proprietary protein supplement on recovery indices following resistance exercise in strength/power athletes. Amino Acids, 2010. 38(3): p. 771–8.

32. Hoffman, J.R., et al., Effect of protein-supplement timing on strength, power, and body-composition changes in resistance-trained men. Int J Sport Nutr Exerc Metab, 2009. 19(2): p. 172–85.

33. Hoffman, J.R., et al., Effect of Protein Intake on Strength, Body Composition and Endocrine Changes in Strength/Power Athletes. J Int Soc Sports Nutr, 2006. 3(2): p. 12–18.

34. Paolisso, G., et al., Advancing age and insulin resistance: new facts about an ancient history. Eur J Clin Invest, 1999. 29(9): p. 758–69.

35. Kumar, V., et al., Age-related differences in the dose–response relationship of muscle protein synthesis to resistance exercise in young and old men. The Journal of Physiology, 2009. 587(1): p. 211–217.

36. Manini, T.M., Energy Expenditure and Aging. Ageing Research Reviews, 2010. 9(1): p. 1.

37. Franz, M.J., So Many Nutrition Recommendations — Contradictory or Compatible? Diabetes Spectrum, 2003. 16(1): p. 56–63.

38. Feinman, R.D., et al., Dietary carbohydrate restriction as the first approach in diabetes management: Critical review and evidence base. Nutrition, 2015. 31(1): p. 1–13.

39. Hall, Kevin D., et al., Calorie for Calorie, Dietary Fat Restriction Results in More Body Fat Loss than Carbohydrate Restriction in People with Obesity. Cell Metabolism, 2015. 22(3): p. 427–436.

40. Chatterton, S., Zinn, C., Storey, A.G., Helms, E.R., The effect of an 8-week LCHF diet in sub-elite Olympic weightlifters and powerlifters on strength and power performance: A pilot case-study. Journal of Australian Strength and Conditioning, 2017. 25(2).

41. Vargas, S., et al., Efficacy of ketogenic diet on body composition during resistance training in trained men: a randomized controlled trial. J Int Soc Sports Nutr, 2018. 15(1): p. 31.

42. Gibson, A., et al., Do ketogenic diets really suppress appetite? a systematic review and meta-analysis. Obes Rev, 2015. 16(1): p. 64–76.

43. Kephart, W.C., et al., The Three-Month Effects of a Ketogenic Diet on Body Composition, Blood Parameters, and Performance Metrics in CrossFit Trainees: A Pilot Study. Sports, 2018. 6(1): p. 1.

44. Escobar, K.A., Morales, J., Vandusseldorp, T.A., The Effect of a Moderately Low and High Carbohydrate Intake on Crossfit Performance. Int J Exerc Sci, 2016. 9(4): p. 460.

45. Hall, K.D., Guo, J., Obesity energetics: body weight regulation and the effects of diet composition. Gastroenterology, 2017. 152(7): p. 1718–27.

46. Cholewa, J.M., Newmire, D.E., Zanchi, N.E., Carbohydrate Restriction: Friend or Foe of Resistance-Based Exercise Performance? Nutrition, 2018. [Epub ahead of print].

47. Johnstone, A.M., et al., Effects of a high-protein ketogenic diet on hunger, appetite, and weight loss in obese men feeding ad libitum. Am J Clin Nutr, 2008. 87(1): p. 44–55.

48. Green, D.A., et al., A Low-Carbohydrate Ketogenic Diet Reduces Body Weight Without Compromising Performance in Powerlifting and Olympic Weightlifting Athletes. J Strength Cond Res, 2018. [Epub ahead of print].

49. Sawyer, J.C., et al., Effects of a short-term carbohydrate-restricted diet on strength and power performance. J Strength Cond Res, 2013. 27(8): p. 2255–62.

50. Paoli, A., et al., Ketogenic diet does not affect strength performance in elite artistic gymnasts. J

Int Soc Sports Nutr, 2012. 9(1): p. 34.

51. Chappell, A.J., Simper, T., Barker, M.E., Nutritional strategies of high level natural bodybuilders during competition preparation. J Int Soc Sports Nutr, 2018. 15(1): p. 4.

52. Pittas AG, Das SK, Hajduk CL, Golden J, Saltzman E, Stark PC, et al. A low-glycemic load diet facilitates greater weight loss in overweight adults with high insulin secretion but not in overweight adults with low insulin secretion in the CALERIE Trial. Diabetes Care. 2005;28(12):2939–41.

53. Cornier, M.A., et al., Insulin sensitivity determines the effectiveness of dietary macronutrient composition on weight loss in obese women. Obes Res, 2005. 13(4): p. 703–9.

54. Ebbeling, C.B., et al., Effects of a low-glycemic load vs low-fat diet in obese young adults: a randomized trial. JAMA, 2007. 297(19):2092-102.

55. Le, T., et al., Effects of Diet Composition and Insulin Resistance Status on Plasma Lipid Levels in a Weight Loss Intervention in Women. J Am Heart Assoc, 2016. 5(1).

56. Gardner, C.D., et al., Weight loss on low-fat vs. low-carbohydrate diets by insulin resistance status among overweight adults and adults with obesity: A randomized pilot trial. Obesity, 2016. 24(1): p. 79–86

57. Gardner, C.D., et al., Effect of low-fat vs low-carbohydrate diet on 12-month weight loss in overweight adults and the association with genotype pattern or insulin secretion: The DIETFITS randomized clinical trial. JAMA, 2018. 319(7): p. 667–79.

58. Danadian, K., et al., Insulin sensitivity in African-American children with and without family history of type 2 diabetes. Diabetes Care, 1999. 22(8): p. 1325–9.

59. Arslanian, S.A., et al., Family history of type 2 diabetes is associated with decreased insulin sensitivity and an impaired balance between insulin sensitivity and insulin secretion in white youth. Diabetes Care, 2005. 28(1): p. 115–9.

60. Svendsen, P.F., et al., Obesity, body composition and metabolic disturbances in polycystic ovary syndrome. Hum Reprod, 2008. 23(9): p. 2113–21.

61. Awdishu, S., et al., Oligomenorrhoea in exercising women: a polycystic ovarian syndrome phenotype or distinct entity? Sports Med, 2009. 39(12): p. 1055–69.

62. Bermon, S., et al., Serum Androgen Levels in Elite Female Athletes. The Journal of Clinical Endocrinology and Metabolism, 2014. 99(11): p. 4328–4335.

63. Rickenlund, A., et al., Hyperandrogenicity is an alternative mechanism underlying oligomenorrhea or amenorrhea in female athletes and may improve physical performance. Fertil Steril, 2003. 79(4): p. 947–55.

64. Mavropoulos, J.C., et al., The effects of a low-carbohydrate, ketogenic diet on the polycystic ovary syndrome: A pilot study. Nutrition and Metabolism, 2005. 2: p. 35–35.

65. Galletly, C., et al., Psychological benefits of a high-protein, low carbohydrate diet in obese women with polycystic ovary syndrome--a pilot study. Appetite, 2007. 49(3): p. 590–3.

66. Sorensen, L.B., et al., Effects of increased dietary protein-to-carbohydrate ratios in women with polycystic ovary syndrome. Am J Clin Nutr, 2012. 95(1): p. 39–48.

67. Kristensen, M. and M.G. Jensen, Dietary fibres in the regulation of appetite and food intake. Importance of viscosity. Appetite, 2011. 56(1): p. 65–70.

68. Shah, M., et al., Effect of a High-Fiber Diet Compared With a ModerateFiber Diet on Calcium and Other Mineral Balances in Subjects With Type 2 Diabetes. Diabetes Care, 2009. 32(6): p. 990–995.

69. Turner, N.D. and J.R. Lupton, Dietary Fiber. Advances in Nutrition: An International Review Journal, 2011. 2(2): p. 151–152

第 11 章

1. Calton, J., Prevalence of micronutrient deficiency in popular diet plans. J Int Soc Sports Nutr, 2010. 7(1): p. 24.

2. Sandoval, W.M. and V.H. Heyward, Food selection patterns of bodybuilders. Int J Sport Nutr, 1991. 1(1): p. 61–8.

3. Sandoval, W.M., V.H. Heyward, and T.M. Lyons, Comparison of body composition, exercise and nutritional profiles of female and male bodybuilders at competition. J Sports Med Phys Fitness, 1989. 29(1): p. 63–70.

4. Walberg-Rankin, J., C.E. Edmonds, and F.C. Gwazdauskas, Diet and weight changes of female bodybuilders before and after competition. Int J Sport Nutr, 1993. 3(1): p. 87–102.

5. Bazzarre, T.L., S.M. Kleiner, and M.D. Litchford, Nutrient intake, body fat, and lipid profiles of competitive male and female bodybuilders. J Am Coll Nutr, 1990. 9(2): p. 136–42.

6. Kleiner, S.M., T.L. Bazzarre, and B.E. Ainsworth, Nutritional status of nationally ranked elite bodybuilders. Int J Sport Nutr, 1994. 4(1): p. 54–69.

7. Helms, E.R., A.A. Aragon, and P.J. Fitschen, Evidence-based recommendations for natural bodybuilding contest preparation: nutrition and supplementation. J Int Soc Sports Nutr, 2014. 11(1): p. 20.

8. Maxwell, C. and S.L. Volpe, Effect of zinc supplementation on thyroid hormone function. A case study of two college females. Ann Nutr Metab, 2007. 51(2): p. 188–94.

9. Mielgo-Ayuso, J., et al., Iron supplementation prevents a decline in iron stores and enhances strength performance in elite female volleyball players during the competitive season. Appl Physiol Nutr Metab, 2015. 40(6): p. 615–622.

10. Godar, D.E., R.J. Landry, and A.D. Lucas, Increased UVA exposures and decreased cutaneous Vitamin D(3) levels may be responsible for the increasing incidence of melanoma. Med Hypotheses, 2009. 72(4): p. 434– 43.

11. Ismaeel, A., Weems, S., Willoughby, D.S., A Comparison of the Nutrient Intakes of Macronutrient-Based Dieting and Strict Dieting Bodybuilders. Int J Sport Nutr Exerc Metab, 2018. 28(5): p. 502–8.

12. Wang, X., et al., Fruit and vegetable consumption and mortality from all causes, cardiovascular disease, and cancer: systematic review and doseresponse meta-analysis of prospective cohort studies. The BMJ, 2014. 349: p. g4490.

13. Aune, D., et al., Fruit and vegetable intake and the risk of cardiovascular disease, total cancer and all-cause mortality — a systematic review and dose-response meta-analysis of prospective studies. International Journal of Epidemiology, 2017. 46(3): p.1029–56.

14. Slavin, J.L. and B. Lloyd, Health Benefits of Fruits and Vegetables. Advances in Nutrition: An International Review Journal, 2012. 3(4): p. 506–516.

15. Killer, S.C., A.K. Blannin, and A.E. Jeukendrup, No evidence of dehydration with moderate daily coffee intake: a counterbalanced cross-over study in a free-living population. PLoS One, 2014. 9(1): p. e84154.

16. O'Brien, C. and F. Lyons, Alcohol and the Athlete. Sports Med, 2000. 29(5): p. 295–300.

17. Armstrong, L.E., et al., Urinary indices of hydration status. Int J Sport Nutr, 1994. 4(3): p. 265–79.

18. Kraft, J.A., et al., The influence of hydration on anaerobic performance: a review. Res Q Exerc Sport, 2012. 83(2): p. 282–92.

第 12 章

1. Wing, R.R. and R.W. Jeffery, Prescribed "breaks" as a means to disrupt weight control efforts. Obes Res, 2003. 11(2): p. 287–291.

2. Doucet, E., et al., Evidence for the existence of adaptive thermogenesis during weight loss. Br J Nutr, 2001. 85(6): p. 715–23.

3. Rosenbaum, M., et al., Long-term persistence of adaptive thermogenesis in subjects who have maintained a reduced body weight. Am J Clin Nutr, 2008. 88(4): p. 906–12.

4. Levine, J.A., N.L. Eberhardt, and M.D. Jensen, Role of Nonexercise Activity Thermogenesis in Resistance to Fat Gain in Humans. Science, 1999. 283(5399): p. 212–214.

5. Byrne, N.M., et al., Intermittent energy restriction improves weight loss efficiency in obese men: the MATADOR study. Int J Obes, 2018. 42(2): p. 129.

6. Trexler, E.T., A.E. Smith-Ryan, and L.E. Norton, Metabolic adaptation to weight loss: implications for the athlete. J Int Soc Sports Nutr, 2014. 11(1): p. 7.

7. Coelho do Vale, R., R. Pieters, and M. Zeelenberg, The benefits of behaving badly on occasion: Successful regulation by planned hedonic deviations. Journal of Consumer Psychology, 2016. 26(1): p. 17–28.

8. Bussau, V.A., et al., Carbohydrate loading in human muscle: an improved 1 day protocol. Eur J Appl Physiol, 2002. 87(3): p. 290–5.

9. Loucks, A.B. and M. Verdun, Slow restoration of LH pulsatility by refeeding in energetically disrupted women. Am J Physiol, 1998. 275(4 Pt 2): p. R1218–26.

10. Olson, B.R., et al., Short-term fasting affects luteinizing hormone secretory dynamics but not reproductive function in normal-weight sedentary women. J Clin Endocrinol Metab, 1995. 80(4): p. 1187–93.

11. Seimon, R.V., et al., Do intermittent diets provide physiological benefits over continuous diets for weight loss? A systematic review of clinical trials. Molecular and Cellular Endocrinology, 2015. 15(418): p. 153–72.

12. Harris, L., et al., Intermittent fasting interventions for treatment of overweight and

obesity in adults: a systematic review and meta-analysis. JBI Database of Systematic Reviews and Implementation Reports, 2018. 16(2): p. 507–47.

13. Harvie, M., et al., The effect of intermittent energy and carbohydrate restriction v. daily energy restriction on weight loss and metabolic disease risk markers in overweight women. Br J Nutr, 2013. 110(8): p. 1534–47.

14. Varady, K.A., Intermittent versus daily calorie restriction: which diet regimen is more effective for weight loss? Obes Rev, 2011. 12(7): p. e593– 601.

15. Campbell, B.I., et al., The effects of intermittent carbohydrate re-feeds vs. continuous dieting on body composition in resistance trained individuals: A flexible dieting study. 15th International Society of Sports Nutrition (ISSN) Conference and Expo; Clearwater Beach FL, USA 2018.

16. Campbell, B.I., et al., The effects of intermittent carbohydrate re-feeds vs. continuous dieting on resting metabolic rate in resistance trained individuals: A flexible dieting study. 15th International Society of Sports Nutrition (ISSN) Conference and Expo; Clearwater Beach FL, USA 2018.

17. Friedman, J., P.D. Neufer, and G.L. Dohm, Regulation of Glycogen Resynthesis Following Exercise. Sports Med, 1991. 11(4): p. 232–243.

18. Ballor, D.L., et al., Resistance weight training during caloric restriction enhances lean body weight maintenance. Am J Clin Nutr, 1988. 47(1): p. 19–25.

19. Helms, E.R., A.A. Aragon, and P.J. Fitschen, Evidence-based recommendations for natural bodybuilding contest preparation: nutrition and supplementation. J Int Soc Sports Nutr, 2014. 11(1): p. 20.

20. Schoenfeld, B.J., A.A. Aragon, and J.W. Krieger, Effects of meal frequency on weight loss and body composition: a meta-analysis. Nutr Rev, 2015. 73(2): p. 69–82.

21. Stote, K.S., et al., A controlled trial of reduced meal frequency without caloric restriction in healthy, normal-weight, middle-aged adults. Am J Clin Nutr, 2007. 85(4): p. 981–8.

22. Leidy, H.J., et al., The influence of higher protein intake and greater eating frequency on appetite control in overweight and obese men. Obesity (Silver Spring), 2010. 18(9): p. 1725–32.

23. Arciero, P.J., et al., Increased protein intake and meal frequency reduces abdominal fat during energy balance and energy deficit. Obesity (Silver Spring), 2013. 21(7): p. 1357–66.

24. Farshchi, H.R., M.A. Taylor, and I.A. Macdonald, Regular meal frequency creates more appropriate insulin sensitivity and lipid profiles compared with irregular meal frequency in healthy lean women. Eur J Clin Nutr, 2004. 58(7): p. 1071–7.

25. Iwao, S., K. Mori, and Y. Sato, Effects of meal frequency on body composition during weight control in boxers. Scand J Med Sci Sports, 1996. 6(5): p. 265–72.

26. Munsters, M.J. and W.H. Saris, Effects of meal frequency on metabolic profiles and substrate partitioning in lean healthy males. PLoS One, 2012. 7(6): p. e38632.

27. Taylor, M.A. and J.S. Garrow, Compared with nibbling, neither gorging nor a morning fast affect short-term energy balance in obese patients in a chamber calorimeter. Int J Obes Relat Metab Disord, 2001. 25(4): p. 519–28.

28. Verboeket-van de Venne, W.P. and K.R. Westerterp, Influence of the feeding frequency on nutrient utilization in man: consequences for energy metabolism. Eur J Clin Nutr, 1991. 45(3): p. 161–9.

29. Farshchi, H.R., M.A. Taylor, and I.A. Macdonald, Decreased thermic effect of food after an irregular compared with a regular meal pattern in healthy lean women. Int J Obes Relat Metab Disord, 2004. 28(5): p. 653–60.

30. Aragon, A.A. and B.J. Schoenfeld, Nutrient timing revisited: is there a post-exercise anabolic window? J Int Soc Sports Nutr, 2013. 10(1): p. 5.

31. Conley, M.S. and M.H. Stone, Carbohydrate ingestion/supplementation for resistance exercise and training. Sports Med, 1996. 21(1): p. 7–17.

32. Ha , G.G., et al., Carbohydrate supplementation attenuates muscle glycogen loss during acute bouts of resistance exercise. Int J Sport Nutr Exerc Metab, 2000. 10(3): p. 326–39.

33. Ha , G.G., et al., Carbohydrate supplementation and resistance training. J Strength Cond Res, 2003. 17(1): p. 187–96.

34. Roy, B.D. and M.A. Tarnopolsky, Influence of differing macronutrient intakes on muscle glycogen resynthesis after resistance exercise. J Appl Physiol, 1998. 84(3): p. 890–6.

35. Snyder, A.C., et al., Carbohydrate consumption prior to repeated bouts of high- intensity exercise. European Journal of Applied Physiology and Occupational Physiology, 1993. 66(2): p. 141–5.

36. Tsintzas, K., et al., Carbohydrate ingestion prior to exercise augments the exercise-induced activation of the pyruvate dehydrogenase complex in human skeletal muscle. Exp Physiol, 2000. 85(5): p. 581–6.

37. Kulik, J.R., et al., Supplemental carbohydrate ingestion does not improve performance of high-intensity resistance exercise. J Strength Cond Res, 2008. 22(4): p. 1101–7.

38. Miller, S.L. and R.R. Wolfe, Physical exercise as a modulator of adaptation to low and high carbohydrate and low and high fat intakes. Eur J Clin Nutr, 1999. 53 Suppl 1: p. S112–9.

39. Dudgeon, W.D., E.P. Kelley, and T.P. Scheett, Effect of Whey Protein in Conjunction with a Caloric-Restricted Diet and Resistance Training. J Strength Cond Res, 2015. [Epub ahead of print].

40. Pennings, B., et al., Minced beef is more rapidly digested and absorbed than beef steak, resulting in greater postprandial protein retention in older men. American J Clin Nutr, 2013. 98(1): p. 121-128.

41. Schoenfeld, B.J., A.A. Aragon, and J.W. Krieger, The effect of protein timing on muscle strength and hypertrophy: a meta-analysis. J Int Soc Sports Nutr, 2013. 10(1): p. 53.

第 13 章

1. Albert, B.B., et al., Fish oil supplements in New Zealand are highly oxidised and do not meet label content of n-3 PUFA. Sci. Rep., 2015. 5.

2. Kleiner, A.C., D.P. Cladis, and C.R. Santerre, A comparison of actual versus stated label amounts of EPA and DHA in commercial omega-3 dietary supplements in the United States. J Sci Food Agric, 2015. 95(6): p. 1260–7.

3. Haller, C.A., et al., Concentrations of ephedra alkaloids and caffeine in commercial dietary supplements. J Anal Toxicol, 2004. 28(3): p. 145–51.

4. Geyer, H., et al., Nutritional supplements cross-contaminated and faked with doping substances. J Mass Spectrom, 2008. 43(7): p. 892–902.

5. Cohen, P.A., et al., Presence of banned drugs in dietary supplements following FDA recalls. JAMA, 2014. 312(16): p. 1691–1693.

6. Rehman, S., et al., Calcium supplements: an additional source of lead contamination. Biol Trace Elem Res, 2011. 143(1): p. 178–87.

7. Maughan, R.J., Contamination of dietary supplements and positive drug tests in sport. J Sports Sci, 2005. 23(9): p. 883–9.

8. Topo, E., et al., The role and molecular mechanism of D-aspartic acid in the release and synthesis of LH and testosterone in humans and rats. Reprod Biol Endocrinol, 2009. 7: p. 120.

9. Willoughby, D.S. and B. Leutholtz, D-aspartic acid supplementation combined with 28 days of heavy resistance training has no effect on body composition, muscle strength, and serum hormones associated with the hypothalamo-pituitary-gonadal axis in resistance-trained men. Nutr Res, 2013. 33(10): p. 803–10.

10. Melville, G.W., J.C. Siegler, and P.W. Marshall, Three and six grams supplementation of d-aspartic acid in resistance trained men. J Int Soc Sports Nutr, 2015. 12: p. 15.

11. Alexander, D.D., et al., A Systematic Review of Multivitamin–Multimineral Use and Cardiovascular Disease and Cancer Incidence and Total Mortality. J Am Coll Nutr, 2013. 32(5): p. 339–354.

12. Calton, J., Prevalence of micronutrient deficiency in popular diet plans. J Int Soc Sports Nutr, 2010. 7(1): p. 24.

13. Lorente-Cebrian, S., et al., Role of omega-3 fatty acids in obesity, metabolic syndrome, and cardiovascular diseases: a review of the evidence. J Physiol Biochem, 2013. 69(3): p. 633–51.

14. Mocking, R.J., et al., Meta-analysis and meta-regression of omega-3 polyunsaturated fatty acid supplementation for major depressive disorder. Transl Psychiatry, 2016. 6: p. e756.

15. Maki, K.C., et al., Use of supplemental long-chain omega-3 fatty acids and risk for cardiac death: An updated meta-analysis and review of research gaps. J Clin Lipidol, 2017.

16. Miller, P.E., M. Van Elswyk, and D.D. Alexander, Long-Chain Omega-3 Fatty Acids Eicosapentaenoic Acid and Docosahexaenoic Acid and Blood Pressure: A Meta-Analysis of Randomized Controlled Trials. Am J Hypertens, 2014. 27(7): p. 885–96.

17. Du, S., et al., Does Fish Oil Have an Anti-Obesity Effect in Overweight/ Obese Adults? A Meta-Analysis of Randomized Controlled Trials. PLoS ONE, 2015. 10(11): p. e0142652.

18. Di Girolamo, F.G., et al., Omega-3 fatty acids and protein metabolism: enhancement of anabolic interventions for sarcopenia. Curr Opin Clin Nutr Metab Care, 2014. 17(2): p. 145–150.

19. McGlory, C., et al., Fish oil supplementation suppresses resistance exercise and feeding-induced increases in anabolic signaling without affecting myofibrillar protein synthesis in young men.

Physiol Rep, 2016. 4(6): p. e12715.

20. Lewis, E.J.H., et al., 21 days of mammalian omega-3 fatty acid supplementation improves aspects of neuromuscular function and performance in male athletes compared to olive oil placebo. J Int Soc Sports Nutr, 2015. 12(1): p. 28.

21. Lembke, P., et al., Influence of omega-3 (n3) index on performance and wellbeing in young adults after heavy eccentric exercise. J Sports Sci Med, 2014. 13(1): p. 151.

22. Crestani, D.M., et al., Chronic supplementation of omega-3 can improve body composition and maximal strength, but does not change the resistance to neuromuscular fatigue. Sport Sci Health, 2017. 13(2): p. 259– 65.

23. Bendik, I., et al., Vitamin D: a critical and essential micronutrient for human health. Front Physiol, 2014. 5: p. 248.

24. Holick, M.F., et al., Evaluation, treatment, and prevention of vitamin D deficiency: an Endocrine Society clinical practice guideline. J Clin Endocrinol Metab, 2011. 96(7): p. 1911–30.

25. Jung, H.C., et al., Correcting Vitamin D Insufficiency Improves Some, But Not All Aspects of Physical Performance during Winter Training in Taekwondo Athletes. Int J Sport Nutr Exerc Metab, 2018 [Epub ahead of print]: p. 1–25.

26. Farrokhyar, F., et al., Prevalence of vitamin D inadequacy in athletes: a systematic review and meta-analysis. Sports Med, 2015. 45(3): p. 365–78.

27. He, C.S., et al., The effect of 14 weeks of vitamin D3 supplementation on antimicrobial peptides and proteins in athletes. J Sports Sci, 2016. 34(1): p. 67–74.

28. He, C.S., et al., Influence of vitamin D status on respiratory infection incidence and immune function during 4 months of winter training in endurance sport athletes. Exerc Immunol Rev, 2013. 19: p. 86–101.

29. Wyon, M.A., et al., Acute Effects of Vitamin D3 Supplementation on Muscle Strength in Judoka Athletes: A Randomized Placebo-Controlled, DoubleBlind Trial. Clin J Sport Med, 2016. 26(4): p. 279–84.

30. Tomlinson, P.B., et al.,. Effects of vitamin D supplementation on upper and lower body muscle strength levels in healthy individuals. A systematic review with meta-analysis. J Sci Med Sport, 2015. 18(5): p. 575–80.

31. Farrokhyar, F., et al., Effects of Vitamin D Supplementation on Serum 25-Hydroxyvitamin D Concentrations and Physical Performance in Athletes: A Systematic Review and Meta-analysis of Randomized Controlled Trials. Sports Med, 2017. 47(11): p. 2323–39.

32. Godar, D.E., R.J. Landry, and A.D. Lucas, Increased UVA exposures and decreased cutaneous Vitamin D(3) levels may be responsible for the increasing incidence of melanoma. Med Hypotheses, 2009. 72(4): p. 434– 43.

33. Owens, D.J., R. Allison, and G.L. Close, Vitamin D and the Athlete: Current Perspectives and New Challenges. Sports Med, 2018. 48(Suppl 1): p. 3–16.

34. Buford, T.W., et al., International Society of Sports Nutrition position stand: creatine supplementation and exercise. J Int Soc Sports Nutr, 2007. 4: p. 6.

35. Spillane, M., et al., The effects of creatine ethyl ester supplementation combined with heavy resistance training on body composition, muscle performance, and serum and muscle creatine levels. J Int Soc Sports Nutr, 2009. 6: p. 6.

36. Jagim, A.R., et al., A buffered form of creatine does not promote greater changes in muscle creatine content, body composition, or training adaptations than creatine monohydrate. J Int Soc Sports Nutr, 2012. 9(1): p. 43.

37. Mora, L., M.A. Sentandreu, and F. Toldra, Effect of cooking conditions on creatinine formation in cooked ham. J Agric Food Chem, 2008. 56(23): p. 11279–84.

38. Childs, E. and H. de Wit, Subjective, Behavioral, and physiological effects of acute caffeine in light, nondependent caffeine users. Psychopharmacology (Berl), 2006. 185(4): p. 514–23.

39. Astorino, T.A. and D.W. Roberson, Efficacy of acute caffeine ingestion for short- term high-intensity exercise performance: a systematic review. J Strength Cond Res, 2010. 24(1): p. 257–65.

40. Panek-Shirley, L.M., et al., Caffeine Transiently Affects Food Intake at Breakfast. J Acad Nutr Diet, 2018 [Epub ahead of print]

41. Schubert, M.M., et al., Caffeine, coffee, and appetite control: a review. Int J Food Sci Nutr, 2017. 68(8): p. 901–12.

42. Gavrieli, A., et al., Effect of different amounts of coffee on dietary intake and appetite of normal-weight and overweight/obese individuals. Obesity (Silver Spring), 2013. 21(6): p. 1127–32.

43. Schubert, M.M., et al., Coffee for morning hunger pangs. An examination of coffee and

caffeine on appetite, gastric emptying, and energy intake. Appetite, 2014. 83: p. 317-26.

44. Tremblay, A., et al., Caffeine reduces spontaneous energy intake in men but not in women. Nutrition Research, 1988. 8(5): p. 553–8.

45. Gavrieli, A., et al., Caffeinated coffee does not acutely affect energy intake, appetite, or inflammation but prevents serum cortisol concentrations from falling in healthy men. J Nutr, 2011. 141(4): p. 703–7.

46. Astrup, A., et al., The effect and safety of an ephedrine/caffeine compound compared to ephedrine, caffeine and placebo in obese subjects on an energy restricted diet. A double-blind trial. Int J Obes Relat Metab Disord, 1992. 16(4): p. 269–77.

47. Gliottoni, R.C., et al., Effect of caffeine on quadriceps muscle pain during acute cycling exercise in low versus high caffeine consumers. Int J Sport Nutr Exerc Metab, 2009. 19(2): p. 150–61.

48. Tarnopolsky, M. and C. Cupido, Caffeine potentiates low frequency skeletal muscle force in habitual and nonhabitual caffeine consumers. J Appl Physiol, 2000. 89(5): p. 1719–24.

49. Bell, D.G. and T.M. McLellan, Exercise endurance 1, 3, and 6 h after caffeine ingestion in caffeine users and nonusers. J Appl Physiol, 2002. 93(4): p. 1227–34.

50. Beaumont, R., et al., Chronic ingestion of a low dose of caffeine induces tolerance to the performance benefits of caffeine. J Sports Sci, 2017. 35(19): p. 1920–7.

51. Gonçalves, L.d.S., et al., Dispelling the myth that habitual caffeine consumption influences the performance response to acute caffeine supplementation. J Appl Physiol, 2017. 123(1): p. 213–20.

52. Hobson, R.M., et al., Effects of beta-alanine supplementation on exercise performance: a meta-analysis. Amino Acids, 2012. 43(1): p. 25–37.

53. Saunders, B., et al., β-alanine supplementation to improve exercise capacity and performance: a systematic review and meta-analysis. Br J Sports Med, 2017. 51(8): p. 658–69.

54. Schoenfeld, B.J., et al., Effects of different volume-equated resistance training loading strategies on muscular adaptations in well-trained men. J Strength Cond Res, 2014. 28(10): p. 2909–18.

55. Schwedhelm, E., et al., Pharmacokinetic and pharmacodynamic properties of oral L-citrulline and L-arginine: impact on nitric oxide metabolism. Br J Clin Pharmacol, 2008. 65(1): p. 51–9.

56. Callis, A., et al., Activity of citrulline malate on acid-base balance and blood ammonia and amino acid levels. Study in the animal and in man. Arzneimittelforschung, 1991. 41(6): p. 660–3.

57. Bendahan, D., et al., Citrulline/malate promotes aerobic energy production in human exercising muscle. Br J Sports Med, 2002. 36(4): p. 282–9.

58. Perez-Guisado, J. and P.M. Jakeman, Citrulline malate enhances athletic anaerobic performance and relieves muscle soreness. J Strength Cond Res, 2010. 24(5): p. 1215–22.

59. Wax, B., A.N. Kavazis, and W. Luckett, Effects of Supplemental CitrullineMalate Ingestion on Blood Lactate, Cardiovascular Dynamics, and Resistance Exercise Performance in Trained Males. J Diet Suppl, 2016. 13(3): p. 269–82.

60. Glenn, J.M., et al., Acute citrulline malate supplementation improves upper- and lower-body submaximal weightlifting exercise performance in resistance-trained females. Eur J Nutr, 2017. 56(2): p. 775–84.

61. Glenn, J.M., et al., Acute citrulline-malate supplementation improves maximal strength and anaerobic power in female, masters athletes tennis players. Eur J Sport Sci, 2016. 16(8): p. 1095–103.

62. Wax, B., et al., Effects of supplemental citrulline malate ingestion during repeated bouts of lower-body exercise in advanced weightlifters. J Strength Cond Res, 2015. 29(3): p. 786–92.

63. Gonzalez, A.M., et al., Acute effect of citrulline malate supplementation on upper-body resistance exercise performance in recreationally resistancetrained men. J Strength Cond Res, 2017. [Epub ahead of print].

64. Farney, T.M., et al., The Effect of Citrulline Malate Supplementation On Muscle Fatigue Among Healthy Participants. J Strength Cond Res, 2017. [Epub ahead of print].

65. Hwang, P., et al., Eight weeks of resistance training in conjunction with glutathione and L-Citrulline supplementation increases lean mass and has no adverse effects on blood clinical safety markers in resistance-trained males. J Int Soc Sports Nutr, 2018. 15(1): p. 30.

66. Chappell, A.J., et al., Citrulline malate supplementation does not improve German Volume Training performance or reduce muscle soreness in moderately trained males and females. J Int Soc Sports Nutr, 2018. 15(1): p. 42.

67. da Silva, D.K., et al., Citrulline malate does not

improve muscle recovery after resistance exercise in untrained young adult men. Nutrients, 2017. 9(10): p. 1132.

68. McRae, M.P., Therapeutic benefits of glutamine: An umbrella review of meta-analyses. Biom Rep, 2017. 6(5): p. 576–84.

69. Helms, E.R., A.A. Aragon, and P.J. Fitschen, Evidence-based recommendations for natural bodybuilding contest preparation: nutrition and supplementation. J Int Soc Sports Nutr, 2014. 11(1): p. 20.

70. Ahmadi, A.R., Rayyani, E., Bahreini, M., Mansoori, A., The effect of glutamine supplementation on athletic performance, body composition, and immune function: A systematic review and a meta-analysis of clinical trials. Clin Nutr, 2018. [Epub ahead of print].

71. Stoppani, J., Scheett, T., Pena, J., Rudolph, C., Charlebois, D., Consuming a supplement containing branched-chain amino acids during a resistancetraining program increases lean mass, muscle strength, and fat loss. J Int Soc Sports Nutr, 2009. 6(Suppl 1): p. P1.

72. Dudgeon, W.D., Kelley, E.P., Scheett, T.P., In a single-blind, matched group design: branched-chain amino acid supplementation and resistance training maintains lean body mass during a caloric restricted diet. J Int Soc Sports Nutr, 2016. 13(1): p. 1.

73. Dieter, B.P., Schoenfeld, B.J., Aragon, A.A., The data do not seem to support a benefit to BCAA supplementation during periods of caloric restriction. J Int Soc Sports Nutr, 2016. 13(1): p. 21.

74. Rahimi, M.H., Shab-Bidar, S., Mollahosseini, M., Djafarian, K., Branchedchain amino acid supplementation and exercise-induced muscle damage in exercise recovery: A meta-analysis of randomized clinical trials. Nutrition, 2017. 42: p. 30–6.

75. Chang, C.K., et al., Branched-chain amino acids and arginine improve performance in two consecutive days of simulated handball games in male and female athletes: a randomized trial. PLoS One, 2015. 10(3): p. e0121866.

76. Jang, T.R., et al., Effects of carbohydrate, branched-chain amino acids, and arginine in recovery period on the subsequent performance in wrestlers. J Int Soc Sports Nutr, 2011. 8: p. 21.

77. Mourier, A., et al., Combined effects of caloric restriction and branchedchain amino acid supplementation on body composition and exercise performance in elite wrestlers. Int J Sports Med, 1997. 18(1): p. 47–55.

78. Gualano, A.B., et al., Branched-chain amino acids supplementation enhances exercise capacity and lipid oxidation during endurance exercise after muscle glycogen depletion. J Sports Med Phys Fitness, 2011. 51(1): p. 82–8.

79. Greer, B.K., et al., Branched-chain amino acid supplementation lowers perceived exertion but does not affect performance in untrained males. J Strength Cond Res, 2011. 25(2): p. 539–44.

80. Wolfe RR. Branched-chain amino acids and muscle protein synthesis in humans: myth or reality? J Int Soc Sports Nutr, 2017. 14(1): p. 30.

81. Nissen, S., et al., Effect of leucine metabolite β-hydroxy-β-methylbutyrate on muscle metabolism during resistance-exercise training. J Appl Physiol, 1996. 81(5): p. 2095–2104.

82. Nissen, S.L. and R.L. Sharp, Effect of dietary supplements on lean mass and strength gains with resistance exercise: a meta-analysis. J Appl Physiol (1985), 2003. 94(2): p. 651–9.

83. Rowlands, D.S. and J.S. Thomson, Effects of beta-hydroxy-betamethylbutyrate supplementation during resistance training on strength, body composition, and muscle damage in trained and untrained young men: a meta-analysis. J Strength Cond Res, 2009. 23(3): p. 836–46.

84. Fitschen, P.J., et al., Efficacy of beta-hydroxy-beta-methylbutyrate supplementation in elderly and clinical populations. Nutrition, 2013. 29(1): p. 29–36.

85. Fuller, J.C., Jr., et al., Free acid gel form of beta-hydroxy-betamethylbutyrate (HMB) improves HMB clearance from plasma in human subjects compared with the calcium HMB salt. Br J Nutr, 2011. 105(3): p. 367–72.

86. Hyde, P.N., Kendall, K.L., LaFountain, R.A., Interaction of beta-hydroxybeta-methylbutyrate free acid and adenosine triphosphate on muscle mass, strength, and power in resistance-trained individuals. J Strength Cond Res, 2016. 30(10): p. e10–11.

87. Phillips, S.M., et al., Changes in Body Composition and Performance With Supplemental HMB-FA+ATP. J Strength Cond Res, 2017. 31(5): p. e71–e72.

88. Gentles, J.A., S.M. Phillips, Discrepancies in publications related to HMBFA and ATP supplementation. Nutr Metab (Lond), 2017. 14: p. 42.

89. Correia, A.L.M., et al., Pre-exercise beta-hydroxy-beta-methylbutyrate freeacid supplementation improves work capacity recovery: a randomized, double-blinded, placebo-controlled study. Appl Physiol Nutr Metab, 2018. 43(7):691–6.

90. Sanchez-Martinez, J., et al., Effects of beta-hydroxy-beta-methylbutyrate supplementation on strength and body composition in trained and competitive athletes: A meta-analysis of randomized controlled trials. J Sci Med Sport, 2018. 21(7):727–35.

第 14 章

1. Hind, K., et al., Interpretation of Dual Energy X-Ray Absorptiometry-Derived Body Composition Change in Athletes: a Review and Recommendations for Best Practice. J Clin Densitom, 2018. 21(3) p. 429–43.

2. Clasey, J.L., et al., Validity of methods of body composition assessment in young and older men and women. J Appl Physiol, 1999. 86(5): p. 1728–38.

3. Helms, E.R., et al., High-protein, low-fat, short-term diet results in less stress and fatigue than moderate-protein moderate-fat diet during weight loss in male weightlifters: a pilot study. Int J Sport Nutr Exerc Metab, 2015. 25(2): p. 163–70.

4. Perini, T.A., et al., Technical error of measurement in anthropometry. Rev Bras Med Esporte, 2005. 11(1): p. 81–5.

第 15 章

1. Helms, E.R., A.A. Aragon, and P.J. Fitschen, Evidence-based recommendations for natural bodybuilding contest preparation: nutrition and supplementation. J Int Soc Sports Nutr, 2014. 11: p. 20.

2. Fairchild, T.J., et. al., Rapid carbohydrate loading after a short bout of near maximal-intensity exercise. Med Sci Sports Exerc, 2002. 34(6): p. 980–6.

3. Olsson, K.E., Saltin, B., Variation in total body water with muscle glycogen changes in man. Acta Physiol Scand, 1970. 80(1): p. 11–8.

4. Balon TW et. al., Effects of carbohydrate loading and weight-lifting on muscle girth. Int J Sport Nutr, 1992. 2(4): p. 328–34.

5. Bamman, M.M., et. al., Changes in body composition, diet, and strength of bodybuilders during the 12 weeks prior to competition. J Sports Med Phys Fitness, 1993. 33(4): p. 383–91.

6. Sherman, W.M., et. al., Effect of exercise-diet manipulation on muscle glycogen and its subsequent utilization during performance. Int J Sports Med, 1981. 2(2): p. 114–8.

7. Goforth, H.W. Jr, et. al., Persistence of supercompensated muscle glycogen in trained subjects after carbohydrate loading. J Appl Physiol (1985), 1997. 82(1): p. 342–7.

8. Skou, J.C., Nobel Lecture. The identification of the sodium pump. Biosci Rep. 1998. 18(4): p. 155–69.

9. Costill, D.L., et. al., Muscle water and electrolytes following varied levels of dehydration in man. J Appl Physiol, 1976. 40(1): p. 6–11.

10. Rossow, L.M., et. al., Natural bodybuilding competition preparation and recovery: a 12-month case study. Int J Sports Physiol Perform, 2013. 8(5): p. 582–92.

11. Stachenfeld, N.S., Acute effects of sodium ingestion on thirst and cardiovascular function. Curr Sports Med Rep. 2008. 7(4 Suppl): p. S7–13.

12. Crane, R.K., Miller, D., Bihler, I., "The restrictions on possible mechanisms of intestinal transport of sugars". In: Membrane Transport and Metabolism. Proceedings of a Symposium held in Prague, August 22–27, 1960. Edited by A. Kleinzeller and A. Kotyk. Czech Academy of Sciences, Prague, 1961, p. 439–49.

13. Chappell, A., Simper, T., Nutritional Peak Week and Competition Day Strategies of Competitive Natural Bodybuilders. Sports, 2018. 6(4): p. 126.

14. Kerksick, C.M., et al., International society of sports nutrition position stand: nutrient timing. J Int Soc Sports Nutr. 2017. 14(1): p. 33.

15. Boisseau, N., Consequences of sport-imposed weight restriction in childhood. Annales Nestlé (English ed.). 2006. 64(2): p. 77–84.

16. Forbes, G.B., Body fat content influences the body composition response to nutrition and exercise. Ann N Y Acad Sci, 2000. 904(1): p. 359–65.

17. Kondo, M., et al., Upper limit of fat-free mass in humans: A study on Japanese Sumo wrestlers. Am J Hum Biol, 1994. 6(5): p. 613–18.

18. Buford, T.W., et al., The effect of a competitive wrestling season on body weight, hydration, and muscular performance in collegiate wrestlers. J Strength Cond Res, 2006. 20(3): p. 689–92.

19. Garthe, I., et al., Effect of two different weight-loss rates on body composition and strength and power-related performance in elite athletes. Int J Sport Nutr Exerc Metab, 2011. 21(2): p. 97–104.

20. Brechue, W.F., Abe, T., The role of FFM accumulation and skeletal muscle architecture in powerlifting performance. Eur J Appl Physiol, 2002. 86(4): p. 327–36.

21. Reale, R., Slater, G., Burke, L.M., Individualised dietary strategies for Olympic combat sports: Acute weight loss, recovery and competition nutrition. Eur J Sport Sci, 2017. 17(6): p. 727–40.

22. Fogelholm, M., Effects of body weight

reduction on sports performance. Sports Med, 1994. 18(4): p. 249–67.

23. Reale, R., et al., The Effect of Water Loading on Acute Weight Loss Following Fluid Restriction in Combat Sports Athletes. Int J Sport Nutr Exerc Metab, 2018. 3: p. 1–9.

第 16 章

1. Rosenbaum, M. and R.L. Leibel, Adaptive thermogenesis in humans. Int J Obes (Lond), 2010. 34 Suppl 1: p. S47–55.

2. Rosenbaum, M., et al., Long-term persistence of adaptive thermogenesis in subjects who have maintained a reduced body weight. Am J Clin Nutr, 2008. 88(4): p. 906–12.

3. Halliday, T.M., J.P. Loenneke, and B.M. Davy, Dietary Intake, Body Composition, and Menstrual Cycle Changes during Competition Preparation and Recovery in a Drug-Free Figure Competitor: A Case Study. Nutrients, 2016. 8(11): p. 740.

4. Rossow, L.M., et al., Natural bodybuilding competition preparation and recovery: a 12-month case study. Int J Sports Physiol Perform, 2013. 8(5): p. 582–92.

5. Hulmi, J.J., et al., The Effects of Intensive Weight Reduction on Body Composition and Serum Hormones in Female Fitness Competitors. Front Physiol, 2017. 10(7): p. 689.

6. Kistler, B.M., et al., Case Study: Natural Bodybuilding Contest Preparation. Int J Sport Nutr Exerc Metab, 2014. 24(6): p. 694-700.

7. Robinson, S., et al., A nutrition and conditioning intervention for natural bodybuilding contest preparation: case study. J Int Soc Sports Nutr, 2015. 12(1): p. 20.

8. Rohrig, B.J., et al., Psychophysiological Tracking of a Female Physique Competitor through Competition Preparation. Int J Exerc Sci, 2017. 10(2): p. 301–11.

9. Helms, E.R., A.A. Aragon, and P.J. Fitschen, Evidence-based recommendations for natural bodybuilding contest preparation: nutrition and supplementation. J Int Soc Sports Nutr, 2014. 11: p. 20.

10. Petrizzo, J., et al., Case Study: The Effect of 32 Weeks of Figure-Contest Preparation on a Self-Proclaimed Drug-free Female's Lean Body and Bone Mass. Int J Sport Nutr Exerc Metab, 2017: p. 1–21.

11. Maestu, J., et al., Anabolic and catabolic hormones and energy balance of the male bodybuilders during the preparation for the competition. J Strength Cond Res, 2010. 24(4): p. 1074–81.

第 17 章

1. Elia, M., R.J. Stubbs, and C.J. Henry, Differences in fat, carbohydrate, and protein metabolism between lean and obese subjects undergoing total starvation. Obes Res, 1999. 7(6): p. 597–604.

2. Maestu, J., et al., Anabolic and catabolic hormones and energy balance of the male bodybuilders during the preparation for the competition. J Strength Cond Res, 2010. 24(4): p. 1074–81.

3. Suryanarayana, B.V., et al., Pituitary-gonadal axis during prolonged total starvation in obese men. Am J Clin Nutr, 1969. 22(6): p. 767–70.

4. Forbes, G.B., Body fat content influences the body composition response to nutrition and exercise. Ann N Y Acad Sci, 2000. 904(1): p. 359–65.

5. Roy, B.D. and M.A. Tarnopolsky, Influence of differing macronutrient intakes on muscle glycogen resynthesis after resistance exercise. J Appl Physiol, 1998. 84(3): p. 890–6.

6. Jacobs, I., P. Kaiser, and P. Tesch, Muscle strength and fatigue after selective glycogen depletion in human skeletal muscle fibers. Eur J Appl Physiol Occup Physiol, 1981. 46(1): p. 47–53.

7. Essen-Gustavsson, B. and P.A. Tesch, Glycogen and triglyceride utilization in relation to muscle metabolic characteristics in men performing heavyresistance exercise. Eur J Appl Physiol Occup Physiol, 1990. 61(1-2): p. 5–10.

8. Boesch, C., et al., Effect of diet on the replenishment of intramyocellular lipids after exercise. Eur J Nutr, 2000. 39(6): p. 244.

9. Mero, A.A., et al., Moderate energy restriction with high protein diet results in healthier outcome in women. J Int Soc Sports Nutr, 2010. 7(1): p. 4.

10. Garthe, I., et al., Effect of two different weight-loss rates on body composition and strength and power-related performance in elite athletes. Int J Sport Nutr Exerc Metab, 2011. 21(2): p. 97–104.

11. Helms, E.R., et al., High-protein, low-fat, short-term diet results in less stress and fatigue than moderate-protein moderate-fat diet during weight loss in male weightlifters: a pilot study. Int J Sport Nutr Exerc Metab, 2015. 25(2): p. 163–70.

12. Rossow, L.M., et al., Natural bodybuilding competition preparation and recovery: a 12-month case study. Int J Sports Physiol Perform, 2013. 8(5): p. 582–92.

13. Plateau, C.R., Petrie, T.A., Papathomas, A., Learning to eat again: Intuitive eating practices among retired female collegiate athletes. Eating

Disorders, 2017. 25(1):92–8.

14. Ogden, J., Whyman, C., The effect of repeated weighing on psychological state. Eur Eat Disord Rev, 1997. 5(2): p. 121–30.

15. Levinson, C.A., Fewell, L., Brosof, L.C., My Fitness Pal calorie tracker usage in the eating disorders, Eat Behav. 2017. 18(27): p. 14–6.

16. Helms, E.R., A.A. Aragon, and P.J. Fitschen, Evidence-based recommendations for natural bodybuilding contest preparation: nutrition and supplementation. J Int Soc Sports Nutr, 2014. 11: p. 20.

17. Sundgot-Borgen, J., Garthe, I., Elite athletes in aesthetic and Olympic weight-class sports and the challenge of body weight and body compositions. J Sports Sci, 2011. 1(29 sup1): p. S101–14.

18. Fair JD. Mr. America: The tragic history of a bodybuilding icon. University of Texas Press; 2015 Jan 5.

19. Strother, E., Lemberg, R., Stanford, S.C., Turberville, D., Eating disorders in men: underdiagnosed, undertreated, and misunderstood. Eating Disorders, 2012. 20(5):346–55.

20. Robinson L, et al., Idealised media images: The effect of fitspiration imagery on body satisfaction and exercise behaviour. Body Image, 2017. 1(22): p. 65–71.

21. Westenhoefer, J., Von Falck, B., Stellfeldt, A., Fintelmann, S., Behavioural correlates of successful weight reduction over 3 y. Results from the Lean Habits Study. Int J Obes Relat Metab Disord, 2004. 28(2): p. 334.

22. Oldham-Cooper, R.E., et al., Playing a computer game during lunch affects fullness, memory for lunch, and later snack intake. Am J Clin Nutr, 2011. 93(2): p. 308–13.

23. Daniels, M.C., Popkin B.M., Impact of water intake on energy intake and weight status: a systematic review. Nutr Rev, 2010. 68(9): p. 505–21.

24. Roberts, A., The safety and regulatory process for low calorie sweeteners in the United States. Physiol Behav, 2016. 164(Pt B): p. 439-44.

25. Miller, P.E., Perez, V., Low-calorie sweeteners and body weight and composition: a meta-analysis of randomized controlled trials and prospective cohort studies. Am J Clin Nutr, 2014. 100(3):765–77.

26. Peters, J.C., et al., The effects of water and non-nutritive sweetened beverages on weight loss and weight maintenance: a randomized clinical trial. Obesity, 2016. 24(2): p.297–304.

27. Mytton, O.T., et al., Systematic review and meta-analysis of the effect of increased vegetable and fruit consumption on body weight and energy intake. BMC Public Health, 2014. 14(1): p. 886.

28. Stote, K.S., et al., A controlled trial of reduced meal frequency without caloric restriction in healthy, normal-weight, middle-aged adults. Am J Clin Nutr, 2007. 85(4): p. 981–8.

29. Leidy, H.J., et al., The influence of higher protein intake and greater eating frequency on appetite control in overweight and obese men. Obesity (Silver Spring), 2010. 18(9): p. 1725–32.

30. Borvornparadorn, M., et al., Increased chewing reduces energy intake, but not postprandial glucose and insulin, in healthy weight and overweight young adults. Nutr Diet, 2018. [Epub ahead of print].

31. Forman, E.M., et al., Acceptance-based versus standard behavioral treatment for obesity: Results from the mind your health randomized controlled trial. Obesity, 2016. 24(10): p. 2050–6.

32. Monteyne, A., et al., Whey protein consumption after resistance exercise reduces energy intake at a post-exercise meal. Eur J Nutr, 2018. 57(2): p. 585–92.

33. Bhutani, S., Schoeller, D.A., Walsh, M.C., McWilliams, C., Frequency of eating out at both fast-food and sit-down restaurants was associated with high body mass index in non-large metropolitan communities in midwest. Am J Health Promot, 2018. 32(1): p. 75–83.

34. Poelman, M.P., et al., Behavioural strategies to control the amount of food selected and consumed. Appetite, 2014. 1(72): p. 156–65.

35. Zimmerman, R.S. and C. Connor, Health promotion in context: the effects of significant others on health behavior change. Health Educ Q, 1989. 16(1): p. 57–75.

36. King, K.A., J.L. Tergerson, and B.R. Wilson, Effect of social support on adolescents' perceptions of and engagement in physical activity. J Phys Act Health, 2008. 5(3): p. 374–84.

37. Wallace, L.S., et al., Characteristics of exercise behavior among college students: application of social cognitive theory to predicting stage of change. Prev Med, 2000. 31(5): p. 494–505.

38. Wallace, L.S. and J. Buckworth, Longitudinal shifts in exercise stages of change in college students. J Sports Med Phys Fitness, 2003. 43(2): p. 209–12.

39. Petosa, R.L., R. Suminski, and B. Hortz, Predicting vigorous physical activity using social cognitive theory. Am J Health Behav, 2003. 27(4): p. 301–10.